KB060569

전북 가야의 역사와 문화

전북 가야의
역사와 문화

전라북도 · 호남고고학회 지음

서경문화사

목 차

전북지역 마한과 백제,
그리고 가야의 역학관계

최완규

원광대학교 교수

I. 머리말

　전라북도는 동고서저의 지형으로서 서부 평야지대와 동부 산간지대로 구성되어 있으며, 서부지역에는 금강, 만경강, 동진강, 영산강이 서해로 흘러 들어간다. 동부 산간지대는 금남정맥과 호남정맥의 동쪽과 백두대간의 서쪽을 경계로 하는 공간적 범위로서 금강과 섬진강, 보성강이 흐르고 있다. 이외에 백두대간 동쪽으로 남강수계에는 남원 아영면을 중심으로 가야계 고분군이 자리 잡고 있다. 이 두 지역에는 각각 문화적 특징을 달리하고 있는데, 서부 평야지대에는 마한과 백제문화가 근간을 이루고 있고, 동부 산간지역에는 마한과 백제, 그리고 가야문화가 다양하게 분포하고 있음을 알 수 있다.

　이러한 문화양상을 파악하는 데는 전통성과 보수성이 강한 고고학적 증거로서 분묘유적이 가장 유의미할 것으로 생각된다. 또한 분묘의 속성을 통하여 이를 축조한 집단의 출자나 사회적 동질성을 발견할 수 있기 때문이기도 하다. 이를 통해서 전북지역 고대의 다양한 문화양상을 살펴보면 근초고왕이나 무령왕대에 백제의 남정 이후 백제의 중앙문화가 확산되기 시작하여 백제의 지방통치의 거점이 되는 중방성과 남방성 설치 이후 백제문화로 본격적인 편입이 이루어진다. 특히 백제 무왕대 익산 천도 이후 마한계 세력이 백제의 주요 세력으로 등장한 이후 나주 복암리 3호분에서 보이듯이 백제의 사비유형의 석실이 마한 분구묘에도 직접 채용되게 된다. 이는 마한문화가 늦은 시기까지 지속되고 있었던 영산강유역에도 완전하게 백제의 문화적 동질화가 이루어진 것으로 볼 수 있다. 이와 같이 마한과 백제문화의 전통적 기반은 동부 산간 지역의 가야 문화에도 예외없이 그 영향력이 미치고 있는 것이 확인된다. 곧 동부 산간 지역의 가야문화의 기층문화로서 마한문화가 자리 잡고 있었기 때문에, 백제의 남정과 더불어 백제와는 불가분의 관계 속에서 전북지역 가야의 정체성을 확립해 나간 것으로 이해할 수 있다. 그것은 분묘의 구조적 측면과 출토유물에서 확인되고 있다.

본고에서는 각 지역에 분포하고 있는 분묘유적을 중심으로 전북지역의 마한과 백제와 가야의 문화적 양상 및 전개 과정을 파악해 보고자 한다. 이를 바탕으로 성립된 백제의 지방통치의 거점이었던 중방성과 남방성의 설치 배경과 그 목적을 살피고 그 구성 내용에 대해 소개하고자 한다. 또한 마한의 강력한 기층문화 위에서 가능했던 백제 왕도 익산에 대한 실체적 접근을 하고자 한다. 최근 장수 장계리 백화산 고분의 발굴조사 결과 단야구 일습이 부장된 양상이 확인되었는데, 피장자 집단이 가지고 있는 철기 가공기술에 대한 신성한 관념이 반영된 것으로 파악할 수 있다. 이러한 조사 결과는 장수 일대의 지표조사에서 확인되고 있는 제철관련 유적과 관련하여 의미있는 조사로서 앞으로 분묘 유적 외에 가야의 제철유적에 대한 기대를 높여주고 있다. 결국 전북지역의 고대문화를 재

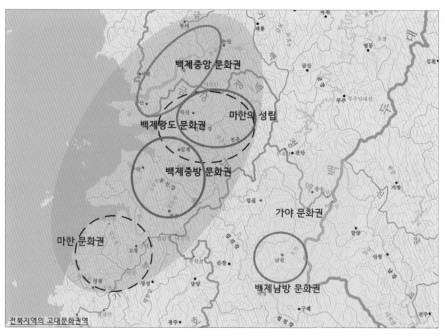

그림 1. 전북지역 고대문화권역

구성한다는 측면에서 마한·백제와 가야 정치체와의 상호관계를 추적함으로서 경상도 지역의 가야와 구별되는 전북 가야의 독자성을 밝혀 보고자 한다.

II. 전북지역 마한문화

1. 마한의 태동

마한고지에 해당하는 경기, 충청, 전라지역에 있어서 가장 보편적인 청동기시대의 문화양상인 송국리문화가 넓고 오랜 기간 존속된 것으로 알려져 있다. 송국리문화의 내용은 원형 집자리, 호형토기, 삼각형 석도 그리고 묘제로는 석관묘, 석개토광묘, 토광묘, 옹관묘가 표지적이다. 그러나 전북의 고창이나 전남지역에서는 이들 묘제보다 지석묘가 절대적인 우위를 점하고 있어 지역적인 차이를 보이고 있기도 하다.

송국리 문화단계 이후 만경강 유역의 문화양상은 이전과는 전혀 다른 새로운 문화가 전개되는데, 청동유물과 더불어 철기, 점토대토기, 흑도장경호를 표식으로 하는 초기철기문화가 그것이다. 새로운 문화요소 가운데 묘제는 적석목관묘와 목관묘, 순수토광묘로 변화되는데, 구조뿐만 아니라 송국리문화 단계의 분묘에서 적용하기 어려운 신전장을 채택하여 장제에 있어서도 뚜렷이 구별되고 있다. 곧 두 문화 사이에 묘제나 장제를 비교해 볼 때 계승적 관계 속에서 변화가 이루어진 것으로 볼 수 없기 때문에 묘제의 속성상 새로이 이동해 온 집단에 의해 축조된 것으로 밖에 볼 수 없다.[1]

적석목관묘의 구조는 묘광을 굴착한 후 목관을 안치하고 목관을 보호하기 위

---

1 필자는 서해안일대에서 발견되는 주구묘와 중부 내륙에서 발견되는 주구토광묘와는 출자가 다른 것으로 파악하고 전자는 마한세력으로, 후자는 『삼국지』 위서 동이전의 진한조의 내용처럼 유이민 집단의 분묘로 추정한 바 있다.

하여 그 둘레에 할석이나 괴석을 돌리고 목관 위에도 석재를 올려 축조하고 있어 벽을 정연하게 축조한 석곽분과 다르게 석재조합이 균일하지 못하게 나타난다. 지금까지 조사성과를 보았을 때 경기, 충남, 전북, 전남지역 등 매우 넓은 범위에 걸쳐 분포하고 있음이 밝혀지고 있다. 이곳에서 출토된 유물의 특징을 보면 다수의 세형동검과 더불어 동경, 방패형동기, 검파형동기, 간두령, 쌍두령, 동탁 등 제의와 관련된 유물이 중복적으로 부장하고 있는 점이다. 이러한 부장유물의 성격과 관련지어서 피장자는 세형동검 문화단계의 종교적 직능자로서 읍락집단의 구심체 역할을 했던 수장층으로 파악하고(이현혜 2003, 23~24쪽), 기원전 3세기 말에서 2세기대에 이르면 대전 괴정동계통의 검파형동기나 방패형동기에서 화순 대곡리계통의 각종 방울로 구성된 제의도구 세트로 변화되어 수장급 무덤에 부장된다는 것이다.

한편 한 분묘에서 세형동검을 비롯한 동일성격의 유물이 중복적으로 부장되는 것에 대해서 피장자를 위해 헌납되었을 가능성을 제기하고 있지만,[2] 다량의 청동유물이 발견되었다는 사실만으로 그 사회의 통합적인 리더로 자리매김하는 것에는 종합적인 검토가 필요하다. 오히려 이주해 온 집단의 분묘 속에 무기류와 제의적 성격이 강한 유물이 다량으로 부장되어있는 의미에 대해서는 기층사회의 구성원에게 이를 분배 혹은 전달하지 못했기 때문일 것으로 추측할 수 있다. 다시 말하면 새로운 물질문화를 전달 분배하는 과정에서 포섭 내지는 동화를 통해 이루어지는 세력화 또는 집단화 단계에는 이르지 못한 것으로 여겨지는데, 이는 송국리문화나 지석묘문화 등 강력한 기층문화가 뿌리깊게 자리 잡고 있어 배타성이 작용했을 것으로 풀이된다.

적석목관묘에 이어서 익산을 비롯한 만경강유역에서는 익산 신동리, 완주 갈

---

2 위신재적인 유물을 헌납했던 집단의 분묘가 존재해야할 것이며, 헌납한 자는 또 다른 위신재를 생산하고 소유해야 했을 것으로 이들 집단의 분묘와 유물의 출토범위가 밀집되어 있어야만 가능한 가설이 될 수 있다.

동, 전주 중화산동·중인동 외에도 군집을 이루고 있는 토광묘 유적이 다수 발견되었다(최완규 2015). 이곳에서 출토된 유물의 조합상은 세형동검을 비롯한 청동 무기류와 동경과 같은 의기류, 동사와 동착 등 청동 공구류, 그리고 철부, 철사, 철겸 등 철제 농공구류와 토기류로는 점토대토기와 흑도장경호로 구성되어 있다. 각 유적간의 규모를 비교해 보면 각기 집단 내에서는 커다란 위계차는 보이지 않지만 집단간의 위계차는 확인된다. 또한 규모에 따른 위계와 더불어 출토유물에서도 그 차이가 현격하게 나타나고 있다.[3] 후술할 장수 남양리, 익산 다송리, 전주 여의동 등 적석목관묘 단계를 거쳐 익산, 완주지역에는 목관묘 혹은 토광직장묘를 축조한 집단이 송국리 단계 이후 중심묘제로 자리잡게 된다. 곧 사회적으로나 정치적으로 하나의 통일된 형태의 모습을 집단묘의 축조에서 살펴볼 수 있게 된다.

적석목관묘나 목관묘, 토광직장묘를 통해서 보면 중국 동북지방이나 서북한지역과는 일찍부터 주민의 왕래 및 물질문화의 교류가 있었는데, 충청 전라지역에서 발견되는 세형동검을 분석한 결과 산지가 중국으로 추정되고 있어 이를 뒷받침하고 있다. 중국 동북지방이나 서북한지역에서 이주민들이 남한지역에 들어오는 계기는 전국 연의 진개와 고조선의 무력 충돌사건(기원전 311~279),[4] 진의 전국통일시 연의 유이민 남하(기원전 221년 전후), 고조선 준왕의 남천(기원전 194~180)[5] 등 일련의 정치적 사건을 들 수 있다. 1, 2차 정치적 파동시에 중국 동북지방에서 유이민들이 직접 해로를 통해 서북한 혹은 남한지역으로 전국 연의 철기를

---

3 갈동에서는 무기류, 의기류 등이 풍부하게 매납되어 있지만, 중화산동이나 중인리에서는 세형동검의 봉부편만을 부장하고 있기도 하여 상징적인 의미가 강하다.

4 『三國志』魏書 東夷傳 韓條「魏略曰 昔箕子之後朝鮮侯 見周衰 燕自尊爲王, 欲東略地 朝鮮侯亦自稱爲王, 欲興兵逆擊燕以尊周室(中略) 燕乃遣將秦開攻其西方 取地二千餘里 至滿番汗爲界」

5 『三國志』魏書 東夷傳 韓條「侯準旣僭號稱王, 爲燕亡人衛滿所攻奪 將其左右宮人走入海 居韓地 自號韓王 其後絶滅 今韓人猶有奉其祭祀者」

가지고 들어왔을 것으로 추정할 수 있는데, 이들에 의해서 축조된 묘제는 적석
목관묘로 볼 수 있다.

한편 김원룡 선생은 익산지역을 중심으로 반경 60km 이내에 분포되어 있는
청동유물 출토유적에 주목하고 익산문화권으로 설정한 바 있다(김원룡 1977, 25
쪽). 그리고 금강, 만경평야가 마한의 근거지이며 익산지역 청동기인들은 후에
마한인으로 발전하는 이 지역의 선주민으로 파악하였다. 그러나 이러한 견해는
만경강을 중심으로 북쪽의 익산지역과 남쪽의 전주, 완주, 김제지역에서 점토대
토기나 철기유물이 부장된 집단 토광묘가 집중적으로 발견됨으로서 청동기문화
단계라기보다 철기문화 유입과 관련된 마한 성립과 관련된 문화로 이해하게 되

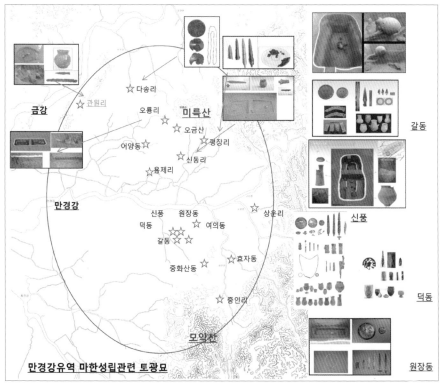

그림 2. 만경강유역 마한성립 관련 토광묘 분포도

었다. 그것은 충청, 전라지역의 청동유물과 공반되는 철기의 성격을 마한사회의 소국 성립과 관련짓고 그 배경에는 중국 동북지방의 정치적 파동과 관련된 주민 이동에서 비롯되었는데, 역사적 사실로서는 준왕의 남천과 관련해서 주목하고 있다. 준왕의 남천시기와 더불어 갈동 유적의 절대연대편년 자료가 참고가 될 것인데(호남문화재연구원 2005), 보정년대 값을 통해 본 상한은 B.C. 250년, 중심연대는 B.C. 190년을 기점으로 하고 있다. 따라서 완주 갈동, 익산 신동리, 전주 중화산동과 중인동의 목관묘와 토광직장묘는 준왕의 남천과 관련되는 집단들로 상정할 수 있다. 결국 고조선 준왕의 남천지로서 익산을 중심으로 만경강유역을 지목할 수 밖에 없는데,[6] 서북한지역의 토광묘들과 직접 연결되는 목관묘나 토광직장묘들이 이를 뒷받침하고 있고 사회 통합 목적을 위한 제의와 관련된 유적도 다수 확인되기 때문에 마한사회에서 정치 문화적 중심지로서 자리매김할 수 있었던 것으로 추정된다.

2. 마한문화의 발전과 지속성

90년대 말 서해안고속도로 건설구간의 문화유적조사는 마한·백제 고고학에 있어서 하나의 분기점이 되었다. 그 이전에는 영산강유역을 중심으로 발견된 대형 옹관묘의 성격을 마한 정치체의 분묘로 인식하여 백제와 구별되는 지역적 문화양상으로 인식하는 정도였다. 영산강유역 이외의 지역에서는 마한과 백제문화의 정체성에 대한 명확한 정리가 이루어지지 않아 두 정치체를 문화적으로 구분하는 것은 쉽지 않은 일이었다. 그러나 서해안고속도로 건설구간에 대한 조사는 하나의 문화벨트에 대한 표본조사라 할 만큼 중요한 것이었다. 이후 조사결과를 바탕으로 이루어진 연구는 마한과 백제문화에 대한 정체성 확립이 가능하

---

6 고조선 준왕의 남천지역으로 『高麗史』 지리지, 『世宗實錄地理志』, 『新增東國輿地勝覽』 등에는 익산지역을 지목하여 기록하고 있다.

게 되었다. 그 가운데 분구묘(주구묘를 포함하는 개념)가 마한 분묘로 자리잡게 되었고, 그 범위도 경기도 김포에서 영산강유역까지 매우 넓게 분포되고 있음이 확인되고 있다.

특히, 마한의 고지가 백제에 의해 영역화된 이후에도 지속적으로 마한 분구묘가 축조되고 있는 지역도 점차 늘어나고 있는 추세이다. 이러한 의미는 백제시대에도 왕도 이외의 지방에서는 마한문화 전통이 강하게 남아 있었음을 살필 수 있는 자료가 된다. 따라서 백제의 역사와 문화를 연구하는데 있어 기층문화라 할 수 있는 마한문화에 대한 깊은 이해가 절대적으로 필요하게 되었다.

한편 마한 분구묘가 지속적으로 축조된 지역에 백제 중앙묘제로 인식되는 횡혈식석실분이 축조되는 현상을 중앙세력의 지방 확산이라는 측면으로 보는 시각이 대두되었다. 그 결과 보령 연지리, 영광 대천리, 무안 인평, 나주 복암리 고분에서 마한과 백제 묘제가 복합적으로 결합되는 양상을 백제 중앙세력의 지방 확산과정으로 이해한 바 있다(최완규 2000). 마한묘제 전통이 백제묘제에도 강하게 나타나고 있는 지역은 마한 분묘인 주구묘의 중심지대로 여러 속성 가운데 주구를 굴착하는 전통이 오랫동안 강하게 지속되는 것을 확인할 수 있었다. 최근 들어 이러한 마한과 백제 묘제의 복합양상은 전주 혁신도시 외에도 많은 지역에서 자료들이 증가하고 있다.

또한 만경강유역 북부에 해당하는 익산지역 분묘의 정체성과 지속·복합양상을 통해서 볼 때, 익산세력의 배경에는 마한 전통의 세력이 강하게 자리 잡고 있음을 확인할 수 있다(최완규 2007). 곧 금강하구지역에서는 5세기대에 들어와 분구묘에서 석축묘로 전환되지만, 미륵산 주변지역에서는 5세기까지 마한전통의 분구묘만이 축조되고 있다. 곧 익산 묵동(호남문화재연구원 2011)이나 간촌리(호남문화재연구원 2002) 분구묘에서 출토되는 토기류가 금강하구의 석축묘에서 출토된 것들과 기종이나 형식에서 동일 시간대에 해당하고 있기 때문에 이를 뒷받침하고 있다. 다만 금마를 비롯한 익산지역에는 7세기 들어서 백제의 중앙묘제인 사비유형의 횡혈식석실분이 수용되고 있다. 이러한 배경에는 금강하구는 백제

한성기부터 해로를 통한 관문에 해당하기 때문에 일찍부터 백제 중앙에서 중요시할 수밖에 없는 점에서 비롯된 것으로 보인다.

전주 혁신도시에서 조사된 마한 분구묘 유적은 앞서 예시한 바와 같이 마전유적과 장동유적을 들 수 있고, 좀 떨어진 곳에는 대규모 분구묘 유적인 상운리가 자리하고 있다. 또한 익산지역에는 묵동이나 간촌리 유적 외에도 영등동, 율촌리, 장신리, 모현동, 서두리 등 많은 마한 분구묘 유적이 분포하고 있어 만경강 유역에는 마한 분구묘의 전통이 백제 영역화 이후까지도 지속되고 있음을 알 수 있다.

금강하구지역에서 조사된 마한 분구묘의 규모나 입지에서 보면 그 피장자는 지역의 수장층에 해당하는 것으로 추정되는데, 그렇다면 왜 이 지역에서는 분구묘의 전통을 계승해서 지속적으로 이어가지 않고 백제 전통의 석축묘라는 새로운 묘제를 채용하게 되었을까? 먼저 금강하구지역은 지리적으로 내륙에서 바다로 통하는 관문에 해당하는 교통로로서 중요한 요충지에 해당되는 지역인 바, 백제 중앙에서 중요시하지 않으면 안 되었던 지역이었을 것이다. 따라서 백제 중앙의 관심이 집중된 지역이었을 것이고 그에 따라 자연스럽게 빠르고 다양한 묘제의 수용이 이루어졌을 것으로 추정된다.

이러한 사실을 뒷받침하는 고고학적 증거로는 초기유형의 횡혈식석실분 축조와 그 영향으로 등장한 횡구식석곽묘를 들 수 있다. 곧 지방묘제와 중앙묘제의 두 속성을 가지고 있는 복합양상으로 설명할 수 있다. 또한 수혈식이나 횡구식석곽묘에 부장된 토기에서도 그 일면을 살필 수 있는데 직구호, 고배, 개배 등 이미 한강유역의 백제 중앙의 토기와 동일한 양상을 띠고 있다. 곧 금강하구지역은 백제가 공주로 천도하기 이전부터 이미 백제 중앙으로부터 중요한 지역으로 인식되고 있었다는 것을 알 수 있는 것이다. 다시 말하면 석축묘를 사용한 금강하구의 세력집단은 일찍부터 백제 중앙세력과의 연계 속에서 세력을 확장해 나갔을 것이며, 백제가 공주로 천도한 이후 이 지역 세력은 더욱 강한 힘을 가질 수 있었던 것으로 보이는데 초기유형의 횡혈식석실분 등장이 그 증거가 된다.

그리고 금강하구지역의 정치적 역량을 가늠하는 유적은 입점리 1호분에서 그 해답을 얻을 수 있는 것이다.

동진강권역에는 전기의 주구묘는 물론, 백제 영역화 이후 중방성의 치소가 되는 영원면 일대 운학리와 지사리에 대형 분구묘가 군집을 이루고 있다. 이 역시 백제 영역화 이전에 마한의 강력한 세력집단이 있었음을 추측케하는 자료인데, 곧 백제 고사부리 이전의 古卑離國의 고고학적인 증거로 볼 수 있다. 또한 김제는 마한 辟卑離國으로 비정되고 있는 것이다. 한편 『日本書紀』神功紀 49년(369)조에 근초고왕과 왕자 貴須가 忱彌多禮를 병합하는 과정에서 "比利, 辟中, 布彌支, 半古 등 四邑은 스스로 항복했다"는 기사가 보이는데,[7] 그 중 比利는 완산으로, 辟中은 김제로 비정되기 때문에 330년 당시는 백제에 의한 병합 이전으로 보인다. 따라서 벽골제를 축조한 주체는 백제의 중앙이 아니라 고비리국이나 벽비리국이 연합에 의한 세력집단으로 상정할 수 있다. 그런데 동기사에서 백제왕이 "백제국에 이르러 辟支山에 올라가 맹세하고 또 古沙山에 올라 맹세하였다"라는 기사[8]를 이용하여 김제지역은 369년 이전에 백제에 병합된 것으로 보는 견해(노중국 2010)도 있다. 그러나 이는 四邑의 항복기사와 선후관계로 볼 때 꼭 이미 백제에 병합되었다고 해석하는 것보다는 백제왕이 각각의 산에 올라 맹세를 할 정도로 이 지역을 중요시한 것으로 보는 것이 타당할 것으로 생각된다.

결국 김제 벽골제는 정읍 영원면 일대의 분구묘를 축조한 집단의 경제적인 배경이 되었고, 부안 백산성은 유통의 거점으로서 당시 이 일대의 풍요하고 강성했던 지방세력의 단면을 그려낼 수 있다. 그렇기 때문에 근초고왕이 마한세력의 병합과정에서 이곳에 들러 맹세할 정도로 매우 중요하게 여길 수밖에 없었고,

---

7 『日本書紀』神功紀 49年條「以賜百濟 於是 其王肖古及王子貴須 亦領軍來會 時比利 辟中 布彌支 半古 四邑 自然降服…」

8 『日本書紀』神功紀 49年條「至于百濟國 登辟支山盟之 復登古沙山 共居磐石上 時百濟王盟之…」

사비기 이후 이곳은 백제 중방 오방성으로 자리잡게 되는 배경이 되었다.

　고창지역은 앞서 살펴 본 권역별의 문화양상과 달리 백제 영역화 이후에도 더욱 오랜 기간동안 마한문화 전통이 지속되어 온 지역이다. 따라서 이 지역의 문화유적은 마한 전기에서 후기까지 계속적으로 다수가 발견되고 있어 마한 분구묘의 계기적 변천과정을 추적할 수 있는 지역일 뿐만 아니라, 심지어 전방후원분까지 잔존하고 있어 영산강유역과 문화 양상을 상당부분 공유하고 있다. 마한 분묘 전기단계의 주구묘가 발견된 지역은 성남리, 만동, 예지리, 광대리, 남산리, 부곡리 증산 등이고, 후기 단계의 대형 분구묘는 부곡리, 군유리, 용수리, 덕림리, 석남리, 장산리, 죽림리, 봉덕리 등 20여 개소에 달한다.

　대형 분구묘는 봉덕리와 석남리의 경우에만 군집을 이루고 나머지는 1, 2기가 산발적으로 분포되어 있는데, 규모면에서 봉덕리의 분구묘가 월등히 대규모인 점과 인근에 만동유적과 봉덕유적이 자리 잡고 있기 때문에 이 일대가 마한 세력의 중심지로 비정될 수 있다.

　2009년도 봉덕리 분구묘의 조사결과 분구의 평면 형태는 동서 방향으로 긴 장방형으로, 정상부는 평탄한 지형을 이루고 있다. 외형상으로 확인된 분구의 규모는 장축 72m, 단축 50m, 높이 7m 내외이다. 1호분 4호 석실에서 출토된 금동식리, 금제이식, 중국제 청자반구호, 대도, 성시구 등과 5호 석실에서 출토된 금동식리편, 대금구 등의 출토 유물로 볼 때, 봉덕리 일대의 분구묘를 축조한 주체는 마한 모로비리국의 중심 세력일 것으로 추정할 수 있으며, 백제 영역화 이후에도 상당한 정치 세력을 유지하고 있었음을 보여주고 있다. 따라서 봉덕리 일대의 분구묘는 백제 중앙과 지방과의 관계를 살필 수 있는 귀중한 자료로 판단된다.

　한편 칠암리에서 발견된 전방후원형 분구묘는 지금까지 한반도에서 발견된 것 가운데 가장 북쪽에 해당하는 것으로 분포 위치 그 자체가 의미 있는 것으로 생각된다. 매장주체부는 석실로 후원부에 분구의 장축과 다른 방향으로 안치되어 있는데 광주 월계동과 비교될 수 있다. 이러한 전방후원형의 분구묘는 고창

지역의 절두방대형, 원형분구묘와 관련성뿐만 아니라 고대 한·일간의 문화교류에 대해서도 그 성격을 규명해야 할 새로운 과제를 갖게 되는 계기가 될 것이다.

Ⅲ. 전북지역 백제문화

1. 백제의 중방 및 남방성 설치

사비시대의 지방통치체제는 '5方 37郡 200城'으로 편제되었는데, 오방성에 대한 기록은 중국측 사서인 『周書』, 『隨書』, 『北史』, 『翰苑』 등에 보인다. 이에 따르면 오방은 중방성, 동방성, 남방성, 서방성, 북방성으로 나뉘는데, 동방성은 은진, 북방성은 공주, 중방성은 고부지역으로 비정하는데 대체적인 의견이 일치되고 있다. 다만, 서방성과 남방성에 대해서는 아직 논쟁의 여지가 있는 듯 하다.

김제 벽골제는 정읍 영원면 일대의 분구묘를 축조한 집단의 경제적인 배경이 되었고, 부안 백산성은 유통의 거점으로서 당시 이 일대의 풍요하고 강성했던 지방세력의 단면을 그려낼 수 있다. 그렇기 때문에 근초고왕이 마한세력의 병합 과정에서 이곳에 들러 맹세할 정도로 매우 중요하게 여길 수밖에 없었고, 사비기 이후 이곳은 백제 오방성 가운데 중방으로 자리잡게 되는 배경이 되었다(최완규 2013).

고부지역은 오방 가운데 中方인 古沙城에 해당하는데, 이러한 사실을 뒷받침하는 고고학적 자료들이 최근 고부 구읍성에 대한 8차에 걸친 발굴조사에서 속속 밝혀지고 있다. 또한 은선리와 신정동에 집중적으로 분포되어 있는 백제 중앙묘제인 횡혈식석실분을 통해서도 백제 중앙문화의 수용양상을 살필 수가 있다. 은선리 고분군은 웅진 2식을 선행으로 웅진 2식과 사비 2식이 축조되었는데, 사비천도 이후 이 지역이 오방성 가운데 중방 고사부리성으로서 위치를 가지는 시기에 백제 중앙과 밀접한 관계를 가지는 세력집단에 의해 6세기 중엽경에 축조된 것으로 추정된다. 이후 이 지역에서 이루어진 정밀지표조사결과 백제 시대의 고분으로 추정되는 유적이 13개소에서 약 270기가 확인되었는데(전북문화재연구원 2005; 전라문화유산연구원 2013), 이는 금강 이남에서 가장 밀집도가 높은 백제 고분군에 해당한다. 이와 같이 대규모 백제 고분군이 축조된 것은 바로 이 지역이 백제 중앙과 밀접한 관계 속에서 주요한 지방통치의 거점이었음을 확인할 수 있는 것이다.

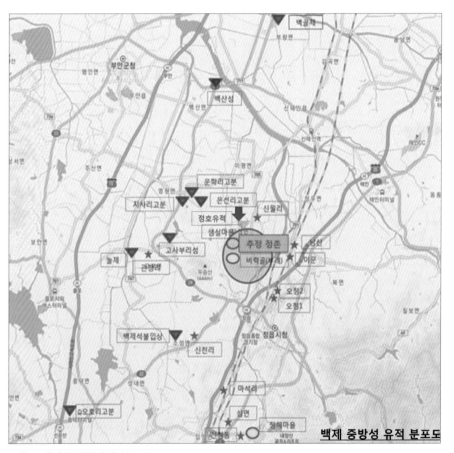

그림 3. 백제 중방성 유적 분포도

한편 정읍 신정동(최완규 외 2005)과 고창 오호리유적(전북문화재연구원 2009)에서 웅진 2식의 횡혈식석실분이 군집으로 발견되고, 특히 오호리 3호분에서『○義將軍之印』銘의 청동 인장이 출토됨에 따라 백제 중앙에서 파견된 지방관과 관련있을 것으로 추정된다. 이들 유적은 고사성을 중심으로 외곽에 거점으로 배치되어 영산강유역의 마한계 세력 견제와 통치를 위한 포석일 수 있으며, 동시에 중방성의 하부조직의 행정단위의 거점이었을 가능성도 배제할 수 없다.

또한 백제는 수도인 사비뿐만 아니라 지방 거점이나 주요 교통로에 불상을 조성했는데, 고사부리성 인근 보화리 석조이불입상(보물 제914호)이 이를 뒷받침하고 있다(원광대학교 마한백제문화연구소 1985). 이외에도 금사동산성, 은선리 토성 등 많은 산성도 백제 중방 고사성을 지지하고 있는 고고학적 자료들이다.

백제 오방성 가운데 유일하게 치소를 특정할 수 있는 중방 고사성의 구성요소에서 보면 치소에 해당하는 산성과 이를 지지하는 주변의 성곽, 사비시대의 횡혈식석실분이 대규모 군집을 이루고 있으며, 통치이념으로서 작용한 불교의 불상, 그리고 경제적으로 뒷받침할 수 있는 유적 등을 들 수 있다. 또한 방성이 설치되는 곳의 지리적인 조건은 우선 교통의 중심지로서 입지를 갖추고 있는 것이다.

남원 일대에는 이러한 조건을 충족하고 있어서 일찍부터 백제 남방성으로 지목되고 있었다(전영래 1985). 먼저 초촌리 고분군은 인접된 함양 상백리나 남원 운봉면, 아영면, 임실 금성리 등이 모두 가야계 수혈식석곽묘임에 비해 210여 기가 넘는 백제시대의 횡혈식석실분이 대규모로 군집을 이루고 있다. 유감스럽게도 대부분 파괴되어 8기 정도만 그 구조를 파악할 수 있었다. 고분의 형식은 웅진 2식과 3식, 사비 3식에 해당하는데 6세기 초엽을 시작으로 7세기 중반에 걸쳐 축조된 것으로 판단된다. 초촌리 고분군은 이백면 초촌리 자라말 부락 동쪽 표고 20m 구릉 서사면과 그 서방 무동산의 남사면 및 서쪽으로 향하는 지맥의 남·서사면에 211기가 분포되어 있는데, 대부분 파괴되었다(전영래 1981). 그 가운데에서도 13기가 정리되어 보고되었는데 형식은 웅진 2·3식에 해당한다.

웅진 2식에 해당하는 것은 M60호분, M21호분, M43호분이며, 웅진 3식은 M13호분, M19호분, E10호분이다. 그러나 전형적인 웅진유형에서 벗어나 있어 지역성이 강하게 반영된 것으로 보인다. 고분의 축조 시기는 6세기 전반에서 중반에 해당하는데 M60호분에서 출토된 직구호의 연대와 통하고 있다. 특히 1963년 초촌리 고분군 인근 척문리의 파괴된 석실에서 은제관식 1점이 백제토기 3점, 관정 등과 함께 수습된 바 있다(전영래 1981). 은제관식은 6품 이상의 奈率 관리가 착장했던 위세품으로서 이 지역에 이미 중앙관리가 파견되었음을 알 수 있는 자료이다.

척문리 산성은 이백면 소재지에서 운봉고원에 이르는 여원치로 가는 도로와 요천강을 거슬러 장수방면으로 가는 도로가 분기되는 삼각점에 위치한다. 뿐만 아니라 전주방면에서 남원에 이르는 구도로가 연결되는 곳이기 때문에 교통의 요지에 해당한다. 성의 규모는 둘레 567m이며, 석축으로 쌓은 성으로 내부에서 삼족토기를 비롯한 다수의 백제토기편이 수습되었다.

주생면 지당리 석불입상은 고려불상이지만 삼국시대의 불상을 계승하고 있는 고식 양식으로 평가되고 있다(진정환 2007). 이 불상은 삼국 가운데 백제 불상을 모방하고자 노력한 불상으로 그 배경에는 남원지역이 백제시대의 중요한 교통로 상에 위치하고 있을 뿐만 아니라 거점이었기 때문이다.

따라서 남원 일대에는 백제 중방 고사성인 정읍 고부지역과 같은 방성의 지리적 요건과 고고학적 요소를 모두 갖추고 있다. 곧 남원의 초촌리 고분군과 척문리 산성일대는 백제의 방성의 구성요소를 모두 갖추고 있어 백제 남방성으로 지목할 수 있는 것이다.

중방 고사성의 기층문화는 마한문화로서 이를 기반으로 중방성을 설치하고 영산강유역의 마한계 잔여세력을 견제와 통제를 위해 설치되었다면, 남방성은 운봉고원 일대의 가야세력을 기반으로 백제 남방성이 설치되었고, 이를 기반으로 대가야 세력과 신라세력을 견제하고자 했던 것으로 해석할 수 있다.

2. 백제의 익산천도

익산은 준왕의 남천지역으로서 마한의 정치문화가 성립된 곳으로 파악되고 있다. 이러한 배경은 익산지역이 다른 백제의 수도와 달리 마한의 정치문화 기반 위에서 성립된 백제말기 왕도로서의 위상을 가지고 있다. 특히 익산지역에는 백제말기 왕도였음을 묵묵히 증언해 주고 있는 왕궁, 미륵사, 제석사, 쌍릉, 성곽 등 고고유적들이 양호한 상태로 남아있고, 천도사실을 뒷받침하는 문헌기록 역시 찾을 수 있어 유적과 기록에서 익산은 백제 수도였음이 증명되고 있다. 특히 왕궁을 비롯한 고고유적은 한국은 물론 동아시아에서 고대 도성체계를 이해하는데 있어서 매우 중요한 자료임에 틀림없다고 할 것이다.

그러나 익산에 대한 연구는 도성체계 속에서 각 유적들을 유기적으로 연계하

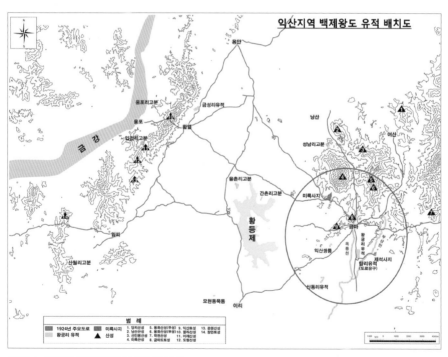

그림 4. 익산지역 백제왕도 유적 배치도

여 종합적으로 이루어져야함에도 불구하고 개별 유적에 대한 접근이 이루어져 왔다. 비유하면 숲을 보지 않고 숲을 이루고 있는 개별 수목에 대한 연구라 할 수 있다. 이러한 이유 가운데 가장 큰 원인은『三國史記』에 익산에 대한 직접적 인 기록이 보이지 않는데에서 찾을 수 있겠다. 그런데 필자는『觀世音應驗記』외 에도『三國史記』나『三國遺事』를 검토한 결과 익산이 백제말기의 수도였다는 사 실을 찾을 수 있었다.

최근 익산지역의 발굴조사를 통하여 익산은 백제 무왕대의 수도였음이 속속 증명되고 있다. 그 가운데 가장 주목되는 것은 쌍릉의 조사결과라 할 것이다. 최 근 시행된 발굴조사에 의하면, 대왕릉 석실의 평면형태는 장방형이고, 단면형태 는 육각형의 고임식 구조로 짧은 중앙연도를 가지고 있다. 묘실 규모는 길이가 401cm, 너비 175cm, 높이는 225cm 내외이다. 연도의 앞으로는 폭 370cm 정 도의 규모로 조성된 묘도가 길게 이어지고 있다. 묘도는 장례가 치러질 당시에 굴착, 조성한 것으로 추정된다. 최근 조사 당시 석실 입구를 처음 열었을 때, 석 실의 내부는 깨끗하게 정리되어 있는 상태였다. 관대 위에는 잣나무로 만들어 진 목제상자 1기가 놓여 있었다. 상자를 열어보니 다량의 인골이 상자 안에 담 겨있었다. 최근에 진행한 인골의 분석 결과에 의하면, 성별은 남성이며, 사망 당 시의 연령은 60대 이상일 가능성이 높고 병리학적인 소견으로는 거동이 불편할 정도로 건강 상태가 나빴던 것으로 추정되었다. 정강이뼈에서 추출한 콜라겐의 분석 결과, 곡류를 많이 섭취하였고, 해양성 생물의 섭취가 많았던 것으로 추정 하였다. 무엇보다도 인골 주인이 사망한 추정시점은 620~658년으로 확인되었 다. 인골의 분석 결과와 석실의 규모 및 구조, 판축기법으로 축조된 봉분 등 여 러가지 자료를 종합해 보면, 석실의 피장자는 백제의 무왕으로 비정할 수 있게 되었다.

쌍릉의 발굴조사 결과를 바탕으로 분석해 보면, 쌍릉에 대하여 몇 가지의 새 로운 사실을 추론할 수 있다. 첫째, 앞서 언급하였던 바와 같이 능의 자리를 택하는 選地방식이나 석실의 안치 방법에 있어서 기존 사비유형의 석실분과는 다르며, 오히려 마한 분구묘 축조에서 사용되는 방식이 채용된 것으로 보인다. 석실의 노출과정에서 왕릉 축조 당시의 묘도선과 시신을 납입할 때의 묘도선이 각각 노출되고 있었다. 이것은 아마도 무왕이 생존하고 있었던 때에 壽陵으로서 축조된 것으로 생각된다. 즉, 왕릉은 무왕을 지지하고 있던 세력에 의해 주도적으로 축조되었을 것으로 보이며, 고분의 축조 방식을 통해 주도세력들이 가진 정치 배경을 살필 수 있는 근거가 될 것으로 보인다. 출토 인골을 분석한 결과와 미륵사지 서탑 사리봉안기의 내용[9]에서도 확인된 바와 같이 壽陵을 축조한 까닭은, 피장자인 무왕이 고령일 뿐 아니라 건강상태도 그다지 좋지 않았기 때문인 것으로 볼 수 있다.

또한 봉분의 축조 방식으로는 인근 미륵사지 중앙의 목탑지와 제석사지의 목탑지와 금당지 등에서의 판축수법과 동일한 방법을 채용하고 있다는 것을 확인할 수 있다. 특히 석실에 사용된 석재를 가공하는 수법에서는 미륵사지 석탑에 사용된 석재의 가공수법과 동일한 것이다. 미륵사지나 제석사지, 쌍릉 등에서 확인되는 이러한 특징들은 백제왕도 익산의 독특한 문화양상으로 파악해도 좋을 듯하다.

한편 익산지역에 분포하고 있는 성곽에 대한 정밀지표조사를 통하여 익산도성의 외곽성임을 확인한 것도 커다란 수확이다. 이러한 관점에서 왕궁을 둘러싸고 흐르는 옥룡천과 부상천은 해자적 기능을 할 수 있는 내성적 성격의 방어벽으로 이해할 수 있다. 또한 두 하천과 북단에 위치한 익산토성과 저토성과 연결되는 내부 공간은 익산도성의 경내로 이해될 수 있다(최완규 2018). 특히 왕궁 남동쪽에서 발견된 도로유구는 고대 도시 모습을 복원할 수 있는 단초가 될 것이다.

왕궁이나 익산토성에서 출토된 "首府"銘 인각와는 부여 관북리나 부소산성에서 출토되는 것과 같은 양상으로 익산과 부여는 백제시대에 동일한 성격의 고대

---

9 사리봉안기 내용 가운데 "大王陛下 年壽與山岳齊固 寶歷共天地同久"

도시임을 말해주고 있는 것이다. 그것은 무왕 31년(630) "重修泗沘之宮"이라는 궁궐수리기사의 분석에서 익산이 수도였음이 증명되듯이 이를 뒷받침하는 고고학적인 자료인 것이다. 곧 무왕대 익산은 백제의 수도였을 당시에는 부여는 수부가 되고, 의자왕대에는 부여가 백제 수도가 되고 익산은 수부가 되는 것이다. 역설적이게도 부여에서 출토되는 "首府"銘 인각와가 익산이 백제 무왕 재위시기에 수도라는 점을 증명해 주고 있다(최완규 2018).

Ⅳ. 전북지역 가야문화

전북지역의 동부 산간지대에 위치하고 있는 가야의 실체는 1974년도 임실 금성리에서 조사된 수혈식석곽묘에서 가야계 장경호와 고배류, 철제 농기구와 마구, 그리고 무기류가 발견됨으로 인식하게 되었다(전영래 1974). 그러나 전북지역의 가야문화에 대한 구체적인 접근은 1982년도 남원 월산리 발굴조사(원광대학교 마한백제문화연구소 1983)를 통해 이루어지게 되었다. 당신 발굴 책임자였던 전영래 선생의 후일담에도 밝혔듯이 발굴 전에는 백제고분으로 인식하고 발굴을 시작했다는 것으로 전북지역은 마한 백제지역으로 알려져 왔던 것이다. 월산리 발굴 이후, 군산대학교 곽장근 교수에 의해 끈질긴 지표조사와 발굴조사를 통해 전북지역의 가야 실체에 서서히 접근해 가고 있다(곽장근 2004). 그 결과 백두대간의 동쪽 지역의 운봉고원 뿐만 아니라 장수지역에도 많은 수의 가야 고분이 축조되어 있음이 확인되고 있고, 진안과 임실 등에서도 가야 고분이 발견되고 있다. 한편 분묘 유적 외에도 제철 관련 유적과 봉수 관련 유적도 발견되고 있지만(곽장근 2018), 아직 본격적인 발굴조사는 이루어지고 있지 않은 형편이다. 이들 유적에 대한 조사 결과에 따라서 전북지역의 가야문화의 본격적인 실상이 밝혀질 것으로 기대하고 있다.

1. 전북가야의 기층문화

전북지역의 고대문화는 금남정맥과 호남정맥에 의해 서쪽에는 마한 백제문화가, 동쪽에는 가야계문화가 자리 잡고 있었다. 가야계 문화는 금강, 섬진강, 남강 수계에 따라 그 양상을 달리하는 것으로 파악되었다. 금강과 섬진강수계에는 백제와 많은 교류 흔적들이 발견되고 있는 것이 특징적이며, 특히 백두대간의 동쪽 남강수계의 운봉고원에는 또 하나의 강력한 가야계 정치체가 자리 잡고 있었음이 확인되었다.

그렇다면 이 지역에 가야문화가 등장하기 전의 문화양상은 어땠을까?

마한고지에서 송국리 문화 다음 단계에 새로운 문화요소를 담고 있는 묘제는 적석목관묘와 목관묘, 토광직장묘로 구분할 수 있다. 마한의 태동기에 축조된 것으로 판된되는 적석목관묘는 장수 남양리와 익산 다송리(전영래 1975), 전주 여의동 1호 토광묘(전주대학교박물관 1990), 군산 선제리(전북문화재연구원 2016)유적이 이에 해당한다.

적석목관묘는 장수 남양리유적에서 5기가 군집을 이루고 발견되었는데(윤덕향 2000), 내부에서 세형동검과 세문경, 동모를 포함한 청동기와 철기가 공반되었다. 적석목관묘는 대부분 1기나 2기 정도가 분포하고 있는데 남양리의 겨우 5기가 군집된 양상은 매우 이례적이라 하겠다. 적석목관묘의 분포 양상을 보면 토착문화가 강하게 자리하고 있는 곳에는 1~2기가 자리하고, 그렇지 않은 곳에는 밀집도가 높게 나타나는 것을 알 수 있다. 대곡리(조유전 1984)나 초포리(이건무·서성훈 1988)의 경우는 지석묘의 밀집도가 높은 지역이며, 부여지역은 송국리 문화요소가 강하게 자리 잡고 있는 지역이다. 그러나 장수 남양리지역의 경우는 아직까지 이전 단계의 뚜렷한 문화요소를 찾을 수 없는데, 이러한 점은 앞선 시기의 문화와 갈등 없이 새로운 문화가 정착할 수 있었기 때문에 분묘가 군집을 이루면서 축조되었을 것으로 생각된다. 그렇기 때문에 이를 통해 선진적인 철기문화의 확산도 주도해 나갔을 것이란 추측을 쉽게 할 수 있는 것이다.

한편 30여 기의 집자리가 발견된 남원 세전리 유적(전북대학교박물관 1990)에서 보면 무문토기 전통의 심발형토기부터 마한전통의 시루나 귀때토기 그리고 경질토기까지 출토되고 있어 그 시기 폭은 좀 클 것으로 판단되지만, 서부지역과 공통점이 발견된다.

장수 침곡리 유적의 조사결과 청동기시대부터 삼국시대에 이르는 집자리와 분묘가 노출되었다(군산대학교박물관 2006). 원삼국시대 주거지는 6기가 발견되었는데 평면형태, 입지, 주공의 배치상태, 벽구, 노지 등의 시설 면에서 서부지역의 것들과 공통점이 발견된다.

마한 분구묘를 축조함에 있어서 선분구 후매장이라는 분구 축조 방법과 분구의 저부에 주구를 굴착하는 전통이 가장 대표적인 분구묘의 속성이라 할 것이다. 그렇다면 이러한 마한 분구묘의 속성을 지속적으로 구현되고 있는 요소를 전북지역 가야 고분에서 찾을 수 있을까. 전북가야의 최상위 계층의 분묘라 할 수 있는 유곡리와 두락리 고분군 32호분의 주구 굴착에서 찾아지는데, 주구의 기능은 배수, 묘역의 구분, 또는 외부 세계와 분리하여 신성시하려는 관념이 작동하고 있는 전통이 유지되고 있는 것으로 볼 수 있다.[10] 청계리 1호 석곽의 남동측 모서리에 설치된 주구는 1-1호분의 축조와 더불어 설치된 것이라기보다 1-2호분을 연접하면서 설치된 것으로 파악하였다. 5세기 후반 가야지역의 고총에는 주구가 설치된 예가 없고, 설치되었다 하더라도 지형이 높은 곳에 반원형이나 초승달 형태의 주구가 설치된다. 따라서 청계리 1호분의 주구는 호남·호서의 저평한 구릉지에 조영된 고분의 주구 설치 영향으로 파악하여(홍보식 2020) 마한 분구묘의 영향을 염두에 둔 것으로 생각된다.

한편 진안 와정유적은 금강과 섬진강을 연결해 주는 남북 방향 교통로와, 서에서 백두대간을 넘는 동서방향의 교통로가 합해지는 교통의 요충지에 위치하

---

10 보고서에서는 주구 내에서 아무런 유물이 발견되지 않기 때문에 성토와 관련된 토사 채취로 판단하고 있다.

고 있다. 이 유적은 반월형의 산정상부에 토성이 자리하고 있고, 그 내부에서 8기의 주거지가 조사되었다(윤덕향 외 2001). 이들 주거지는 구들시설을 하고 있는 점이 특징적이며, 출토된 유물은 장란형토기, 삼족토기, 발형토기, 시루 등 백제 중앙과 동일한 토기들이 절대량을 차지하고 있다.

이러한 유적들에서 보면 5세기 이전에는 가야보다는 전북의 서부지역과 동질적인 문화, 곧 마한과 백제의 깊은 관련성을 찾을 수 있다. 그러면 언제부터 가야문화가 전북 동부지역에 확산되었을까. 이는 백제의 중앙 정치상황과 밀접한 관계가 있었을 것으로 판단된다. 백제는 고구려와 전투에서 개로왕이 전사하고 공주로 천도하게 된다. 공주천도 이후에도 백제 중앙 정치는 안정화를 이루지 못하고 왕권과 귀족들과 반목 속에서 동성왕이 피살되는 등, 세력약화가 이루어진다. 바로 이 시기를 이용하여 대가야 세력이 이 지역으로 진출하게 된다. 특히 전북 동부지역은 가야가 섬진강을 통해 남해로 진출하고, 금강을 통해 서해로 나아갈 수 있는 교통요충지에 해당되기 때문에 가야는 이 지역을 장악하게 되는데 그 시기는 5세기 중엽경에 해당한다.

2. 전북가야의 중심문화권

전북지역에서 가야 고분군이 발견되는 지역은 남원의 운봉읍과 아영면, 장수의 장수읍과 장계면, 그리고 진안고원과 무주일대가 이에 해당한다. 이들 고분군 가운데 상대적으로 규모가 크며 최고의 위세품이 부장된 수장급의 고분이 집중되어 있는 지역을 전북가야의 중심 문화권으로 설정할 수 있다. 이러한 기준을 적용하여 볼 때, 전북가야의 가장 최상위 계층의 피장자로 추정할 수 있는 지역은 아영분지와 장계분지를 꼽을 수 있고, 그 중에 아영분지의 월산리, 유곡리와 두락리 고분군을 최상위에 둘 수 있다. 장계분지의 피장자는 고분의 규모와 구조, 출토유물에서 이들보다 한 단계 낮은 지배층의 분묘로 상정할 수 있다.

이들 두 지역에서 보면 지리적으로 공통점을 발견할 수 있는데, 먼저 분지형

지형을 택하고 있다는 것이다. 곧 분지를 둘러싸고 있는 산지는 자연적으로 방어시설이 되기 때문에 천연적인 요새가 되는 것이며, 또한 분지의 주변 산악에서 발원하는 수원은 농업 생산력의 근본이 될 뿐 아니라, 교통로로서 매우 유리한 지형을 갖추고 있는 것이다. 또한 유사시에 분지내로 들어오는 과정에서 위험 요소로부터 완충 역할을 할 수 있는 공간을 확보하고 있다는 점이다. 예를 들면 아영분지 입구에 해당하는 지역은 운봉읍이 또 하나의 분지 지형을 갖추고 있어 유사시에 방어에 필요한 시간을 확보할 수 있는 공간이 될 수 있다. 또한 장계 분지에서도 같은 양상을 확인할 수 있는데, 장수 분지의 공간이 운봉 분지와 같은 기능을 할 수 있었을 것으로 추정할 수 있다. 그렇기 때문에 아영분지에 비해 운봉분지에는 고분의 규모나 출토유물에서 한 단계 낮은 피장자 집단의 고분군이 축조되고 있고, 이러한 예는 장수분지나 장계분지에서도 같은 양상을 확인할 수 있다.

이와 같은 지리적 조건에 따른 고분의 양상에 따라 전북가야의 공간적 특징을 중심문화권과 주변문화권으로 구분이 가능하다.

1) 아영분지

아영분지에 축조되어 있는 고분은 40여 기가 알려져 있으나 발굴조사가 이루어진 유적은 월산리, 유곡리·두락리, 건지리, 봉대고분군 등 5곳에 이른다. 월산리 고분군과 청계리 고분군은 460여 m 떨어져 위치하는데, 전자는 구릉 말단부의 미고지에 위치하며 후자는 시리봉의 지맥에서 남동쪽으로 뻗은 구릉 능선에 자리 잡고 있다. 유곡리와 두락리 고분군은 아영면 두락리와 인월면 유곡리의 경계에 위치하는데, 청계리 월산리 고분군의 동쪽에 풍천을 사이에 두고 2km 정도 떨어져 자리 잡고 있다. 풍천을 경계로 서남쪽에 봉대고분이 동남쪽에는 건지리 고분군이 자리 잡고 있어 마치 아영분지의 양옆으로 고분군들이 입지하고 있는 형국이다. 이외에도 월산리와 건지리를 중심으로 고분군이 자리하고 있어 아영분지의 평지에서 가까운 산지의 말단부에 해당한다.

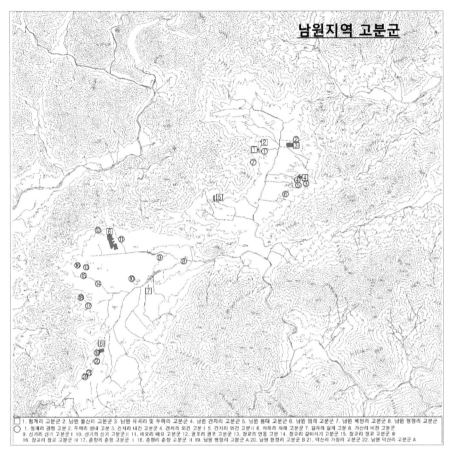

□ 1. 청계리 고분군 2. 남원 월산리 고분군 3. 남원 유곡리 및 두락리 고분군 4. 남원 건지리 고분군 5. 남원 봉대 고분군 6. 남원 임리 고분군 7. 남원 북천리 고분군 8. 남원 행정리 고분군
○ 1. 청계리 광평 고분 2. 두락리 성내 고분 3. 건지리 내건 고분군 4. 건지리 외건 고분 I 5. 건지리 외건 고분 II 6. 자래리 자래 고분군 7. 갈계리 갈계 고분 8. 가산리 비전 고분군 9. 신기리 신기 고분군 I 10. 신기리 신기 고분군 II 11. 매요리 매요 고분군 12. 권포리 권포 고분군 13. 장교리 연동 고분 14. 장교리 갈마시기 고분군 15. 장교리 장교 고분군 III 16. 장교리 장교 고분군 IV 17. 준향리 준향 고분군 I 18. 준향리 준향 고분군 II 19. 남원 행정리 고분군 A 20. 남원 행정리 고분군 B 21. 덕산리 가장리 고분군 22. 남원 덕산리 고분군 A

그림 5. 남원지역 가야 고분군

청계리 고분군은 구릉 능선을 따라 약 10여 기의 고총 고분이 열을 이루며 분포하고 있는데, 2019년에는 청계리 1호분(오동선 2020)이 2020년에는 2호분(해원문화재연구원 2020)에 대한 발굴조사가 이루어졌다. 1호분의 봉분은 평면이 장타원형이며, 자연지형을 이용하여 조성하였고 석곽 안치 후 1m 정도의 성토가 있었을 것으로 추정하고 있다. 규모는 성토부를 기준으로 최대 길이 30m, 너비 20m 내외가 된다. 매장시설로는 3기의 석곽이 확인되었고, 1·2호 석곽은 봉분의 장축방향에 따라 배치되었고, 3호 석곽은 2호 석곽의 북쪽 단벽에 연하여

직교하는 방향을 가지고 있기 때문에 두 석곽의 배치는 T자형을 이룬다. 발굴조사결과 2·3호는 동시에 축조된 것으로 확인되었고, 3호 석곽은 시간적 차이를 두고 축조된 것으로 밝혀졌다. 이러한 사실은 봉토의 유실을 막기 위해 2·3호 석곽 안치 당시에 시설된 호석열을 파괴하고 1호 석곽이 축조된 것에서도 알 수 있다. 석곽의 규모는 각각 2호는 5.4m×1.6m×1.3m, 3호는 5.8m×0.7m×1.1m, 1호는 5.7m×1.15m×1.65m이다. 이 가운데 2호 석곽이 중심석곽으로서 봉분의 중심부에 위치하고 있고, 금동제의 화살통 장식편과 모자(母子)대도편, 수레바퀴 장식토기편이 발견됨에 따라 1호분의 주피장자로 판단할 수 있다.

2호분은 1호분보다 좀 높은 북서쪽으로 인접하고 있는데, 봉분의 축조는 1호분과 같이 자연지형을 먼저 가공한 다음 석곽을 안치하고 성토하는 방식을 택하고 있다. 2기의 석곽이 발견되었는데, 1호는 4.87m×0.86m×1.2m, 2호는 2.6m×0.85m×?로서 1호분의 석곽에 비해 규모가 작은 편이다. 석곽의 장축방향은 경사면과 일치되게 배치되고 있다. 출토유물은 표토에서 세환이식 1점과 고배와 대각편이 발견되었다. 발굴자료집을 살펴보면 석곽의 배치에 따라 청계리 1호분은 Ｉ자형, 2호분은 ｅ자형으로 구분하고 있고, 2호분과 유사자료를 월산리 M2호분에서 찾고 있다. 그러나 사진이나 도면을 자세히 검토해 보면 1호 석곽과 직교하는 묘광선이 확인되고 있고, 특히 이 묘광선에 대응되는 석축이 확인되기 때문에 후대에 석곽이 설치되었을 것으로 판단된다.

청계리 1·2호분은 능선상에 위치하고 있는데, 자연지형을 이용하여 봉분을 축조하고 있기 때문에 자연스럽게 장타원형의 분형이 형성될 수밖에 없다. 따라서 제한적인 공간을 가지는 봉분 내에 가야고분의 특징인 세장방형의 석곽을 안치함에 있어서 분형의 장축방향과 일치할 수밖에 없는 형편이었을 것이다. 곧 자북에 의한 장축방향을 선정한 것이 아니라 자연지형에 따른 장축방향이라 할 수 있다. 또한 1호분의 1호 석곽과 2호분의 2호 석곽은 초축 당시부터 안치된 것이 아니라 시간차를 두고 축조되고 있어 혈연관계에 있는 다른 피장자를 추가로 하나의 봉분 내에 안치한 것으로 생각된다. 청계리 고분군의 출토품에는 현지품, 대가야, 소가야, 아라가야 등 다양한 계통의 유물이 포함되어 있어서 아영분지의 세력들은 가야의 다양한 세력과 교류가 있었음을 추측할 수 있기도 하다.

월산리 고분군은 아영면 청계리와 월산리 일원에 위치하고 있는데, 모두 9기의 중대형 고총이 분포하고 있는 것으로 보고되었다. 1982년 원광대학교 마한·백제문화연구소에 의해 M1~M3호분이(원광대학교·마한·백제문화연구소 1983), 2010년에 전북문화재연구원에 의해 M4~M6호분을 비롯하여 모두 6기의 발굴조사가 이루어졌다(전북문화재연구원 2012).

두 차례의 발굴조사를 통하여 토기류와 환두대도, 갑옷을 비롯하여 마구류, 무구류, 농공구류, 꺽쇠 등 다양한 유물이 출토되어 월산리 고분군의 성격을 추정할 수 있다. 1982년 M1~M3호분과 M4호분에 대한 수습조사를 통하여 중대형고총분이 축조되기에 앞서 수혈식석곽이 축조되었으며 내부에서는 아영지역에서 생산된 것으로 보이는 재지계 토기가 주종을 이루고 있으며 대가야양식과 소가야양식의 토기가 함께 출토된 것으로 확인되었다.

2010년도 발굴조사에서 M5호분은 수차례 도굴이 이루어졌음에도 불구하고 다양한 유물이 출토되었다. M5호분 출토유물은 청자계수호와 철제자루솥을 비롯하여 금제귀걸이·유리제목걸이와 같은 장신구류, 투구·목가리개·찰갑 등의 갑옷과 기꽂이·발걸이·재갈·삼주령 등의 마구류, 쇠손칼·쇠화살촉·쇠도끼 등의 무구류, 살포·낫·도끼 등의 농공구류, 꺽쇠, 원통모양그릇받침·바리모양그릇받침·소형원통모양그릇받침·뚜껑달린긴목항아리·짧은목항아리 등 다양한 토기류가 출토되었다.

이처럼 M5호분에서 출토된 청자계수호와 철제자루솥의 경우 중국과 직접적인 교류를 통하여 들여왔을 가능성도 있지만 아직까지 가야지역에서 이러한 유물이 출토된 예가 없고, 주로 백제지역에서 출토되고 있어 월산리 M5호분의 피장자의 성격을 추론하는데 있어 중요한 단서가 될 것으로 보인다. 만약 M5호분의 피장자가 백제와 밀접한 관련이 있는 사람이라고 한다면 이는 한성기부터 비롯된 백제와 전북가야의 상호관계에서 비롯되었다고 볼 수 있다.

유곡리와 두락리 고분군은 전북과 경남의 도계를 형성하는 연비산에서 아영 들 중심부까지 동서 방향으로 길게 뻗은 능선의 정상에 위치한다. 모두 40여 기 의 고총은 구릉 정상을 비롯하여 그 능선과 직교되게 북쪽으로 돌출된 두 개의 지류에 집중적으로 분포되어 있다(윤덕향 외 1989). 1989년 조사에서 수혈식석곽 묘 4기와 횡혈식석실분 1기가 조사되어 다수의 가야계 토기와 철기류, 가야계 유물의 특징을 가지고 있는 기꽂이가 처음으로 출토되어 주목된 바 있다.

32호분은 동쪽 구릉 주 능선상의 하단부에 위치하고, 능선 하단부와 연결된 부분을 묘역으로 선정하여 의도적으로 봉분을 높게 보이는 효과를 보이고 있 다. 축조 순서를 보면 먼저 기반암층을 평탄하게 한 후 석곽을 설치하고 이를 보 호하는 봉분을 성토하기 위한 토제를 쌓았다. 석곽의 개석을 덮은 후 봉분을 반 으로 구획하여 성토했으며, 이 과정에서 봉분의 서쪽에 주구를 굴착하고 있는 데 이는 봉분의 성토를 위한 채토를 위한 것으로 보고 있다. 마지막으로 전체 를 흙으로 덮어 마무리를 한 것으로 파악되었다. 봉토 상면에서 135cm 아래에 서 주·부석곽이 나란하게 배치되어 노출되었다. 주곽의 규모는 7.5m×1.3m× 1.8m, 부곽은 5.1m×1.2m×0.8m이며, 주곽에 부족한 부장공간을 보완하기 위 하여 부곽을 배치한 것으로 보고 있다. 출토유물은 주곽의 중앙부에서 피장자 의 착장유물인 청동거울, 금동신발편 등이 발견되었고, 동쪽 부장칸에서는 유개 장경호와 철촉과 같은 무기류, 서쪽 부장칸에서는 등자와 운주와 같은 마류구 와 유개단경호가 부장되어 있었다. 부장석곽에서는 기대 13세트와 단경호 2점 이 발견되었다. 출토유물 가운데 청동거울과 금동신발은 공주 무령왕릉 출토품 과 비견되는데, 이를 통해 피장자가 상당한 신분의 소유자였음을 알 수 있다. 곧 아영분지의 월산리 M5호분 출토 계수호와 초두, 그리고 유곡·두락리 32호분 출토 청동거울과 금동신발을 통해 이 지역 가야계 세력과 백제와의 관계를 살필 수 있는 중요한 자료로 보인다. 특히 1989년도에 조사가 이루어진 백제 웅진기 의 횡혈식석실분의 존재는 백제의 중앙과 상당히 밀접한 관계 속에서 축조된 것 으로 생각할 수밖에 없을 것이다.

2) 장계분지

장수지역에서 고고학적인 고분유적에 대한 조사는 1993년 군산대학교박물관에 의한 지표조사에서 비롯된 것으로 볼 수 있는데(곽장근 1995), 이는 1977년 문화재관리국에서 발간한 『문화유적총람』의 자료를 기초로 이루어졌다. 당시의 지표조사에서 장계면의 송천리 고분군과 삼봉리 고분군, 그리고 천천면의 삼고리 고분군에 대한 현상과 지표에서 채집된 토기편에 대한 소개를 담고 있다. 최근 2013년 장수군 일대의 가야 고총군 정밀지표조사를 통하여 장계면 삼봉리 41기, 월강리 23기, 계남면 호덕리 41기, 화양리 1기, 장수읍 동촌리 80기, 대성리 2기 등 200여 기의 가야계 중대형 고총이 분포되어 있음을 확인하였다(전주문화유산연구원 2020).

장수지역의 고총 고분군 가운데 지표조사나 발굴조사를 통하여 확인된 결과, 장계분지에 위치한 삼봉리와 장계리 고분군 등이 최고 상위계층의 고분으로 알려졌다. 후술하겠지만, 삼봉리 고분의 주석곽 내부에서 안치목곽이 시설되었을 것으로 추정되고, 마구 등이 발견되었다. 장계리 고분에서는 철기 제작관련 단야구 일습이 출토되고 있어 장수지역의 고분들과 차이점을 보이고 있다. 따라서 장수지역에서는 장계분지를 중심문화권지역으로 상정하여 그 성격을 파악하고자 한다.

삼봉리 고분군은 백화산에서 뻗어내린 산줄기의 중간지점에 봉토 직경 20m 내외가 되는 2기의 고분과 그 아래쪽으로 직경 10m 정도의 고분 20여 기가 발굴조사 당시에는 자리 잡고 있었다(군산대학교박물관 2005). 그 가운데 발굴이 이루어진 1호분은 봉토 중앙부에 주곽을 두고 주변에 2기의 순장곽을 그 사이에는 합구식옹관이 안치되고 있음이 확인되었다. 주곽의 규모는 4.62m×96m×1.42m이며 석곽의 남서쪽에서 유개장경호와 내부의 교란된 흙 속에서 꺽쇠 16점, 철모 1점, 교구 6점, 철촉 4점, 철겸, 철도 등 철기류가 출토되었고, 바닥면에서 환두대도가 부장되었던 흔적이 확인되었다.

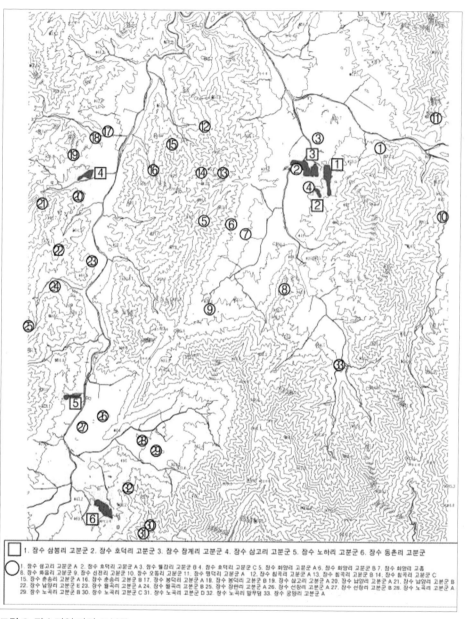

□ 1. 장수 삼봉리 고분군 2. 장수 호덕리 고분군 3. 장수 잠계리 고분군 4. 장수 삼고리 고분군 5. 장수 노하리 고분군 6. 장수 동촌리 고분군

○ 1. 장수 삼고리 고분군 A 2. 장수 호덕리 고분군 A 3. 장수 월강리 고분군 B 4. 장수 호덕리 고분군 C 5. 장수 회양리 고분군 A 6. 장수 회양리 고분군 B 7. 장수 회양리 고총 8. 장수 화율리 고분군 9. 장수 십전리 고분군 10. 장수 오림리 고분군 11. 장수 명덕리 고분군 A 12. 장수 침곡리 고분군 A 13. 장수 침곡리 고분군 B 14. 장수 침곡리 고분군 C 15. 장수 춘송리 고분군 A 16. 장수 춘송리 고분군 B 17. 장수 봉덕리 고분군 B 18. 장수 삼고리 고분군 A 20. 장수 남양리 고분군 A 21. 장수 남양리 고분군 B 22. 장수 남양리 고분군 E 23. 장수 월곡리 고분군 A 24. 장수 월곡리 고분군 B 25. 장수 장판리 고분군 A 26. 장수 선창리 고분군 A 27. 장수 선창리 고분군 B 28. 장수 노곡리 고분군 A 29. 장수 노곡리 고분군 B 30. 장수 노곡리 고분군 C 31. 장수 노곡리 고분군 D 32. 장수 노곡리 말무덤 33. 장수 꿍망리 고분군 A

그림 6. 장수지역 가야 고분군

한편 순장곽으로 보고된 1-2호 석곽의 규모는 2.02m×0.62m×0.78m이며, 내부에서 적갈색심발형토기와 철도자가 출토되었다. 1-3호 석곽은 규모가 1.86m×0.48m×0.68m이며, 광구장경호 1점이 발견되었다. 합구식 옹관은 장란형토기를 사용하고 있는데, 합구 상태의 길이는 80cm 정도가 된다.

2호분(전주문화유산연구원 2015)은 주석곽과 순장곽으로 추정되는 석곽 3기, 토광 1기가 조사되었으며, 주변에서 4기의 석곽묘가 조사되었다. 봉분은 평면형태가 타원형이며, 평탄면을 조성한 후 이를 판 다음 주석곽을 축조하였다. 주석곽은 세장한 평면으로 천석과 할석을 섞어 쌓았으며, 바닥면에서 일정 간격의 목주흔이 노출되었다. 주곽의 규모는 4.9m×1.0m×1.63m이다. 출토유물로는 단경호, 장경호, 발 등의 토기류, 그리고 재갈, 등자, 안장가리개, 교구, 운주 등 마구류와 대도, 철촉, 철모, 철부 등 무기류와 꺽쇠가 발견되었다.

3호분(전주문화유산연구원 2017)의 봉분 형태는 타원형이며, 규모는 동서 26.0m, 남북 17.0m, 잔존 높이 5.0m이다. 봉분은 남북으로 뻗은 지류의 정상부와 경사가 급한 동쪽 사면은 깎아내고 지대가 낮은 서쪽 사면은 성토하여 묘역을 조성하였다. 정상부에는 높이 60cm 정도로 성토한 후 묘광을 파고 주석곽을 안치하고 있다. 주석곽의 평면은 세장방형으로 바닥면에서는 장벽에 붙여 각각 4개씩 좌우 대칭으로 모두 8개의 주혈이 확인되었다. 주석곽의 규모는 5.25m×1.2m×1.74m이며 1호 소형석곽은 3.65m×0.75m×0.7m이며, 부장유물은 주석곽과 주변석곽에서 장경호, 단경호, 기대, 배 등의 토기류와 교구, 꺽쇠, 도자, 철촉, 금제이식 등 금속제 유물이 출토되었다.

삼봉리 고분군 보고서에는 꺽쇠 발견의 의미를 목관을 결구하는데 사용한 것으로 판단하고 있고, 특히 석곽 내부에서 노출된 장벽 양옆으로 4개씩 정연하게 보이는 목주흔은 석곽 축조시에 붕괴를 방지하기 위한 것으로 해석하고 있다. 그러나 목주흔과 꺽쇠의 존재로 미루어 3호분에는 목곽을 사용했을 가능성이 매우 높다. 유곡리와 두락리 고분군 32호분에서도 석곽의 중앙부 곧 피장자가 안치되었을 공간의 양단에 목주흔이 보이고 있고, 꺽쇠와 관정이 출토되었다.

그런데 부식이 덜 된 상태의 관정의 길이가 15~16cm에 이르러 최소한 7~8cm 두께의 목재를 사용했을 것으로 추정되는데, 실제로 관정이나 꺽쇠에 남아있는 목질 흔의 길이가 5cm 이상되는 것도 있어 이러한 추정이 가능하다. 그렇다면 7~8cm 두께의 목재를 사용했다면 시신을 운반하여 매장한 관이라기보다 오히려 안치용의 목곽이 시설된 것으로 볼 수 있는데, 석곽 내부에 정연하게 남아 있는 8개의 목주흔이 이를 뒷받침하는 것으로 생각된다.

삼봉리 고분에서 주 매장주체부인 대형석곽은 중앙에 자리하고 있지만, 소형석곽이나 옹관이 봉분의 남사면에 배치되어 있는 양상에서 이는 부곽이라기보다 추가장에 따른 배장적 성격의 매장시설로 생각된다. 주석곽 주변의 소형석곽들이 순장곽이라는 의미를 충족시키기 위해서는 우선 주석곽과 소형석곽의 축조 동시성이 입증되어야 한다. 그러나 발굴과정에서 이러한 조건을 설명하기 위한 토층조사가 완전하지 못한 것이 현실이다. 그런데 최근 조사가 이루어진 동촌리 2호분의 서쪽에 배치된 1-2호 석곽의 토층을 보면(전주문화유산연구원 2017, 도면 4 참조) 당초 봉분의 피복으로 성토된 토층을 파고 1-2호 석곽이 안치되었음이 확인된다. 또한 삼봉리 3호분의 2기의 소형석곽의 배치를 보면 봉분의 기저부 밖에 해당하는 것으로 알 수 있는데(전주문화유산연구원 2017, 도면 9 참조), 역시 순장이라기보다는 혈연적 친연성에 의해서 배치된 배장형태로 이해할 수 있다. 따라서 이는 시차를 두고 석곽이 조성된 것으로 이러한 양상은 가야고분에서 보이는 순장 성격의 부곽이라기보다는 혈연중심의 가족관계에서 주매장부의 피장자 자식 등이 성인이 되기 이전에 사망한 경우 배장한 것으로 판단된다.

특히 삼봉리 19호(전주문화유산연구원 2020)의 경우 주석곽은 안치되지 않은 채 분정의 남쪽에 치우쳐 4기의 소형석곽이 발견되었을 뿐이다. 만일 삼봉리 고분군 가운데 순장곽이 일반화되었다면, 주 피장자가 안치되기 이전에 순장부터 했다고 말할 수 있을 텐데, 이는 순장이라는 장제의 틀과는 거리가 멀다고 할 수밖에 없는 것이다. 또한 순장이 일반화된 장법이라면, 어느 정도 정형화된 주석곽과 순장곽의 배치가 발견되어야 하는데 그렇지 못하다. 따라서 삼봉리를 비롯한 장수지역의 하나의 봉토 내에 안치된 주석곽과 부곽의 의미는 혈연관계에 의한 장법으로 생각된다. 따라서 순장곽의 의미는 재검토되어야 한다. 이러한 예는 동촌리나 삼고리에서도 확인되고 있다. 장계리에서는 소형 석곽이 보이지 않는 예도 보인다. 유곡리와 두락리 고분군 32호분의 경우 부장곽으로 보는 것에도 주목할 필요가 있다.

장계리 고분군(전북문화재연구원 2020)은 백화산에서 북서쪽으로 뻗은 여러 갈래의 지류 중 장계면 소재지까지 뻗은 지류의 끝자락에 자리한다. 이 지류의 정상부와 돌출부에 고분이 자리하고 있으며, 직경 20m 내외의 대형분과 10~15m 내외의 중형분이 정상부를 따라 일정 간격을 두고 위치한다. 64호분은 구릉 정상부인 북쪽에서 남쪽으로 높게 흙을 성토하여 봉분처럼 조성한 것으로 토층에서 확인되었으며, 매장주체부는 확인되지 않았다. 일부 석재가 노출되어 도굴이 이루어진 매장주체부로 추정하였던 적석(돌무지)은 주변에 구획한 Tr에서 확인되는 토층으로 보아 성토층의 경사면에 일시적으로 쏟아 부은 듯이 확인되었다. 유물은 성토층에서 뚜껑 1점, 배 1점 등 토기편이 약간 확인되었다.

8호분은 흑회색점질층을 굴광하고 일정한 높이까지 벽석을 쌓아올린 다음 벽석축조와 봉분 성토가 동시에 이루어진 것으로 판단된다. 수혈식석곽의 평면형태는 장방형이며, 장축방향은 남-북방향이다. 석곽의 규모는 3.60m×0.7m×0.81m~0.1m이다. 벽석의 축조방법은 크고 작은 (장방형)할석과 천석을 이용하여 가로눕혀쌓기 하였다. 부장유물은 북쪽 단벽에 치우쳐 배와 집게·망치 등의 단야구, 철겸, 방추차가 출토되었고 중앙에서 남쪽 단벽으로 약간 치우친 바닥면에서 환두도편, 이식편, 옥이 출토되었다. 그리고 도굴구덩이를 정리하는 과정에서 유개장경호, 고배편, 단경호편 등의 유물이 수습되었다. 주석곽 남쪽 단벽과 인접하여 소형석곽 1기가 확인되었다. 장축방향은 8호분 주석곽과 직교하는 동-서 방향에 가깝다. 석곽의 규모는 1.9m×0.43m×0.36m이며, 중앙에서 동쪽으로 약간 치우친 바닥면에서 유개장경호, 광구호, 배가 출토되었다. 이 유적에서 주목되는 것은 단야구 일습이 출토되었는데, 장수지역에서 가야 제철유적의 존재 가능성을 높여주고 있는 점이라 하겠다.

한편 장계분지에서 조사가 이루어진 호덕리 유적(전북대학교박물관·군산대학교박물관 2000)은 삼봉리 고분군에서 서쪽으로 인접해 있는데 두개의 구릉에 각각 고분이 조성되어 있다. A지구에서만 가야계 수혈식석곽묘 11기가 조사되었다. 이 가운데 1호와 9호는 장축이 4m 이상, 2호와 8호는 2m 이하, 7기는 2~3m 정도이다. 석곽의 군집양상이나 규모와 내부시설과 출토유물에서도 장계분지의 삼봉리나 장계리 고분군보다는 하위계층의 분묘로 판단된다.

3. 전북가야의 주변문화권

앞서 전북 동부 산간지역에 분포하고 있는 고분군을 통해 가야세력의 중심지를 아영분지와 장계분지로 나누어 보고 그 지리적 특징과 그 내용을 파악해 보았다. 이와 같은 중심권역의 세력을 뒷받침하는 집단에 대한 분묘들이 운봉분지와 장수분지를 중심으로 분포하고 있는데, 두 지역간의 상호 비교를 통해 전북가야에 대한 구체적인 모습을 그려낼 수 있을 것이다.

1) 운봉분지

건지리 고분군은 도굴에 의해 그 유구가 지표상에 드러난 것을 정리하여 보고하면서 알려지게 되었다(윤덕향 1987). 이후 조사에서 가지구에서 17기, 나지구에서 5기, 다지구에서 17기 등 모두 39기의 수혈식석곽분이 조사되었다. 나지구에서는 봉토 내에 하나의 석곽이 안치되어 있었으나 가지구와 다지구에서는 주석곽과 더불어 여러 석곽이 하나의 봉토 내에 배치되어 있다(문화재연구소 1991). 그러나 훼손이 심한 탓인지 보고서를 검토한 결과 봉토의 구체적인 정보는 확인하기 힘들다. 석곽들은 대부분 풍화 암반층을 파고 안치되었고, 바닥에는 별다른 시설없이 생토면을 그대로 이용하고 있다. 도굴이 심한 상태여서 출토유물의 조합상은 파악하기 힘든 상태였지만, 고령양식의 토기가 주를 이루고 있다(곽장근 1999).

행정리 고분군에서는 토광묘 1기, 수혈식석곽묘 12기와 고려시대 횡구식석 곽분 1기가 조사되었다(전북대학교박물관 1994). 석곽은 풍화암반을 파고 안치하고 있으며, 그 길이가 3.0m 이상이 4기, 3.0m 이하가 5기, 1.0m 이하의 소형곽이 3기로 다양한 규모들이 배치되어 있다. 이를 통해 1호분 같은 경우는 단곽분이나 12호의 경우는 7호와 8호를 배장석곽으로 배치했을 가능성이 있다. 출토유물은 무개장경호가 주를 이루며 전형적인 고령양식의 토기가 출토되지 않은 점이 주목되고 있다(곽장근 1999). 연대는 인근 건지리에서 출토된 토기와 통하고 있어 그 연대를 6세기 전반으로 추정하고 있다.

임리 고분은 운봉읍 임리 마을의 서북쪽 산줄기를 따라 조성된 30여 기의 고분 가운데 하나로서(군산대학교박물관 2013) 조사 전에 봉토는 이미 유실된 상태였고, 개석 2매가 지표상에 노출된 상태였다. 봉토는 층위나 지형을 고려할 때 원형 또는 타원형이었을 가능성이 높으며, 직경 15m 정도였을 것으로 추정된다. 봉토 중앙에 주석곽을 배치하고 동북쪽에 소형의 석곽 2기를 배치하고 있다. 석곽 내 유물이 단벽에 치우쳐 부장된 양상을 보이고 있어 시신 매장 가능성을 두고 순장곽으로 파악하고 있다. 그러나 순장곽이라는 전제는 좀 더 면밀한 검토가 요망되는데, 보고서에도 지적하고 있듯이 주석곽은 횡구식으로 백제 영향을 언급하고 있다. 곧 백제계 횡구식석곽묘에서 과연 순장곽이 존재하고 있는지 검토가 필요하다. 주석곽에서 유개장경호 1점과 1-1호 석곽에서 광구장경호, 호형토기가 각각 1점, 1-2호 석곽에서 광구장경호가 1점 발견되었다. 이 밖에 봉토 내에 부장되었을 것으로 추정되는 직구호, 대호편, 뚜껑 등이 확인되었다. 부장유물에서 주석곽의 횡구식과 더불어 백제의 영향이 있었을 것으로 추정된다.

북천리 고분군(전라문화유산연구원 2014)은 바래봉의 가지구릉에서 북서쪽으로 흘러내린 능선을 따라 9기의 고분이 열지어 분포하고 있는데, 이 중 3호분에 대한 조사가 이루어졌다. 조사결과 가야계 횡구식석곽묘 1기. 신라후기 횡구식석곽묘 1기, 신석기시대 주거지 1기가 확인되었다. 신라 후기 횡구식석곽묘에서만 6세기 후반대의 단각고배가 출토되어 신라의 이 지역 확산과 연결짓고 있다.

한편 남원 서부권에 해당하는 입암리 고분(군산대학교 2013)에서 7기의 말무덤 가운데 1기의 마한 분구묘가 조사되어 이 지역의 기층문화로서 마한 정치체를 상정할 수 있는 근거가 되고 있다. 이와 더불어 대강면 사석리·방산리에 7기, 운봉읍 장교리에 7기 가운데 3기만이 보존되어 있어 남원지역의 기층문화로서 마한문화를 가늠케 하고 있다.

2) 장수분지

장수 동촌리 고분은 가야고분의 일반적 입지인 사방이 훤히 보이는 곳에 5개 지구로 나뉘어 모두 40여 기가 분포하고 있다. 그 가운데 가 지구에서 8기의 고분을 조사했는데, 3호, 6호, 7호에서는 각각 1기의 부곽을 갖추고 있음이 확인되었고, 8호에서는 4기의 부곽이 딸려 있음이 확인되었다(군산대학교박물관 2005). 출토유물 가운데 주목되는 것은 3-2호에서 출토된 무투창고배와 9호에서 출토된 직구호는 백제 관련 토기로서 5세기 말에서 6세기 초에 걸쳐 백제와 교섭이 있었음을 추론케 하는 증거가 되고 있다.

동촌리 1호분(전주문화유산연구원 2015)에서 보면 구지표와 풍화암반층을 봉분 형태로 깎아 조성한 후 석곽은 반지하에 위치하도록 하고 그 위에 성토하여 봉분을 조성하고 있다. 일단 풍화암반층을 봉분형태로 깎아서 조성하기 때문에 봉토 조성에 소요되는 노력을 최소화하면서 멀리에서도 거대한 봉토를 가지는 분묘라는 인식이 될 수 있도록 하는 최대의 효과를 보이고 있다. 이러한 예는 장계리 고분에서도 동일한 현상을 보이고 있다. 한편 1-1호는 주매장부의 묘광을 파고 들어가 안치되어 있기 때문에 시간적인 선후관계를 보이고 있는데, 이 점을 바로 주·부곽의 관계에서 순장적 개념으로 이해하는 것보다 이는 주매장부의 피장자와 혈연적 관계에 있었던 미성년자가 배장된 것으로 볼 수 있다.

출토유물은 모두 18점으로 토기류 12점, 철기류 2점, 자연유물(말뼈) 4점이다.

토기류는 단경호·발형기대·발형토기·개·배·고배 등의 기종이 확인된다. 단경호에서는 백제적 요소가 보이며, 발형기대는 함양 백천리·고령 지산동·옥전의 출토품과 유사하여 상호 비교가 가능하다. 발형토기와 개, 배는 재지에서 생산된 것으로 종래 장수지역에서 조사된 고분 출토품과 흡사하다. 또한, 철제편자는 말뼈와 공반되어 출토되었는데 국내에서 사례를 찾아보기 어려우며, 편자와 말뼈의 분석을 통해 실제 사용된 편자로 말의 품종과 매납양상을 파악할 수 있는 중요한 단서를 얻을 수 있었다. 이렇듯 출토유물에 있어 재지계와 백제·대가야계의 양식이 혼재된 양상을 보이고 있으며, 고총의 봉토와 주석곽의 축조기법에서는 장수지역이 갖는 지역적 특색을 확인할 수 있었다. 아울러 동촌리 1호분의 축조연대는 석곽구조와 출토유물을 중심으로 볼 때 6세기 전반으로 추정해 볼 수 있다

동촌리 2호분(전주문화유산연구원 2017)은 봉분 형태는 타원형이며, 규모는 남북 14m, 동서 12m, 잔존 높이 1.8m이다. 주석곽은 도굴된 상태였으며 주변에 3기의 석곽이 배치되었다. 주석곽은 세장방형으로 구지표와 생토면을 정지한 후 굴광하여 안치되었다. 주석곽에서 장경호, 파수부완, 병, 개배, 고배, 기대 등의 토기류와 대도, 철도자, 금제이식이 출토되었다. 2호분의 조사를 통하여 동촌리 고분군의 봉분 조성관련 정보를 알 수 있다는 점에서 의의를 찾을 수 있다.

장수 삼고리 고분은 능선의 정상부에는 대형봉토분이 자리 잡고 그 사면에는 소형석곽묘들이 분포하고 있어 가야지역의 수장층 고분의 입지와 같은 양상을 보이고 있다. 이들 고분 중에서 19기의 석곽묘가 조사되었는데, 출토토기는 유개고배, 유개장경호, 광구장경호, 발형기대, 개배 등 대가야 양식 토기가 주를 이루고 있다(군산대학교박물관 1998). 그러나 7호분에서 출토된 삼족토기와 8호에서 출토된 병형토기는 백제와 교류관계를 파악하는 매우 귀중한 단서가 되고 있는데, 그 시기는 6세기 초엽으로 판단된다. 이는 백제가 공주천도 이후 금강을 따라 가야지역으로 진출하였음을 알 수 있는 증거로 보인다.

장수 노하리 고분군(전주문화유산연구원 2018)에서는 6기의 석곽묘가 발굴조사

되었는데, 봉토는 유실되었고 3호 석곽의 경우 타원형의 주구가 확인되었다. 석곽은 세장형으로 개석은 남아있지 않고, 벽석은 3~4단 내외로 남아있다. 1호와 2호의 경우 주변에 소형석곽이 확인되며, 3호 석곽의 주구에서는 다량의 토기류가 폐기된 상대로 출토되어 마한 분구묘 전통의 요소로 판단된다. 출토유물은 기대, 고배, 파배, 장경호, 단경호, 대부호, 발 등 토기류와 철도, 철도자, 철겸, 철촉, 금제이식 등의 금속류가 발견되었다. 출토토기에서는 재지계, 백제계, 소가야계, 대가야계 등이 혼재된 양상을 보여 주고 있어 이 고분의 피장자 집단은 주변 세력과 활발한 교류의 흔적을 남긴 것으로 볼 수 있다. 이 고분에서 발견된 대부호는 군산 산월리의 석실분 출토품과 매우 유사하며, 배신이 낮은 고배는 논산 신흥리 2호분 출토품과 유사하여 두 지역과 장수 노하리 축조집단간의 교류를 엿볼 수 있다.

진안 황산리 고분군(군산대학교박물관 2001)은 세장형 수혈식석곽묘로 금강변을 따라 동서 방향으로 뻗은 능선의 정상과 남쪽 기슭에 자리하고 있는데, 가지구에서 12기와 나지구에서 5기 등 모두 17기가 조사되었다. 출토유물은 대가야계의 저평통기대, 대부장경호, 광구장경호, 고배 등과 더불어 6호, 7호, 11호에서는 삼족토기와 같은 백제토기가 공반되고 있어 두 정치체간의 교류를 확인할 수 있는 자료인 것이다.

4. 전북가야의 백제 관문 연산지방

한편 금강이나 섬진강 수계의 묘제 특징은 가야의 수혈식에 뿌리를 두고 있지만, 출토유물에서 백제계의 토기들이 포함되어 있는 양상을 보인다. 묘제의 수용이 강제적이라기보다 자발적이라는 관점에서 보면 이러한 의미는 고분을 축조한 주인공들이 가야문화에 뿌리를 두고 있다는 점을 알 수 있는 자료들이다. 그리고 백제토기가 부장된 점은 백제와의 교류나 영역화 과정에서 자연스럽게 백제문화의 수용을 의미하는 것이다.

이렇듯 가야문화권역의 확산 배경에는 강력한 정치체의 뒷받침없이는 불가능했을 것이다. 바로 운봉고원의 월산리, 두락리 고분을 축조했던 세력과 장수지역의 삼봉리, 삼고리, 동촌리의 군집고분의 주인공들이 강력한 정치체를 이루고 섬진강을 따라 남해로, 금강을 따라 서해로의 진출을 도모했을 것이다.

가야에서도 이 지역이 서해나 남해로 진출하는 중요한 요충지였듯이 백제에서는 가야지역으로 진출하는 요충지인 셈이다. 따라서 백제도 이 지역에 깊은 관심을 가질 수밖에 없었을 것이다. 2010년도 월산리에서 출토된 중국제 계수호와 철제초두는 바로 백제의 중앙과 관련된 중요한 증거가 된다(박순발 2012). 백제는 중국 견사시에 중국 물품과 작위를 받아 지방에 하사하여 지방통치의 한 방편으로 삼았음을 잘 알려진 사실이다. 백제 고지의 각 지역에서 발견되는 금

그림 7. 가야계 주요고분 분포도

동관과 금동신발로 대표되는 위세품과 중국제 청자가 이러한 사실을 뒷받침하는 고고학적인 증거이다. 무령왕대에 백제는 다시 이 지역을 장악하게 되는데 남원 초촌리 고분군과 척문리 고분군이 웅진유형의 백제 중앙 고분으로서 그 증거가 된다. 곧 백두대간의 서쪽 안전지대인 이곳에 가야지역으로 나아가는 교두보를 형성하고 있었음을 살필 수 있다.

주목되는 것은 백제고지에 해당하는 충남 연산지역에서 수혈식석곽묘가 군집을 이루고 발견되었는데, 일반적으로 중앙묘제인 횡혈식석실분 채용 이전에 지역의 재지세력에 의해 축조된 것으로 이해되어 왔다. 그러나 수혈식석곽묘 내부에서 백제토기와 더불어 가야계통의 토기가 출토되어 일찍이 가야와 관련성이 있는 것으로 지적된 바 있지만(윤무병 1979), 크게 주목되지 못했다. 최근들어 전북지역의 장수와 진안지역에서 가야계 수혈식석곽묘에서 가야계토기와 더불어 백제토기가 공반되고 있어 이제는 연산지방의 수혈식석곽묘의 피장자 집단을 가야에 뿌리를 두고 있었던 집단으로 이해가 가능하게 되었다.

표정리 고분군은 대규모 수혈식석곽묘의 군집지역으로, 하표정 유적에서 보면 표고 45m의 산으로 함지봉 줄기에서 평야지대에 분지형으로 돌출되어 있는 야산의 구릉에 입지하고 있다(안승주 1976). 모촌리 고분군이 위치한 곳의 전체 지형은 동향의 사면을 이루고 있지만, 동북에서 서남으로 흐르는 구릉이 낮아지면서 동남으로 경사를 이루고 있어 지형상 남향의 사면이 이루어진 곳이다. 조사된 古墳은 대체로 표고 80m 내외의 높이에서 사면의 하단 즉 계곡간에 형성되어 있는 경작지까지 넓게 분포되어 있다.

한편 수혈식석곽묘군의 주변에는 산성이 축조되어 있는 예를 확인할 수 있다. 산성이 축조된 지역은 군사상의 거점이었을 뿐 아니라 정치적인 중심지였음을 추측할 수 있기 때문에, 수혈식석곽묘와 성곽과의 직접적인 관련이 밝혀진다면 이는 수혈식석곽묘 축조지역을 거점으로 상당한 세력기반을 가진 집단이 있었을 것으로 추측할 수 있다.

표정리 고분군 주변의 산성은 함지봉에 위치한 황산성을 대표적으로 들 수 있으며, 이외에도 청동산성, 외성리산성이 분포되고 있어 이 지역의 군사적 중요성(요충지)을 나타내 주고 있다. 모촌리 고분군이 인접한 곳에는 신흥리산성이 자리하고 있고(안승주·이남석 1994), 동으로는 산직리산성이 자리하고 있어 역시 산성과 고분은 밀접한 관련을 가지고 축조된 것으로 판단된다. 웅포리 고분군에 인접한 곳에도 함라산성과 어래산성이 자리하고 있어 공통점이 발견되고 있다. 그러나 고분의 축조연대와 산성의 축조시기가 일치하는가는 현재로서는 파악하기 어려운 문제이지만, 아무튼 고대에 있어 성이 군사적 목적 외에 통치의 치소였던 점을 감안하면 수혈식석곽묘가 위치하고 있는 입지는 교통의 요소인 동시에 일정한 세력의 거점으로 적합한 지역이란 점에서 주목된다.

연산지방과 인접하고 있는 익산 동룡리 수혈식석곽묘에서 가야계의 유개장경호가 출토되었는데(전북문화재연구원 2017), 이는 가야가 금강유역으로 진출했던 증거가 될 것이다. 이에 대해서 완주 상운리를 경유하는 교통로와 관련된다는 견해가 있으나, 인근 논산지역에 가야곡이란 지역과 특히 연산 신흥리, 표정리 등의 수혈식석곽묘와 관련성을 찾을 수 있을 것이다. 따라서 연산지역에서 운주를 거쳐 진안으로 통하는 루트를 상정해 볼 수 있지 않을까 한다. 연산지역에 이르면 곧바로 논산천과 연결되며 강경을 거쳐 웅포, 군산에 거쳐 서해로 나아가는 해로가 형성되는 것이다. 금강하구의 웅포리(원광대학교박물관 1995)나 산월리에서 출토되고 있는 가야계 토기들도 이를 뒷받침하고 있으며, 특히 부안 죽막동유적에서 가야계 토기가 다수 발견되는 것은(국립전주박물관 1994) 금강을 통한 가야의 해상 교통로를 상정할 수 있는 것이다.

V. 맺음말

앞에서 전북지역의 고대문화의 다양성에 대하여 살펴보았다. 전라북도의 서부 평야지대에는 마한문화를 근간으로 백제에 의한 영역화 이후에도 마한 전통의 분구묘가 5세기 말 이후까지도 지속적으로 남아있음을 확인할 수 있었다. 동부 산간지역에서는 가야계의 분묘들이 축조되고 있어 서부 평야지대와 다른 문화양상을 가지고 있었다. 이와 같은 다양한 문화적 양상을 가진 전북지역에도 백제의 근초고왕과 무령왕대 영역확장 과정에서 점차 백제의 중앙문화가 확산되기 시작한다. 그것은 남원 초촌리와 정읍 신정동 등에서 보이는 웅진유형의 석실분이 이를 말해 주고 있는 것이다.

백제는 사비시대에 들어서 전라 북서부지역과 남서부 지역의 통합을 위해 백제는 정읍 고부 일대에 중방성을 설치하고, 동부 산간지대의 가야세력을 비롯한 다양한 세력을 통합하기 위하여 남원 일대에 남방성을 설치한 것으로 추정할 수 있다. 이와 같은 백제 오방성 가운데 중방성과 남방성을 전라도에 설치함으로써 전라도지역은 백제의 완전한 영역화를 이루게 되는 것이다.

동부산간지대에 가야문화가 이입되기 이전에는 서부지역과 같이 마한·백제에 기반하고 있었지만, 400년 고구려의 남진에 의한 가야사회의 격변과 장수왕에 의한 한성의 함락이라는 커다란 사건을 통하여 전북가야의 성립에 많은 영향을 미친 것으로 추정할 수 있다.

전북 동부지역에 자리 잡고 있었던 가야문화에 대한 몇 가지의 특징을 다음과 같이 찾을 수 있었다.

가야의 정치체가 자리 잡고 있었던 중심지역은 지리적인 면에서 전면에 하나의 분지를 두고 있는데 이는 적의 공격으로부터 완충 역할을 했을 것으로 보이며, 이를 통해 지리적 방어가 유리한 분지를 택하고 있다는 점이다.

장계분지의 삼봉리 고분군의 피장자는 장수지역을 지배했던 최고의 계층으로 이해할 수 있는데, 고분의 규모나 내부시설, 출토유물에서 이를 뒷받침하고 있다. 그러나 아영분지의 월산리를 비롯한 고분군보다는 규모나 출토유물에서 한 단계 낮은 위계를 갖는 것으로 보인다. 그러나 장수지역 고분군의 공간적 범위나 고분군의 숫자에서 보면 결코 남원지역에 못지않은데 이는 장수가야의 뒷배경이 되었던 백제와 긴밀한 소통관계에서 비롯된 것으로 이해할 수 있다.

장수지역의 고분 특징은 산지맥의 날등을 이용하여 거대하게 보이기 위한 봉분을 조성하고 있다. 경사 방향을 따라 삭토하여 정리하거나 또는 성토하기 때문에 타원형의 봉분 형태가 만들어지고 주석곽 방향도 그에 따라 정해지는 것으로 판단된다.

하나의 봉분 내에 대형의 주석곽과 소형석곽이 다장 형태로 안치된 예가 많은데, 대부분 그 성격을 순장곽으로 이해해 왔다. 그러나 이를 증명하기 위해서는 주석곽과 동시 축조라는 층서적 해석이 선행되어야 할 것이다. 그런데 봉분의 범위를 벗어나는 예도 있고, 심지어 주석곽은 조성되지 않고 소형석곽만 있는 경우도 있어 모두 순장곽이라는 관념에서 탈피해 고찰할 필요가 있다. 필자는 고분 축조 당시에는 유아 사망률이 높았기 때문에 혈연적 관계 속에서 배장적 성격의 다장이 이루어진 것으로 생각하고 있다.

삼봉리나 유곡리와 두락리의 주석곽의 상면에서 노출된 주공흔과 꺽쇠의 출토를 통하여 목관으로 보고 있는 경우가 많은데, 시신 운반 및 안치를 위한 목관의 시설이라기보다 안치용 목곽으로 판단하는 것이 합리적인 해석이 아닐까 한다.

아영고원 일대의 가야문화 중심권역에서 조사된 수혈식석곽묘에서 대가야 양식의 토기가 출토되어 이 지역이 대가야 영역에 포함된 것으로 보는 견해도 있었으나, 월산리에서 출토된 금은상감환두도나 철제 갑옷 및 마구 등은 다른 가야소국에 비해 전혀 손색이 없는 위세품이라 할 것이다. 특히 월산리 M5호분에서 출토된 중국제 청자계수호와 철제 초두는 백제와의 정치적인 관계를 살필 수 있는 자료이다, 또한 유곡리와 두락리 고분군에서는 금동제 신발편이나 청동거울에서 무령왕릉 출토품과 비교되고 있는데, 역시 당시 국제적 외교권을 장악하고 있었던 백제와 관계 속에서 생각할 수 밖에 없는 것이다.

최근 장수지역의 고총 고분군과 철관련 유적, 그리고 봉수와 더불어 전북가야의 독자성을 뚜렷하게 보여주고 있는 것이다. 이렇게 독자성을 가지고 성장한 전북가야는 백제와 친연적 관계 속에 있었음은 하나의 고분에서 백제와 가야토기가 발견되고 있는 점에서 이를 뒷받침하고 있다. 특히 진안에서 금산을 거쳐 논산천으로 이어지는 교통로에 해당하는 연산지방의 가야계 수혈식석곽묘와 유물은 백제 수도였던 공주나 부여에서 머지않은 영토 내에 전북가야의 거점이 백제 중앙의 묵인하에 존재하고 있음을 파악할 수 있다.

백제 사비시대에 들어서는 전북가야와 백제의 친연적 관계는 백제의 남방성이 남원에 설치되게 되는 배경이 되었던 것이다. 백제 남방성의 설치는 낙동강 서안의 가야세력이 변한을 기층문화로 배경이 되었다면, 전북가야는 마한문화가 기층문화였기 때문에 백제와 역동적 교류를 통한 친연관계가 가능했을 것으로 보인다.

참고문헌

곽장근, 1995, 「전북 장수군의 유적현황과 보존실태」『호남고고학보』 2집, 호남고
　　고학회.

곽장근, 1999, 『호남 동부지역 석곽묘 연구』, 서경문화사.

곽장근, 2004, 「호남 동부지역의 가야세력과 그 성장과정」『호남고고학보』 제20집,
　　호남고고학회.

곽장근, 2018, 『전북에서 만나는 가야이야기』, 전라도 정도 1000년 기념 도록, 국립
　　전주박물관.

국립전주박물관, 1994, 『부안 죽막동 제사유적』, 국립전주박물관 학술조사보고서
　　제1집.

군산대학교박물관, 1998, 『장수 삼고리고분군』.

군산대학교박물관, 2001, 『진안 용담댐 수몰지구내 문화유적 발굴조사 보고서Ⅳ』.

군산대학교박물관, 2005, 『삼봉리 고분군·동촌리 고분군』, 장수군·문화재청.

군산대학교박물관, 2006, 『장수 침곡리유적』.

군산대학교박물관, 2013, 『남원 입암리·임리 고분』.

김원룡, 1977, 「익산지역의 청동기문화」『마한·백제문화』 제2집, 원광대학교 마
　　한·백제문화연구소.

노중국, 2010, 「한국고대의 수리시설과 농경에 대한 몇 가지 검토」『한국고대의 수
　　전농업과 수리시설』, 서경문화사.

柳哲 外, 2015, 『長水 三峰里 古墳群』, (財)全州文化遺産研究院.

문화재연구소, 1991, 『남원 건지리 고분군 발굴조사 보고서』.

박순발, 2012, 「계수호와 초두를 통해 본 남원 월산리고분군」『운봉고원에 묻힌 가
　　야무사』, 국립전주박물관 특별전 도록.

안승주, 1976, 「논산 표정리 백제고분과 토기」『백제문화』 9집, 공주대학교 백제문
　　화연구소.

안승주·이남석, 1994, 『논산 모촌리 백제고분군 발굴조사보고서Ⅱ』, 공주대학교
　　박물관.

오동선, 2020, 「남원 아영분지 고총고분 조영세력의 변천과 성격」『남원 청계리 청
　　계고분군과 월산리 고분군 조사성과와 의의』, 국립완주문화재연구소·국립
　　나주문화재연구소.

원광대학교 마한·백제문화연구소, 1983, 『남원 월산리고분군발굴조사보고서』.

윤덕향 외, 1989, 『두락리 발굴조사보고서』, 전북대학교박물관.

윤덕향 외, 2001, 『와정유적』, 진안용담댐수몰지지역내 발굴조사보고서.

윤덕향, 1987, 「남원 건지리유적조사개보」 『삼불김원용교수정년퇴임기념논총』, 일지사.

윤덕향, 2000, 『남양리 발굴조사보고서』, 전라북도 장수군·전북대학교 박물관.

윤무병, 1979, 「연산지방의 백제토기연구」 『백제연구』 10집, 충남대학교 백제연구소.

이건무·서성훈, 1988, 『함평초포리유적』, 국립광주박물관.

이현혜, 2003, 「한국 초기철기시대의 정치체 수장에 대한 고찰」 『역사학보』 제180호, 역사학회.

전영래, 1974, 「임실 금성 석곽묘군」 『전북유적조사보고』 3.

전영래, 1975, 「익산 함열면 다송리 청동유물출토묘」 『전북유적조사보고』 5.

전영래, 1981, 「남원, 초촌리고분군발굴조사보고서」 『전북유적조사보고』 12.

전영래, 1985, 「백제남방경역의 변천」 『천관우선생 환력기념 한국사학논총』, 정음문화사.

조유전, 1984, 「전남 화순 청동유물일괄 출토유적」 『윤무병박사 회갑기념논총』, 통천문화사.

진정환, 2007, 「남원 지당리 석불입상고찰」 『동악미술사학』 8집, 동악미술사학회.

최완규, 2000, 「馬韓·百濟墓制の複合樣相」 『日韓古代おける埋葬法の比較研究』, 奈良文化財研究所.

최완규, 2007, 「분묘유적에서 본 익산세력의 전통성」 『마한·백제문화』 제17집, 원광대학교 마한·백제문화연구소.

최완규, 2013, 「김제 벽골제와 백제 중방성」 『호남고고학보』 제44집, 호남고고학회.

최완규, 2015, 「마한 성립의 고고학적 일고찰」 『한국고대사연구』 79, 한국고대사학회.

최완규, 2018, 「최근 고고학 성과로 본 백제왕도 익산」 『고도익산 정체성확립을 위한 학술회의』, 익산시·원광대학교 마한·백제문화연구소.

홍보식, 2020, 「남원 청계리고분군과 월산리고분군의 가치와 활용방안」 『남원 청계리 청계 고분군과 월산리 고분군 조사성과와 의의』, 국립완주문화재연구소·국립나주문화재연구소.

전북가야의 태동과 반파국

이 도 학

한국전통문화대학교 교수

Ⅰ. 머리말

加耶하면 일반적으로 6가야를 운위한다. 아울러 가야는 단일연맹체였고, 초기에는 김해, 후기에는 고령이 맹주였다고 못을 박았다(도면회 외 2015, 왕현종 외 2015). 이로 인해 가야라는 이름이 낙동강 西岸과 남강유역 그리고 섬진강유역 정치 세력을 덮고 있다. 그러나 과연 가야가 이들 지역을 포괄하는 이름으로 타당한지에 대한 엄정한 검증이 필요해진다. 왜냐하면 소위 6가야는 고려 문종 때 편찬된 『駕洛國記』나 그 이후에 출간된 『本朝史略』에서 유래했기 때문이다. 6가야는 차치하고 '가야'라는 이름의 국가도 『삼국사기』 本紀에서는 김해나 고령 세력 외에는 없다. 당대의 실정을 풍부하게 담고 있는 사서나 금석문에서는 가야를 접미어로 하는 '△△가야' 式 諸國은 확인되지 않았다. 대신 唐代에 편찬된 『通典』에서는 가야 대신 '任那諸國'이라고 하였다.

가야와 임나는 별개의 정치 세력으로 각각 등장한다. 본고에서는 이 점에 대해 정리하였다. 게다가 연맹을 포괄하는 이름으로 등장하는 加耶라는 호칭의 타당성 여부를 검증하려고 한다. 그렇지만 본고에서는 통념적으로 사용하는 학술 용어를 존중하기로 했다. 즉 '가야고분'이나 '대가야 토기' 등과 같은 용어는 혼란을 피하기 위해 그대로 표기하였다.

백제와 신라 사이의 완충 지대에 소재한 諸國을 포괄하는 '가야' 호칭의 적정성 문제와 더불어, 대안을 제시하고자 했다. 적어도 3세기대까지 이들 제국은 弁韓으로 일컬어졌다. 삼한 가운데 마한에서 백제가, 진한에서 신라가 연맹을 통합하였다. 통합되지 못한 변한 연맹은 諸小國 단위로 산재해 있었다. 이들은 소국 단위로 연합체를 이루었다. 蒲上八國이 대표적인 사례가 된다. 이들 세력을 대외적으로 포괄하는 호칭은 가야가 아니었다. 任那라는 이름의 諸國 연합체였다. 강대한 백제와 신라의 위협과 침공으로부터 기존의 질서를 지키기 위한 데서 생겨난 연합체로 보였다. 이들은 통합되지 못하고 느슨하게 병렬적으로 산재했기에 '임나제국'으로 일컬어진 것 같다.

본고에서는 '임나제국' 가운데 '別種'으로 분류된 伴跛國과 哆利國 등을 중심한 섬진강유역과 전라북도 동부 지역 정치 세력의 태동과 그 구심을 찾고자 했다. 이러한 작업을 위해서는 『일본서기』와 「양직공도」 등에 등장하는 제국 이름과 지명에 대한 명료한 전제가 필수적이다. 본고에서는 기존 지명 비정을 검증하여 전북가야의 실체와 역동성을 구체적으로 복원하는 데 기여하고자 했다.

본고에서는 거의 정설인 반파국=加羅說에 대한 집중 검증에 역점을 두었다. 본고로 인해 반파국≠加羅라고 한다면, 기존 대가야 중심의 가야사 체계는 전면적으로 재편되어진다. 이처럼 몹시 엄중한 사안인 관계로 반파국=加羅의 동일 여부 검증에 비중을 크게 실었다. 검증 결과 반파국이 경상북도 고령이 아닌 전라북도 동부 지역에 소재한 사실이 드러난다면, 장수 지역의 위상과 비중은 새롭게 부각될 수밖에 없다. 아울러 가야사의 기본 틀을 재구성해야 마땅하다.

『일본서기』에 따르면 6세기 초에 倭와의 대결 구도 속에서 반파국이 烽候 즉 봉화대를 설치했다고 한다. 이러한 봉화대와 관련한 유적은 전라북도 동부 지역, 그것도 가야고분 소재지에 조성되었다. 그리고 방사상의 봉화대 분포는 장수 지역으로 집결하는 양상이었다. 6세기대를 배경으로 한 봉화대 유적은 대가야 중심의 권역 그 어디에서도 확인되지 않았다. 그러면 넓은 영역과 신호를 통해 보호해야 할 자산을 갖춘 정치체의 존재는 누구일까? 이는 대가야가 아닌 반파국일 수밖에 없다. 그러면 반파국을 봉화의 결집처인 장수로 지목할 수 있는 합당한 근거가 마련되어야 한다. 첫째는 제철 왕국이라는 사실이요, 둘째는 행정지명의 상호부합이었다. 본고에서는 반파국이 지금의 장수 지역임을 문헌 자료로 입증하는데 주력하여 지금까지 필자가 제기한 성과를 집결하였다. 그럼으로써 반파국을 중심한 거대한 정치체의 존재를 사서에서 찾고자 했다. 이와 관련해 논란이 많았던 慕韓을 지목하였다.

본고에서는 다른 논문에서 이미 거론했던 『가락국기』를 비롯하여 『일본서기』

와 「양직공도」 등의 해당 구절과 분석을 다시금 언급했다. 해당 사료가 이것이 전부인 관계로 불가피하였다.

II. 가야와 임나의 공간적 범위

1. 국호로서 加羅와 任那

加羅 국호는 김해의 狗邪國에서 비롯되었다(金廷鶴 1990). 가라는 구야국이 고령과 연맹 관계를 결성함에 따라 양국을 통칭하였다(李道學 2003; 李道學 2006). 여기서 加羅는 '더하여 網羅한다'는 의미를 지녔다. 이는 김해와 고령 세력의 연맹 결성과 관련한 의미 심장한 국호였다. 『남제서』나 『일본서기』에서 표기한 加羅는 당시 가라인들 스스로의 표방이었다. 「광개토왕릉비문」에서도 '任那加羅'의 '加羅'로 표기했다. 반면 『삼국사기』 등에 보이는 加耶나 加良 혹은 駕洛은 어디까지나 가라를 멸망시킨 신라인들의 표기에 불과하였다. 특히 『삼국사기』에서 용례가 많은 국호가 '加耶'이다. 그런데 '耶'는 의문을 나타내는 助辭였다. 그런 만큼 자칭인 加羅와는 달리 타칭인 '加耶'는 '더했다고?' 하며 비꼬는 의미이다(李道學 2010). 그러니 加羅 표기가 온당하다고 본다. 그런데 加羅는 낙동강과 남강 유역 전체를 포괄하는 연맹 이름으로는 부적합하다. 후술하겠지만 가라는 김해와 고령에만 적용되기 때문이었다. 반면 임나의 용례는 다음과 같이 보인다.

a-1. 「광개토왕릉비문」: '任那加羅'(李道學 2020)

a-2. 『일본서기』(성왕이 왜에 보낸 국서): '任那諸國'[1]

---

1 『日本書紀』권19, 欽明 15년 12월 조. "上表曰 百濟王臣明 及在安羅諸倭臣等 任那諸國 旱岐等奏 以斯羅無道 不畏天皇 與狛同心"

a-3. 『삼국사기』(强首의 자신 소개): 任那加良人[2]

a-4. 『일본서기』: "임나가 멸망했다. 통털어서 임나라고 말한다. 개별적으로
　　　는 加羅國·安羅國·斯二岐國·多羅國·卒麻國·古嵯國·子他國·散半下
　　　國·乞湌國·稔禮國이라고 말한다. 합해서 10國이다."[3]

a-5. 『通典』: "(新羅) … 遂致强盛 因襲加羅·任那諸國滅之"[4]

a-6. 『翰苑』: "地總任那"[5]

a-7. 『翰苑』: "지금 신라의 耆老들에게 물었더니 '加羅와 任那는 옛적에 신라
　　　에 멸한 바 되었다. 그 故地를 지금은 아울러 나라 남쪽 700~800리에 있
　　　다'"고 말한다.[6]

『한원』에는 신라의 강역과 관련해 "地總任那"라고 했다(a-6). 즉 신라의 영역
을 설명하면서 "땅은 임나를 합했다"는 것이다. 통상적으로 한국인들이 상상하
는 가야 영역 전체를 '임나'로 일컬었다. 그렇지만 加羅와 任那는 별개의 정치 세
력이요(a-7), 임나 범위 안에 가라가 존재했다(a-1).

2. 가야연맹설의 검증

가야연맹설의 근거는 가야를 접미어로 하는 가야제국이었다. 『삼국유사』에서
인용한 『가락국기』와 『본조사략』에는 다음과 같이 5가야 혹은 6가야 시조 탄생

---

2 『三國史記』 권46, 强首傳.

3 『日本書紀』 권19, 欽明 23년 정월 조. "廿三年 春正月 新羅打滅任那官家[一本云 廿一
　年 任那滅焉 總言任那 別言加羅國·安羅國·斯二岐國·多羅國·卒麻國·古嵯國·子他
　國·散半下國·乞湌國·稔禮國 合十國]"

4 『通典』 권185, 邊防1, 新羅.

5 『翰苑』 蕃夷部, 新羅.

6 『翰苑』 蕃夷部, 新羅. "今訊新羅耆老云 加羅·任那 昔爲新羅所滅 其故地今並在國南七八
　百里"

설화가 보인다.

    b. 五伽耶[「駕洛記」를 살펴보면 贊에 이르기를 "하나의 자주색 끈이 드리워져 여섯 개의 둥근 알이 내려 왔다. 다섯 개는 각 邑으로 돌아가고, 한 개는 이 城에 있다"고 한 즉, 한 개가 首露王이 되고 나머지 다섯 개는 각각 5伽耶의 임금이 되었다. 金官이 다섯의 數에 들어가지 않은 것은 당연하다. 그러나 「本朝史略」에서 金官까지 그 數에 넣고 昌寧을 더 기록한 것은 잘못이다]. 阿羅[혹은 耶]伽耶[지금 咸安]·古寧伽耶[지금 咸寧]·大伽耶[지금 高靈]·星山伽耶[지금 京山 혹은 碧珍]·小伽耶[지금 固城]이다. 또「본조사략」에는 태조 天福 5년 庚子에 5伽耶의 이름을 고쳤다고 했다. 첫째는 金官[金海府가 되었다], 둘째는 古寧[加利縣이 되었다], 셋째는 非火[지금 창녕이니, 아마 高靈의 잘못인 듯하다], 나머지 둘은 阿羅와 星山[앞에서와 같다. 星山은 혹은 碧珍이라고도 한다]伽耶이다.[7]

    『가락국기』와 『본조사략』에는 5가야·6가야가 각각 수록되어 있다. 이를 토대로 가야연맹설이 태동했다(李丙燾 1959). 후자에 따르면 940년인 천복 5년 경자에 이미 5가야의 존재가 보인다. 즉 금관가야·고녕가야·비화가야·아라가야·성산가야이다. 이와는 달리 『가락국기』에 따르면 아라가야·고녕가야·대가야·성산가야·소가야·금관가야의 6가야가 된다. 이렇듯 가야를 접미어로 하는 가야제국은 『삼국사기』에서도 포착된다. 즉 "古寧郡은 본래 古寧加耶國인데, 신라가 이곳을 취하여 古冬攬郡[古陵縣]을 삼았다"[8]고 했다. 고녕군은 고려 때 咸寧

---

7 『三國遺事』권2, 紀異, 五伽耶 條. "五伽耶 按駕洛記 贊云 垂一紫纓下六圓卵五歸各邑一 在玆城 則一爲首露王餘 五各爲五伽耶之主 金官不入五數當矣 而本朝史畧並數金官 而 濫記昌寧誤 阿羅[一作耶] 伽耶[今咸安]·古寧伽耶[今咸寧]·大伽耶[今高靈]·星山伽耶 [今京山 一云 碧珍]·小伽耶[今固城] 又本朝史畧云 太祖天福五年庚子 改五伽耶名 一金 官[爲金海府]·二古寧[爲加利縣]·三非火[今昌寧 恐高靈之訛]. 餘二 阿羅·星山[同前 星 山 或作碧珍]伽耶"

8 『三國史記』권34, 雜志, 地理1, 新羅. "古寧郡 本古寧加耶國 新羅取之爲古冬攬郡[一云

郡이고, 지금은 상주시 함창읍이다. 『삼국유사』와 『삼국사기』 모두 함창을 고녕 가야 故地로 적어놓았다. 그리고 安羅에 대해서는 "법흥왕이 大兵으로 阿尸良國 을 멸망시켰다[혹은 阿那加耶라고 한다]. 그 땅을 郡으로 삼았다"[9]고 했다. 여기서 안 라를 아나가야로 일컫은 사실이 확인된다.

고려 문종대(1046~1083)에 금관주지사가 저술한 『가락국기』는 1145년에 편찬 된 『삼국사기』보다 선행 사서였다. 그런 관계로 『삼국사기』 찬자가 『가락국기』 를 읽었기에 '고녕가야국'과 '아나가야'를 언급할 수 있었다. 그렇지만 가야를 접 미어로 하는 가야제국 호칭은 『가락국기』 이전으로 소급되기는 어렵다. 이러한 가야의 공간적 범위를 『가락국기』에서는 "동은 황산강, 서남은 창해, 서북은 지 리산, 동북은 가야산, 남은 나라의 끝이었다"고 했다. 이와 관련해 금관가야의 마지막 왕인 구형왕의 능과 수정궁이 전하는 산청군 금서면은 『가락국기』 영역 의 중심에 걸맞다(이도학 2020). 『가락국기』는 구형왕과 관련한 山淸을 기준으로 사방 영역을 설정한 것 같다. 가야의 사방 영역관은 『가락국기』가 편찬되는 11 세기대의 산청 지역을 軸으로 하는 가락국 인식으로 보인다. 이러한 인식은 구 형왕 관련 유구 등이 이 무렵에는 존재했음을 암시한다. 따라서 왕산사의 구형 왕 유구 등이 조선 후기에 갑자기 조작되었다는(권덕영 2015) 주장은 따르기 어렵 다. 아울러 금관가야 왕실의 역사를 수록한 『가락국기』는 가야사 전반에 비추어 볼 때 역사적 사실과는 거리가 있어 보인다.

加羅는 그 범위가 2개 국에 국한되었다. 『일본서기』 신공 49년 조에 보이는 다음의 '가라'와 '남가라'를 통해서 알 수 있다.

c. …… 그리고 比自炑·南加羅·㖨國·安羅·多羅·卓淳·加羅의 7국을 평정하

古陵縣]"

9 『三國史記』 권34, 雜志, 地理1, 咸安郡. "法興王以大兵滅阿尸良國[一云阿那加耶] 以其 地爲郡"

였다. 이에 군대를 옮겨 서쪽으로 돌아 고해진에 이르러 南蠻의 침미다례를 도륙하여 백제에 賜하였다. …… 10

주지하듯이 위에 적힌 가라는 고령을, 남가라는 김해를 가리킨다. 김해 세력이 남가라였음은 여러 기록에서 보인다.[11] 게다가 양국이 공유하는 형제시조 설화는 연맹관계를 알려준다(金泰植 1993). 그렇다면 가라를 공유하는 연맹은 김해와 고령 두 개 國에 국한되었다.[12] 이러한 가라연맹보다 공간적 범위가 훨씬 넓은 용어는 '임나제국'이었다. 즉 a-4에 따르면 임나 안에 가라국과 안라국을 비롯한 10국이 포함되었다. 물론 전성기의 임나는 이 보다 훨씬 많은 소국들로 구성되어 있었다. 여기서 분명한 사실은 이들 제국에 대한 포괄적인 호칭은 임나였다. 그랬기에 '任那加羅'나 '任那加良'이라는 국호 표기가 나왔을 것이다. 加羅

----

10 『日本書紀』 권9, 神功 49년 조.

11 『日本書紀』 권17, 繼體 21년 조.
   『日本書紀』 권19, 欽明 2년 4월 조.
   『日本書紀』 권19, 欽明 2년 7월 조.
   『三國史記』 권41, 金庾信傳.

12 이와는 달리 安羅까지 당시 加羅로 호칭했다는 주장이 제기되었다(田中俊明, 1992, 『大加耶聯盟の興亡と'任那'』, 吉川弘文館, 30쪽). 즉 동일한 내용을 담고 있는 "十四年秋七月 浦上八國謀侵加羅 加羅王子來請救 王命大子于老與伊伐湌利音 將六部兵往救之 擊殺八國將軍 奪所虜六千人還之(『三國史記』 권2, 나해 니사금 14년 조)"와 "時八浦上國同謀伐阿羅國 阿羅使來請救 尼師今使王孫㮈音 率近郡及六部軍往救 遂敗八國兵(『三國史記』 권48, 勿稽子傳)" 기사에서 전자는 加羅, 후자는 阿羅로 적혀 있으므로 양자는 동일하다는 것이다. 그러나 다산 정약용이 후자의 阿羅國을 柯羅國이나 加羅國의 착오로 간주한 이래 대부분의 연구자들이 동의하였다(정구복 外, 1997, 『譯註三國史記』 4, 주석편(하), 한국정신문화연구원, 798~799쪽). 실제 물계자전은 본기의 축약에 가까울 뿐 아니라, '八浦上國'으로 기재하는 등 오류가 적출되었다. 그리고 田中俊明은 『일본서기』 欽明 2년 4월 조의 성왕의 발언 가운데 "加羅에 가서 임나일본부에 모여 맹세를 하게 했다"는 구절에 보이는 加羅는 安羅를 가리킨다는 것이다. '安羅日本府'를 염두에 둔 이러한 주장은 비판할 값어치도 없다. 더욱이 성왕의 동일한 발언에 安羅와 加羅가 나란히 등장하는데, 어떻게 兩者가 동일한 세력을 가리킬 수 있을까?

나 加良의 상위 개념이요, 이들을 뭉뚱그린 호칭이 임나였다. 백제 성왕이 倭에 보낸 국서에서 '임나제국'이 보인다.[13] 물론 唐代에 편찬된 『통전』에서는 "(신라) … 드디어 강성하여졌으므로 가라와 임나제국을 습격하여 이들을 멸망시켰다(a-5)"고 하여 가라와 임나제국이 별도의 정치체로 기록되었다. 여기서 분명한 사실은 가라는 결코 임나제국과 等値가 아니라는 것이다. a-4에서 보듯이 임나는 가라와 안라 등을 포괄하는 상위 개념이었다. 이와 관련해 「광개토왕릉비문」에 적힌 고구려의 신라 구원전에 '임나가라'가 등장한다. 이는 백제 성왕의 발언에 "옛적에 신라가 高麗에 구원을 요청하여 임나와 백제를 공격했지만 여전히 이들을 이기지 못했다"[14]는 기사와도 연결된다. 전자와 후자는 모두 400년의 신라 구원전을 가리킨다. 후자를 통해 전자에 적힌 '임나가라'의 '가라'는 임나에 속했음을 읽을 수 있다. 임나가 가라보다는 더 큰 규모의 정치체임을 알려준다. 이러한 임나제국은 현재 한국인들이 머릿속에 상정한 가야연맹 공간과 대략 부합한다.

가라는 김해와 고령 간의 정치적 공동체를 가리키는 국호였다. 이러한 정치적 공동체는 연맹을 상징하는 건국설화를 공유했다. 최치원이 지은 「석이정전」의 다음 기사에서 읽을 수 있다.

> d. 가야산신 正見母主가 천신 夷毗訶之에게 감응되어 대가야 왕 惱窒朱日과 금관국왕 惱窒靑裔 두 사람을 낳았다. 惱窒朱日은 伊珍阿豉王의 별칭이고, 靑裔는 수로왕의 별칭이다.[15]

위의 김해와 고령을 기반으로 한 건국설화는 주지하듯이 연맹설화였다. 이렇

---

13 『日本書紀』 권19, 欽明 15년 12월 조. "上表曰 百濟王臣明 及在安羅諸倭臣等 任那諸國旱岐等奏 以斯羅無道 不畏天皇 與狛同心"

14 『日本書紀』 권19, 欽明 2년 4월 조. "昔新羅請援於高麗 而攻擊任那與百濟 尙不剋之"

15 『新增東國輿地勝覽』 권29, 高靈縣 條.

듯 당초 가야의 연맹은 2개국에 불과했다. 이는 앞서 c에 보이는 '남가라'와 '가라' 2곳의 가야와 부합한다. 이처럼 10세기 초의 저작(d)에서 확인된 김해와 고령 간의 연맹설화는, 11세기경에 이르러 해당 가야가 6개로 늘었다. 삼국시대 당시에 호칭하지 않았던 나머지 4개 가야는 '만들어진 가야'였다. 실제 최근의 발굴 결과 창녕 교동과 송현동 고분에서 5세기 후반~6세기 초 비화가야 지배층의 무덤이라고 했지만, 出 字形 금동관을 비롯한 장신구 일체는 경주 황남동 신라 귀족 여성 무덤과 판박이 구성으로 드러났다. 결국 창녕 교동과 송현동 고분군의 주체는 신라임이 확실해졌다는 평가를 받았다(허윤희 2002). 이에 덧붙인다면 『삼국지』 동이전 변진 조의 "有已柢國 不斯國 弁辰彌離彌凍國 弁辰接塗國 … 弁辰狗邪國 弁辰走漕馬國 弁辰安邪國(馬延國)·弁辰瀆盧國·斯盧國·優由國"라는 국명 가운데 '변진'이 앞에 붙지 않은 不斯國은 진한에 속한다. '진한 불사국'은 창녕을 가리키고 있다(李丙燾, 1959). 따라서 『삼국유사』에 인용된 『본조사략』에 적힌 6가야의 하나인 비화가야는 기실 '비화신라'인 셈이다. 성산가야도 5~6세기에는 신라로 지목하는 게 고고학상 대세를 이룬다. 이렇듯 '6가야'는 실체가 불분명하다는 것이다.

III. 전북가야의 등장

일반적으로 가야는 통념상 경상도 지역을 가리킨다. 반면 전라도 지역은 마한의 소재지로 인식되어 왔다. 물론 전혀 잘못된 인식만은 아니었다. 그런데 고고학적 발굴 성과에 따라 전북 임실의 금성리 고분군을 필두로 전북 지역 가야의 존재가 속속 드러났다. 이제는 '전북가야'라는 용어까지 사용될 정도로 익숙해졌다. 실학자로 알려진 星湖 李瀷(1681~1763)도 전북가야의 존재를 다음과 같이 처음 언급하였다.

e. 신라는 처음에는 낙동강 동쪽에 있었고, 그 서쪽은 6가야의 땅인데, 변한은 그 남쪽에 있었다. 반드시 이곳은 지리산 남쪽의 여러 고을로 아마도 지금의 경상도와 전라도 여러 고을에 걸쳐 있었을 것이다. … 혹은 지금 전라도 동남쪽 여러 고을이 모두 변한의 땅이 아니었을까? 이것이 전해오는 의문이라고 할 수 있다. … 신라의 서쪽은 6가야가 되고, 또 그(6가야) 서남쪽이 변한이니, 이것은 의심이 없다.[16]

성호 이익은 6가야와 변한을 구분했고, 6가야 서남쪽에 소재한 변한은 경상도와 전라도에 걸쳐 있었고, 그러한 변한은 전라도 동남쪽에도 걸쳤다고 했다. 변한의 소재지가 전라도까지 미쳤다는 견해를 처음으로 피력하였다. 성호가 언급한 변한은 그 후신인 임나제국에 해당한다. 이렇듯 성호가 상정한 임나제국의 공간적 범위는 현재 전북 동부와 전남 동남부의 고고학적 발굴 성과와도 부합한다. 놀랄만한 혜안으로 보인다.

『일본서기』 주석서인 『釋日本紀』에서는 "哆利國·伴跛國: 양국은 임나국의 別種이다"[17]고 하였다. 여기서 哆利國은 任那4縣인 上哆唎·下哆唎·娑陀·牟婁[18] 가운데 上哆唎·下哆唎를 가리킨다. 이곳은 "此四縣 近連百濟" 즉 백제와 접해 있다고 했다. 따라서 임나4현은 백제의 동부 지역을 가리킨다. 즉 섬진강 수계의 서편으로 상정하는 일이 가능해진다. 이 사실은 임나제국의 西界가 『가락국기』에서 언급한 지리산을 넘었음을 뜻한다. 전라북도 동부 지역이 임나제국의 범위에 속한다는 사실을 알려준다. 그러면 다음의 기사를 살펴보자.

----

16 『星湖全集』 제26권, 書, 答安百順 丙子. "新羅始有洛東江以東 其西卽六伽倻之地 而弁韓在其南 必是智異以南諸郡 恐跨居今慶尙全羅諸郡 … 或今全羅道東南諸郡皆弁韓之地耶 此可以傳疑"

17 『釋日本紀』 13, 述義9, 第17, 繼體. "哆利國·伴跛國: 兩國者 任那國之別種也"

18 『日本書紀』 권17, 繼體 6년 조. "冬十二月 百濟遣使貢調 別表請任那國上哆唎下哆唎·娑陀·牟婁·四縣 哆唎國守穗積臣押山奏曰 此四縣 近連百濟 遠隔日本"

f. 임나국에서 아뢰기를 "臣의 나라 동북에는 三巴汶의 땅이 있습니다. 上巴汶·中巴汶·下巴汶입니다. 지방이 3백 里인데, 토지와 백성 또한 富饒합니다. 신라국과 더불어 서로 다투는데, 피차가 능히 다스리지 못하고 전쟁이 끊임없이 이어져서 백성들이 안심하고 살지를 못합니다. 臣은 장군에게 영을 내려 이곳을 다스리게 하여 귀국의 部가 되기를 청합니다"고 하자 천황이 크게 기뻐했다.[19]

위의 巴文은 『續日本後紀』에 따라 '己文'으로 바로 잡고 있다(朝鮮總督府 1932, 佐伯有淸 1982). 869년에 저술된 『속일본후기』의 837년 해당 조목에는 '三己汶'이 다음과 같이 보인다.

g. 己未 …… 右京人 左京亮 從5位上 吉田宿禰書主, 越中介 從5位下 吉田宿禰高世 등에게 興世朝臣의 성을 내려 주었다. 시조 鹽乘津은 倭人이었는데, 후에 나라의 명에 따라 三己汶에 가서 살았다. 그 땅은 마침내 백제에 예속되었다. 鹽乘津의 8세손인 달솔 吉大尙과 그의 아우 少尙 등은 고국으로 돌아가고 싶은 마음이 있어 잇달아 우리 조정에 왔다. 대대로 의술을 전수하였고 아울러 문예에 통달하였다. 자손은 奈良京 田村里에 거주하였으므로 吉田連의 성을 주었다.[20]

三己汶은 상기문·중기문·하기문을 상정하는 게 가능하다. 「양직공도」에도

----

19 『新撰姓氏錄』左京皇別下, 吉田連. "大春日朝臣同祖 觀松彦香殖稻天皇[謚孝昭] 皇子天帶彦國押人命四世孫彦國葺命之後也 昔磯城瑞籬宮御宇御間城入彦天皇御代 任那國奏曰 臣國東北有三己汶地[上己汶中己汶下己汶]地方三百里 土地人民亦富饒與新羅國相爭 彼此不能攝治兵戈相尋 民不聊生臣請將軍令治此地 卽爲貴國之部也 天皇大悅 敕群卿 令奏應遣之人卿等奏曰 彦國葺命孫鹽垂津彦命 頭上有贅三岐如松樹"

20 『續日本後紀』권6, 仁明天皇 承化 4년 6월 己未 條. "己未 …… 右京人左京亮從五位上 吉田宿禰書主 越中介從五位下同姓高世等 賜姓興世朝臣 始祖鹽乘津 大倭人也 後順國命 往居三己汶地 其地遂隷百濟 鹽乘津八世孫 達率吉大尙 其弟少尙等 有懷土心 相尋來朝 世傳醫術 兼通文藝 子孫家奈良京田村里 仍元賜姓吉田連"

백제 곁의 소국 가운데 '상기문'이 보인다. 따라서 기문이라는 지역을 3곳으로 구분했음을 알 수 있다. 이와 관련해 『한원』에서 『괄지지』를 인용한 백제의 江에 대한 다음 서술이 유의된다.

> **h-1.** 웅진하의 근원은 나라 東界에서 나와 서남으로 흐르다가, 나라 북쪽으로 백리를 지나, 또 서쪽으로 흘러 바다에 들어간다. 넓은 곳은 300보이며, 그 물은 지극히 맑다.
>
> **h-2.** 또 基汶河가 나라에 있다. 근원은 그 나라 남쪽의 산[南山]에서 나와 동남으로 흘러 大海에 들어간다. 강 안의 水族들은 중국과 동일하다.[21]

사비성 도읍기 백제 영역에 소재한 2곳의 大水를 언급했다. 당시 백제 영역에서 대수는 금강과 영산강, 그리고 섬진강을 꼽을 수 있다. 그런데 영산강은 수계의 흐름이 전혀 맞지 않기 때문에 관련 지을 수 없다. 반면 h-1의 웅진하는 두말할 나위 없이 지금의 금강을 가리킨다. 전라북도 장수에서 발원하여 충청북도와 충청남도, 그리고 다시금 전라북도를 지나 서해로 들어가는 수계를 비교적 정확하게 묘사했다. 이는 基汶河의 수계도 정확하게 묘사되었으리라는 객관적인 증거가 된다. 이러한 기문하의 발원지인 南山의 후보로는 지리산을 고려할 수는 있다. 그러나 동일한 『한원』 백제 項에서 "또 나라 남쪽 경계에 霧五山이 있다"고 한 무오산이 지리산일 것이다(이도학 2010). 게다가 강의 흐름을 볼 때 기문하는 섬진강으로 지목된다(末松保和 1956). 따라서 남산은 섬진강의 발원지인 장수 관내의 팔공산을 가리킨다고 보아야 한다. 그렇다면 섬진강 상류·중류·하류에 따라 상기문·중기문·하기문의 위치 비정이 가능하다. 상기문은 섬진강 상류와 인접한 남원 유곡리와 두락리·월산리·청계리 등의 中古塚 고분이 소재한 운봉

----

21 『翰苑』蕃夷部 百濟. "括地志曰 熊津河源出國東界 西南流 經國北百里 又西流入海 廣處 三百步 其水 至淸 又有基汶河在國 源出其國南山 東南流入大海 其中水族與中夏同"

고원 일원이 적합하다(郭長根 2011; 郭長根 2020).

반파국은 기문의 땅을 놓고 백제와 대립하였다. 이러한 영유권 분쟁에 개입한 倭는 반파 대신 백제편을 들어주었다. 반파는 백제와 갈등하고 전쟁을 치렀지만 왜까지 가세하는 바람에 패하고 말았다. 반파국이 백제와 영역을 놓고 갈등한 기사는 다음과 같다.

    i-1. (백제가) 별도로 아뢰기를 "반파국이 臣의 나라 己汶의 땅을 약탈했습니다. 엎드려 청하오니 天恩으로 판정하여 본국에 속하게 돌아오도록 해 주십시오"(계체 7년 6월 조).[22]

    i-2. 冬 11월 辛亥朔 을묘에 조정에서 백제의 姐彌文貴 장군, 斯羅의 汶得至, 安羅의 辛巳奚 및 賁巴委佐, 반파의 旣殿奚 및 竹汶至 등을 나란히 세우고 恩勅을 奉宣했다. 그리고 己汶·滯沙를 백제국에 내려주었다. 이 달에 반파국이 戢支를 보내 珍寶를 바치고, 己汶의 땅을 애걸하였다. 그러나 끝내 주지 않았다(계체 7년 11월 조).[23]

    i-3. 3월에 반파가 子呑·帶沙에 성을 쌓아 滿奚에 연결하였다. 烽候와 邸閣을 두어 일본에 대비했다. 또 爾列比·麻須比에 성을 쌓고, 麻且奚·推封에 연결하였다. 사졸과 무기를 모아 신라를 핍박했다. 자녀를 몰아내 약탈하고, 村邑을 무자비하게 노략했다. 흉악한 기세가 가해지는 곳에 남는 게 드물었다. 대저 포학 사치하고, 괴롭히고 해치며, 침노하고 업신여기니, 베어죽인 게 너무 많아서 상세히 기재할 수가 없었다(계체 8년 3월 조).[24]

    i-4. 春 2월 甲戌朔 정축에 백제가 사자 文貴 장군 등이 귀국하려고 청했다. 이

----

22 『日本書紀』 권17, 繼體 7년 조. "別奏云 伴跛國略奪臣國己汶之地 伏請 天恩判還本屬"

23 『日本書紀』 권17, 繼體 7년 조. "冬十一月辛亥朔乙卯 於朝庭引列百濟姐彌文貴將軍 斯羅汶得至 安羅辛巳奚及賁巴委佐 伴跛旣殿奚及竹汶至等 奉宣恩勅 以己汶滯沙賜百濟國 是月 伴跛國遣戢支 獻珍寶 乞己汶之地 而終不賜"

24 『日本書紀』 권17, 繼體 8년 조. "三月 伴跛築城於子呑帶沙 而連滿奚 置烽候邸閣 以備日本 得築城於爾列比 麻須比 而絪麻且奚·推封 聚士卒兵器以逼新羅 駈略子女剝掠村邑 凶勢所加 罕有遺類 夫暴虐奢侈 惱害侵凌 誅殺尤多 不可詳載"

에 勅하여 그 아래 物部連〈闕名〉을 딸려서 돌아가도록 보냈다[百濟本記에
서는 物部至至連라고 한다]. 이 달[2月]에 沙都嶋에 이르러, 전하는 바를
들으니 伴跛人이 (倭에) 원한을 품고 毒을 부리는데, 강한 것을 믿고 포악
한 일을 자행한 까닭에, 物部連이 수군 500을 거느리고 곧바로 帶沙江에
들어왔다. 文貴 장군은 신라에서 돌아갔다. 夏 4月에 物部連이 帶沙江에 6
일간 머물렀는데, 반파가 군대를 일으켜 가서 정벌했다. 들이닥쳐서 옷을
벗기고, 가진 물건을 강제로 빼앗고, 帷幕을 모두 불질렀다. 物部連 등은
두려워하며 달아났다. 겨우 목숨만 보존하여 汶慕羅[문모라는 섬 이름이
다]에 배를 대었다(계체 9년 조).[25]

i-5. 夏 5月에 백제가 前部 木刕不麻甲背를 보내 己汶에서 物部連 등을 맞이해
위로하며 인도해서 입국했다. 群臣이 각각 衣裳·斧鐵·帛布를 내어놓고,
國物을 보태 넣어서, 조정에 쌓아두고, 은근하게 위문했다. 賞과 祿이 보통
보다 많았다. 秋 9月에 백제가 州利卽次 장군과 그 아래인 物部連을 보내
와서 己汶의 땅을 내려준 데 대해 사례했다(계체 10년 조).[26]

i-6. 3月에 백제 왕이 下哆唎國守 穗積押山臣에게 말하기를 "대저 조공하는 사
자들이 항상 섬의 돌출부를 피할때마다[바다 가운데 섬의 굽은 물가를 말
한다. 세속에서는 美佐祁라고 한다] 풍파에 고달픕니다. 이로 인하여 가지
고 온 것을 적시고 모두 파괴하여 버리게 합니다. 그러니 加羅 多沙津을 臣
이 조공하는 津路로 삼기를 요청합니다"고 하였다. 그러자 押山臣이 듣고
아뢰기를 청했다. 이 달 物部伊勢連父根과 吉士老 등을 보내 나루를 백제
왕에게 내렸다. 이에 가라 왕이 勅使에게 이르기를 "이 나루는 官家를 둔

----

25 『日本書紀』 권17, 繼體 9년 조. "春二月甲戌朔丁丑 百濟使者文貴將軍等請罷 仍勅副物
部連〈闕名〉 遣罷歸之[百濟本記云 物部至至連] 是月 到于沙都嶋 傳聞 伴跛人懷恨御毒
恃强縱虐 故物部連率舟師五百 直詣帶沙江 文貴將軍自新羅去 夏四月 物部連於帶沙江停
住六日 伴跛興師往伐 逼脫衣裳劫掠所齎 盡燒帷幕 物部連等怖畏逃遁 僅存身命泊汶慕羅
[汶慕羅 嶋名也]"

26 『日本書紀』 권17, 繼體 10년 조. "夏五月 百濟遣前部 木刕不麻甲背 迎勞物部連等於己
汶 而引導入國 群臣各出衣裳斧鐵帛布 助加國物 積置朝庭 慰問慇懃 賞祿優節 秋九月 百
濟遣州利卽次將軍 副物部連來 謝賜己汶之地"

이래, 臣이 조공하는 나루입니다. 어찌 쉽게 바꿔서 이웃나라에 주십니까? 원래 지역을 한정해, 封해준 것을 어기는 것입니다"고 말하였다. 勅使 父根 등이 이로 인하여 앞에서 (다사진을) 주기가 어려워, 물러나 大島로 돌아왔다. 별도로 錄史를 보내 扶余에게 주었다. 이 때문에 가라가 신라와 결당해 일본을 원망했다(계체 23년 조).[27]

위의 인용은 기문과 관련한 반파국과 백제와의 대립 관계, 나아가 왜와 신라의 개입으로 복잡해진 국제 정세를 읽을 수 있다. 위의 기사에서 공통적으로 등장하는 지명이 기문이다. 그리고 임나4현의 한 곳인 下哆唎國과 하동항이 분명한 다사진과 대사강이 보인다. 앞에서 언급한 『한원』의 기문하는 기문과 연계된 강이 분명하다. 기문하는 백제 영역 남쪽에 소재한 산에서 출원하여 동남쪽으로 흘러 꺾이지 않고 大海로 곧바로 들어간다고 했다(h-2). 이러한 기문하는 섬진강을 가리키는 게 분명하다. 문제는 동일한 수계로 보이는 구간에 대사강이 보인다는 것이다. 주지하듯이 대사강의 대사는 하동이 분명하다. 그렇다면 대사강과 기문하의 관계이다. 기문하는 장수 팔공산에서 발원한 섬진강이 보성강으로 갈라지는 수계까지를 가리킨다고 본다. 그리고 섬진강 가운데 구례에서 하동 다사진까지는 대사강으로 불렀다고 판단된다.[28] 참고로 문모라의 위치는 섬진강구 밖의 한 섬으로 추정하고 있다(末松保和 1956).

----

27 『日本書紀』권17, 繼體 23년 조. "春三月 百濟王謂下哆唎國守穗積押山臣曰 夫朝貢使者恒避嶋曲[謂海中嶋曲碕岸也 俗云美佐祁] 每苦風波 因茲濕所齎 全壞無色 請以加羅多沙津爲臣朝貢津路 是以 押山臣爲請聞奏 是月 遣物部伊勢連父根 吉士老等 以津賜百濟王 於是 加羅王謂勅使云 此津從置官家以來 爲臣朝貢津涉 安得輒改賜隣國 違元所封限地 勅使父根等因斯難以面賜 却還大嶋 別遣錄史 果賜扶余 由是 加羅結儻新羅 生怨日本"

28 곽장근은 대사강을 전남 곡성군 고달면 대사리 일대로 비정했다(郭長根, 2013, 「임나사현과 기문의 위치」『百濟學報』19, 19쪽). 충분히 타당한 견해로 보인다. 섬진강을 수계에 따라 구분한 본고의 논지와도 본질적으로 동일하다고 본다.

Ⅳ. 伴跛國=加羅說의 검증

반파국을 가라 즉 대가야와 동일한 세력으로 간주하는 견해가 현재 정설에 가까운 통설이다. 이 설의 문제점에 대해 몇 가지로 나누어 총체적으로 집중 검토하고자 한다.

① 伴跛國의 기원을 변진 소국인 半路國에서 찾았다. 즉 半路國을 半跛國의 誤記로 간주한 것이다(李丙燾 1956). 그러나 이러한 주장을 취하기는 어렵다. 첫째 『삼국지』나 『후한서』의 諸 板本은 물론이고, 弁辰諸國을 全寫한 후대 사서 어디에도 '半跛國'은 확인된 바 없다. 모두 半路國으로만 적혀 있다. 半路가 伴跛의 오기라면 『삼국지』의 여러 판본에서도 伴跛와 근사한 국명이 보여야 한다. 판본 상으로나마 최소한 '半路國'이 아닐 가능성이 엿보여야 하는 것이다. 가령 『삼국지』 동이전 부여 조의 東明 설화에 등장하는 '槀離之國'의 '槀'字만 해도 판본에 따라 '豪'·'高'·'索'·'膏'·'橐' 등으로 나오고 있다(盧弼 集解 2012). 총 6字의 異記가 나타난다. 이와는 달리 『삼국지』의 숱한 판본들은 한결같이 '半路國'에서 벗어나지 않았다(동북아역사재단 한국고중세사연구소 2018). 따라서 '半路國'은 '伴跛國'의 誤刻 가능성이 낮아지므로 伴跛와의 관련도 희박해졌다(李道學 2019).

둘째 『한원』의 弁辰 관련 조목 主文에서 "國苞資路"라고 한 구절이다. 이 구절의 '苞'는 '밑동'이나 '뿌리'의 뜻이 적합하다. 『詩經』에서 "한 그루터기에 난 세 개의 싹 苞有三蘖"이라는 용례가 있다. 따라서 이 구절은 "國은 資·路를 뿌리로 한다"고 해석된다. 변진제국의 古資彌凍國·甘路國·戶路國 등을 염두에 두고, '資'와 '路'는 변진제국의 대표 國名을 가리킨다는 뜻이다(湯淺幸孫 校釋 1983). 그렇다면 半路國이 半跛國의 오기일 가능성은 더욱 희박해진다.

셋째, 『삼국지』의 고령 지역 정치 세력의 원 표기가 '伴跛國' 혹은 '叛波國'이었다면 납득되지 않는 사안이 발생한다. 통설처럼 '반파'가 멸칭 국호라면 고령 세력의 자칭은 아니었다. 그렇다면 삼한제국 가운데 유독 고령 세력에게만 악의적인 표기를 적용했는지 해명이 필요해진다. 내륙의 고령 세력이 중국 군현과 특별히 접촉하여 악연을 맺었을 가능성은 없다. 더구나 이 무렵 고령 세력은 『삼국지』에서 두각을 나타낼만한 위치에 있지도 않았다.[29]

② 고령의 반파국이 5세기 후반에는 '대가야'를 표방했을 것으로 추측했다(金泰植 1993). 479년에 가라 왕이 남제로부터 책봉받은 사실을 염두에 둔 서술로 보인다. 그런데 가라가 대가야를 표방한 기록은 보이지 않는다. 다만 『삼국사기』 지리지 고령군 조의 연혁에서 '大加耶國'이 보일 뿐이다. 만약 김태식의 논리대로라면 5세기 후반 이전에는 반파국으로 등장했어야 한다. 그러나 반파국은 6세기 초에 처음 등장할 뿐 그 이전에는 단 한번도 비친 적이 없었다. 게다가 '대가야'는 『삼국사기』 지리지를 제외하고는 本紀는 물론이고 어느 문헌에서도 보이지 않는다. 5세기 후반 이전에 대가야는 '加羅'로만 등장할 뿐이었다. 따라서 반파국과 대가야를 결부 지으려는 시도는 근거가 없다.

③ 「양직공도」에 보이는 백제 '旁小國'에 속한 叛波는 伴跛가 분명하다. 그런데 叛波를 비롯한 이들 제국들은 중국으로부터 책봉된 바 없었다. 그러나 가라 왕은 479년에 南齊로부터 '輔國將軍·本國王'을 제수받았다. 이처럼 중국 황제로부

---

29 田中俊明은 반파국의 소재지를 고령군 성산면으로 비정했다. 그는 "본래 고령군 성산면에 남아 있던 '本彼'라는 古名이 고려시대에 해당 지역의 중심이었던 성주군 성주읍의 古名인 것처럼 오해된 게 아닐까 생각된다(田中俊明, 1992, 『大加耶聯盟の興亡と'任那'』, 吉川弘文館, 45쪽)"고 했다. 그러나 이러한 주장은 순전히 자의적인 상상에 불과하다. 『삼국사기』에 따르면 "新安縣 本本彼縣 景德王改名 今京山府(권34, 地理1, 新羅, 星山郡 條)"라고 하였듯이, 本彼縣에 연원을 둔 경산부는 지금의 성주군 성주읍이다. 게다가 지금의 성산면은 1906년에 고령군에 편입되었고, 성산면 지명은 1914년에 생겨났다. 그러니 성산면 지명의 연원이 경덕왕대 星山郡까지 소급된다는 아무런 근거도 없다. 그 뿐 아니라 2020년 12월 14일 오전에 성산면사무소의 담당 직원 손정훈에게 문의했더니 성산면에는 '본피' 지명은 없다고 했다. 田中俊明의 허위 기술이 드러난 것이다.

터 책봉되어 外臣이 된 가라가 백제 '곁의 소국'이요, 백제에 '의지하는', 그리고 부용된 '방소국'의 반파일 수는 없다. 오히려 가라는 남제의 '방소국'이었다. 따라서 백제가 521년에 자국 곁의 '소국'이라고 梁에 공언했던 제국에는 가라가 포함될 수 없는 것이다(李道學 2019). 이로써도 가라와 반파는 서로 무관하다고 판단된다.

④ 13세기 후반에 만들어진 『일본서기』 주석서인 『석일본기』에서 "哆利國·伴跋國: 양국은 임나국의 別種이다"고 하였다. 임나제국은 "임나가 멸망했다. 통털어서 임나라고 말한다. 개별적으로는 가라국·안라국·사이기국·다라국·졸마국·고차국·자타국·산반하국·걸찬국·임례국 합해서 10국이다(a-4)"고 했다. 任那本種인 가라국과 任那別種인 반파국은 별개의 국가임을 알 수 있다. 게다가 맨 앞에 적힌 가라국이 562년에 멸망한 것과는 달리 반파국은 백제에 소멸되었기에 a-4 기사에는 등장하지 않았다고 본다. 이러한 정황을 통해서도 반파국은 임나제국의 서편, 백제의 동편에 소재한 것으로 유추할 수 있다.

⑤ 『일본서기』에서는 고유명사의 표기가 상이하더라도 대상이 일치할 때는 訓讀 역시 동일하다. 백제의 경우 『일본서기』에서의 훈독은 '구다라クタラ'이다. 『일본서기』 계체 23년 조에 등장하는 '扶余'는 주지하듯이 백제의 異稱이다. 그러한 '扶余'를 역시 'クタラ'로 훈독했다. 훈독을 통해서 표기는 상이하지만 '백제'와 '부여'는 동일한 국가임을 알 수 있다. 그리고 『일본서기』 웅략 20년 조에서 '高麗'와 '狛'을 공히 '고마コマ'로 훈독했다. 표기는 다르지만 양자가 동일한 세력임을 알려준다. 이와 마찬 가지로 가라와 반파국이 동일한 국가라면 훈독이 동일해야 한다. 그런데 加羅는 훈독이 '가라カラ'이지만, 반파는 '하헤ハヘ'였다. 이로써도 가라와 반파국은 상이한 별개의 국가로 드러난다. 따라서 "백제와 부여가 동일한 것임과 마찬가지로 가라와 반파도 그 지칭하는 바가 서로 같다고 할 수 있다"(金泰植 1993)는 견해는 성립되지 않는다.

⑥ 반파국은 왜를 비롯한 백제와의 대결 구도 속에서 축성과 봉화대 그리고 軍倉을 축조했다. 여기서 봉화대의 축조 주체를 확인한다면 반파국과 가라의 동일 여부가 판명난다. 다음은 앞서 인용한 i-3 기사를 재인용했다.

> i-3. 3월에 반파가 자탄·대사에 성을 쌓아 만해에 연결하였다. 烽候와 邸閣을 두어 일본에 대비했다. 또 이열비·마수비에 성을 쌓고, 마차해·추봉에 연결하였다. 사졸과 무기를 모아 신라를 핍박했다. 자녀를 몰아내 약탈하고, 촌읍을 무자비하게 노략했다. 흉악한 기세가 가해지는 곳에 남는 게 드물었다. 대저 포학 사치하고, 괴롭히고 해치며, 침노하고 업신여기니, 베어죽인게 너무 많아서 상세히 기재할 수가 없었다(계체 8년 3월 조).

위에서 인용한 '烽候邸閣'에 대해 "『삼국지』張旣傳에서 "置烽候邸閣 以備胡"라고 하여 보인다. 봉화는 국경에서 事變이 있을 때 연기를 나게하여 통신하는 신호. 烽候는 봉화를 올리는 장소. 邸閣은 兵糧을 비치한 倉庫이다"(井上光貞 外 校注 1994)라고 정의했다. 그런데 봉후 곧 삼국기 봉화대는 고령을 비롯한 加羅 일원은 물론이고 경상남도 지역에서는 확인되지 않았다(정동락 2014). 반면 전라북도 무주 노고산과 장수를 비롯하여 전북 동부 지역에서는 일정한 간격을 유지하면서 배치된 110여 개소의 봉화대가 확인되었다. 봉화대는 특히 120여 기의 가야계 古塚이 밀집된 진안고원의 장수권에 집중적으로 밀집되었고, 또 그곳을 방사상으로 에워싸고 있다. 따라서 전라북도 동부 지역 봉화대의 설립 주체는 장수지역 가야와의 관련성뿐 아니라 독자성을 웅변해준다. 이 사실은 왜에 대비하여 봉화대를 축조한 반파가 고령의 가라(대가야)가 될 수 없는 결정적인 근거이다(郭長根 2011; 조명일 2012; 郭長根 2017; 조명일 2018). 물론 봉화대 축조 동기는 왜의 침공 대비로 적혀 있지만 본래 설치한 봉화대를 증설·정비한 것으로 보아야 맞다. 그리고 반파국이 무자비하게 노략한 신라의 村邑은(i-3) 신라가 진출한 전라북도 무주로 상정할 수 있다(李道學 2020).

⑦ 반파국의 '반파'와 지명상으로 연결이 가능한 행정지명은 『삼국사기』 지리지 등에서 지금의 장수군 일대를 제외하고는 찾기 어렵다. 다음은 『삼국사기』 지리지 기록이다.[30]

> j-1. 벽계군: 본래 백제 백이[혹은 백해]군이다. 경덕왕이 이름을 바꾸었다. 지금 장계현인데, 영현은 2개이다(壁谿郡 本百濟伯伊[一作海]郡 景德王改名 今長溪縣 領縣二).
>
> j-2. 고택현: 본래 백제 우평현이다. 경덕왕이 이름을 바꾸었다. 지금 장수현이다(高澤縣 本百濟雨坪縣 景德王改名 今長水縣).

벽계군은 장수군 장계면, 고택현은 장수군 장수읍으로 비정되고 있다. 여기서 벽계군은 백제 때 伯伊郡이었지만 伯海郡으로도 일컬었다. 伯海의 '伯'은 字典에서 '맏 백'·'길 맥'·'우두머리 패'의 뜻과 음인데, 모두 좋은 뜻을 지녔다.[31] 그러한 백해의 '伯' 音을 비틀었다면, 악의적인 '배반할' '叛' 자가 나올 수 있다. 백제 입장에서는 강성하여 자국 세력권에서 이탈해 간 백해 세력을 배신의 아이콘으로 설정하여 '叛' 字로 변개했을 가능성이다. 그리고 '海'는 뜻을 취하여 '波'로 변개한 것 같다.

『삼국사기』 직관지에서 "(관등의) 네번째를 波珍湌이라고 한다. 혹은 海干이라고도 하고, 혹은 破彌干이라고도 한다"[32]는 기사를 주목한다. 여기서 '파돌'로 읽는 '波珍'은 '海'의 훈독이다. '珍'은 '돌' 즉 '돌[石]'로도 읽었다. 가령 백제의 珍惡山縣을 石山縣으로 바꾸었다. '珍'과 '石'의 대응을 읽을 수 있다. 광주 無等山은 본

---

30 『三國史記』 권36, 雜志5, 地理, 新羅.

31 백해의 의미를 '大都'로 풀이하는 견해(곽장근, 2020.10.16, 「삼국시대 봉화대 분포망과 반파국 비정」 『전북가야 심포지움』, 전북연구원, 19쪽)도 이곳이 반파국의 거점이었음을 시사해준다.

32 『三國史記』 권38, 雜志7, 職官 上. "四曰波珍湌 或云海干 或云破彌干"

래 武珍岳이라고 했다. 역시 '등' 즉 '돌'과 '진'은 대응하고 있다. 그렇다면 伯海는 '伯波珍 즉 '백파돌'로 불렸을 수 있다고 본다. 3음절 가운데 앞의 2음절 '백파'를 비틀어서 '伴跛·叛波'로 표기했을 수 있다. 반대로 伯海가 伴跛의 借用일 가능성도 보인다.

더욱이 『전운옥편』에서는 '伯'의 음가를 '파'로 적었다. 그렇다면 伯海의 발음은 '파해'이다. '파해'는 『일본서기』에서 伴跛의 음가인 '하헤ハヘ'와 音似하다. 『일본서기』에서 安羅는 '아라アラ', 加羅는 '가라カラ'로 음을 적어 놓았다. 안라에 대한 '아라' 음은, 『삼국유사』에서 '阿羅伽耶'[33]라고 한, '아라'와도 음이 같다. 게다가 加羅에 대한 '가라' 음은 우리가 현재 일컫는 바와 동일하다. 따라서 반파에 대한 『일본서기』의 '하헤' 음가는 존중할 수 있다.

장수군 일원의 백제 때 행정지명인 伯海의 음인 '파해'는, 반파 음가인 '하헤'와 연결된다. 게다가 '하헤'에 탁음을 붙이면 'バヘ' 즉 '파헤'가 되는 것이다. 이와 관련해 백제의 雨述郡을 比豊郡으로 고친[34] 것을 통해, '雨'와 '비'의 대응 관계가 확인된다. 장수군 장수읍을 가리키는 雨坪縣의 '雨坪'도, 훈과 음을 섞으면 '비평'이다. '비평'은 '반파'와 음이 서로 닮았다(이도학 2020). 이렇듯 반파국은 『삼국사기』에서 지금의 장수군 장계면의 백제 때 행정지명 '백해'와 연결된다.

⑧ 백제와 충돌했던 반파국은 515년 이후에는 보이지 않는 반면, 백제와의 충돌 현장인 다사진의 소유국으로 가라가 등장했다. 이를 근거로 반파국과 가라를 동일시하였다. 게다가 왜에 사신으로 온 '伴跛 旣殿奚(계체 7년 11월 조)'와 '加羅 古殿奚(흠명 2년 4월 조)'가 동일 인물이라는 데서 근거를 찾았다. 그러나 양자 간의 시점은 513년과 541년으로 시차가 무려 28년이나 된다. 그럼에도 기전해와 고전해 모두 '고덴게이こでんけい'로 읽혀지므로 동일한 인물이다. 또 그렇기 때

---

33 『三國遺事』 권1, 紀異, 五伽耶. "阿羅[一作耶]伽耶[今咸安]"
34 『三國史記』 권36, 地理3, 比豊郡.

문에 이들이 속한 반파와 가라는 동일한 국가라는 것이다.

그러나 변한 수장층 가운데 중하급 호칭인 殺奚가 있다.[35] 살해처럼 기전해(고전해)의 '해' 역시 職名일 가능성도 고려해야 한다. 그리고 가라가 반파를 병합했다면 고덴게이의 국적은 달라진다. 일본에 병합된 조선인들의 상황을 연상할 수 있다. 실제 이와 유사한 상황을 제시해 본다. 발해인 裴璆는 907년과 919년 총 2회 일본에 사신으로 왔다. 발해 멸망 직후인 929년에 그는 東丹國 사신으로 다시 일본에 왔다. 이 때 그는 "발해가 이미 멸망하여 동단국의 신하가 되었다"고 했다. 이 같은 국적 변동이라는 변수도 있다. 따라서 반파와 가라를 동일 국가로 단정하는 일은 속단일 수 있다(이도학 2019). 실제 고고학적 발굴과 분석을 통해 반파국이 가라에 병합되었다는 견해가 제기되었다(全榮來 1983).

⑨ 반파=가라설의 핵심은 『일본서기』 계체 7·8·9·10년 조 기사(i-1~5)와 계체 23년 조(i-6)를 동일한 사건으로 간주한데서 기인하였다. 그 근거로 등장 인물이 동일하다는 점(穗積臣押山, 物部連=物部伊勢連父根), 양자 모두 己汶·滯沙와 多沙津을 백제에 각각 할양했다는 것, i-2와 i-4에 등장하는 滯沙(帶沙江)와 i-6의 다사진이 동일한 곳이라는 데서 출발했다(金泰植 1993). 그런데 기사를 잘 살펴보면, 계체 7~10년 조(i-1~5)에서 백제와 반파가 서로 점유하려던 핵심 지역은 대사가 아닌 기문이었다. 게다가 계체 23년 조 기사(i-6)에는 기문과 관련한 내용은 전혀 언급하지 않았다. 따라서 계체 7~10년 조와 그 23년 조는 동일 사건을 기록한 것이 아닌 별개의 사건으로 보아야 한다. 설령 두 사건에 등장하는 인물이 동일하더라도, 이들은 모두 일본측 인물이기 때문에 13년이 지난 시점에 다시 등장한다고 해서 크게 이상할 것이 없다(조명일 2018). 여기서 중요한 사실은 穗積臣押山과 동일한 인물을 i-6에서 찾을 수 없다는 것이다. 게다가 失名한 物部連을

---

35 『三國志』 권30, 東夷傳, 韓 條, 弁辰 項. "各有渠帥 大者名臣智 其次有險側 次有樊濊 次有殺奚 次有邑借"

『백제본기』에서는 物部至至連으로 적혀 있는데, 이는 i-6의 物部伊勢連父根과 인명상 연관이 없다. 따라서 김태식이 제기한 양자 간의 점유 목표 지역과 등장 인물까지도 동일하다는 주장은 근거를 잃었다.

그리고 倭가 己汶·滯沙를 백제에 할양했다는 것은 윤색과 과장으로 일관된 『일본서기』의 서술 태도에 불과하다. 그러므로 족히 검토의 대상이 되지도 않는다. 그러면 양자를 동일한 기사로 지목한 설의 핵심 근거에 대한 검증을 다시해 본다. 즉 계체 7·8·9·10년 조(i-1~5)와 계체 23년 조(i-6)를 동일한 사건으로 간주하는 논리에는, 백제 왕에게 내려주었다는 多沙津(i-6)과 "己汶·滯沙를 백제국에 내려주었다(i-2)"의 '滯沙'를 동일한 지역으로 지목한데서도 찾았다. 그러나 "滯沙를 백제국에 내려주었다(i-2)"고 했지만 연이어 "3월에 반파가 子呑·帶沙에 성을 쌓아 滿奚에 연결하였다(i-3)"고 하여 반파국이 帶沙에 축성하여 倭에 대비했다. 백제 땅이 된 滯沙(帶沙)에 반파국이 축성할 수는 없지 않은가? 이 경우는 滯沙가 帶沙나 多沙津과 서로 다른 지역이거나, 倭가 滯沙를 백제에 주었다는 기사가 오류였을 때만 성립한다. 따라서 계체 7년 조인 i-2에 근거한 滯沙=多沙津 說은 성립되지 않는다. 나아가 i-1~5와 i-6을 동일한 사건으로 간주하는 주장은 성립이 불가해진다. 결국 대사와 다사, 반파와 가라를 동일시하기에는 근거가 부적합하다(李道學 2019).

⑩ 伴跛와 叛波를 모두 加羅의 비칭이나 멸칭으로 간주해 왔다. 우선 伴에는 짝·모실·의지할·한가할의 뜻이 담겼다(民衆書林 編輯局 2007). 跛에는 절뚝발·절뚝발이·절룩거릴(파), 기우듬히 설(피)의 뜻이다(民衆書林 編輯局 2007). 伴跛는 '절룩거리며 의지하였다'는 의미가 된다. 그리고 叛波의 叛은 '배반할'의 뜻이다. 波는 물결·물결 일·쏟아져 흐를·움직일·발버둥칠(파)·방죽·따라갈(피)의 뜻을 지녔다(民衆書林 編輯局 2007). 그러므로 叛波는 '배반할 물결'을 비롯하여 '배반하여 움직일'·'배반하여 발버둥칠'·'배반하여 따라갈'과 같은 부정적인 의미로 해석된다. 伴跛와 叛波는 音은 동일하지만 앞 글자인 伴과 叛에 따라 의미가

전혀 달라진다. '절룩거리며 의지하였다'는 伴跛는, 발이나 다리가 성하지 못하여 균형을 잡지 못하고 의지한 상태를 말한다.

伴跛와 叛波라는 2개의 국호 가운데 伴跛가 원 국호라면, 叛波는 이에 대한 비칭이나 멸칭으로 보인다. 반파는 섬진강유역 소국들을 자국에 붙게 하려는 의지가 표출된 기획 국호로 간주된다. 반면 叛波는 반파국이 섬진강유역 지배권을 둘러싸고 백제와 대립과 충돌한 직후에 백제가 붙인 멸칭이자 타칭으로 보인다.

⑪ 백제 사신이 梁에 조공한 521년을 하한으로 하는 「양직공도」에 적힌 백제 곁의 소국에 대한 해석을 다시 제기한다. 즉 "旁小國有叛波·卓·多羅·前羅·斯羅·止迷·麻連·上己文·下枕羅等附之"라는 구절에 등장하는 소국들에 대한 해석이 된다. 여기서 이견 없이 실체가 분명한 소국인 斯羅와 多羅를 놓고 '旁小國'의 성격을 논하고자 한다. 먼저 斯羅는 주지하듯이 신라를 가리킨다. 그런데 신라는 당시 백제 곁의 소국이라고 할 수는 없었다. 우선 신라는 백제와 동맹을 맺은 대등한 관계였다. 그랬기에 동성왕은 신라 이찬 비지의 딸과 혼인하였다. 비록 521년에 신라는 백제 사신을 따라 양에 조공했다.[36] 그렇지만 1년 전인 520년에 신라는 율령을 반포하고 공복을 제정하였다. 집권국가체제로 정비된 것이다. 이러한 신라는 주변의 소국들과는 위상이 현저히 달랐다. 백제 곁의 소국인 이들 제국과는 同列에 설 수 없는 높은 위상을 지녔다. 그럼에도 '소국' 반열에 든 것은 중국을 기준해서 볼 때 책봉받지 않기 때문일 것이다. 신라 왕은 565년(진흥왕 26)에 와서야 처음으로 중국의 北齊로부터 '使持節·東夷校尉·樂浪郡公·新羅王'에 책봉되었다.[37] 바로 그 시점으로부터 무려 40여 년 전에 신라 사신이 백제 사신을 따라 양에 조공했다. 이 때 신라 사신의 모습은 "하는 말은 백제

---

36 『南史』 권79, 동이전, 신라 조. "魏時曰新盧 宋時曰新羅 或曰斯羅 隨百濟奉獻方物"

37 『三國史記』 권4, 진흥왕 26년 조. "春二月 北齊 武成皇帝詔 以王爲使持節·東夷校尉·樂浪郡公·新羅王"

가 도와준 후에야 통했다"[38]고 하였다. 백제 사신의 통역을 통해야만 신라 사신의 의사가 전달될 수 있었다. 반면 가라 왕은 479년에 남제로부터 책봉을 받았다. 그러한 가라를 백제가 자국의 소국으로, 그것도 백제가 책봉받으로 간 중국 양에서 광고할 수 있는 대상이 될 수 없었다.[39] 이 점에서도 반파국과 가라는 동일할 수가 없다.

⑫ 장수 지역의 가야 문화 현상은 대가야의 정치적 영향력과 무관할 수 있다. 일례로 『일본서기』와 「양직공도」에 모두 등장하는 多羅는 가라의 바로 남쪽인 합천 쌍책면을 거점으로 하였다. 이 곳의 옥전 고분군에서 520년대를 상한으로 하여 6세기 중엽까지 조성된 고분에서 신라계 묘제인 횡구식 석실묘가 돌연히 등장한다. 부장품 가운데 피장자의 정체성 지표가 되는 出 字形 寶冠과 把手附杯는 신라계였다(조영제 2007). 특히 M6호분에 부장된 出 字形 寶冠은 정치적 상징성이 지대한 것이므로, 문화 교류로만 설명할 수 없다. 오히려 이 무렵 다라국 사회에 지대한 변화가 따랐음을 뜻하는 징표일 수 있다. 즉 다라가 근접한 가라를 제끼고 오히려 멀리 떨어진 신라와 정치적으로 밀착했음을 반증한다. 실제 다라는 가라 사신과 더불어 541년(欽明 2)에 임나제국의 장래를 결정하는 중요한 회의에 독자 사신을 파견했다. 다라는 544년(欽明 5)에도 가라와 나란히 사신을 회의에 보냈다. 그리고 다라는 562년에 멸망할 당시의 가라나 안라와 더불어 최종적으로 남은 임나 10국에 속했다(a-4). 이렇듯 다라국은 가라와 지리적으로 접했지만 멸망할 때까지 독자성을 유지하였다. 다라는 가라에 종속되지 않았을 뿐 아니라, 백제(旁小國)와 신라(出 字形 寶冠)의 입김이 함께 미치는 독자 정치체였다. 그러므로 대가야 분묘 형식과 토기의 존재를 정치적 영향력과 일치시켜 해석해

----

38 『梁書』 권54, 동이전, 신라 조. "語言待百濟而後通焉"

39 이에 대한 서술은 李道學, 2019, 「伴跛國 位置에 대한 論議」 『역사와 담론』 90, 69~74쪽을 참조하라.

서는 안된다.

예를 들어 본다. 장수 삼고리 등의 가야계 高塚의 전성기가 6세기 초까지 이어졌다고 한다(곽장근 2017). 이 사실은 장수 지역 고총과 부장품은 가야계이지만 가라 즉 대가야 정치 세력권에 종속되지 않았다는 반증이다. 장수 지역이 정치적으로 대가야 영향권에 속했다면 고총의 쇠퇴가 확인되어야 한다. 그러나 고총의 존재가 확인되므로 장수 지역을 대가야에 정치적으로 종속시키기는 어렵다.

⑬ 반파국은 백제와 대립하여 갈등했지만, 「양직공도」를 통해 521년 이전에 백제에 부용된 것으로 적혀 있다. 사실 여부를 떠나 백제가 반파국을 제압할 수 있는 상황에 이르렀음을 뜻한다. 기문의 경우는 백제 영역으로 적혀 있지만(i-2), 「양직공도」의 '상기문'은 기실 영향권에 넣은 정도임을 반증했을 뿐이다. 즉 기문하인 섬진강 가운데 상기문인 운봉 지역이 백제에 복속되었다고 하지만, 영향권에 불과한 것으로 드러났다. 『일본서기』의 관련 기사에서 倭를 축으로 한 과장과 윤색이 따랐음을 알 수 있다. 여기서 중요한 사실은 522년에 가라가 신라에 국혼을 요청한 것이다.[40] 이러한 양국 간의 국혼은 『일본서기』 계체 23년 조를 통해서도 구체적으로 확인된다.

주지하듯이 국혼은 정략결혼이었다. 가령 백제 동성왕이 신라 왕녀와 국혼한 것, 성왕이 자신의 딸을 신라 진흥왕의 小妃로 보낸 것, 3세기 후반에 백제 책계왕이 대방왕 보과의 딸과 결혼한 것 등은 현안을 타개하려는 정략의 산물이었다. 즉 "고구려가 대방을 정벌하려 하자, 대방은 백제에 구원을 요청했다. 이에 앞서 백제 책계왕은 대방 왕녀 보과와 결혼하여 夫人을 삼았다. 그런 까닭에 '대방은 우리와 장인과 사위의 나라이니 그 청을 들어주지 않을 수 없다.' 드디어 군대를 내어 이들을 구원하자 고구려가 원망하였다. 왕은 고구려의 침구를 염려하

---

40 『三國史記』 권4, 법흥왕 9년 조. "春三月 加耶國王遣使請婚 王以伊飡比助夫之妹送之"

여 아단성과 사성을 수리하여 이를 대비하였다"[41]고 했다. 대방은 고구려의 침공을 저지하기 위해 국혼을 매개로 백제와 동맹한 것이다. 가라가 신라와 손잡으려 한 이유는 백제의 東進을 막으려는 현안 타개책이었다. 그 이전인 493년에 백제 동성왕의 제의로 신라와 국혼이 성사되었다.[42]

「양직공도」에 적힌 백제 곁의 소국에는 백제에 우호적인 비등한 국력의 신라도 포착된다. 문제는 가라와 신라가 국혼한 522년이다. 이 때 가라는 백제의 동진으로 인한 위기감이 고조되었다. 바로 그 1년 전인 521년까지의 정보가 담긴 「양직공도」에는 가라와 백제의 대결이 첨예한 시점이었다. 그렇기에 책봉 문제가 아니더라도 백제의 '旁小國'에 가라를 형편 좋게 신라처럼 기재할 수는 없었다고 보아야 맞다.

지금까지 검토한 결과 반파국과 가라는 서로 별개의 국가로 분류된다. 兩者를 동일한 국가로 간주했을 때는 도저히 수긍하기 어려운 현상들이 빈출하였다.

V. 장수 반파국의 위상

장수 지역을 거점으로 한 반파국의 위상을 가늠해 주는 물증이 포착된다. 즉 장계리 8호분에서 장수 지역에서는 처음으로 집게와 망치 등 鍛冶具가 출토되었다. 이러한 단야구를 통해 피장자는 장수 지역 철기제작을 담당했던 수장층으로 추정할 수 있다(전북문화재연구원 2020). 그러면 다라국 왕릉으로 비정하는 옥전 M3호분에서도 단야구가 부장된 사실을 상기해 본다. 철기 생산을 장악한 국가

---

41 『三國史記』권24, 책계왕 원년 조. "高句麗伐帶方 帶方請救於我 先是 王娶帶方王女寶菓爲夫人 故曰 帶方我舅甥之國 不可不副其請 遂出師救之 高句麗怨 王慮其侵寇 修阿旦城·蛇城備之"

42 『三國史記』권26, 동성왕 15년 조.

최고 지배자였기에 단야구를 상징물로 부장한 것이라고 한다(조영제 2007). 鍛冶가 권력의 상징임은 다음 고구려 연개소문의 아들 男生의 묘지명을 통해서도 헤아릴 수 있다.

> k. 祖와 父는 훌륭한 冶匠이요 빼어난 弓匠으로 軍權을 함께 잡아 國柄을 모두오로지 하였다(乃祖乃父 良冶良弓 竝執兵鈐 咸專國柄)(韓國古代社會硏究所 1992).

위에 보이는 '良冶'는 『禮記』學記篇에서 "훌륭한 대장장이의 아들은 반드시 갖옷을 만드는 것을 배우고, 훌륭한 궁인의 아들은 반드시 키를 만드는 것을 배운다(良冶之子 必學爲裘 良弓之子 必學爲箕)"라고 적혀 있다. 즉 대를 이어 가업을 잇는 것을 말하고 있다. '良冶'와 유사하게 세습하는 권력의 상징이 鍛冶였기에 단야구를 부장한 것으로 해석된다. 단야구는 장수 지역 수장 역시, 백제나 가라에 속하지 않은 독자적 입지 구축을 암시해준다.

단야구와 짝을 이루는 農具가 살포였다. 공주 수촌리 고분에서 확인되듯이 지방 수장의 분묘에 살포가 부장되었다. 살포는 논의 물꼬를 트거나 막을 때에 쓰는 네모진 삽이다. 살포는 수리권의 장악과 관련한 지방 수장을 상징했다(李道學 2019). 이와 마찬가지로 제철과 관련한 단야구 역시 수장권의 상징물이었을 것이다. 이러한 점에서 장수 지역 제철의 막대한 경제적 이익에 대한 지배권을 지닌 수장의 상징물이 단야구였다.

반파국의 최성기는 백제와 왜 나아가 신라와도 대립하여 전쟁을 치렀던 513~515년까지였다. 513년에 반파국은 백제 영역인 기문을 습취하였다(i-1). 514년에 반파국은 자탄과 대사에 축성하고 봉후 저각을 설치하여 倭에 대비했다(i-3). 이로 인해 반파국의 방대한 300리 영향권이 드러나게 되었다.

반파국은 신라를 급습하여 참혹한 타격을 안겨주었다(i-3). 그리고 반파국은 515년에 대사강에 진입한 왜군을 무자비하게 격파했다(i-4). 최성기 반파국의 강성한 면모를 유감없이 보여준다. 반파국의 영역과 세력권은 발굴과 조사를 통해 드러난 봉화 체계의 공간적 범위와 더불어, 축성한 지명 등을 통해 볼 때 광대하였다. 금강과 섬진강 상류 수계권의 이러한 봉화대 반경은 임실을 제외하고는 겹치지 않았다.

반파국의 강성은 기문에 대한 지배와 관련해 백제와 대결하는 국면에서도 보인다. 이 때 반파국은 '珍寶'를 왜에 보냈다(i-2). 반파국은 왜를 자국편으로 당기기 위해 진귀한 문물을 보낸 것이다. 반파국이 백제 물품과 비교해 손색이 없는, 경쟁력 있는 제품을 보낸 게 분명하다. 이와 관련해 장수 삼고리 고분에서 동남아시아에서 제작된 오색옥이 출토된 사실이 주목된다. 남원 월산리 고분에서는 중국제 청자 계수호, 남원 유곡리와 두락리 고분에서는 중국 남조의 銅鏡이 출토되었다. 그리고 전라북도 지역 가야고분에서 제작한 복발형 투구와 역자형 철촉이 일본열도에서 상당수 나왔다. 이러한 사실은 반파국의 '진보'가 왜로 보내진 기록과 무관하지 않아 보인다.[43]

그런데 반파국이 확보한 '진보'의 공급처로 백제를 지목하기는 어렵다. 양국은 경쟁과 대립 관계였을 뿐 아니라, 자국이 확보한 물품의 변별력과 경쟁력 차원에서라도 상호 연관성은 희박하다. 반파국이 백제로부터 공급받은 물품을 왜로 보낸다면, 과연 기존의 백제 물품을 압도할 수 있는 '진보'일 수는 없다. 대가야의 지산동 고분에서도 오키나와 이남 지역에서 서식하는 야광조개로 제작한 국자가 출토된 바 있다. 그렇다고 이와 동일한 남방산 국자 등이 백제에서 출토된 적도 없다. 따라서 전라북도 동부 지역 출토 外産 물품들은 반파국이나 임나제국의 역량과 결부지어 해석할 수밖에 없을 것 같다(李道學 2020).

---

43 長水 반파국의 강성을 보여주는 제철 유적과 영역 범위를 가리키는 봉화대 분포 양상, 그리고 강대한 지배층의 존속과 지속성을 입증하는 中高塚 고분의 존재는 장수군, 2016, 『백두대간을 품은 장수가야 철을 밝히다』, 장수군, 6~123쪽에 잘 집약되었다.

반파국은 섬진강을 운송로로 한 강력하고도 막대한 제철산업을 기반으로 독자 세력을 구축하였다. 그러나 기문하 가운데 대사강 즉 섬진강 중류와 하류 水路는, 백제의 谷那鐵山이 소재한 곡성에서(李道學 2019) 산출된 철의 운송로 문제와 충돌했다. 때문에 반파국과 백제의 입장에서 본다면 기문 일대와 대사 즉 섬진강 全流域의 지배권은 국가적 명운이 걸린 문제였다. 결과적으로 반파국은 이곳을 상실했다. 이와 연동하여 서남쪽으로 세력을 뻗친 가라가 반파국을 접수한 것으로 판단되었다. 그러자 이제는 가라가 섬진강 하구 다사진의 지배권을 놓고 백제와 갈등을 빚었다(李道學 2019). 이 분쟁에서 백제가 승리함에 따라 반파국 故地는 백제 영역에 편제되었다.

반파국의 영향력은 적어도 3기문 300리에 미쳤다(f). 섬진강 수계를 넘어 실제 광대한 봉화 체계 물증이 뒷받침해 주었다. 그러면 인접한 백제나 가라와 구분되는 거대한 규모의 정치체를 가리키는 호칭은 없었을까? 이와 관련해 慕韓의 존재가 상기된다. 모한은 왜왕 武가 유송에 책봉을 요청한 기록(l-1~3) 속에서 다음과 같이 보인다.

l-1. 426년 : 使持節都督 倭·百濟·新羅·任那·加羅·秦韓·慕韓 七國諸軍事 安東大將軍 倭國王

l-2. 451년 : 使持節都督 倭·新羅·任那·加羅·秦韓·慕韓 六國諸軍事 安東將軍

l-3. 478년 : 使持節都督 倭·新羅·任那·加羅·秦韓·慕韓 六國諸軍事 安東大將軍 倭王[44]

위의 모한에 대해서는 그 실체를 둘러싸고 논란이 많았다. 다만 일본 학자 가운데 모한을 백제에 포함되지 않은 마한 세력이나 영산강유역 세력으로 지목하기도 했다. 그러나 분명한 사실은 왜국 왕의 작호 요청에 3회나 등장한 이래

----
[44] 『宋書』 권97, 夷蠻傳, 倭國 條.

660년 무렵 집필된 『한원』에서도 그 존재가 다음과 같이 보인다.

    m. 이러한 신라는 진한·변한 24국 및 임나·가라·慕韓의 땅에 있었다.[45]

모한은 3세기 중엽을 시간적 下限으로 하는 『삼국지』 단계 이후 5세기 초 이전에 등장했음을 알 수 있다. 모한은 가공의 세력은 아니었던 것이다. 모한은 최종적으로는 신라 영역이 되었다. 신라가 점령한 지역으로 임나·가라·모한이 나란히 등장한다. 이로 볼 때 모한은 백제와 임나제국 사이에 소재했을 것으로 추정된다. 이러한 여러 정황에 비추어 볼 때 전북가야를 모한으로 판단할 수 있다.

VI. 맺음말

가야 연맹의 공간적 무대라면 낙동강 서부 지역과 남강 및 섬진강유역을 포괄하는 일대로 인식하였다. 물론 이곳에는 어김없이 가야토기가 출토되고 가야계 분묘가 조성되었다. 이렇듯 백제와 신라 사이에 소재한 광대한 공간을 가야로 일컬어 왔다. 그러나 연맹으로서 가야는 가라와 남가라, 2개 國에 한정되었다. 최치원의 「석이정전」에 전하는 가야 건국설화도 김해와 고령에 국한되었다. 그러다가 고려 전기에 저술된 『가락국기』에서 가야를 접미어로 하는 '△△가야'가 만들어졌다. 2개의 가야가 6개로 늘어난 것이다. 설령 이 숫자를 수용한다고 해도 가야라는 이름의 단일 연맹체는 존재할 수도 없었다. 포상팔국처럼 이해를 공유하는 동맹체 세력이 산재한 상황이었기 때문이다. 『삼국유사』에서 『가락국기』를 수록하지 않았거나 『삼국유사』 자체가 전하지 않았다면 과연 우리가 현재 사용하는 '가야 연맹'이라는 용어가 나올 수 있었을까? 필시 현재 학계에서 설정

---

45 『翰苑』蕃夷部 新羅. "此新羅有辰韓·卞韓二十四國及任那·加羅·慕韓之地也"

한 '가야 연맹'이 아닌 새로운 加耶像이 만들어졌을 것이다. 이 점을 염두에 두고 접근해야 마땅하다고 본다.

가야라는 통념상의 무대에 존재한 諸國들을 포괄할 수 있는 당시의 호칭은 任那였다. 임나 범주 안에 가라가 소재했다. 그랬기에 '任那加羅' 혹은 '任那加良'으로 불리었던 것이다. 이러한 제국들은 마한과 진한을 통합한 백제와 신라의 위협에 공동 대응하는 처지였지만 느슨한 연합체였다. 백제 성왕 등의 발언에 등장하는 '임나제국'은 통합을 이룰 기미가 보이지 않은 채 산재한 이곳 제국의 모습을 잘 보여주고 있다.

이와 관련해 실학자로 불리는 조선 후기의 성호 이익은 변한은 경상도와 전라도에 걸쳐 있었다고 하였다. 즉 변한은 전라도 동남쪽에도 걸쳐 있었다고 했다. 변한의 소재지가 전라도까지 미쳤다는 견해를 처음으로 피력하였다. 성호가 언급한 변한은 그 후신인 임나제국에 해당한다. 이렇듯 성호가 상정한 가야의 공간적 범위는 현재 전북 동부와 전남 동남부의 고고학적 발굴 성과와도 부합한다.

그런데 6세기 초기에 임나제국 가운데 반파국이 두각을 드러냈다. 반파국이 기록에 등장하게 된 배경은 영토 분쟁 때문이었다. 특히 왜와 결부된 복잡한 국제 분쟁은 긴요한 철제품의 공급로 내지는 제철 확보와 얽혀 있었다. 이로 인해 「양직공도」에만 적혀 있을 뻔한 반파국이 『일본서기』에 게재된 것이다. 「양직공도」만 본다면 반파국은 백제 곁의 소국으로 列記된 여타 소국과 별반 차이 없이 얌전한 모습으로만 인식되었을 법했다. 그러나 백제와 왜, 그리고 신라까지 개입한 국제 분쟁에서 반파국은 1:3으로 대적하였다. 6세기 초에 돌출한 반파국을 상대로 3개 국은 처참한 패전을 겪는 등 고전을 면하지 못했다.

지금까지는 2곳 사료에 등장하는 반파국을 가라 즉 대가야로 인식한 견해가 통설이었다. 그러나 무수한 근거 제시를 통해 반파국은 가라가 될 수 없다는 사실을 밝혔다. 결정적인 근거가 반파국이 倭를 상대 하기 위해 축조했다는 烽候 즉 봉화대였다. 그런데 봉화대의 축조 목적을 倭로 설정한 것은 『일본서기』의 필투에 불과한 것이다. 현재까지 확인된 110여 곳이 넘는 전북 동부 소재 봉화대는 『신찬성씨록』에 적힌 3기문의 땅 300里 영역과 부합하고 있다. 넓은 영역에 뻗어 있는 봉화 체계는, 봉화를 작동하는 주체를 가지게 마련이다. 그리고 보호해야 할 긴요한 대상을 지니고 있다. 조사 결과 봉화 체계의 작동 주체는 장수 지역이었고, 지켜야할 대상은 막대한 제철 산지였다. 이러한 제철 산업으로 인해 강대한 지배자가 출현했음은 장수 지역 중고총 고분의 지속적인 조영을 통해 확인할 수 있었다. 반파국을 중심으로 한 3기문의 땅 300里 영역과 광대한 봉화망 범위는 慕韓을 가리킨다고 판단되었다. 임나제국과 엮어진 모한이라는 거대한 정치체를 발견했다.

그리고 장계리 8호분에서 출토된 단야구는 제철 기반을 장악한 장수 지역 수장층의 존재를 가리킨다. 단야구는 농경사회 수장층 분묘에 부장된 살포에 대응하는 상징물이었다.

고고학적 조사 성과를 기반으로 한 문헌 검증을 통해 반파국의 위치는 장수로 굳혀졌다. 양과 질적으로 도저히 물리치기 어려운 자료 제시로 인해 반파국=대가야설은 접을 수밖에 없는 상태에 놓였다.

반파국의 강성은 기문에 대한 지배와 관련해 백제와 대결하는 국면에서도 읽을 수 있다. 반파국이 왜에 제공한 '珍寶'는 물론이고, 출토된 진귀한 外産 물품이 웅변해 주었다. 흔히 가야사의 Big 3로 고령과 김해, 그리고 함안을 운위하였다. 그러나 이제는 가야사의 Big 4로 반파국 장수의 역사를 포함하는 게 자연스러워졌다.

참고문헌

1. 사료

『三國史記』,『三國遺事』,『三峯集』,『新增東國輿地勝覽』,『禮記』,『宋書』,『南齊書』,『梁書』「梁職貢圖」『南史』,『晉書』,『翰苑』,『通典』,『資治通鑑』,『日本書紀』,『新撰姓氏錄』,『續日本後記』,『釋日本紀』

朝鮮總督府, 1932,『朝鮮史(日本史料)』, 朝鮮印刷株式會社.

韓國古代社會硏究所, 1992,『譯註 韓國古代金石文Ⅰ』.

湯淺幸孫 校釋, 1983,『翰苑校釋』, 國書刊行會.

2. 연구서

李瀷,『星湖全集』.

韓鎭書,『海東繹史 續』.

盧弼 集解, 2012,『三國志集解 伍』, 上海古籍出版社.

권덕영, 2015,『한국의 역사 만들기/ 그 허상과 실상』, 새문사.

今西龍, 1937,『朝鮮古史の硏究』, 近澤書店.

金廷鶴, 1990,『韓國上古史硏究』, 범우사.

金泰植, 1993,『加耶聯盟史』, 一潮閣.

金泰植, 2002,『미완의 문명 7백년 가야사 2권』, 푸른역사.

金泰植, 2014,『사국시대의 가야사 연구』, 서경문화사.

동북아역사재단 한국고중세사연구소, 2018,『中國正史東夷傳校勘』.

末松保和, 1956,『任那興亡史』, 吉川弘文館.

民衆書林 編輯局,, 2007『漢韓大字典』, 民衆書林.

三品彰英,『日本書紀朝鮮關係記事考證(下)』(1962, 吉川弘文館 ; 2002, 天山社).

李道學, 2018,『백제도성연구』, 서경문화사.

李道學, 2019,『분석 고대한국사』, 학연문화사.

李道學, 2020,『무녕왕과 무령왕릉』, 학연문화사.

李丙燾, 1959,『韓國史 古代篇』, 乙酉文化社.

李丙燾, 1976,『韓國古代史硏究』, 박영사.

도면회 外, 2015, 『고등학교 한국사』, 비상교육.

왕현종 外, 2015, 『고등학교 한국사』, 동아출판.

장수군, 2016, 『백두대간을 품은 장수가야 철을 밝히다』, 장수군.

전북문화재연구원, 2020, 『장수 백화산 고분군 발굴조사 약보고서』.

全榮來, 1983, 『南原月山里古墳群發掘調査報告』, 圓光大學校 馬韓百濟文化研究所.

田中俊明, 1992, 『大加耶聯盟の興亡と'任那'』, 吉川弘文館.

정구복 外, 1997, 『譯註三國史記』 4, 주석편(하), 한국정신문화연구원.

井上光貞 外 校注, 1994, 『日本書紀(三)』, 岩波書店.

井上秀雄, 1972, 『古代朝鮮』, 日本放送出版協會.

佐伯有清, 1982, 『新撰姓氏錄の研究 考證篇 第二』, 吉川弘文館.

조영제, 2007, 『옥전고분군과 다라국』, 혜안.

池內宏, 1970, 『日本上代史の一研究』, 中央公論美術出版.

千寬宇, 1991, 『加耶史研究』, 一潮閣.

3. 논문

郭長根, 2010, 「전북 동부 지역 가야와 백제의 역학관계」 『百濟文化』 43.

郭長根, 2011, 「전북지역 백제와 가야의 교통로 연구」 『한국고대사연구』 63.

郭長根, 2013, 「운봉고원의 제철유적과 그 역동성」 『百濟文化』 52.

郭長根, 2013, 「임나사현과 기문의 위치」 『百濟學報』 19.

郭長根, 2017, 「장수군 제철유적의 분포양상과 그 의미」 『湖南考古學報』 57.

곽장근, 2017, 「호남 동부지역 가야문화유산 현황」 『경남발전』 138.

곽장근, 2020.10.16, 「삼국시대 봉화대 분포망과 반파국 비정」 『전북가야 심포지
        움』, 전북연구원.

백승옥, 2019.11.15, 「반파국 위치 재론」 『전북지역 고대정치세력과 가야 학술대
        회』, 전북사학회.

李道學, 1990, 「山淸의 傳仇衡王陵에 관한 一考察」 『鄕土文化』 5, 嶺南大學校 鄕土
        文化研究會.

李道學, 2003, 「加羅聯盟과 高句麗」『제9회 가야사 국제학술회의-광개토대왕』, 김
  해시 ; 2006, 『고구려 광개토왕릉비문 연구』, 서경문화사.

李道學, 2010, 「任那諸國內 加羅聯盟의 勢力 變遷과 對外關係」『白山學報』86.

李道學, 2011, 「谷那鐵山과 百濟」『東아시아 古代學』25 ; 2019, 『가야는 철의 왕국인
  가』, 학연문화사.

李道學, 2019, 「伴跛國 位置에 대한 論議」『역사와 담론』90.

이도학, 2019.11.15, 「반파국 위치 재론에 대한 토론문」『전북지역 고대정치세력과
  가야 학술대회』, 전북사학회.

이도학, 2020, 「장수가야를 넘어 도달한 반파국」『전북문화살롱』22.

李道學, 2020.6.26, 「가야와 백제 그리고 후백제 역사 속의 長水郡」『장수 침령산성
  성격과 가치』, 후백제학회 학술세미나.

李道學, 2020, 「가야사 연구의 쟁점과 반파국」『전북학연구』2.

이용현, 2020, 「己汶·帶沙의 위치와 그 위상」『전북사학』59.

조명일, 2012, 「금강 상류지역 산성 및 봉수의 분포 양상과 성격」『湖南考古學報』41.

조명일, 2018, 「全北 東部地域 烽燧에 관한 一考察」『湖南考古學報』59.

全榮來, 1985, 「百濟 南方 境域의 變遷」『千寬宇先生還曆紀念韓國史學論叢』, 正音文
  化社.

정동락, 2014, 「고령지역 산성의 분포 현황」『대가야의 고분과 산성』, 고령군 대가
  야박물관.

문헌으로 본 가야의 국가, 기문국

김재홍

국민대학교 교수

I. 머리말

일반적으로 가야는 여러 나라가 자율적으로 발전하면서 연맹을 유지하였다는 점에서 작은 소국이 가야의 발전에 중요한 의미를 가지게 된다. 중앙집권국가를 이룬 고구려, 백제, 신라와 비교하면 분리된 개별 소국이 약해 보일 수 있지만 삼국의 틈바구니 속에서도 수백 년 이상 존재하였다는 것은 그 자체 역사적인 역동성을 가지고 있었다. 특히, 가야의 개별 소국 중에서 전북 동부지역에 있었던 정치체는 개별 활동성과 존재감으로 최근 관심이 집중되고 있다.

전북 동부지역은 백두대간을 사이에 두고 여러 산으로 중첩되어 있으나 3개의 강줄기가 사방으로 뻗어가는 형세를 하고 있다. 금강은 장수, 진안 등을 거쳐 충청도를 지나 서해로 흘러가며, 섬진강은 진안, 장수, 임실, 남원 서부를 거쳐 남해로 내려간다. 또한 남강은 장수, 남원 동부를 거쳐 진주를 지나 낙동강으로 흘러간다. 이 지역은 산으로 둘러싸여 있으나 하천을 통해 다른 지역과 연결되는 독특한 지형을 형성하고 있다. 이러한 특색으로 인하여 선사시대부터 독자적인 문화를 기반으로 여러 지역과 교류하면서 새로운 문화를 창출하였다(곽장근 1999). 이 지역은 물줄기에 따라 3개의 지역으로 나뉘어진다. 금강 상류역의 진안·장수, 남강 상류역의 남원 동부, 섬진강 상류역의 임실·남원 서부 등은 때에 따라 하나의 문화권역으로, 경우에 따라 각기 다른 문화적인 양상을 보여준다.

국내 사서인『삼국사기』와 외국 사서인『한원』,『일본서기』,〈양직공도〉 등에서 가야 소국의 하나로 '기문'을 기록하고 있다. 특히『일본서기』에서는 백제와 반파가 기문을 두고 서로 차지하려 싸우는 기사가 나온다. 사료의 맥락상 백제와 가야의 일원인 반파가 싸우는 것으로 보아 기문지역은 대략 전북 동부지역을 지칭하는 것으로 추정된다. 그러나 5세기 후엽에서 6세기 전엽에 걸쳐 백제와 가야의 영역을 확정하기 어려운 상황에서 기문을 특정 지역과 정치체로 비정하는 연구는 다양한 결론을 도출하고 있다.

기문은 그 위치와 국가적 성격을 둘러싸고 다양한 견해가 나오고 있으며 이는 외국 사서에 국명만 나오거나 내용이 간략하여 그 전모를 이해하기 어려웠다. 그러나 최근 역사지리학적인 방법을 도입하거나 고고학 자료를 지역사 연구와 결합하여 새로이 규정할 측면을 가지고 있다. 이 글은 그러한 방식을 이용하여 기문의 문제에 접근하고자 하는 바람에서 작성되었다.

II. 기문의 사료와 위치 비정

1. 사료로 본 기문

1) 백제의 시각

전북 동부지역에 대한 고고학적인 조사가 활발하게 이루어지면서 이 지역이 대가야문화권과 밀접한 관련을 가진다는 사실을 알게 되었다. 이전에는 백제문화권으로 설정되었던 전북 동부의 장수, 임실, 남원 등지에서 대가야계 유적이 발견되면서 이 지역에 있던 가야와 그 문화권에 대한 비정이 활발하게 이루어지고 있다. 현재 이 지역의 정치체를 독자적인 가야인 장수가야=반파나 운봉가야=기문(곽장근 2011; 이도학 2019), 남원=반파(전영래 1985), 장수=상기문·임실=중기문·운봉=하기문(김재홍 2012; 김재홍 2018)으로 설정하지만, 대가야의 영역(김태식 1993; 박천수 2006)으로 간주하기도 하였다. 아직 전라북도 동부지역에 존재하였던 고대 정치체의 국명을 확정하지 못하고 있다. 전북 동부지역의 가야문화를 이해하기 위해서는 사료에 나오는 기문의 위치를 선정하고 그 성격을 명확히 할 필요가 있다.

기문은 국내 사료인 『삼국사기』 악지(樂志)에도 보이고 외국 사료에도 비교적 빈번하게 출현하는 지역명이자 국가명이지만, 다른 가야 소국에 비해 관심이 적었다. 국내외 사료에 나오는 기문을 분석함으로써 논의를 진행하려고 한다.

    A. 보통 2년(521)에 그 왕 여륭이 사신을 보내 표를 올려 말하기를 …… 백제 인근의 소국(旁小國)에는 반파(叛波)·탁(卓)·다라(多羅)·전라(前羅)·사라 (斯羅)·지미(止迷)·마련(麻連)·상기문(上己文)·하침라(下枕羅)가 부용하 고 있다.[1]

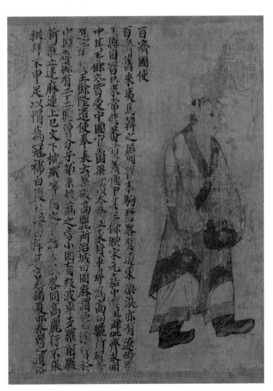

〈양직공도〉 백제국사조(그림 1)는 양나라가 백제 사신의 전언을 기초로 기록 한 것으로 백제와 관련된 소국 에 관심을 보이고 있다. 물론 백 제의 시각이 들어가 있다는 점 을 염두에 두고 분석할 필요가 있다. 사료 A는 양직공도에 나 오는 내용으로, 백제 주변의 소 국에 대하여 모두 9개의 나라가 열거되어 있다. '방소국'이라 표 현하였으나 백제나 가야의 지 역을 일컫기도 하여 지역 및 소 국명으로 추정된다. 9개의 소국 은 3개의 그룹으로 나누어진다. 신라인 사라를 기준으로 앞의 4 개국과 그 뒤의 4개국으로 나누 어진다. 사라를 기준으로 앞에 는 반파·탁·다라·전라 등 가

그림 1. 양직공도의 '(상)기문'

----

1 普通二年 其王餘隆遣使奉表云 …… 旁小國有叛波·卓·多羅·前羅·斯羅·止迷·麻 連·上己文·下枕羅等附之(〈梁職貢圖〉百濟國使, 521년)

야계통의 국가를 기록하고 있다. 521년 단계에 가야는 더 많은 나라로 구성되어 있었으나 대외적으로 인식된 주요 국가는 반파·안라·다라·탁순으로 상정할 수 있다. 그 뒤에는 지미·마련·상기문·하침라 등과 같이 백제의 영역에 포함되었으나 백제의 행정구역으로 편제하지 않은 지역을 기술하고 있다(이용현 1999, 183쪽). 521년 당시 백제의 지방제도는 담로나 왕후제일 가능성이 높음으로 호남지역의 소국이나 지역으로 소국의 자율성이 유지되던 지역에 해당한다.

지미(止迷)는 『신찬성씨록(新撰姓氏錄)』 하내국황별(河內國皇別)에 나오는 지미련(止美連)과[2] 관련된 기사에 보이며, 백제 '지미읍(止美邑)'과 동일한 지명으로 보인다. 지미는 전라남도의 해안에 있었던 소국이나 지역으로 추정되지만 구체적인 지명을 특정하기는 곤란하다. 뒤에 나오는 마련과 가까운 지역으로 추정된다. 마련(麻連)은 진법자(陳法子) 묘지명에 나오는 "증조할아버지 춘은 백제의 태학정이자 은솔이었으며, 할아버지 덕지는 마련대군장(麻連大郡將)이자 달솔이었다"[3]라는 구절로 보아 진법자의 할아버지가 백제 마련의 군장을 지냈음을 알 수 있다. 진법자 묘지명에도 양직공도의 '마련'과 한자가 동일한 마련이라는 지명이 나오고 있으며, 백제의 군으로 편제된 지역이다. 마련은 『삼국사기』 지리지에 나오는 마로현(馬老縣)으로서 지금의 전라남도 광양에 비정된다(김영관 2014, 119~121쪽; 정동준 2014, 193쪽; 김영심 2014, 200~201쪽). 또한, 『일본서기』 권17, 계체천황 6년(512) 겨울 12월에 나오는 임나 4현 중의 모루(牟婁)와 동일한 지명으로 추정된다. 사료에 나오는 마련=모루=마로는 모두 하나의 지명을 가리키고 있다.

위 기록을 종합하면 512년 이전에 지금의 광양지역은 임나인 가야의 한 지역이었으나 이후에 백제에 속하였던 것으로 보인다. 그리고 521년 무령왕대에는

---

2 尋來津公同祖 豊城入彦命之後也 四世孫荒田別命男 田道公被遣百濟國 聚止美邑吳女 生男持君三世孫熊次 新羅等 欽明天皇御世 參來 新羅男吉雄 依居賜姓止美連也 日本紀漏 (『新撰姓氏錄』河內國皇別 止美連)

3 曾祖春 本邦 太學正 恩率. 祖德止 麻連大郡將 達率(〈陳法子 墓誌銘〉)

백제에 속하였으나 자율성을 가진 소국으로 존재하였으며, 백제 성왕대에는 백제의 지방행정단위인 마련군으로 편제되었다. 마련은 가야의 모루(牟婁) → 백제 방소국인 마련(麻連) → 백제의 지방인 마련군(麻連郡) → 신라 통일기의 마로현(馬老縣) 등으로 변화의 과정을 거치고 있다. 자율적인 운동력을 가진 모루라는 가야 소국이나 지역이 사비기에 백제의 행정구역인 마련군으로 편제되고 다시 신라 통일기에는 마로현으로 재편된 것을 알 수 있다.

다음에 백제의 방소국으로 상기문과 하침라가 나온다. 그런데 상기문(上己文)은 다음에 나오는 하침라(下枕羅)로 보아 (하)침라와 대응하여 (상)기문이라는 의미이며, 그 자체가 국명이나 지명으로 볼 수 있다. 침라는 탐라(耽羅)로도 쓰이며 일반적으로 현재 강진으로 비정하나 제주도일 가능성도 존재한다. 521년 단계에 현재 제주도는 백제에 포함된 소국으로 존재하였으므로 강진과 더불어 제주도도 염두에 둘 수 있다. 문제는 기문과 관련된 상기문을 어떻게 해석하느냐이다. 여기에서 상, 하는 백제 수도인 웅진을 기준으로 하여 가까운 쪽이 상(上)이고 먼 곳이 하(下)인 것이다. 문장 자체로 보면 (상)기문은 기문을 의미한다 할 수 있다. 다른 사료에 기문이 여럿 있었다는 기록에 따르면 상, 중, 하의 기문 중에서 상기문만이 백제에 부용하였다고 해석할 수도 있으나 문맥으로 보아 '기문'으로 해석하는 것이 맞다. 기문은 백제에 부용한 소국으로 나오는 것으로 보아 521년 당시에는 백제의 영역에 포함되어 있었던 지역으로 보인다. 그렇다고 하여 다른 기록에 나오는 상, 중, 하의 기문이 모두 백제에 부용되었다고 해석할 수만은 없다. 6세기 전엽에 기문의 지역 중에서 백제문화의 속성이 보이는 지역으로 한정할 수 있다. 사료로 보아 기문은 상당히 넓은 지역에 해당하므로 (상)기문은 6세기 전엽 521년경 백제에 복속한 기문인 중기문을 지칭하였을 가능성이 있다(김재홍 2012).

2) 대가야의 시각

〈양직공도〉에 나오는 기문(己文)이라는 소국이자 지역의 명칭은 다른 사료에도 보이고 있다. 대가야와 관련된 사료에서 보인다.

> B. 우륵이 지은 12곡은 ① 하가라도(下加羅都), ② 상가라도(上加羅都), ③ 보기(寶伎), ④ 달이(達已), ⑤ 사물(思勿), ⑥ 물혜(勿慧), ⑦ 하기물(下奇物), ⑧ 사자기(師子伎), ⑨ 거열(居烈), ⑩ 사팔혜(沙八兮), ⑪ 이사(爾赦), ⑫ 상기물(上奇物)이다.[4]

사료 B는 『삼국사기』 악지에 나오는 가야금에 대한 기사로서 가야 가실왕(嘉實王)이 우륵으로 하여금 가야금 12곡을 짓게 한 내용이다. 사료 A가 백제의 시각에서 본 소국과 지명을 지칭한 것이라면 우륵 12곡에 나오는 소국과 지명은 대가야의 시각에서 본 것이다. 우륵이 언제 12곡을 만들었는지는 정확하지 않으나 대략 5~6세기 대가야의 정치적인 상황이 반영된 것으로 보인다. 이는 단지 5세기 후엽이나 멸망기의 한 시점만을 표현한 것이 아니라 멸망 때까지 대가야연맹을 구성하고 있거나 이전에 구성하였던 소국을 모두 표현하였을 가능성이 있다. 아니면 더 많은 소국의 음악을 정리한 것이 있었으나 우륵이 최종적으로 12곡으로 정리하였을 가능성도 있다.

먼저 12곡을 기재 순서에 따라 기문의 위치에 대해 논의를 진행하려고 한다. 12곡에는 당시 대가야의 소속 10개의 소국(하라가도는 상징적 의미에서 포함)과 더불어 보기와 사자기인 기예 2개를 포함하고 있다. 보기와 사자기는 마지막에 따로 기록된 것이 아니라 3번째와 8번째에 위치하고 있다. 단순히 기예를 끼워 놓은 것이 아니라 12곡의 순서에 원칙이 있는 것을 보여준다. 기예를 기준으로 대가야를 구성하는 소국은 3그룹으로 나눌 수 있다. 3곡인 보기 앞에 있는 1곡인 하가라도(下加羅都), 2곡인 상가라도(上加羅都)는 각각 남가야의 도읍인 김해와 대가

---

4 于勒所製十二曲 一曰下加羅都 二曰上加羅都 三曰寶伎 四曰達已 五曰思勿 六曰勿慧 七曰下奇物 八曰獅子伎 九曰居烈 十曰沙八兮 十一曰爾赦 十二曰上奇物(『三國史記』 권 32, 잡지1, 樂, 加耶琴)

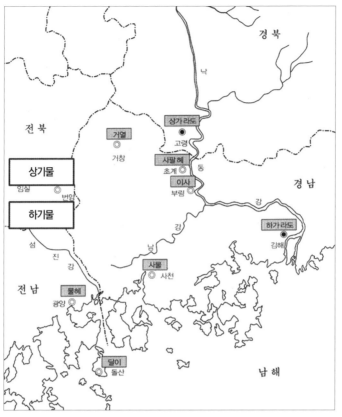

그림 2. 우륵 12곡의 소국 위치(김태식 2002에서 기물 위치 변경)

야의 도읍인 고령을 가르키고 있다. 3곡 보기와 8곡 사자기의 사이에 있는 4곡 달이(達已, 여수), 5곡 사물(思勿, 사천), 6곡 물혜(勿慧, 순천)가 대가야지역 중에서 남부지역에 해당하고 있다. 따라서 7곡 하기물(下奇物)도 대가야지역 중에서 남쪽에서 구해야 할 것이다. 이에 비해 8곡 사자기 뒤의 소국은 9곡 거열(居烈, 거창), 10곡 사팔혜(沙八兮, 초계), 11곡 이사(爾赦, 부림)이 대가야지역 중에서 북부지역에 해당하고 있다. 따라서 12곡 상기물(上奇物)도 대가야지역 중에서 북쪽에서 구해야 할 것이다(김태식 1993; 김태식 2002; 김재홍 2012).

이와 같이 보면 동일한 지명의 상, 하인 기물이 7곡과 12곡으로 떨어져 있는 이유를 알 수 있다. 우륵 12곡에 나오는 기물은 상(上)·하(下)로 나뉘어져 있으며, 그 범위가 넓어 대가야지역의 남쪽에서 북쪽에 걸쳐 있는 지역으로 상, 하 기물의 지역(소국)으로 나누어져 있었던 것이다(그림 2). 여기에 나오는 기물(奇物)은 양직공도에 나오는 기문(己文)이며, 일본측 기록에는 기문(己汶)으로도 쓰였다.

2. 기문의 지리적 위치

1) 중국측의 지리관

기문(기물)을 정확하게 이해하기 위해서는 지리적인 환경을 고려할 필요가 있다. 그 국가적인 성격을 규명하려면 그 위치와 지리적 특성을 고려할 필요가 있다. 기문의 지리적 특성과 관련된 자료가 다음의 것이다.

> C. …… 「괄지지」에 말하기를 "웅진하(熊津河)는 나라의 동쪽경계로부터 나오고 서남으로 흐르고 나라의 북쪽을 가로질러 흐르는 것이 백리이다. 또 서쪽으로 흘러 바다로 들어간다. 강폭이 넓은 곳은 30보이다. 물이 지극히 맑다. 또 기문하(基汶河)가 나라에 있는데 근원이 나라 안에 있다. 근원은 나라의 남산(南山)으로부터 나오고 동남쪽으로 흘러 대해(大海)에 이른다. 그 물고기는 중국과 같다"고 하였다.[5]

자연환경과 관련하여 사료 C의 『한원』에 나오는 기문하(基汶河)가 주목된다. 기문하는 이마니시 류(今西龍)가 지금의 섬진강으로 확정한 이후, 그 내용으로 보아 지금의 섬진강을 가르키므로 기문을 섬진강 중상류역으로 비정하는 견해(박천수 2016, 113쪽)가 나타나고 있다. 또한 동남으로 흐르는 방향성에 주목하여 동남으로 흘려 대해에 이르는 남강으로 비정하기도 한다(곽장근 2013, 15~16쪽; 곽장

---

5 括地志曰熊津河出國東界 西南流經國北百里 又西流入海 廣廤(處)三百步 其水至淸 又有基汶河在國 源出其國 源出其國南山 東南流入大海 其中水族與中夏同(『翰苑』 蕃夷部 百濟)

근 2018, 214~215쪽). 백제의 남에서 흘러 동남으로 흐르는 강은 남강이며, 서남으로 흐르다가 지리산에서 다시 동남으로 흐르는 강은 섬진강이다. 동남이라는 방향에 구애되면 기문하는 남강과 섬진강으로 모두 비정할 수 있다. 그러나 우륵 12곡에 나오는 상, 하기물로 보아 섬진강 중상류역이나 남강으로만 한정하기에는 기물(기문)은 더 넓은 지역으로 보인다. 이 경우 주목되는 것이 금강, 섬진강, 남강의 발원지이며, 그것이 장수나 남원이라는 지역으로 모인다는 사실이다. 기문하는 하나의 하천을 지칭하는 것이 아니라 세 하천의 시작하는 지점과 관련을 가지고 있었다. 현재적 시점에서 기문하를 바라보는 것이 아니라 당시의 자연지리관을 달리 해석할 필요가 있다(김재홍 2018). 따라서 기문은 3개 강의 상류역을 가르킬 수 있다.

2) 기문 유민의 지리관

기문의 위치와 지리적 특성에 대한 기록은 기문의 유민이 일본에서 남긴 사서에 잘 나오고 있다. 기문국이 멸망한 이후의 기록이지만 선대부터 내려온 내력을 적었다는 점에서 기문국 유민의 지리관을 알 수 있다.

> D-① …… 임나국에서 아뢰기를 "우리 나라 동북(東北)에 삼기문지(三己汶地) 가 있는데 상기문(上己汶)과 중기문(中己汶)과 하기문(下己汶)의 땅이다. 땅 사방은 삼백 리인데, 토지는 비옥하고 인민 또한 많다. 그런데 이 땅을 두고 신라국과 더불어 서로 다투지만 서로 간에 능히 잘 다스리지 못하고 싸우기만 하니 백성들이 겨우 생계만 유지할 뿐이다. 우리가 청하는 것은 장군으로 하여금 이 곳을 다스리게 하여 귀국(왜)의 부가 되게 하는 것입니다"라고 하였다.[6]

----

6 任那國 奏曰臣國東北有三巴汶地[上巴汶 · 中巴汶 · 下巴汶]地方三百里 土地人民亦富饒 與新羅國相爭 彼此不能攝治 兵丈相尋 民不聊生 臣請將軍令治此地 卽爲貴國之部也(『新撰姓氏錄』, 左京皇別下 吉田連)

D-② …… 시조 시오타리쓰(鹽乘津)는 왜인이었는데, 후에 나라의 명에 따라 삼기문(三己汶)의 땅에 가서 살았다. 그 땅은 마침내 백제에 예속되었다. 시오타리쓰의 팔 세손인 달솔(達率) 길대상(吉大尙)과 그의 아우 소상(少尙) 등은 고국으로 돌아가고 싶은 마음이 있어 잇달아 우리 조정에 왔다. 대대로 의술을 전수하였고 아울러 문예(文藝)에 통달하였다. 자손은 나라경(奈良京) 전촌리(田村里)에 거주하였으므로 기치타노무라지(吉田連)의 성을 주었다.[7]

이 경우 주목되는 사료가 일본측 사료이며, 기치타노무라지(吉田連) 가계의 전승과 관련되어 있다. 이 가계는 백제와 관련이 있으며, 더 위로는 기문의 땅과 관련을 가지고 있다. 결국 기치타노무라지의 가계는 기문의 유민 의식과 관련지을 수 있다. 사료 D-①『신찬성씨록』에서 기문은 삼기문지(三己汶地)로 불리며, 상기문(上己汶)·중기문(中己汶)·하기문(下己汶) 등지가 나온다. 또한 사료 D-②『속일본후기』에도 기문은 삼기문(三己汶)으로 표기되고 있다. 이로 보아 기문은 상, 중, 하 3개의 지역으로 나눌 수 있으며, 넓은 지역을 상정할 수 있다. 기문은 3개의 지역으로 나누어져 있으며, 경우에 따라 하나의 지역인 기문이나 3개로 나뉘어지는 지역으로 불리웠음을 알 수 있다.

여러 사료를 정리하면 기문은 백제측에서는 기문(己文), 중국측에서는 기문(基汶), 기문의 유민측에서는 기문(己汶), 대가야측에서는 기물(奇物) 등으로 표기되었다. 동일한 소국이자 지역인 기문을 각 국가마다 달리 표현하고 있다. 아마 당시 발음은 하나였을 가능성이 높으며, 이 글에서는 기문이 많이 표기되므로 백제측에서 사용한 기문(己文)이라고 지칭한다. 또한 기문은 기문 유민의 기록에 따라 상·중·하의 3개의 지역으로 나뉘어져 있었고, 대가야측의 기록에 따라 소국명

---

7 右京人左京亮從五位上吉田宿禰書主 越中介從五位下同姓高世等 賜姓興世朝臣 始祖鹽乘津 大倭人也 後順國命 往居三己汶地 其地遂隸百濟 鹽乘津八世孫 達率吉大尙 其弟少尙等 有懷土心 相尋來朝 世傳醫術 兼通文藝 子孫家奈良京田村里 仍元賜姓吉田連(『續日本後紀』 권6, 仁明天皇 承和 4년 6월 己未, 837년)

으로는 상기문과 하기문이 있었다. 소국으로 기능한 것은 상, 하 2개의 소국인 상기물과 하기물일 가능성이 있다. 물론 보는 관점에 따라 중기문도 지역이 자율성을 유지하고 있어 〈양직공도〉에서는 방소국으로 표기하고 있다. 그러나 중기문의 땅인 현재 임실과 남원 서부 지역은 가야계 고총이 없어 개념상 소국보다는 지역으로 지칭하는 것이 맞을 것이다. 이를 종합하면, 사료에는 이 지역에 존재하였던 정치체를 기문이라고 하였다(김재홍 2017).

사료상의 기문의 위치와 범위를 만족시키는 지역이 지금의 섬진강, 금강, 남강의 상류지역이며, 행정구역상으로는 진안, 장수, 임실, 남원을 중심으로 하는 곳이다. 이 지역 중에서 고총이 소재하고 있는 곳은 장수분지와 남원 운봉고원이다. 대가야의 입장에서는 장수분지를 상(上)으로, 남원 운봉고원을 하(下)로 인식하여 각각 상기문과 하기문으로 설정하였다. 섬진강 중상류역은 상·하 기문

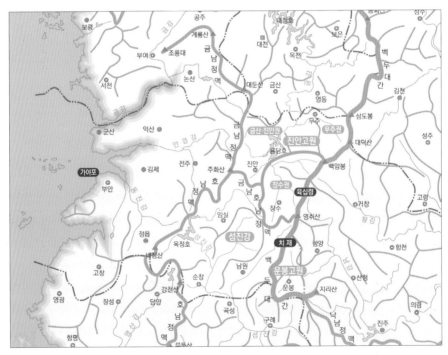

그림 3. 기문의 위치와 범위(김재홍 2012, 123쪽 지도)

의 가운데인 중(中) 기문으로 인식되었을 가능성이 있다. 중기문에는 고총이 존재하지 않는 것으로 보아 중심집단이 소국으로 발전하지 못하였을 것이다. 장수지역의 가야를 상기문, 운봉고원의 가야를 하기문으로 지칭하였으며, 중기문은 임실지역으로 비정할 수 있다(그림 3). 〈양직공도〉에 백제에 속한 (상)기문으로 나오는 지역은 중기문을 지칭하였으며, 운봉고원의 하기문은 6세기 중엽까지도 대가야의 소국으로 존재하였다. 전북 동부 지역의 기문은 대가야권에 속하는 정치체였으나, 지역국가명인 기문을 사용할 정도로 자율성을 가지고 있었다(김재홍 2012; 김재홍 2017).

Ⅲ. 기문국의 형성과 발전

1. 기문의 형성

전북 동부지역에서 지역 정치체의 성장과 발전은 가야문화의 성립과 관계를 가지고 있다. 가야문화 이전에는 마한과 관련되었을 가능성이 있으나 아직 구체적인 자료를 확보한 것은 아니다. 따라서 이 지역 정치체의 성장은 가야문화와의 관련성에서 일차적으로 검토하여야 한다.

전북 동부지역의 가야 고분 문화는 자연적인 지형에 따라 3개의 지역권으로 나눌 수 있다. 첫째는 금강 수계의 장수 및 진안지역 문화권으로 장수 삼고리·삼봉리·동촌리·호덕리·노하리고분군, 진안 황산리고분군 등이 있다. 둘째는 섬진강 수계의 남원서부·임실지역 문화권으로 남원 고죽동고분, 장수 봉서리고분군, 임실 금성리·석두리고분군, 곡성 방송리고분군 등이 있다. 셋째는 남강 수계의 남원 운봉지역 문화권으로 남원 월산리·두락리·유곡리·행정리·건지리·봉대리·북천리고분군 등이 있다. 수계에 따라 3개의 지역권으로 나눌 수 있으나 고분문화는 가야문화적인 특성을 보여주고 있다.

3개 지역의 고분군은 전체적으로 대가야문화와 관련성에서 논할 수 있다. 그러나 대가야문화 이전에 이미 가야문화와 관련된 고고학 자료가 보인다. 남원지역의 고분에서는 대가야양식토기와 더불어 대가야양식을 현지에서 재현한 가야계토기가 출토되었는데, 아영지역의 월산리 M1-A호에서 확인되었다. 또한 이 고분에서는 소가야양식토기도 출토되었다. 남원 봉대리고분군 1호 석곽묘에서는 대가야양식토기와 더불어 신라후기양식 단각고배가 출토되었으며, 3호 석곽묘에서는 소가야양식토기가 확인되었다. 또한 광평고분군에서는 소가야와 대가야 고분문화가 함께 보이고 있다. 1·2호 목곽묘에서는 소가야계 고배·광구장경호가 출토되었고, 1호 석곽묘에서는 대가야계 고배와 개배가 발견되었다. 이와 같이 전북 동부지역의 고대 문화는 대가야문화를 기반으로 하면서도 소가야나 신라 문화도 보일 정도로 다양성을 보이고 있다. 이 지역은 대가야가 정복하는 과정에서 고대국가로 발전한 것이 아니라 다양한 가야문화를 받아 들여 성장하였음을 반증하고 있다.

먼저 5세기 전엽 소가야양식토기가 금강유역으로까지 확산되는데, 백제로 통하는 교통로상에 위치한다. 소가야양식토기는 삼각투창고배, 수평구연호, 세장한 대각의 기대 등을 주요한 기종으로 하며, 한반도 남부의 넓은 지역에서 확인된다. 그러나 지역 내에서 유적이나 유물의 범위는 산발적으로 분포하여 유물의 집중도는 떨어진다. 소가야양식토기는 고성, 진주, 산청 등지를 중심으로 분포하지만 한강유역의 풍납토성을 포함하여 장수, 남원, 보성, 여수 등지에서도 확인되고 있다. 그 분포 범위는 정치권역을 표현하기 보다는 백제, 영산강유역 정치체, 왜 등과 교류하는 과정에서 나타나는 산물로 보인다. 교류의 매개 역할을 담당하면서 정치적인 영향력을 신장하였다고 볼 수 있다(하승철 2015; 박천수 2016).

5세기 전엽 소가야양식토기가 이 지역에 나타나며, 이후 이 지역 고분의 특징 중의 하나인 분구를 조성하고 석곽을 축조하는 방식도 소가야 고분의 특징과도 연결된다. 이 지역 고분에 나타나는 대가야계문화와 더불어 소가야적인 요소는 가야문화를 선택적으로 수용하는 이 지역 정치체의 존재를 상정할 수 있다. 외부 가야 문화를 받아들일 수 있는 문화 역량을 갖춘 집단이 존재하였기 때문에 가능하였던 것이다.

이 지역에서 대가야문화를 수용하기 시작하는 시기는 5세기 중엽경으로 추정된다. 남강 상류역의 남원 아영지역 출토품과 금강 상류역의 장수 삼고리고분군에서 출토된 통형 대각에 아치형 투창을 가진 고령산의 고배형기대를 고령 지산동 30호분 출토품과 유사한 것(박천수 2006, 92쪽)으로 볼 수 있기 때문이다. 이로보아 장수지역과 운봉지역에서 먼저 대가야문화를 수용하고 있었다. 이는 당시이 지역의 집단이 대가야와 관계를 맺고 있었음을 알려 주는 것이다.

2. 기문의 발전

5세기 후엽부터 이 지역은 본격적으로 대가야문화를 수용하게 된다. 장수 삼봉리고분군, 동촌리고분군과 남원 운봉의 월산리고분군, 유곡리·두락리고분군은 대가야고분문화의 수용 양상을 잘 보여주고 있다. 당시 장수와 운봉의 지역집단은 대가야고분문화를 받아 들여 고총을 축조하면서 해당지역에 대한 지배를 강화하였다. 대가야문화의 영향으로 소국의 성장이 촉진되었던 것이다. 한편으로는 대가야 정치세력에 포함되어 지역의 통합을 강화하는 것으로 진한의 소국이 신라에 통합되면서 해당지역에서 고총이 발생하는 것(이희준 2003)과 유사한 현상이라 할 수 있다. 장수지역의 가야는 5세기 중엽에 등장하여 6세기 전엽까지 대가야권의 소국으로 존재하였다. 남원 운봉지역의 가야도 비슷한 시기에 등장하여 대가야가 멸망하는 시점까지 대가야권의 소국으로 성장하였다. 고고학 자료 상으로 운봉지역의 가야는 기문 중에서도 가장 두드러진 성장을 보여주고 있다. 문화적으로는 대가야문화를 받아들이고 그 영향권에 들어갔으나 소국지배층은 지역의 지배력을 향상할 수 있었다(그림 4).

전북 동부지역에서 고총이 발생하는 시점에 섬진강 중상류역과 금강 상류역에서도 대가야고분문화가 나타난다. 남원 건지리·행정리·입암리·고죽동, 임실 금성리, 장수 삼고리·호덕리, 진안 황산리 등지에서 가야 석곽묘가 조사되었

그림 4. 기문과 대가야의 귀걸이(1.장수 봉서리, 2.고령 지산동)

다. 임실지역에서도 대가야토기와 더불어 아라가야토기가 출토되는 것으로 보아 가야문화를 기반으로 성장하는 과정을 읽을 수 있다. 그러나 임실지역에는 가야계 고총이 확인되지 않는 것으로 보아 소국이라기 보다는 지역 정치체로서 존재하였을 것으로 추정된다. 이 중에서 진안 황산리고분과 장수 삼고리고분은 벽석의 축조방법, 고분의 배치상태 등 유구의 속성과 세발토기를 비롯한 백제토기가 함께 부장된 점에서 서로 유사성을 보이고 있다. 금강 상류역의 대가야권의 가야에서는 백제고분문화가 혼재되어 있는 양상을 볼 수 있다. 이것은 진안지역을 경계로 북쪽의 백제문화와 남쪽의 대가야문화로 지역권이 나뉘어지는 것을 알 수 있다. 이로 보아 금강 상류역의 가야도 자율적인 기반 위에서 경우에 따라 백제문화와 가야문화를 수용하면서 성장하고 있었던 것이다.

　운봉고원의 경우는 장수지역과는 다른 양상을 보여주고 있다(그림 5). 6세기 중엽에도 남원 유곡리·두락리고분군에서는 고령양식 대가야토기가 대부분을 차지하며, 그 하위고분군인 건지리고분군도 같은 양상을 보이고 있다(이희준 1995, 415쪽). 이 지역에서는 고령양식 토기가 멸망 때까지 이어지고 그 후에 신라토기로 대체되고 있다. 이는 이 지역이 계속하여 대가야권역으로 남아 있다가 신라에 병합된 사정을 반영하고 있다. 또한 운봉고원에서는 백제와 관련된 고고

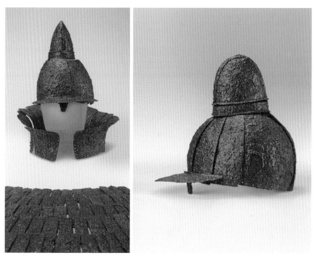

그림 5. 남원 월산리 M5호의 갑옷과 투구

학 자료가 풍부하지 않다. 최근 국립전주박물관에서는 기존 발굴된 자료를 정리하는 과정에서, 남원 두락리 M5호분에서 출토된 은제 목걸이와 은제 구슬, 유리구슬, 탄목 구슬 등이 무령왕릉 출토품과의 관련성을 확인하였다. 두락리 M5호에서 출토된 은제 목걸이는 무령왕릉의 금제 목걸이나 금·은팔찌와 제작기법이 동일하며, 탄목은 양쪽 측면에 구멍을 뚫어 줄로 이은 꿰는 방식이 무령왕릉 출토품과 연결된다. 비록 유곡리·두락리고분군에서 백제계 유물의 존재를 확인한 것은 중요한 발견이나 대가야권에서 출토된 백제계 유물을 고려할 때에 백제와 대가야의 교류의 증거로서 활용하여야 할 것이다.

운봉지역의 기문(하기문)은 6세기 중엽까지 자체 발전을 거듭하고 있었다. 그 지정학적인 위치로 인하여 대가야문화를 주로 수용하면서도 백제문화와도 접촉하였다. 6세기대의 상황을 잘 보여주는 유적이 남원 유곡리·두락리고분군이며, 이 중에서 36호(구 두락리 2호)는 운봉지역 기문의 자체 성장과 주변 문화 수용을 잘 보여주고 있다.

유곡리·두락리 36호(그림 6)는 횡혈식 석실묘로서 현실이 방형에 가까운 장방

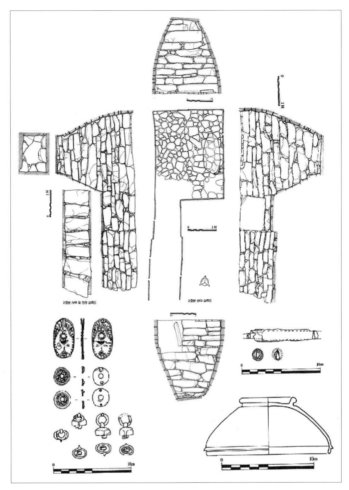

그림 6. 유곡리 · 두락리 36호 석실과 부장품(전북대박물관 1989 · 2020)

형이며 천장석을 1매로 덮은 궁륭형 석실이다. 벽면 일부에는 조개를 이용하여 만든 회가 두껍게 발려 있다. 연도는 왼편으로 치우친 형태로 매우 긴 편이다(전북대박물관 2020). 석실의 구조는 고령 고아동 벽화고분, 고령 고아2동 고분, 고령 절상천정총, 합천 저포리 D-Ⅰ-1호분 석실 등 대가야 양식에 속한다. 대가야 양식의 석실은 구조, 평면형태, 석실의 위치, 배수구 등으로 보아 백제의 영향을 받아 성립된 것으로 판단된다(김준식 2019). 그러나 부장품에서는 대가야계 유물이 출토되지 않았다. 그러나 유구의 형태로 보아 대가야계이거나 기문의 재지적인 부장품이 부장되었을 가능성이 있다. 현재 남아 있는 부장품은 신라의 단각고배와 더불어 누암리형 대금구와 황룡사형 대금구가 출토된 것으로 보아(이한상 1999) 6세기 후엽~7세기 전엽 경에 2번에 걸쳐 추가장이 이루어졌음을 알 수 있다. 6세기 후엽 이후의 신라계 유물만이 출토된 것은 가야 기문국 멸망 후에 기존 석실묘를 그대로 사용한 결과로 보인다.

Ⅳ. 기문국의 변화

1. 6세기 전엽 기문의 축소

자율성을 기반으로 성장과 발전을 거듭하던 기문국은 6세기 전엽에 새로운 변화를 맞게 된다. 5세기 대가야문화를 받아들여 발전하던 기문국은 6세기에 들어와 백제가 이 지역으로 진출하면서 새로운 위기에 봉착하게 되었다. 『일본서기』계체기에 나오는 백제, 반파, 기문의 관계를 보여주는 기사를 통하여 6세기 전엽의 상황을 유추하고자 한다.

> E-① 7년(513) 여름 6월, 백제가 저미문귀장군(姐彌文貴將軍), 주리즉이장군(州利卽爾將軍)을 수적신압산(穗積臣押山)[백제본기에 의하면 왜의 의사이마기미(意斯移麻岐彌)라고 한다]에게 딸려 보내 오경박사 단양이(段楊爾)를 바쳤다. 따로 주청하여 "반파국이 신의 나라인 기문(己汶)의 땅을 빼앗았습니다. 엎드려 바라건대 천은으로 판단하여 본래의 소속으로 되돌려 주십시요"라고 하였다.[8]

----

8 百濟遣姐彌文貴將軍 州利卽爾將軍 副穗積臣押山[百濟本記云 委意斯移麻岐彌] 貢五經

E-② 7년(513) 겨울 11월, 조정에서 백제의 저미문귀장군(姐彌文貴將軍), 사라(斯羅)의 문득지(汶得至), 안라(安羅)의 신이해(辛已奚), 분파위좌(賁巴委佐), 반파(伴跛)의 기전해(旣殿奚) · 죽문지(竹汶至) 등을 나란히 세우고 은칙을 받들어 선포하고, 기문(己汶) · 대사(帶沙)를 백제국에 주었다. 이 달에 반파국이 즙지를 보내 보물을 바치고 기문(己汶)의 땅을 달라고 하였으나 끝내 주지 않았다.[9]

E-③ 10년(516) 가을 9월, 백제가 주리즉차(州利卽次) 장군을 보냈는데 물부련과 같이 와서 기문(己汶)의 땅을 준 것에 감사하였다. 따로 오경박사 한고안무(漢高安茂)를 바치고 박사 단양이를 대신하기를 청하므로 청대로 바꾸었다. 무인일(戊寅日)에 백제는 작막고(灼莫古) 장군과 일본의 사나노아비다(斯那奴阿比多)를 보내어 고구려 사신 안정(安定) 등과 같이 내조하여 수호를 맺었다.[10]

E-④ 8년(514) 봄 3월, 반파는 자탄(子呑) · 대사(帶沙)에 성을 쌓아 만혜(滿奚)에 연결하고 봉후(烽候)와 저각(邸閣)을 만들어 일본(왜)에 대비했다. 또 이열비(爾列比) · 마수비(麻須比)에 성을 쌓아 마차혜(麻且奚) · 추봉(推封)에까지 뻗치고, 사졸과 병기를 모아서 신라를 핍박했다. 자녀를 약취하고 촌읍을 약탈하였다. 흉적이 가는 곳에 남는 것이 드물었다. 무릇 포악하고 사치스럽고 괴롭히고 업신여기고 살상이 너무 많아 상세히 적을 수가 없었다.[11]

博士段楊爾 別奏云 伴跛國略奪臣國己汶之地 伏願 天恩判還本屬(『日本書紀』권17, 繼體紀 7년 6월, 513년)

9 於朝廷 引列百濟 姐彌文貴將軍 斯羅汶得至 安羅辛已奚 及賁巴委佐 伴跛旣殿奚 及竹汶至等 奉宣恩勅 以己汶 帶沙賜百濟國 是月 伴跛國遣戢支獻珍寶 乞己汶之地 而終不賜(『日本書紀』권17, 繼體紀 7년 11월, 513년)

10 百濟遣州利卽次將軍副物部連來謝賜己汶之地 別貢五經博士 漢高安茂 請代博士段楊爾 依請代之 戊寅百濟遣灼莫古將軍日本斯那奴阿比多 副高麗使安定等 來朝結好(『日本書紀』권17, 繼體紀 10년 봄 3월, 516년)

11 伴跛築城於子呑帶沙 而連滿奚 置烽候邸閣 以備日本 復築城於爾列比 麻須比 而絚麻且奚推封 聚士卒兵器 以逼新羅 駈略子女 剝掠村邑 凶勢所加 罕有遺類 夫暴虐奢侈 惱害侵凌 誅殺尤多 不可詳載(『日本書紀』권17, 繼體紀 8년 봄 3월, 514년)

사료 E는 513년 6월부터 516년 9월까지의 사건을 기록하고 있다. 주로 백제가 기문과 대사 지역으로 진출하는 과정과 이를 저지하려는 반파의 대응 과정을 잘 보여주고 있다. 위 사료 E-①에 따르면, 기문지역은 원래 백제의 땅이었으나 어느 시점인가에 반파가 기문을 빼앗은 것으로 나온다. 그러나 이것은 백제측의 주장을 실은 것이고, 백제 땅인 기문에 대가야가 진출한 것이 아니라 독립적인 기문의 땅에 대가야가 먼저 진출한 것으로 보인다. 513년 11월에 왜가 백제에게 기문과 대사를 준 것으로 되어 있으나 실지로 백제가 기문과 대사를 점령한 것으로 이해할 수 있다. 사료 E-②의 513년 11월과 사료 E-③의 516년 9월에 백제가 기문을 점령하거나 반파가 기문의 반환을 요구하고 있어 기문은 513년 이후 백제가 점령한 것으로 볼 수 있다. 그러나 513년 백제가 점령하였다는 대사에는 사료 E-④에서 514년 3월에 반파가 성을 쌓는 것으로 보아 실질적으로 백제에게 점령되지 않았음을 알 수 있다. 513년 이후 백제가 점령한 지역은 기문지역으로 한정 해 볼 수 있다. 앞에서 언급한 3개의 지역으로 나뉜 기문이 모두 백제에게 되었을지는 의문이다. 이 시기 이후에도 운봉지역의 기문에서는 가야계 석실묘를 축조하고 있는 것으로 보아 기문국이 존속한 것으로 보인다. 그러면 513년에 백제가 점령한 지역은 어디에 해당하는지가 문제이다.

전북 동부지역에 대한 백제의 진출은 5세기 이후 지속적으로 이루어지고 있었다. 먼저 충남의 금산지역을 장악한 백제가 금강 상류역을 따라 진출하는 과정을 잘 보여 주는 유적이 진안 월계리에 있는 와정토성(윤덕향 2000)이다. 와정토성은 북으로 금강과 그 지류인 남대천이 흐르고 있으며 서로는 해발 400여 m 내외의 비교적 높은 산이 이어지고 있다. 이곳에서는 백제시대의 토성, 주거지 7기 외에 구들시설 11기가 조사되었다. 진안 와정토성은 금산에서 장수를 거쳐 백두대간의 육십령과 치재를 넘어 대가야로 가는 최단의 교통로상에 위치하고 있다. 금강이 굽이쳐 흐르는 충적지에 돌출된 구릉 위에 축조되어 있다. 토성은 사다리꼴의 평면이며 성벽의 길이 311m 정도이다.

여기에서 출토된 토기는 대부분 백제토기이며, 일부 대가야계 토기도 포함되어 있다. 백제토기를 기초로 토성의 축조연대를 한성기나(곽장근 1999, 47쪽; 이혁희 2014) 웅진기로(박순발 2000, 39쪽) 보지만, 토기로 보아 웅진기가 중심을 이루는 것으로 보인다. 그러나 주거지에서 출토된 백제토기는 동이와 굽형 꼭지가 있는 뚜껑 등 웅진기의 것이 주를 이루고 있으나 한성기의 것도 일부 포함하고 있어 한성기에 축조되었을 가능성도 제기되었다(성정용 2002, 72쪽).

따라서 백제는 한성기부터 진안지역에 교두보를 마련하고 동쪽으로부터의 위협에 대처하였을 가능성이 있다. 물론 웅진기에도 와정토성을 근거지로 대가야가 금강 상류지역으로 진출하는 것을 견제하였을 것이다. 근거리의 여의곡에 있는 백제 횡혈식석실묘로 보아 백제가 이 지역을 영역화하였음을 잘 보여 준다.

와정토성에서 출토된 유물은 장란형토기, 광구단경호, 세발토기, 뚜껑, 발형토기, 시루 등 백제토기가 절대량을 차지하고 여기에 소량의 가야토기가 출토되었다. 이것은 인근의 황산리고분군에서 가야계유물이 주류를 이루고 있었던 것과는 대조를 이루는 현상이다. 이 점은 와정토성이 백제가 축조한 토성이며, 이를 거점으로 백제가 금강 상류역을 통제하였음을 알 수 있다. 이와 같이 주변 황산리고분군에서는 백제토기가 소수 출토되며 대가야토기가 압도적으로 다수를 차지하고, 와정토성에서도 대가야토기가 출토되는 것으로 보아 이 지역의 정세는 불안하였을 것으로 보인다. 그러나 웅진기 이후에는 백제가 와정토성을 전진기지로 대가야와 대치하였을 것이다.

5~6세기 전엽까지 상황의 변화가 보이는 지역이 임실과 남원 서부 일대이다. 이 지역은 기문 중에서 중기문에 해당한다. 임실지역에는 금성리고분, 도인리 석곽묘, 석두리고분 등에서 대가야고분문화가 보이며, 5세기대 금성리고분에서는 대가야 요소와 더불어 백제문화 요소도 보이고 있다. 금성리고분군 건너편 구릉에 있는 도인리에서도 수혈식석곽묘가 조사되었다. 유구에서 물결무늬가 새겨진 장경호와 더불어 아가리가 넓은 항아리 등 대가야계 부장품이 발견되었다. 석두리고분의 수혈식석곽묘는 가야계로서 주변에서 아라가야의 통형고배나 물결무늬가 새겨진 장경호가 출토되었다. 그러나 6세기 이후 백제문화가 주류를

그림 7. 임실 구고리 석실묘 출토 세발토기

이루게 되는데, 임실 구고리 석실묘와 성미산성에서는 백제문화를 확인할 수 있다(국립전주박물관 2011). 구고리고분의 석실묘에서는 격자무늬가 찍혀있는 단경호와 세발토기가 출토되었다. 구고리는 백제의 군현인 돌평현(埃坪縣)의 치소가 있던 곳이다. 따라서 임실지역의 세력은 5세기에 대가야의 중기문에 해당하나 백제와 대가야의 틈바구니에서 유동적인 모습을 보이다가 6세기 이후에는 백제로 귀속되었다고 판단된다(그림 7).

따라서 양직공도에 나오는 기문은 현재 임실과 남원 서부지역에 있었던 중기문일 것으로 추정된다. 기문의 소국이나 지역 중에서 중기문은 가야문화를 기반으로 한 가야계 지역이었으나 513년 11월에 백제가 점령하여 백제의 영역으로 편입하였다. 그러나 그 지역 체계를 해체한 것이 아니라 자율성을 보장한 지역으로 편제하여 군현으로 영속하지 않았다. 양직공도에 기록된 방소국으로 나오는 '기문'은 513년에 백제가 점령한 현재 임실과 남원 서부지역의 중기문을 지칭한다. 남원 운봉고원의 하기문은 여전히 자율적인 가야 소국으로 기능하고 있었다.

백제가 점령한 가야지역이 다른 백제지역과 구별되는 것은 백제 멸망 후 신라로 흡수되는 과정을 보면 쉽게 알 수 있다. 백제가 멸망한 후에 당나라가 백제지역에 설치한 웅진도독부가 관할하는 지역은 백제가 점령한 옛가야지역은 빠

져있다. 이는 신라군이 백제부흥군을 물리치는 과정에서 이 지역을 점령한 것도 고려되었겠지만 웅진도독부는 산악지대를 제외하고 주로 평야지대를 관할하고 있다. 665년 8월 취리산에서 신라 문무왕과 웅진도독 부여융 사이에 이루어진 맺어진 내용 중에는 경계를 정해 영원히 국경이 되도록 하겠다는 것이 있다. 이러한 상황이 반영된 웅진도독부의 영역이 지리지에 수록된 도독부와 7주 소속 현(縣) 목록에 해당하는 것이다. 이러한 웅진도독부의 영역은 기존의 백제 영역에 비해 매우 축소된 형태이다.

이때 웅진도독부에 편입되지 않은 지역은 주로 5세기 후엽에서 6세기 전엽에 가야가 점령한 산악지대이다. 웅진도독부의 영역은 5세기 후엽 백제의 영역과 대체적으로 일치하고 있다. 이는 신라와 백제의 회맹에서 정해져 양쪽의 당시 현실적인 입장을 반영하고 있지만 주로 백제문화가 영향을 미친 평야지대를 주로 하고 있다. 6세기 전엽에 백제가 백두대간 서쪽 지역을 점령하기는 하였으나 서해안지역과 동일한 지배를 실현하였다고 보기 힘들다. 그 서쪽지역을 담로제로 지배하였다면 동쪽 지역은 지역의 자율성을 인정한 기반에서 지배하였을 것이다. 담로제가 실시되지 않은 지역은 〈양직공도〉 백제국사조에 나오는 '지미 · 마련 · (상)기문 · (하)침라'의 지역이며, 현재의 전라남도와 전라북도 동부지역으로 추정된다(김재홍 2012).

사비기 이후에 백제는 새로운 지방관인 군령(郡令)과 성주(城主)를 옛가야지역에 배치하여(김태식 2008, 15쪽; 이동희 2006) 지방 지배를 시도하였다. 백제의 사비기 지방제도는 방(方)-군(郡)-성(城)이며 각각 방령(方領)-군령(郡令) · 군장(郡將)-성주(城主)가 관리로 임명되었다. 군령이나 성주는 덕솔 이하의 관품을 지닌 인물들이 임명되었다. 당시 백제가 백두대간 서쪽의 가야지역을 직접적으로 지배하였다는 사실은 남원 서부의 척문리와 초촌리고분군을 통해 알 수 있다.

현재 남원시의 서쪽에 위치한 척문리 석실묘에서 백제의 은제화형관식(銀製花形冠飾)이 출토되었다. 정식발굴조사가 이루어지지 않고 주민이 유물을 수습하여 신고하여 유구에 대한 자세한 상황은 알 수 없으나 자연할석을 쌓아 올려 만든 폭이 넓은 석실이다. 전형적인 능산리형석실은 아니지만 백제 사비기의 석실과 연결되는 지방양식의 석실이라 할 수 있다. 은제화형관식은 6품인 나솔(奈率) 이상의 관인이 착용한 관모의 장식으로 능산리형석실에서 출토되는 비율이 높다. 척문리 석실묘의 주변에는 백제계 척문리 토성도 존재하고 있어 513년 이후 남원 서부지역은 백제의 영역으로 되었다는 사실을 알 수 있다.

이러한 사비기에 해당하는 석실은 초촌리고분군에서도 발견되었다. 초촌리고분군은 현재 확인된 숫자만 211기에 달하며, 횡혈식석실묘가 대부분이고 일부 횡구식석실묘도 존재한다. 석실묘는 웅진기부터 축조되었으며, 주로 사비기에 해당하는 고분군이다. 이 고분군은 대가야를 향한 백제의 최전방기지에 조영되었던 것이다. 이로 보아 백제는 6세기 전엽에 백두대간 이서의 전북 동부지역인 현재 임실과 남원 서부를 점령하여 영역화하는 데 성공하고 이를 경계로 대가야권의 국가와 대치하였다. 그러나 대가야가 멸망한 562년 이후부터 충남의 금산, 전북 남원 운봉고원 등지가 신라의 영역으로 편입되면서 신라와 대치하게 되었다.

2. 6세기 중엽 기문의 멸망

전북 동부지역으로 신라가 진출한 시기는 대가야 멸망 이전으로 올라갈 가능성이 있으나, 아직 구체적인 상황을 알기 어렵다. 이는 이 지역에 대한 사료나 고고학 자료가 정리할 정도로 풍부하지 않기 때문이다. 현재 단편적인 자료를 가지고 신라가 이 지역을 영역화하는 과정을 보기로 한다. 562년 대가야가 멸망한 이후에 대가야지역은 신라의 영역이 되었으며, 백두대간을 경계로 백제와 신라는 마주하게 되었다. 기존의 기문 땅 중에서 중기문은 백제가, 하기문은 신라가 점령하게 되었다. 이 시기에 백제는 가야 남부지역에 지방관인 군령·성주를 배치하였으나(김태식 2008, 15쪽), 554년 관산성 전투에서 신라에 패배함으로써 새로운 상황이 전개되었다. 이어 562년에는 대가야를 비롯한 백두대간 동쪽의 가

야세력이 신라에 정치적으로 복속되어, 백두대간 산줄기에서 백제와 신라의 국경선이 형성되었다.[12]

이 지역으로 진출한 신라의 동향을 알 수 있는 자료가 금산의 장대리고분군이다. 장대리고분군은 금산 북쪽의 추부 분지에 있는 철마산에서 뻗어내린 능선 사면 하단부에 위치하고 있다. 신라의 석곽묘 28기가 조사되었으며, 석곽묘는 등고선과 평행하고 바닥에는 할석 시상대가 놓여 있다. 매납된 토기는 단각고배와 더불어 부가구연장경호, 완 등이 대부분이다. 보고서에는 6세기 중엽 경의 신라고분으로 보지만 단각고배로 보아 시기폭이 있어 6세기 후엽 이후로 편년되는 것도 있다(성정용 2002, 70~71쪽). 장대리고분군은 6세기 중후엽 관산성 전투 이후 신라의 영역이 된 것으로 보인다.

무주 현내리 고분군에서도 신라토기가 발견되었다. 정식 발굴조사를 통하여 조사된 것은 아니지만 수습조사에서 신라의 이단교호투창고배가 출토되어 6세기 전엽으로 편년된다. 아직 자료의 증가를 기다려야 하겠지만 단각고배보다 이른 시기의 신라토기가 백두대간 서쪽의 무주지역에서 출토되었다는 점에서 의미가 있다. 단편적인 자료로는 신라세력이 무주지역으로 진출하였다는 증거가 되기 어렵지만 이 지역이 신라와 관계를 가지기 시작하였다는 점에 주목하고자 한다. 그 배경으로는 백제가 고구려를 견제하기 위하여 신라의 백두대간으로의 진출을 허용하였거나 산간지대에 큰 관심을 보이지 않았기 때문일 것이다. 이 시기에 백제는 고구려의 남하를 저지하고 한강으로 북진하기 위해 신라세력의 진출을 허용하였을 가능성이 있다(성정용 2002, 70쪽; 김영심 2007, 238~239쪽).

남원 운봉지역은 기문국이 있었던 지역이며, 대가야와 정치적 결속 관계를 가

----

12 『삼국사기』 지리지에 의하면, 남원은 삼국시대 초기부터 본래 백제와 신라 두 지역으로 구분되었는데 운봉고원에는 신라의 모산현(母山縣) 혹은 아영성(阿英城)·아막성(阿莫城), 섬진강유역에는 백제의 고룡군(古龍郡)과 거사물현(居斯勿縣)이 설치되었다.

그림 8. 남원 봉대리 2호 출토 신라토기(호남문화재연구원)

지고 있었다. 대가야가 멸망한 이후에는 상황을 자세히 알기 어려우나 더 이상 사서에 보이지 않는 것으로 보아 562년 대가야의 멸망과 더불어 기문국도 멸망한 것으로 보인다. 남원 운봉고원에 있었던 기문국은 이제 신라의 영역이 되었다. 이것을 잘 보여 주는 자료가 남원 봉대리 2호(그림 8)이다. 운봉고원의 봉대리 2호에서 석곽의 바닥에 조잡한 시상대가 마련된 석곽묘에서 신라의 단각고배가 출토되었다. 단편적인 자료이지만 6세기 중엽 경 운봉고원의 기문국이 대가야의 멸망과 더불어 신라에 복속된 상황을 잘 보여준다. 이 지역 북천리고분군에서도 6세기 후엽의 신라토기가 부장된 횡구식석곽묘가 조사되었다.

5세기 후엽부터 신라는 백두대간을 넘어 백제지역으로 진출하여 6세기 중엽 이후에는 충청도의 청주, 보은, 옥천, 금산지역으로 영역을 확대하였다. 당시 신라영역 내에서 단각고배 등을 부장하는 신라고분이 조영되었다. 그러나 이 시기에 신라세력이 진안고원으로 진출하였다는 적극적인 자료는 현재 확인하기 곤란하다. 남원의 운봉지역도 마찬가지였을 것이다. 백제는 무왕 때 백두대간을 다시 넘는 과정에 아막성(阿莫城)에서 20년 넘게 신라와 치열한 전쟁을 벌이다가 마침내 승리함으로써 운봉고원 일대를 일시적으로 예속시켰다(곽장근 1999). 그러나 7세기에는 운봉지역의 상황은 유동적이었다고 추정된다(김재홍 2012).

전북 동부지역에 대한 고고학적인 조사가 충분히 이루어지지 않아 이 시기의 양상을 설명하기에는 자료가 부족하지만 6세기 후엽부터 7세기 중엽까지 이 지역의 정세는 유동적이었다. 백두대간 서쪽에서 7세기대 신라와 관련된 유적과 유물이 확인되지 않는 것으로 보아 이 지역은 신라 통일기 이전까지 백제의 영역이었을 가능성이 있다. 이것은 7세기대에 백제의 무왕과 의자왕이 신라의 옛 가야지역을 점령하였기 때문으로 보인다. 신라 통일기에는 진안 평지리, 오룡동 고분에서 인화문토기가 출토되어 신라의 영역으로 편입된 것을 알 수 있다.

V. 기문국의 국가적 성격

1. 기문과 대가야

전북 동부지역 가야인 기문은 대가야권의 일원이면서도 내부적으로 자율성을 유지하고자 하였다. 이 지역의 무덤은 기본적으로 대가야권역의 세장방형 수혈식석곽묘를 유지하고 있으며, 꺾쇠와 관정으로 결합된 목관을 안치한 대가야적 속성을 보이고 있다(吉井秀夫 2000). 그러나 세부적으로 차이가 있는데, 장수지역의 경우 다른 대가야지역의 수혈식석곽묘에 비해 너비가 넓은 경향을 보이고 있다(전상학 2005). 또한 토기도 고배나 발형기대 등 대가야양식이 주류를 이루고 있으나 이를 모방하여 현지에서 제작한 가야계 토기도 부장하고 있다. 전북 동부지역의 가야를 단지 대가야권의 일원이자 그 영역 내로만 규정할 수 없는 이유이다. 전체적으로 대가야문화권의 일부이지만, 세부적으로 다른 면모를 보이는 것이다.

사료와 고고학 자료를 검토하면, 기문은 고령의 고분문화와 동일한 대가야문화를 향유하고 있었으나, 지역 내에서는 재지적인 속성을 가지고 있었다. 전북 동부지역은 대가야의 일원이지만 내부적으로 기문이라는 자율적인 속성을 가진 소국이 있었다. 당시 가야의 여러 나라는 최고 지배자로서 한기(旱岐)를[13] 칭하고 있었다. 대가야나 아라가야의 한기는 왕(王)을 칭하고 있었을 가능성이 있으며, 대가야의 한기는 대왕(大王)이라고도 하였다. 대가야의 한기는 대가야의 대왕이나 왕이었지만, 기문국의 한기는 대가야의 지역 한기로 기능하였다. 기문국의 한기는 군사와 외교적인 면에서 대가야의 일원이었으나 지역 내 지배는 자율적으로 행하였다. 기문의 한기는 대가야의 지역 한기이면서 기문을 다스리는 독자적인 한기로서 기능하였던 것이다(김재홍 2018).

표 1. 철제모형농공구의 분류와 부장례

연번	지역	유구	따비형	철서형	철부형	낫형
1	고령	지산동	○	○	○	○
2	고령	쾌빈동	○	○	○	○
3		본관동		○		○
4	합천	반계제			○	○
5	함양	백천리				
6	남원	월산리	○	○	○	○
7		유곡리·두락리			○	○
8	장수	삼고리			○	
9	임실	금성리			○	
10	순천	운평리			○	○

기문국이 대가야권의 일원이었음을 보여주는 자료가 철제모형농공구인데, 이것은 대가야권 한기의 결속력을 보여 주는 자료이다. 백제의 중앙과 지방의 세

---

13 이 글에서는 가야 소국의 수장을 '한기(旱岐)'라는 사료상의 용어를 사용한다. 수장은 일본에서 조어한 용어로서 우리 역사에 적용할 경우에 일반성만 부각되고 가야의 특성이 잘 드러나지 않기 때문이다. 가야의 한기는 신라에서는 '간지(干支)'나 '간(干)'이라고 불렀다.

력관계를 잘 보여 주는 자료가 금동관이지만 대가야권역에서는 금동관의 사여를 통한 대가야권의 결속을 보여주는 자료는 없다. 대신 농공구인 철제모형농공구와 살포의 분포를 통해 알 수 있다. 철제모형농공구와 살포는 전체적으로 보아 대가야권역에 해당하거나 그와 관련이 깊은 지역에 분포한다는 사실을 알 수 있다(김재홍 2004).

철제모형농공구의 출토상황(표 1)은 지산동과 쾌빈동에서 따비·철서·철부·낫의 4종류, 본관동에서 철서·낫의 2종류, 합천 반계제에서 철부·낫의 2종류, 함양 백천리에서 낫의 1종류, 남원 월산리에서 따비·철서·철부·낫의 4종류, 남원 유곡리·두락리에서 철부·낫 등의 2종류, 장수 삼고리에서 철부의 1종류, 임실 금성리에서 철부·낫 등의 2종류, 순천 운평리에서 철부·낫 등의 2종류가 출토되었다. 각 유적별로 주류를 이루는 형식은 지산동과 월산리에서 4개가 모두, 본관동에서 철서, 반계제에서 철부, 백천리에서 낫, 삼고리에서 철부, 운평리에서 철부와 낫 등으로 형식별로 뚜렷한 지역색을 나타내고 있다. 이 중에서 기문의 땅인 남원 월산리의 M1-A호에서 따비·철서·낫, M5호에서 철부·낫, M6호에서 철서·철부 등이 출토되어, 남원지역은 고령지역과 더불어 철제모형농공구의 모든 형식이 확인되었다(그림 9). 특히 월산리 M5호에서는 철부 10점, 낫 10점이 세트로 출토되어 10개를 단위로 부장하였다는 사실을 알 수 있다(김재홍 2018).

철제모형농공구와 살포가 출토된 지역은 대가야

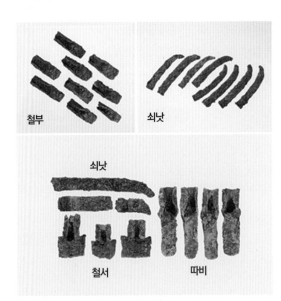

철부   쇠낫

쇠낫

철서   따비

그림 9. 남원 월산리고분군의 철제모형농공구

의 중심지인 고령에서 사방으로 뻗어 나아갈 때에 거쳐야 하는 요충지에 해당하는 위치에 있다. 대가야가 백제, 신라, 중국, 왜 등과 교류하기 위해서 교통로를 개척할 필요가 있었다. 신라를 제외하고 중국, 백제, 왜로 가기 위해서는 모두 남원 운봉고원을 거쳐야 하였으며, 남원 운봉고원에는 하기문이 존재하였다. 당시 기문이 차지하는 대외교류상의 위치를 알 수 있다. 당시 대가야의 대중국·백제·왜 교섭은 이 루트 상에 있는 소국 한기의 협조를 받아 이루어졌을 것이다. 이러한 교통로상에 위치하는 요충지에 분포하고 있는 유적에서 철제모형농공구와 살포가 출토되고 있다.

철제모형농공구와 살포가 출토되는 유적은 각 지역에서 중심이 되는 고총(高塚)이거나 국제적인 제사장으로 각 지역의 중심지이거나 국가적인 시설물이다.

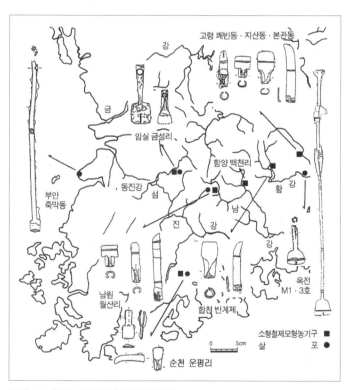

그림 10. 철제농공구의 분포와 교통로

이것은 그 지역에서 대표적인 한기층의 무덤으로 다른 고분을 압도하고 있다. 대가야 소국 한기층의 무덤에서 고령지역의 철제모형농공구와 동일한 형태의 것이 출토되었다는 사실은 대가야의 한기(왕)와 그 주변 소국의 한기가 농경의례를 같이 한다는 의미로 해석할 수 있다. 이는 대가야에서 행하던 농경의례를 중요 교통로상의 요충지에 있던 한기층이 동일하게 거행한다는 점을 의미한다. 이를 통해 대가야는 각 소국을 묶어 하나의 통합된 국가로 기능할 수 있었다(그림 10). 그러므로 각 지역에서 출토된 살포와 철제소형농공구는 대가야 대왕과 일정한 관계 아래에서 소유되거나 무덤에 부장되었을 것이다. 이를 통하여 대가야 국가는 하나의 지향점을 가지게 되었던 것이다(김재홍 2018).

대가야의 영향력 아래에 들어간 운봉고원의 기문과 그 한기는 어떠한 변화를 겪었을 것인가는 정확히 알기 힘들다. 그러나 2가지 가능성을 상정할 수 있다. 하나는 기문국의 정체성을 유지하고 기문국의 한기는 자율적인 통치를 그대로 인정받은 경우이다. 다른 하나는 기문국의 한기는 대가야의 왕도인 고령으로 가서 대가야 왕인 한기의 아래에 차한기(次旱岐)로 편입되고 기문에 대한 일정한 권리를 인정받는 경우이다. 이것은 금관국의 구형왕과 왕자들이 신라의 지배층인 진골귀족으로 편입되고 옛 금관국을 식읍으로 받아 일정한 권리를 행사한 경우와 동일한 형태이다. 그러나 이는 신라의 지배방식으로 바로 대가야의 지배방식으로 대치할 수는 없는 것이다. 추정에 불과하지만 기문국의 한기는 기문국을 독자적 통치하였을 것이며, 대가야(가라국)와는 대외관계나 군사 부분에서 공동 보조를 맞추었을 것으로 보인다.

2. 대가야의 관문, 기문

경북 고령에 있었던 대가야가 호남 동부지역으로 진출하여 외부로 뻗어가는 길은 3개의 지역과 세 갈래 정도의 교통로가 있었다. 하나는 고령, 거창, 함양을 지나 남원 운봉을 넘어 장수분지로 나아가 진안, 금산의 금강 상류역으로 진출하여 백제로 나아가는 것이다. 또 하나는 고령, 함양, 남원을 거쳐 장수 번암, 임실 등 섬진강 중상류역으로 나아가 중국으로 향하는 것이고 사료상으로 중기문에 해당한다. 다른 하나는 남원 서부에서 섬진강 하류역을 따라 하동에 이르러 다시 전남 동부지역인 순천, 여수, 광양으로 진출하여 왜로 가는 것이었다(김재홍 2017, 20~24쪽). 사료상으로 '임나사현(任那四縣)'에 해당한다. 이 3개의 루트를 모두 지나는 것은 남원 운봉고원의 기문국이다.

이 중에서 남원-임실을 거쳐 부안 죽막동이 있는 서해안으로 가는 루트는 479년에 가라왕 하지(荷知)가 남제에 조공을 할 때에[14] 이용하였던 통로였을 것이다(김재홍 2004; 김재홍 2011). 종래에는 가라왕 하지가 중국 남제로부터 '보국장군본국왕(輔國將軍本國王)'으로 책봉을 받을 때 섬진강 루트를 사행로로 이용한 견해(田中俊明 1992, 74~75쪽; 박천수 1996, 377~402쪽; 이희준 2008, 152~160쪽)가 널리 통용되었다. 대가야가 5세기 중엽부터 황강이나 남강을 거쳐 남원과 구례를 지나 섬진강 하구인 하동까지 이르는 내륙 교통로를 5세기 후엽에 장악하여 대가야권을 형성한 것(박천수 1996, 377~402쪽)으로 보았다. 그런데 섬진강 루트는 중국으로 가는 교통로라기 보다는 왜로 가는 교통로로서 의미를 가지고 있었다(김재홍 2017).

대가야가 남원-임실-부안으로 이어지는 루트를 통하여 남조에 조공하였다는 새로운 증거자료가 보완되고 있다. 대가야계 고분인 남원 월산리 M5호에서는 중국제 청자계수호와 쇠자루솥을 비롯하여 금귀걸이, 갑옷, 기꽂이, 발걸이 등이 출토되었다(전북문화재연구원 2012; 국립전주박물관 2012). 무덤의 구조가 대가야계의 세장방형 수혈식석곽묘이고, 대부분의 유물이 대가야와 관련을 가지고 있다. 여기에서 주목되는 것이 중국제 청자계수호와 쇠자루솥이다. 중국제 청자는 익산 입점리 1호, 고창 봉덕리 1호, 부안 죽막동에서 출토된 것으로 서해안 연안

---

14 加羅國 …… 加羅王荷知款關海外 奉贄東遐 可授輔國將軍本國王(『南齊書』 권58, 열전 39, 東南夷傳 加羅國)

지역에서 주로 출토되었다. 또한 쇠자루솥은 중국 남조에서 제작하였거나 그 영향으로 제작된 것으로 서산 부장리 5호 출토품이 있다. 역시 부장리 5호도 서해안에서 가까운 곳에 입지하고 있다.

이와 같이 월산리 M5호는 대가야계 유물과 더불어 남조나 그 영향을 받은 유물을 부장하고 있다. 월산리고분군은 대가야계고분이고 대가야권역에 해당하는 기문국 한기층의 무덤이므로 대가야가 월산리 지역집단을 매개로 서해안을 통하여 중국 남조와 교류하였을 것이다. 대가야가 외교와 교역을 장악하고 있었으므로 대가야의 대왕이 기문국의 한기에게 사여한 것으로 추정된다. 형식상 대가야의 왕이 기문국 한기에게 사여한 것이지만 실지로 남조와의 교역에서 활동한 것은 기문국의 한기였다. 이것은 대가야왕 하지가 남조에 조공한 사실과 관련이 있을 것이다(박천수 2016). 따라서 5세기 후엽 가라왕 하지가 남제와 교류를 할 때에 남원에 있던 가야 소국인 기문이 중요한 역할을 수행하였을 것이다(그림 11).

그림 11. 기문의 외래문물(1.수대경-유곡리 · 두락리 32호, 2.쇠자루솥, 3.청자계수호-남원 월산리 M5호)

유곡리·두락리 32호에서는 수대경(獸帶鏡)이라는 청동거울이 출토되었다. 거울에 새겨진 동물 문양은 대체로 중국 후한 중·만기에 주로 성행하는 것으로 알려져 있으며, 일본에서는 오키노시마(沖ノ島) 21호에서 2점, 사사하라(笹原) 고분에서 1점이 출토되었다(전북대박물관 2015, 104~107쪽). 일본 열도의 고분에서 발견된 청동 거울은 대부분 5세기 후반으로 편년된다. 이러한 청동거울은 기문국을 통해 왜와 교류를 추진하였던 대가야의 대외교류를 살필 수 있는 좋은 자료이다.

운봉고원의 기문국은 이미 5세기 중엽 경에 대가야 문화의 영향을 받을 정도로 대가야가 일찍부터 중요하게 다루었던 지역이다. 이는 영남 내륙에 위치한 대가야가 외부와 연결하기 위해 교통로를 모색한 결과이다. 대가야가 외부로 나아가기 위해서는 낙동강을 통하는 길도 있으나 이미 신라가 장악하고 있었기 때문이다. 대가야의 소속 소국이었다고 추정되는 함양 백천리, 합천 반계제 등지에서는 6세기 중엽 이후 고총의 크기가 줄어들고 있으나 남원 운봉고원의 유곡리·두락리에서는 6세기 중엽까지도 고총을 유지하고 있다(곽장근 1999). 이는 대가야가 남원-하동을 거쳐 왜로 가는 루트와 남원-임실-부안을 거쳐 중국 남조로 가는 루트를 중시하였기 때문이다. 이 루트를 유지하는 것이 남원의 가야 소국인 기문국이었던 것이다. 월산리와 유곡리·두락리의 대가야양식토기는 고령 지산동의 대가야토기와 친연성이 강하며, 월산리에서 출토된 철제모형농공구는 그 형태가 고령 지산동의 것과 가장 유사하다.

그런데 대가야 장신구와는 다른 형태와 제작기술을 보이는 금동신발이 유곡리·두락리 32호에서 발견되었다(그림 12). 주석곽의 주검칸에서 출토된 금동신발편은 타출기법을 이용한 원점문을 연속적으로 시문하여 능형문을 띠고 있다. 문양은 타출기법을 이용한 능형문으로, 익산 입점리 1호나 나주 신촌리 9호 출토품과 유사하다. 세부적으로 볼 때 타출기법은 익산 입점리 측판과 유사하고, 능형문의 꼭지점 원점문을 강조한 것은 나주 신촌리와 유사하다. 6세기 이후가 되면 무령왕릉이나 나주 복암리고분군에서 귀갑문이 나타나면서 영락이 부착되

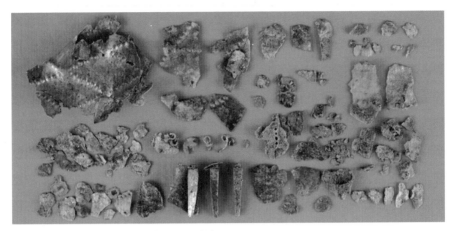

그림 12. 유곡리 · 두락리 32호 출토 금동신발

고 있다(전북대박물관 2015, 104~107쪽). 이로 보아 32호분 출토 금동신발은 입점리
나 신촌리 출토품과 비슷한 시기에 제작된 것으로 볼 수 있어 백제 웅진기 5세
기 말이나 6세기 초로 볼 수 있다.

운봉고원에서 백제와 관련된 장신구로는 남원 두락리 M5호분에서 출토된 은
제 목걸이와 은제 구슬, 유리 구슬, 탄목 구슬 등이 있다. 이것은 무령왕릉 출토
품과의 관련성이 지적되었다. 두락리 M5호에서 출토된 은제 목걸이는 무령왕릉
의 금제 목걸이나 금 · 은팔찌와 제작기법이 동일하며, 탄목은 양쪽 측면에 구멍
을 뚫어 줄로 이어 꿰는 방식이 무령왕릉 출토품과 연결된다. 유곡리 · 두락리 가
야고분군에서 보이는 백제계 유물은 백제와 대가야, 남원 운봉고원의 기문국과
의 교류를 보여주는 증거로서 활용하여야 할 것이다. 백제계 유물을 통해 대가
야와 기문 사이에 위세품의 하사를 통해 상호간의 위상을 정립하였다.

대가야가 영향권 내의 소국을 통제하는 방식의 하나는 대외교류에서 얻어진
물품을 소국의 한기와 공유하면서 결속력을 유지하고 있었다. 대가야의 영향권
에 있었던 지역의 고분에서는 중국 남조와 관련된 청자계수호(임영진 2012), 쇠자
루솥, 청동거울 등이 확인되었으며, 백제와의 교류를 보여주는 것으로는 유곡

리·두락리 32호의 금동신발, 남원 두락리 M5호분에서 출토된 은제 목걸이와 은제 구슬, 유리 구슬, 탄목 구슬 등이 있다. 특히 중국제 청자계수호와 쇠자루솥 등이 출토된 남원 월산리고분군은 대가야계고분이고 기문국 한기층의 무덤이므로 대가야가 월산리의 기문국 집단을 매개로 서해안을 통하여 중국 남조와 교류하였음을 알 수 있다. 기문국의 한기가 중국 남조와의 교류에서 중요한 역할을 수행하였으므로 그 대가로 남조제 물품을 소유하였던 것이다. 이것은 대가야왕 하지가 남조에 조공한 사실과 관련이 있을 것이다. 따라서 5세기 후엽 가라왕 하지가 남제와 교류를 할 때에 남원에 있던 가야 소국인 기문이 중요한 역할을 수행하였을 것이다. 대가야 왕이 기문국에게 요구하였던 역할은 대외교류 창구였던 것이다(김재홍 2018).

이러한 세 갈래 정도의 길을 통하여 대가야권역의 국가는 외부세계로 나아갈 수 있었다. 금강 상류역을 통하여 백제, 섬진강 중상류역을 통하여 중국 남조, 섬진강 하류역을 통하여 왜와 교류하는 교통로를 마련하였다. 이 지역으로의 진출은 단순히 영역의 확장이라는 의미보다는 외부세계로 통하는 루트를 개척하는 의미를 가지고 있다.

VI. 맺음말

가야는 기본적으로 하천이 흐르는 소분지를 끼고 소국을 세운 기반 위에서 성립하였다. 신라와 달리 소국의 자율성이 강한 기초 위에서 성립하여 지역 문화가 발전하였으며, 이것이 가야 발전의 원동력이었다. 전북 동부지역에 있었던 기문국도 이러한 시각에서 살필 필요가 있다. 대가야는 고령의 가라국이 양적으로 확대한 것이 아니라 가야 서부와 북부에 있었던 기문, 임나사현 등 다양한 소국으로 구성되어 있었던 것이다. 가야 소국의 자율성을 가야 전체의 통합성과 조화롭게 이해하는 것이 중요하다.

이 글은 이러한 시각에서 전북 동부지역의 기문국을 대상으로 사료와 고고학 자료를 정합적으로 분석하여 기문국의 성립과 발전을 서술하고자 하였다.

기문은 사료에서 백제측에서는 기문(己文), 중국측에서는 기문(基汶), 기문의 유민측에서는 기문(己汶), 대가야측에서는 기물(奇物) 등으로 표기하였으나 기문으로 통칭할 수 있다. 기문은 모두 3개의 소국이나 지역으로 구성되어 있었으며, 지금의 전북 동부지역에 존재하였다.

기문국이 지역 정치체로서 존재하기 시작한 시점을 특정하기 어려우나 가야 문화를 수용하면서 고대 국가로 성립하였다. 5세기 이후 소가야문화를 받아들 여 정치적인 성격을 띠었으며, 5세기 중엽 이후 대가야문화를 수용하면서 발전을 거듭하였다. 전북 동부지역에서 대가야문화는 금강 상류역, 섬진강 상류역, 남강 상류역에서 수용되었으며, 기문국의 발전과 상관관계를 가지고 있었다.

기문국은 운봉고원의 월산리고분군과 유곡리·두락리고분군을 조영하면서 국가로서의 전성기를 누리고 있었다. 5세기 후엽에서 6세기 전엽에 걸쳐 기문국은 대가야문화를 기반으로 발전하였던 것이다. 그러나 6세기 전엽에 섬진강 상류역의 중기문이 백제에게 점령되었고 6세기 중엽인 562년 대가야의 멸망과 더불어 운봉고원의 기문국도 신라의 영역으로 편입된 것으로 추정된다. 기문국이 멸망한 이후에 그 유민의 일부는 일본으로 건너가 의술이나 문필로서 활약하였는데, 이는 기문의 문화 역량을 잘 보여주고 있다.

기문국은 지역을 기반으로 자율성을 가진 소국이었으며, 한편으로 대가야권의 소국으로 기능하였다. 지역 내 통치는 자율적으로 행사하였으나 군사 및 외교는 대가야의 협력 아래 진행하였다. 이 시기에 대가야 왕(한기)과 기문국의 한기는 철제모조농공구를 부장하는 농경의례를 동일하게 거행한 것으로 보아 이를 통해 대가야권의 결속을 꾀한 것으로 추정된다. 대가야정치권에서 기문은 백제, 남조, 왜 등을 연결하는 대외교류의 창구 역할을 수행하였다. 기문국이 대가야의 관문으로 기능였음을 알 수 있다.

참고문헌

곽장근, 1999, 『호남 동부지역 석곽묘 연구』, 서경문화사.

국립전주박물관, 2000, 『남원』, 전북의 역사문물전 2.

국립전주박물관, 2010, 『장수』, 전북의 역사문물전 9.

국립전주박물관, 2011, 『임실』, 전북의 역사문물전 10.

국립전주박물관 · 전북문화재연구원, 2012, 『운봉고원에 묻힌 가야 무사』, 전북의
　　　　역사문물전 11.

국립중앙박물관, 1997, 『한국 고대의 토기』.

군산대박물관, 2002, 『장수군의 산성과 봉수』, 장수문화원.

군산대박물관, 2003, 『장수군의 고분문화』, 장수문화원.

군산대박물관, 2004, 『전북동부지역 가야문화유산』, 전라북도.

군산대박물관, 2005, 『장수 삼봉리 · 동촌리고분군』, 문화재청 · 장수군.

김재홍, 2011, 『한국 고대 농업기술사 연구; 철제(鐵製) 농구(農具)의 고고학(考古
　　　　學)』, 고고.

김태식, 1993, 『가야연맹사』, 일조각.

김태식, 2002, 『미완의 문명 7백년 가야사』, 푸른역사.

박천수, 2018, 『가야 문명사』, 진인진.

이한상, 2011, 『동아시아 고대 금속제 장신구문화』, 고고.

이희준, 2017, 『대가야고고학연구』, 사회평론.

전북대박물관, 1989, 『두락리 발굴조사보고서』.

전북대박물관, 2015, 『남원 유곡리 및 두락리 32호분』.

전북문화재연구원, 2012, 『남원 월산리고분군 -M4 · M5 · M6호분-』.

정동준, 2014, 『동아시아 속의 백제 정치제도』, 일지사.

田中俊明, 1992, 『大加耶聯盟の興亡と任那』, 吉川弘文館.

田中俊明, 2009, 『古代の日本と加耶』, 山川出版社.

곽장근, 2008, 「백제 간선 교통로의 재편성과 그 의미 -섬진강 유역을 중심으로-」
　　　　『백제문화』 39, 공주대학교 백제문화연구소.

곽장근, 2009, 「금강 상류지역 교통로의 조직망과 재편과정」 『한국상고사학보』 66, 한국상고사학회.

곽장근, 2011, 「전북 동부지역 백제와 가야의 교통로 연구」 『한국고대사연구』 63, 한국고대사학회.

곽장근, 2013, 「임나사현과 기문의 위치」 『백제학보』 9, 백제학회.

곽장근, 2015, 「운봉고원의 제철유적과 그 역동성」 『백제문화』 52, 공주대 백제문화연구소.

곽장근, 2017, 「장수군 제철유적의 분포양상과 그 의미」 『호남고고학 보』 57, 호남고고학회.

곽장근, 2018, 「동북아 문물교류 허브 남원 유곡리·두락리고분군」 『가야고분군 Ⅲ』, 가야고분군 연구총서4, 가야고분군 세계유산등재추진단.

吉井秀夫, 2000, 「대가야계 수혈식석곽분의 목관 구조와 그 성격 -못, 꺾쇠의 분석을 중심으로-」 『경북대학교 고고인류학과 20주년 기념논총』.

김영관, 2014, 「백제 유민 진법자(陳法子) 묘지명(墓誌銘) 연구」 『백제문화』 50, 공주대학교 백제문화연구소.

김영심, 2007, 「관산성전투 전후 시기 대가야·백제와 신라의 대립」 『5～6세기 동아시아의 국제정세와 대가야』, 계명대학교 한국학연구원.

김영심, 2014, 「유민묘지(遺民墓誌)로 본 고구려, 백제의 관제(官制)」 『한국고대사연구』 75, 한국고대사학회.

김재홍, 2004, 「대가야지역의 철제농기구 -소형철제농기구와 살포를 중심으로-」 『대가야의 성장과 발전』, 한국고대사학회.

김재홍, 2012, 「전북 동부지역 백제, 가야, 신라의 지역지배」 『한국상고사학보』 78, 한국상고사학회.

김재홍, 2017, 「고대국가를 바라보는 시각, 자율과 통합」 『한국상고사학보』 98, 한국상고사학회.

김재홍, 2018, 「전북 동부지역 가야 고분의 위세품과 그 위상」 『호남고고학보』 59, 호남고고학회.

김준식, 2019, 「가야 횡혈식석실 연구」, 경북대학교 박사학위논문.

김태식, 2008, 「호남 동부지역의 가야사」『전남 동부지역의 가야문화』, 순천대학교
　　박물관·한국상고사학회.

박순발, 2000, 「가야와 한성백제」『가야와 백제』, 제6회 가야사학술회의, 김해시.

박순발, 2012, 「계수호와 초두를 통해 본 남원 월산리 고분군」『운봉고원에 묻힌 가
　　야 무사』, 전북의 역사문물전 11, 국립전주박물관·전북문화재연구원.

박승규, 2010, 「가야토기 양식 연구」, 동의대학교 박사학위논문.

박천수, 1996, 「대가야의 고대국가 형성」『석오윤용진교수정년퇴임기념논총』.

박천수, 2006, 「대가야권의 성립과정과 형성배경」『토기로 본 대가야』, 대가야박물관.

박천수, 2016, 「대가야 연구 서설 -소국에서 영역국가로」『가야고고학개론』, (재)중
　　앙문화재연구원 엮음, 진인진.

성정용, 2002, 「금산지역 삼국시대 토기편년」『호남고고학보』 16, 호남고고학회.

송영근, 2019, 「5~6세기 전라 동부지역의 가야제국과 백제의 진출」, 인제대학교 석
　　사학위논문.

안순천, 1996, 「소형철제모형농공구 부장의 의의」『영남고고학』 18, 영남고고학회.

유영춘, 2015, 「운봉고원 출토 마구의 의미와 등장배경」『호남고고학보』 51, 호남
　　고고학회.

유영춘, 2017, 「전북 동부지역 출토 철제무기의 전개양상과 의미」『호남고고학보』
　　57, 호남고고학회.

윤덕향, 2000, 「진안 와정 백제성」『섬진강 주변의 백제산성』, 한국상고사학회.

이도학, 2019, 「반파국 위치에 대한 논의」『역사와 담론』 90, 호서사학회.

이동희, 2006, 「5세기 후반 백제와 가야의 국경선」『한국 고대 사국의 국경선』, 서경
　　문화사.

이한상, 1999, 「7세기 전반의 신라 대금구에 대한 인식」『고대연구』 7, 고대연구회.

이한상, 2016, 「가야의 장신구」『가야고고학개론』, (재)중앙문화재연구원 엮음, 진
　　인진.

이혁희, 2014, 「진안 와정토성의 구조와 성격 재검토」『호서고고학』 31, 호서고고
　　학회.

이희준, 1995, 「토기로 본 대가야의 권역과 그 변천」『가야사연구』, 경상북도.

이희준, 2003, 「합천댐 수몰지구 고분자료에 의한 대가야 국가론」『가야 고고학의 새로운 조명』, 혜안.

이희준, 2008, 「대가야 토기 양식 확산 재론」『영남학』 13, 경북대학교 영남문화연구원.

임영진, 2012, 「중국 육조자기의 백제 도입배경」『한국고고학보』 83, 한국고고학회.

전북대학교박물관, 2020, 「남원 유곡리와 두락리 고분군(36호분) 발굴조사 약보고서」.

전상학, 2005, 「전북 동부지역 수혈식석곽묘의 구조연구」『호남고고학보』 25, 호남고고학회.

전상학, 2013, 「진안고원 가야의 지역성」『호남고고학보』 43, 호남고고학회.

전상학, 2017, 「장수가야의 발전과정과 그 역동성」『호남고고학보』 57, 호남고고학회.

전영래, 1985, 「백제남방경역의 변천」『천관우선생환력기념 한국사논총』, 정음문화사.

정동준, 2015, 「진법자(陳法子) 묘지명(墓誌銘)」『한국고대 문자자료연구 백제(하) -주제별-』, 주류성.

조명일, 2009, 「전북 동부지역 봉수의 분포양상과 성격」, 전북대학교 석사학위논문.

조명일, 2012, 「금강 상류지역의 산성 및 봉수의 분포양상과 성격」『호남고고학보』 41, 호남고고학회.

조인진, 2001, 「전북 동부지역 석곽묘 출토 토기 연구 -장경호와 기대를 중심으로-」, 전북대학교 석사학위논문.

천말선, 1994, 「철제농구에 대한 고찰」『영남고고학』 15, 영남고고학회.

최종규, 2015, 「가야문화」『고고학탐구』 17, 고고학탐구회.

하승철, 2015, 「소가야의 고고학적 연구」, 경상대학교 박사학위논문.

한수영, 2015, 「전북지역 초기철기시대 분묘 연구」, 전북대학교 박사학위논문.

홍보식, 2000, 「고고학으로 본 금관가야」『고고학을 통해 본 가야』, 한국고고학회.

坂靖, 2005, 「小型鐵製農工具の系譜」『橿原考古學研究所紀要 考古學論攷』 28, 奈良縣立橿原考古學研究所.

李鎔賢, 1999, 「梁職貢圖 百濟國使條の旁小國」『朝鮮史研究會論文集』 37.

무덤을 통해 본
전북 가야의 독자성과 역동성

전상학
전주문화유산연구원

I. 머리말

전라북도는 백두대간이 동쪽의 영남지역과 자연적인 경계를 이루고 있다. 호남정맥을 기준으로 서쪽은 구릉과 충적지가 발달된 평야지대이고 동쪽은 백두대간과 서쪽에 호남정맥이 주변을 마치 산성과 같이 감싸고 있어, 지형상으로 산악지대 임에도 불구하고 운봉고원과 진안고원(장수·장계분지)에는 인간이 살기에 적합한 충적지가 발달해 있다.

행정구역상으로는 남원시·무주군·순창군·임실군·장수군·진안군이 해당되며, 이 지역은 종래 삼국시대 백제의 영역으로 인식되어져 왔다. 이러한 인식은 1982년 남원 월산리 고분군의 발굴조사를 기점으로 최근 장수 동촌리·삼봉리고분군(전주문화유산연구원 2013·2015), 남원 월산리(전북문화재연구원 2011)·두락리(전북대학교박물관 2013) 고분군의 조사성과를 토대로 많은 자료가 축적되고 연구되면서 변화되었다. 이를 토대로 전북의 동부지역에는 백제와 신라가 진출하기 이전까지 가야문화를 기반으로 발전한 국가단계의 정치체가 존재했던 것을 추정할 수 있었다. 이후 고분군과 관련된 것으로 파악된 관방유적과 제철유적 등에 대한 조사가 이루어지면서 다양한 각도로 전라북도 동부지역에 존재했던 가야에 대한 심도있는 연구가 진행 중에 있다.

이 글에서는 전라북도 동부지역에서 조사 연구된 가야고분에 분포권역을 수계별로 나누어 살펴보고, 가야 무덤의 특징과 출토유물에 대한 검토를 통해 전북 가야의 독자성과 역동성을 추론해 보고자 한다.

II. 가야 무덤의 분포와 현황

전라북도의 동부지역은 동쪽에 백두대간과 서쪽에 호남정맥이 주변을 마치 산성과 같이 감싸고 있다. 백두대간과 호남정맥에서 뻗어 내린 산줄기는 자연적으로 지역권을 달리하며, 이들 산줄기에서 시작된 하천은 금강·섬진강·남강 수계권으로 구분된다.

이글에서는 〈그림 1〉과 같이 전북의 동부지역을 수계별로 구분하여 가야 고분을 살펴보았다.

금강 수계권[1]은 행정구역상으로 전라북도 장수군·진안군·무주군이 포함되며, 이 지역은 일반적으로 '진안고원'이라 불린다. 진안고원은 백두대간과 금남정맥, 금남호남

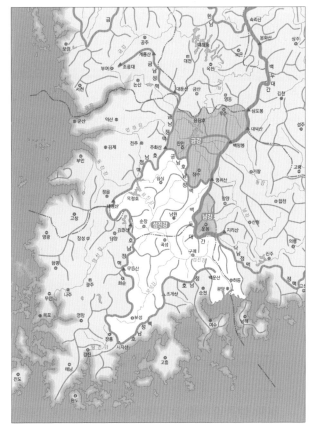

그림 1. 호남 동부지역 지형도(곽장근 1999)

정맥 사이에 형성된 해발 400m 내외의 산악지대이며, '호남의 지붕'이라 불리는 곳으로 전북 진안군·장수군·무주군과 충남 금산군에 걸쳐 있다.

섬진강 수계권[2]은 행정구역 상으로 진안군 남부지역·임실군·장수군 산서면

---

1 여기에서는 전라북도에 포함되는 지역만을 그 범위에 한정시켜 금강 수계권으로 구분하였으며, 충남 금산까지는 장애물이 없이 하나의 권역으로 포함하였다.
2 섬진강 수계권은 상류와 중류지역이 포함되며, 하류지역은 행정구역상 전라남도에 해당된다.

과 번암면·순창군·남원시 서부지역이 포함되며, 이 지역은 본류와 지류를 따라 충적지와 구릉이 발달되어 있어 동일 지역권을 이루고 있다.

남강 수계권[3]은 현재 행정구역으로 남원시의 동부지역으로 운봉읍·아영면·인월면 등이 포함된다. '운봉고원'이라 불리며, 백두대간의 동쪽에 위치하고 있으면서 해발고도는 400m 내외이다. 남강의 상류지역인 풍천 주변으로 충적지와 구릉이 발달되어 있다.

최근 이루어진 조사성과를 포함하여 전북의 동부지역에서 발굴조사 된 가야 무덤은 대략 200여 기이며, 지표조사와 정밀측량조사, 발굴조사 등을 통해 확인된 고총은 진안고원(장수, 장계분지)에 250여 기, 운봉고원에 160여 기가 보고된 바 있다.

표 1. 전북 동부지역 가야고분군 분포 현황

	행정구역		수계		비고
1	장수군	48	금강	57	장수 (산서·번암:섬진강)
2	진안군	9			
3	무주군	15			
4	임실군	3	섬진강	30	남원 (서부:섬진강)
5	순창군	3			
6	남원시	53	남강	44	남원 (운봉고원:남강)
	계	131개소		131개소	

---

3 남강의 상류지역인 이 지역은 지형이나 문화가 경남의 서부지역(함양, 산청)과 밀접한 관련성을 가지고 있다.

표 2. 전북 동부지역 가야 고분 현황

	고분명	유구	유물	구분
1	진안 황산리고분군	수혈식 석곽묘 17기	유개장경호 · 광구장경호 · 장경호 · 대부장경호 · 통형기대 · 고배 · 삼족토기, 철촉 · 철부 · 철겸 등	금강
2	장수 노하리고분군	수혈식 석곽묘 6기	기대 · 고배 · 개배 · 파배 · 장경호 · 단경호 · 대부호, 철도 · 철도자 · 철겸 · 철부 · 철촉 · 살포, 금제이식 등	
3	장수 동촌리고분군	봉토분 84기 (수혈식 석곽묘)	기대 · 고배 · 개배 · 파배 · 장경호 · 단경호, 환두대도 · 마구류 · 편자 · 화살통장식, 금 · 은제이식 등	
4	장수 삼고리고분군	고총 7기 (수혈식 석곽묘)	기대 · 고배 · 개배 · 파배 · 장경호 · 단경호 · 유공광구소호, 환두대도, 금제이식, 채색옥 등	
5	장수 삼봉리고분군	고총 34기 (수혈식 석곽묘)	기대, 고배, 유개장경호, 단경호, 마구류, 꺾쇠, 금제이식 등	
6	장수 장계리고분군	고총 63기 (수혈식 석곽묘)	기대편, 개배편, 장경호편 등	
7	장수 호덕리고분군	고총 34기 (수혈식 석곽묘)	유개장경호, 단경호, 철제무기류, 금제이식, 금제이식	
8	남원 광평유적	목곽묘 2기	고배, 광구호, 파수부호, 철도자, 옥 등	남강
9	남원 건지리고분군	수혈식 석곽묘 39기	고배, 개배, 유개장경호, 유개장경호, 단경호, 개배, 철제무기류, 금동이식	
10	남원 두락리고분군	고총 40기 (수혈식 석곽묘, 횡혈식 석실묘)	토기류, 통형기대, 마구류, 환두대도, 수대경, 금동신발편, 꺾쇠	
11	남원 봉대고분군	석곽묘 8기	유개장경호, 투창고배, 양이부호, 병형토기, 유개단각고배, 철겸, 철부	
12	남원 월산리고분군	고총 6기 (수혈식 석곽묘)	청자계수호, 철제초두, 금제이식, 유리제 목걸이, 투구 · 목가리개 · 찰갑 등의 갑옷, 마구류, 무구류, 꺾쇠, 토기류	
13	남원 청계리고분군	고총 10여 기 (수혈식 석곽묘)	수레바퀴장식토기, 기대, 고배, 장경호, 뚜껑, 중국제자기, 수즐[나무 빗]	
14	남원 임리고분군	고총 30여 기 (수혈식 · 횡구식 석곽묘)	유개장경호, 광구장경호, 호형토기, 개배	
15	남원 고죽동유적	수혈식 석곽묘 6기	단경호, 중경호, 개배, 기대	섬진강
16	임실 석두리 I 유적	수혈식 석곽묘 4기	병형토기, 개배, 금동이식	
17	임실 금성리고분군	수혈식 석곽묘 3기	광구장경호, 유개장경호, 단경호, 고배, 철제무기류, 살포	
18	장수 봉서리고분군	수혈식 석곽묘	대부장경호	

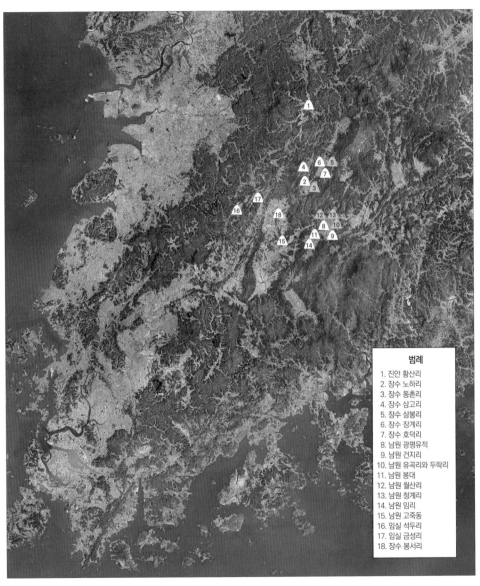

그림 2. 전북 동부지역 가야고분군(▲ : 고총)

III. 전북 동부지역 가야 무덤의 특징

1. 입지 및 분포

전북 동부지역에서 현재까지 조사 보고된 가야 무덤의 입지는 대체적으로 하천이 흐르고 주변에 충적지가 발달된 지형으로, 무덤이 자리한 지역은 주변을 조망하기 좋은 산줄기의 정상부 또는 주능선의 등줄기를 따라 자리한다. 특히, 고총이 밀집 분포하는 금강수계권의 장수(동촌리)·장계(삼봉리)분지와 남강수계권의 운봉고원(월산리·두락리)에 두드러지게 나타난다. 이러한 입지적인 특성은 백두대간의 동쪽에서 조사된 가야계 고총의 입지와 관련성을 보이고 있으며, 봉분의 규모가 훨씬 커 보이고, 고대한 봉분 자체가 산봉우리처럼 보여 최대의 권력과 권위를 상징하는 것으로 보고있다(김세기 2003).

사진 1. 남원 유곡리와 두락리고분군(사적 제542호)

고총은 신라 및 가야가 고대국가를 형성하는 과정에 각 지역의 수장층이 조영하였던 분묘군으로 알려져 있으며, 봉토의 평면형태가 원형·타원형의 분명한 분묘단위를 갖추고 있는 대형고분을 의미한다(김용성 1998 ; 이희준 1997). 고총의 존재여부는 그곳에 지역적인 기반을 둔 세력집단의 발전과정을 보여주는 지

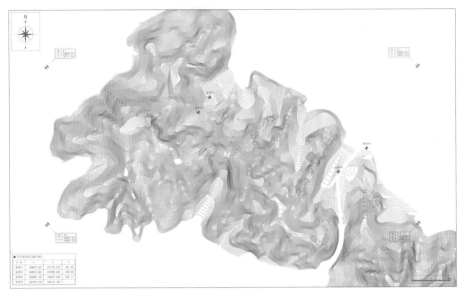

그림 3. 장수 동촌리 고분군 현황도(전주문화유산연구원 2017)

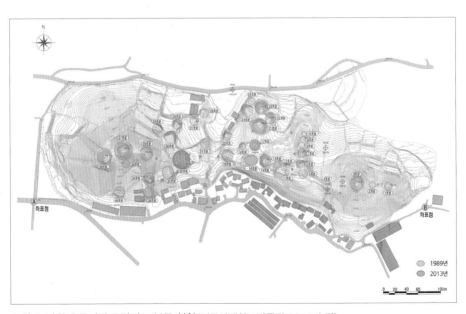

그림 4. 남원 유곡리와 두락리 고분군 현황도(군산대학교박물관 2011 수정)

표가 되는 동시에 고총의 규모와 기수는 조영집단의 존속기간이나 피장자의 사회적인 위상을 반영하는 요소로 해석된다.

가야 무덤의 분포는 금강 수계권의 장수·장계분지와 남강 수계권의 운봉고원에 고총이 밀집분포한 중심고분군과 그 주변 고분군이 자리하고 있다. 섬진강 수계권의 경우 현재까지 고총은 확인되지 않고, 간헐적으로 소규모의 고분군이 분포한다.[4] 지금까지 확인된 고총은 금강 수계권의 장수·장계분지에 250여 기, 운봉고원에 160여 기이다. 고총의 봉토 규모는 대체적으로 5~30m로 중대형급이다.

2. 축조방법 및 구조

전북 동부지역에서 발굴조사 된 가야 무덤의 봉토는 평면형태가 타원형이고, 주위에 호석은 시설되지 않았다. 가야 무덤 중 봉토의 가장자리에 호석시설을 갖추지 않은 것은 하나의 분포권을 이루는데, 남원 월산리·두락리를 중심으로 함양 상백리·백천리, 산청 중촌리·생초, 장수 삼봉리·동촌리 등이 여기에 속한다(곽장근 2011).

봉토는 구릉의 정상부를 깎아내어 기저부가 주위보다 높게 묘역을 조성하였다. 묘역 조성 시 기저부는 생토면과 구지표를 정지하여 평탄하게 만든 후 2~4개의 층으로 1차성토를 하였다.[5] 봉토 조성 시 경사면에 따라 다른 성토방법이 나타난다. 매장시설인 석곽은 반지하식이 대부분이며, 삼봉리 7호분(전주문화유산연구원 2013)의 경우 지상식이다. 석곽은 1차 성토층과 생토면을 파내어 묘광을

---

4 섬진강 수계권에서는 마한의 지배층 무덤으로 추정되는 말무덤이라 부르는 고분이 확인된다. 최근 조사결과 고분의 성격은 분구묘(남원 입암리) 또는 석실분(사석리)으로 파악되었다.

5 이러한 봉토의 축조공정은 아라가야와 다락국(옥전M3호분)이 유사하며, 1차 성토층을 정지작업의 일환으로 이해하기도 한다.

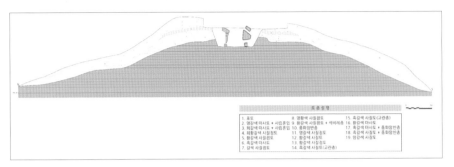

그림 5. 장수 동촌리 1호분(전주문화유산연구원 2015)

마련한 후 축조하였으며, 묘광과 벽석 사이는 점토로 켜켜이 채워가며 충전하였다. 석곽의 상부는 구축토(갈색사질점토)와 동시에 쌓아올렸다. 2차 성토는 개석을 석재로 덮은 후 밀봉하고 봉토의 상부를 고대하게 조성하였다.

이러한 축조양상은 운봉고원에서 조사된 남원 월산리 M 4·5·6분과 고성 내산리 34호분의 봉토 축조방법과 유사하다. 남원 월산리 M 4·5·6분은 고분의 평면형태가 타원형이면서 호석이 시설되지 않았다. 봉토의 축조방법은 자연 경사면을 수평에 가깝게 정지하고 석곽을 축조하기 위해 생토면을 약간 굴광하여 최하단인 1단을 쌓고 2단부터는 석곽의 축조와 동시에 봉분의 성토가 이루어졌다(전북문화재연구원 2012).[6]

전북 가야의 무덤은 봉토가 연접된 양상이 확인되는 특징이 있는데, 장수 삼봉리 2·3호분과 남원 월산리 M1~3호분 등은 〈그림 6~7〉과 같이 연접분으로 동-서로 긴 타원형의 봉토를 맞닿게 하여 고대하게 조성하였다. 또한, 봉토의 주위에 주구가 확인되는데 주구는 배수, 묘역구분, 흙 채취의 기능적인 면과 분구를 크게 하고, 신성함을 부여하는 의미 등이 복합적으로 표현된 시설이라고 할 수 있다. 한반도의 중서부와 서남부지방에서 주구가 등장하는 배경을 생각할 때

---

6 보고자는 이러한 축조방법을 마한의 분구묘 축조방법과 유사하다 추정하고 있다.

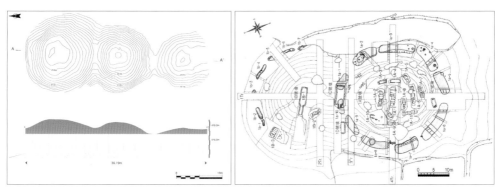

그림 6. 장수 삼봉리 2 · 3호분과 고성 송학동 1호분(전상학 2018)

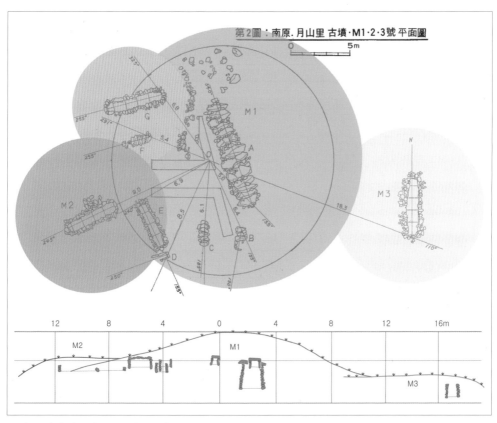

그림 7. 남원 월산리고분군 평 · 단면도(전영래 1983 수정)

피장자를 현세와 분리하고 접근을 제한하는 외경의 의미를 부여하는 등의 사상적인 의미도 있을 것이다. 그렇지만, 매장시설, 특히 목관이 지상화되는 현상, 즉 분구묘의 등장과도 관련된 것으로 추정된다. 즉, 깊은 묘광을 파지 않으므로 매장시설을 덮기 위해서는 흙을 주변에서 조달해야 되는데 주구를 파면 쉽게 얻을 수 있다. 이런 기능적인 배경과 사상적 배경이 맞물리면서 주구를 돌리는 묘제가 유행한 것으로 추정된다(국립문화재연구소 2009). 주구 내부에는 토기가 깨뜨려져 산재하는 경우가 많은데, 주구 내 훼기의 결과물로 추정할 수도 있다. 이러한 토기를 깨뜨리는 행위는 죽은 자와의 단절을 의미하는 것으로 보는 견해가 일반적이다(권주현 2009). 주구는 한반도 서남부지역에 마한과 관련된 묘제에 관련된 것으로 인식되어 왔다.

최근 전북 동부지역의 가야 무덤에서 주구가 확인되는 것은 종래 재지세력(마한)의 묘제 전통 속에 가야문화를 수용하는 과정에 나타나는 현상으로 볼 수 있다(전주문화유산연구원 2018).

전북 동부지역 가야 무덤의 특징은 마한의 분구묘 전통이 남아있는 것으로 이러한 양상은 〈그림 8〉과 같이 전북지역 뿐만 아니아 영남지역의 가야고분에서도 확인되고 있어 주목된다. 이를 통해 종래 가야 문화의 확산에 대한 인식의 변화가 요구된다.

가야 무덤의 매장시설은 수혈식 석곽묘가 대부분이다. 남원 임리 고분군에서 횡구식 석곽묘가 조사된 바가 있으며, 남원 두락리 2호분의 경우 횡혈식 석실이다. 남강 수계권의 운봉고원에 자리한 월산리와 두락리의 경우 단곽식이 대부분이며, 최근 조사된 두락리 32호분은 주곽과 나란히 부장곽이 배치된 양상으로 조사되었다. 금강 수계권의 장수 삼봉리는 주곽을 중심으로 주변에 소형 석곽이나 토광묘·옹관묘가 확인되며, 동촌리의 경우 대부분 단곽식이다.

무덤은 반지하식(지상식?)과 지하식으로 구분되는데, 구지표면을 정지(다짐)한 후 묘광을 마련하고 석곽을 축조하였다. 반지하식의 경우 봉토의 성토와 석곽

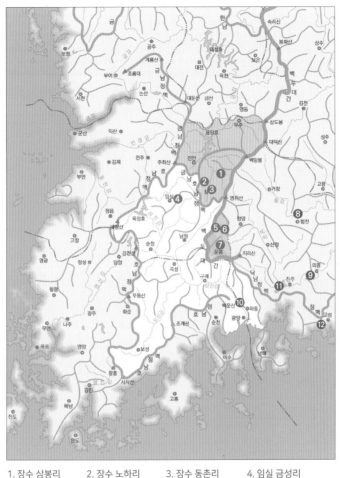

1. 장수 삼봉리   2. 장수 노하리   3. 장수 동촌리   4. 임실 금성리
5. 남원 월산리   6. 남원 두락리   7. 남원 임리   8. 합천 옥전
9. 의령 운곡리   10. 하동 흥룡리   11. 진주 우수리   12. 고성 송학동 · 율대리

그림 8. 전북지역 가야고분 특징(전상학 2018)

의 축조가 다른 양상이 나타난다. 금강수계권의 장수 삼봉리 3호분은 주석곽의 1/3 이상이 지상에 노출되는데, 일정 높이까지 석곽의 축조가 이루어지면서 봉분의 성토와 석곽의 축조를 동시에 반복한 후 개석을 덮고 밀봉한다. 남강 수계권의 남원 월산리 M5호분은 최하단석 1단이 들어갈 정도로 묘광을 낮게 굴광

하고 2단부터는 석곽과 봉분의 축조가 병행하여 이루어졌다.[7] 최근 조사된 두락리 32호분은 먼저 기반층을 정지하고 묘광을 굴착한 후 주석곽과 부장곽을 설치하였다. 이후 석곽 주위로 주제를 설치한 후 구획석을 배치하였다. 그리고 주제 안쪽을 이분하여 구획성토한 후 봉분 전체를 감싸도록 외곽에 마무리 성토를 하였다.

주석곽 바닥면에 목주시설이 확인되는데, 이는 석곽 축조 시 붕괴를 방지하고 벽석을 견고하게 하기 위한 역할을 한 것으로 판단된다. 이러한 목주를 사용한 구조는 장수 삼봉리 3호분, 남원 두락리 32호분에서 확인되며 인접한 함양 백천리 1-3호 등에서 조사된 바 있다.

매장주체부인 수혈식석곽묘는 단독장을 전제로 한 묘제이기 때문에 장방형 또는 세장방형의 형태로 축조된다. 석곽의 평면형태는 시간성을 내포하고 있으며, 장방형에서 세장방형화 되어간다는 견해가 일반적이다. 금강 수계권에서 조사된 수혈식석곽묘의 평면형태는 대체적으로 장방형에 가까운 형태가 많은 비율을 보이고 있다. 금강 수계권과 남강 수계권에서 조사된 수혈식 석곽묘의 평면형태 분포양상을 비교하면 〈그

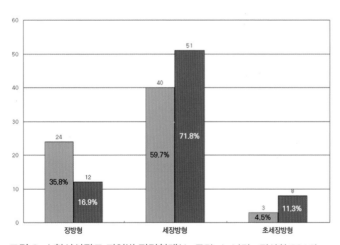

그림 9. 수혈식석곽묘 지역별 평면형태(左:금강, 右:남강 ; 전상학 2016)

---

7 이러한 고분의 축조방법은 고성 내산리 34호분과 백제 횡혈식 석실로 밝혀진 남원 사석리고분의 축조방법과 비교할 수 있다. 남원 사석리의 경우 석실의 주변에 원형의 주구가 돌려져 있어 마한의 전통이 일부 남아있는 것으로 이해된다.

림 9)와 같이 금강 수계권은 방형에 가까운 장방형과 세장방형이 다수를 점하고 있는 반면에 남강 수계권은 세장방형이 주를 이루고 있음이 보여진다. 이러한 양상은 시간성과 함께 지역간·집단간의 차이를 반영하는 속성일 가능성이 있다(전상학 2005).

전북 동부지역 가야 무덤의 매장시설인 석곽의 규모를 통해 피장자 위상 또는 국력을 추정해 볼 수 있다. 이 중에서 면적 5㎡ 이상의 대형 석곽과 8㎡ 이상의 초대형 석곽들은 장수 삼봉리·동촌리와 남원 유곡리와 두락리고분군과 월산리고분군에서만 확인되고 있다(그림 10). 특히, 남원 월산리 M5호분은 그 길이가 960cm로 고령 지산동 등 다른 지역의 가야 고총들보다 크다. 가야의 고총에서 매장주체부의 길이가 큰 것은 무덤의 주인공이 죽어서도 살아생전의 권위와 신분을 그대로 누릴 거라고 믿었던 계세사상(継世思想)이 널리 유행하였기 때문이다. 당시에 사후세계에도 현실세계와 똑같은 또 다른 삶이 이어진다고 믿었던 가야 사람들의 삶과 죽음에 대한 인식이 녹아있다. 그리하여 봉토의 직경과 매장주체부의 크기는 가야세력의 국력을 일목요연하게 보여주는 지표가 되고 있다(곽장근 2018).

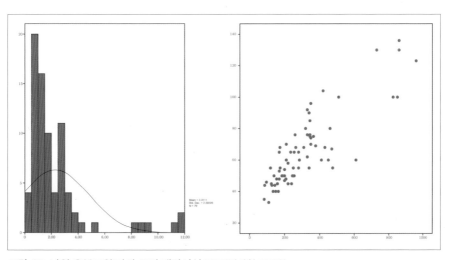

그림 10. 남원 운봉고원 가야 무덤 매장시설 규모(전상학 2020)

3. 출토유물

전북 동부지역의 가야무덤은 그동안 고고학이나 문헌사에서 대가야의 진출·발전과정에 나타난 것으로 이해되고 있으며, 이러한 인식은 무덤에서 출토된 대가야(고령)양식의 토기류를 통해 검토되어져 왔다. 그러나 전북 동부지역에서 발굴 조사된 수혈식석곽묘는 대가야의 영향을 받아 등장하였다는 종래의 통설과는 달리 그 이전부터 이곳에 기반을 둔 세력집단이 주묘제로 채택하여 발전시킨 묘제로 보인다는 견해도 있다(곽장근 1999).

전북 동부지역 가야무덤 출토유물의 특징은 가야 권역에서 출토 예가 거의 없는 위신재의 부장, 여러 지역의 다양한 유물들이 동일 무덤 내에서 확인된다는 점이다. 토기류는 재지계,[8] 대가야(고령양식), 소가야(진주·고성양식), 백제, 신라, 마한 토기 등이 있다.

금강 수계권은 4세기에서 5세기 전반에 해당되는 금산 수당리, 진안 와정토성, 장수 침곡리·침곡리 마무산유적 등에서 출토된 유물을 통해 마한(백제)과의 관련성을 보여주고 있다. 또한, 금산권에서 출토되는 가야토기들이 종래에는 대가야와의 교류관계 산물로 인식되어 왔으나, 인접한 장수·장계분지에 자리한 가야와 관련성이 있는 것으로 판단된다. 5세기 전반에는 재지(가야계)토기와 대가야양식토기가 등장한다. 장수 삼고리 출토 재지계 기종과 대가야양식인 고배형기대를 근거로, 그 상한이 5세기를 전후한 시기(곽장근 2004)부터 5세기 초엽(이희준 2008)까지 올라갈 가능성이 제기되었다. 재지계토기가 주종을 이루며, 대가야양식 토기는 5세기 중반 이후에 집중적으로 출토되며, 백제토기는 6세기 전반이후에 본격적으로 부장된다. 최근 조사된 노하리 3호에서 출토된 유물은 기대, 광구호, 장경호, 단경호, 고배, 철겸, 철도, 철촉, 철부, 금제이식 등이 있다(사진

---

8 재지계토기는 가야토기의 속성이 파악되지 않거나 가야토기의 속성을 일부 담고 있더라도 호남의 동부지역에서만 출토된 기종을 말한다(곽장근 1999).

2). 만경강유역 마한 분묘유적 출토품과 대가야에서 이른 시기의 고분인 지산동 73호분(대동문화재연구원 2012)·지산동 30호분 출토품과 유사한 형태의 유물들이 출토되었다. 이외에 석곽묘에서도 백제·마한·소가야·대가야계 토기들이 출토되었다.

2018년 조사된 장수 삼고리 1~3호분에서 출토된 토기류는 재지계, 대가야계, 소가야계, 마한(영산강유역·만경강유역), 신라, 백제 토기 등이 혼재된 양상이다 (사진 3). 5세기 전반 이후 6세기 전반까지 여러 지역의 토기가 반입되고 있어 향

사진 2. 노하리고분군 3호 석곽묘 출토(左:석곽, 右:주구)

사진 3. 장수 삼고리 3호분 주석곽 출토(전주문화유산연구원 2018)

후 이러한 양상이 나타나는 배경에 대한 검토가 필요하다.

남강 수계권은 남원 행정리와 월산리 이른 시기의 고분에서는 4세기 말엽의 늦은 시기부터 가야토기가 등장하기 시작해 재지계와 혼재된 조합상을 보이다가, 마침내 5세기 중엽 이후부터는 고령양식 토기가 일색을 이룬다(곽장근 2004). 다만 행정리와 월산리의 이른 시기까지는 재지계가 주종을 이루면서 여기에 고령양식과 진주·고성식(朴升圭 2000), 영산강·금강·만경강 수계권의 출토품과 흡사한 기종이 혼재되어, 토기류의 조합상에서는 다양성을 강하게 보여 주었다. 그리고 경부에 비해 동체부가 월등히 큰 유개장경호, 대각(台脚)이 아주 높고 투창이 여러 단 뚫린 고배형기대가 많고 다양한 기종의 저평통형기대가 출토된 점도 이곳의 두드러진 특징이다(李熙濬 1995). 이 지역에서 주로 출토되는 토기류 가운데 지역색이 강한 기종은의 유개장경호, 고배형 기대 등이 있는데 유개장경호의 경우 조임이 없는 원통형의 경부에 지나치게 큰 동체부를 가지고 있으며, 고배형 기대는 높은 나팔모양의 대각에 5단 이상의 구획이 이루어지고 삼각형 투창이 직렬 배치된 특징을 가지고 있다(조인진 2001). 백제토기는 6세기 초엽으로 편년되는 병형토기가 남원 건지리에서 출토되었다. 신라토기는 6세기 중엽 대가야 멸망이후로 편년되는 유개단각고배가 남원 봉대 고분군에서 출토되었으며, 이는 남원 운봉고원 지역이 신라에 복속되었음을 알 수 있는 자료이다.

섬진강 수계권은 동일 석곽 내에서 대가야토기의 영향을 받은 재지계토기와 백제토기가 공반되는 양상이 보여지고 있으며, 6세기를 전후한 시기에 해당된다.

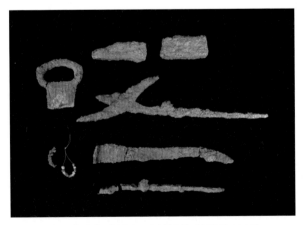

사진 4. 장수 장계리 8호분 출토(전북문화재연구원 2020)

전북 동부지역의 가야 고분군 가운데 최대 규모를 보이는 금강 수계권의 장수 삼봉리·동촌리, 남강 수계권의 남원 월산리·두락리에서 조사된 가야계 고총은 규모와 출토된 위세품으로 보아 국가 단계의 정치체가 존재하였던 것을 암시해 주고 있다. 장수 삼봉리·동촌리에서는 환두대도, f자형판비, 꺾쇠, 편자, 금동제 화살통장식 등이 출토되었다. 최근에는 장계리 8호분에서 망치와 모루, 집게로 구성된 단야구 세트가 출토되어 철의 생산부터 가공에 이르는 공정을 주도했던 가야 정치체의 존재를 입증해 주고 있다.

남원 운봉고원의 두락리(전북대학교박물관 2013)에서는 청동거울, 금동신발, 각종 마구류와 무기류 등의 금속제품이 출토되었다. 청동거울은 전면에 주칠흔이 확인되며 전체적인 형태와 구조상 무령왕릉 출토 수대경(獸帶鏡, 국보 제161호)과 흡사하다. 금동신발은 타출기법이 능형문을 새겼다는 점에서 익산 입점리 1호분 및 나주 신촌리 9호분 출토 예와 흡사하다. 또한, 남원 월산리 M5호분에서 가야계 고총 중 처음으로 중국제 청자인 계수호(鷄首壺)와 철제자루솥을 비롯하여 금제이식, 갑옷, 기꽂이, 등자 등의 위세품이 출토되었다.

최근 발굴조사 된 청계리 청계고분은 평면형태가 타원형이며, 규모는 길이 약 31m, 너비 약 20m, 높이 5m로 호남지역에서 발굴 조사된 가야무덤 가운데 가

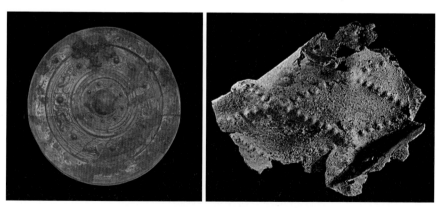

사진 5. 남원 유곡리와 두락리고분군 32호분 출토(좌: 수대경, 우: 금동신발)

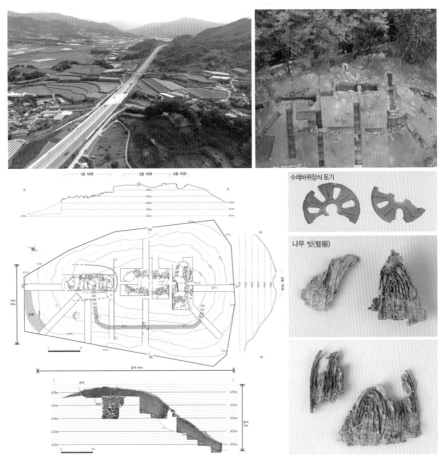

사진 6. 남원 청계리 청계고분군(국립나주문화재연구소 2019)

장 크다. 매장시설은 3기의 돌덧널이 확인되었으며, 2호 덧널이 중심 시설로 보여진다. 호남 동부지역의 가야를 보여주는 다양한 유물들이 출토되었는데, 이중 수레바퀴 장식토기, 그릇받침, 굽다리접시 등의 아라가야계 토기와 중국 자기 등이 주목된다. 무덤의 축조기술과 다양한 외래계 유물을 통해 볼 때 무덤을 만든 시기는 5세기 전반에 해당되며, 피장자는 운봉고원을 중심으로 주변 지역과 활발한 대외교류를 했던 지배층으로 추정하고 있다.

Ⅳ. 무덤을 통해 본 전북 가야의 독자성과 역동성

전라북도의 동부지역은 선사시대 이래로 줄곧 지정학적인 이점을 살려 교통의 중심지이자 전략상 요충지를 이루었다. 삼국시대에는 백제와 가야, 신라가 진안고원과 운봉고원을 차지하기 위해 치열하게 각축전을 펼쳐 백제와 가야, 신라의 유적과 유물이 공존하고 있다.

최근에 전북 동부지역에서는 100여 개소의 제철(동)유적이 확인되었다. 백두대간을 중심으로 동쪽의 운봉고원과 서쪽의 진안고원이 여기에 해당된다. 이제까지의 지표조사를 통해 운봉고원에서 30여 개소와 진안고원에서 70여 개소의 제철유적이 발견되어 학계의 커다란 관심을 모으고 있다. 동시에 운봉고원과 진안고원의 장수군에 지역적인 기반을 둔 토착세력집단은 근초고왕의 남정 이후 가야문화를 받아들여 가야계 소국으로까지 발전하였다는 점에서 서로 공통성을 보이고 있다. 가야계 소국으로 발전하는데 대규모 철산개발이 결정적인 배경으로 작용하였을 개연성이 높다.

무엇보다 장수가야[반파국][9]는 가야계 소국들 중 유일하게 백두대간 산줄기 서쪽, 즉 금강 최상류에 위치하여 가야의 영역을 금강유역으로까지 넓혔다는 점에서 가야사에 대한 인식전환이 요구된다(곽장근 2016).

백제는 근초고왕 대에 이르러 중앙집권화를 완비하고 대외적인 팽창을 시작할 수 있었다(김태식 1997). 이는 전남 서해안과 경남지역에 위치한 기존의 마한 및 가야제국들을 대상으로 이루어진 것으로 보고 있다. 이후 400년 고구려 광개

---

9 그간 학계에서 호남 동부지역의 가야, 장수군 일원의 가야, 금강 상류지역의 가야세력, 진안고원의 가야, 장수가야 등으로 `불렀다. 여기에서는 고고학 자료를 근거로 문헌 속 伴跛(叛波)로 그 이름을 바꾸었다. 다음 논문에 상세하게 밝히고 있다(곽장근, 2018, 「백제 웅진기 영토 개척과 지방지배2」 『백제 웅진기 영역과 지방지배』 제13회 쟁점백제사 학술회의, 한성백제박물관).

토왕의 남정을 기점으로 백제, 신라, 가야, 마한 등 제 세력들의 재편과정이 이루어지면서 각자의 독자적인 문화를 형성한다. 가야의 경우 토기에 있어 '범영남양식'이 4세기 4/4분기에 지역양식의 복합을 이루는 전환기 변동이 이루어짐으로써 양식복합기가 전개되고 이후 각지의 토기양식이 성립된다(박승규 2015). 전북 동부지역 가야의 시작은 이러한 역사적 정황과 고고학적 현상과 궤를 같이 하고 있다. 진안고원의 장수 노하리고분군 발굴조사를 통해 밝혀진 자료들을 통해 장수가야의 시작을 일부나마 추정해 볼 수 있다. 6기의 석곽묘가 조사되었으며, 구릉의 상단부에 자리한 3호 석곽묘는 주위에 주구[도랑]가 시설되었고 매장시설은 목곽묘에서 석곽묘로 변해가는 과도기적 양상이 확인된다. 출토유물 중 기대는 영남지역의 양식복합기에 나타나는 형태와 대가야 지역에서 이른 단계로 보고된 종형[아치형] 투창이 주목된다. 전자는 석곽 내부에서 출토되었고, 후자는 주구에 훼기된 상태로 확인되었다. 이는 재지문화 속에 가야문화가 결합되는 양상을 보여주는 것으로 이해할 수 있다. 이후, 이 지역에는 가야문화가 지속적으로 나타나고 발전하면서 지배층의 무덤인 고총이 대규모로 조영된다.

운봉고원은 5세기를 전후한 시기에 마한의 수장층 무덤으로 알려진 말무덤이 사라지며, 행정리고분군에서는 중서부지역에서 주로 출토되는 광구호[10]가 가야계토기와 함께 석곽묘에 부장되었다. 광평유적에서는 목곽묘에서 이른 시기의 소가야토기가 부장되며. 월산리고분군에서는 마한묘제의 속성이 확인되며 재지적 성격이 강한 토기들이 출토되었다.

고령 지산동 서쪽에서 가야계 고총은 대가야양식 토기가 주종을 이루는 단계에 접어들면 가야계 고총이 자취를 감추든지 그 규모가 축소되는 경향을 보였다.[11] 고총의 존재여부는 그곳에 지역적인 기반을 둔 세력집단의 발전과정을 보

---

10 행정리 고분군의 광구호는 금강 수계와 관련 깊은 백제 토기로 보고있다(하승철 2014).

11 이희준, 2008, 「대가야 토기 양식 확산 재론」『영남학』 제13호, 경북대학교 영남문화연구원.

여주는 지표가 되는 동시에 고총의 규모와 기수는 조영집단의 존속기간이나 피장자의 사회적인 위상을 반영하는 요소로 해석된다.

장수가야[반파국]의 고총은 규모나 분포범위에 있어 백두대간 서쪽에서 확인된 가야계 고총 중 최대를 이루고 있으며, 발굴조사를 통해 이들 고총은 6세기 전반에 이르기까지 지속적인 축조가 이루어졌다. 운봉고원의 남원 두락리고분군은 봉토의 규모와 매장주체부가 축소되지 않고 그 이전 단계의 발전속도를 멈추지 않고 더욱 커졌으며, 40여 기 이상의 가야계 고총이 한 곳에 무리를 이루고 있기 때문에 운봉가야[기문국][12]가 상당 기간 존속하였음을 암시해 주었다.

분묘자료 이외에도 관방(산성·봉수)유적과 제철유적 등은 전북가야의 실체와 발전과정을 이해하는데 중요한 자료를 제공하고 있다.

장수가야[반파국]가 자리한 진안고원의 산성과 봉수는 장수·장계분지의 외곽을 감싸고 있는 산줄기 상에 위치하며, 주로 장수·장계분지에서 금강의 물줄기를 따라 북쪽으로 이어진 주요 교통로 상에 배치되어 있다(조명일 2012). 최근, 장수 영취산·봉화산 봉수(군산대학교박물관 2016)에 대한 발굴조사가 이루어졌다. 봉수와 관련된 장방형의 단시설이 확인되었으며, 내부에서 삼국시대 토기편이 출토되었다. 출토된 토기류는 장수가야 수장층의 분묘인 동촌리·삼봉리고분군 출토품과 동일하다. 봉수의 주된 기능은 변방의 급보를 중앙에 전달하는 것이기 때문에 봉수의 종착지는 항상 봉수를 운영하던 세력의 중앙부로 이어지기 마련이며, 그 종착지는 장수가야의 중심부인 장수·장계분지로 추정된다. 이곳에는 장수가야의 중심고분군인 동촌리·삼봉리고분군이 자리하고 대규모 산성인 침령산성과 합미산성이 위치한다. 운봉고원에는 백두대간의 준령을 따라 7개소의 산성과 5개소의 봉수가 분포되어 있다. 이 중 아막성은 전북 동부지역의 산

---

12 종래에 남강유역의 가야세력 혹은 운봉고원 가야계통 국가단계의 정치체, 운봉지역 가야, 운봉가야로 소개되었는데, 여기에서는 문헌에 등장하는 기문국으로 통일하여 사용하였다.

성 중 최대 규모로 내부에 가야·백제·신라토기가 모두 확인되고 있다.

고대국가의 성립을 언급할 때 빠지지 않는 것이 발달된 철기문화인데, 실제 국가형성기 고구려·백제·신라·가야의 철기문화는 급속한 발전을 이루고 있다(김권일 2015). 대가야는 야로광산의 개발이 국가단계로까지 발전할 수 있었던 경제적 기반이 되었던 것으로 이해되고 있다.[13] 장수가야가 자리한 진안고원의 장수군 일원에서는 지표조사를 통해 60여 개소의 제철유적이 확인되었으며, 남원시와 운봉고원 일원에서는 30여 개소의 제철유적이 확인되었다. 아직까지 발굴조사가 이루어지지 않아 전모를 파악하기 어려우나 이러한 제철유적은 전북 동부지역 가야의 발전과 깊은 관련성을 가지고 있을 것으로 생각된다.

장수가야[반파국]의 무덤에서는 이른 시기부터 6세기 전반에 이르기까지 주변 지역의 다양한 유물이 출토되고 있다. 최근, 만경강유역 최대 마한 분묘유적인 완주 상운리·수계리(전주문화유산연구원 2016) 유적에서 많은 양의 철정[덩이쇠]이 출토되었으며, 이들 유적에서 많은 양이 출토된 토기들이 노하리 3호 석곽묘에 부장된 양상이 확인되었다. 이러한 양상은 당시 생산과 유통의 측면에서 고려해 볼 때 주변 지역의 문물의 지속적인 유입은 이와 교환될 수 있는 현물이 존재했을 것으로 생각되며, 그것은 제철유적에서 생산된 철(鐵)과 관련된 것으로 추정해 볼 수 있을 것이다.

남원 유곡리와 두락리·월산리·청계리고분군은 남강 상류인 운봉고원 일원에 가야문화를 기반으로 발전한 운봉가야[기문국] 지배자의 무덤이다. 이 중 유곡리·두락리 32호분에서는 공주 무령왕릉 출토품과 흡사한 수대경(獸帶鏡)과 금동신발이 출토되었다. 금동신발을 비롯하여 수대경, 철제초두, 계수호는 가야의 영역에서 한 점씩만 나온 최고의 위세품이다. 중국 남조에서 만들어진 수대경은 무령왕릉 출토품보다 앞서는 것으로 가야와 중국 남조와의 국제외교가 이루어

---

[13] 아직까지 대가야지역에서 제철유적은 조사되지 않고 있어 추후 이에 대한 면밀한 검토가 필요하다.

사진 6. 남원 월산리 M5호분 출토 철제초두와 계수호

졌음을 암시해 주었다. 남원 월산리 M5호분에서는 중국제 청자인 계수호(鷄首壺)가 출토되었는데, 백제왕의 주요 하사품으로 알려진 최상급 위세품(威勢品)의 하나로 종전에 공주 수촌리, 천안 용정리, 서산 부장리 등 백제의 영역에서만 나왔다. 신라의 천마총과 황남대총 출토품과 흡사한 철제초두(鉄製鐎斗)를 비롯하여 금제 귀걸이, 갑옷과 투구, 경갑, 기꽂이, 다양한 구슬류 등 가야의 위신재(威身財)도 포함되어 있었다.

　운봉고원 기문국 지배자의 무덤에서는 가야 고총에서 처음으로 유곡리와 두락리고분군에서 수대경과 금동신발이 월산리에서는 계수호와 철제초두가 그 모습을 드러냄으로써 기문국의 국제성과 함께 그 위상을 최고로 높였다. 최근 조사된 청계리 고분군은 호남지역 가야고분 중 규모가 가장 크며, 5세기 전반에 축조되었다. 유물은 중국자기, 왜계 유물인 나무빗[竪櫛], 여러 가야[금관가야, 대가야, 소가야, 아라가야]의 토기류 등이 출토되어 국제적이고 역동적인 기문국의 모습을 추정해 볼 수 있다. 우리나라 가야계 고총에서 계수호와 철제초두, 금동신발과 수대경이 최초로 그 존재를 드러냄으로써 운봉고원의 역동성과 함께 그 위상을 최고로 높였다. 아마도 백제와 가야의 문물교류 교섭창구이자 철산지인 운봉고원을 백제가 얼마나 중요시했던가를 엿볼 수 있다(곽장근 2016).

V. 맺음말

전북의 동부지역은 백제, 신라, 가야라는 커다란 세력이 부딪히기도 하고 교류하기도 하면서 형성한 문화가 복합적인 양상을 드러내는 곳이다(김낙중 2014). 이 글에서는 전북 동부지역에서 조사된 가야 무덤을 수계별로 나누어 개략적으로 검토해 보았으며, 이를 통해 전북 가야의 독자성과 역동성을 살펴보고자 하였다.

전북의 가야는 진안고원(금강 수계)의 장수가야[반파국]와 운봉고원(남강 수계)의 운봉가야[기문국]가 중심이다. 이러한 정치체가 자리한 중심지에는 지배층의 무덤인 고총 410여 기가 밀집 분포하고 있다.

전북 동부지역 가야 무덤에서는 독자적인 무덤양식[묘제]이 확인된다. 봉분 주변에 주구[도랑]를 시설하고 1차성토를 한 후 매장시설을 축조한다. 가야문화가 들어오기 전 종래 토착세력인 마한의 무덤인 분구묘 축조의 전통이 유지되고 있다. 봉분의 평면형태가 타원형이며, 연접분이 확인된다. 이러한 특징을 보이는 가야의 고총이 영남지역에서도 확인되고 있어, 호·영남 가야문화의 교류관계를 추정해 볼 수 있다.

무덤에 부장된 유물은 가야 권역에서 출토 예가 거의 없는 위신재의 부장과 여러 지역의 다양한 유물들이 동일 무덤 내에서 확인되고 있어 국제적이고 역동적인 전북 가야를 보여주고 있다. 또한, 출토유물들을 통해 중국, 백제, 신라, 마한, 왜, 금관가야, 아라가야, 대가야, 소가야 등과의 관계를 추정해 볼 수 있다.

참고문헌

1. 논문

곽장근, 1999, 『湖南 東部地域 石槨墓 硏究』, 書景文化社, 300~301쪽.

_____, 2004, 「湖南 東部地域 加耶勢力과 그 成長過程」 『湖南考古學報』 20, 湖南考古學會, 91~124쪽.

_____, 2011, 「삼국시대 교통로의 조직망과 재편과정」 『제24회 한국고대사학회 합동토론회』, 한국고대사학회.

_____, 2011, 「금강상류지역의 교통망과 그 재편과정」 『백제와 가야 그리고 신라의 각축장 금강상류지역』, 제39회 한국상고사학회 학술발표대회, 91~115쪽.

_____, 2018, 「동북아 문물교류 허브 남원 유곡리·두락리고분군」 『가야고분군 III』, 가야고분군 연구총서 4권, 가야고분군 세계유산추진단.

권주현, 2009, 『가야인의 삶과 문화』, 제1판, 예안.

김권일, 2015, 「대가야 철의 생산과 유통 추론」 『대가야 문물의 생산과 유통』, 고령군 대가야박물관·(재)영남문화재연구원, 95~144쪽.

김낙중, 2014, 「남원지역 고분군의 보존과 활용 방안」 『가야와 백제 그 조우의 땅 '남원'』, 남원시·호남고고학회 학술대회 자료집, 125~127쪽.

김세기, 2003, 『고분자료로 본 대가야연구』, 학연문화사, 105~106쪽.

김용성, 1998, 『신라의 고총과 지역집단』, 춘추각.

김재홍, 2011, 「전북 동부지역을 둘러싼 백제·가야·신라의 지역지배」 『백제와 가야 그리고 신라의 각축장 금강상류지역』, 제39회 한국상고사학회 학술발표대회, 47~67쪽.

김태식, 1997, 「백제의 가야지역 관계사: 교섭과 정복」 『백제의 중앙과 지방』, 백제연구논총 5.

박승규, 2003, 「대가야토기의 확산과 관계망」 『한국고고학보』 49, 한국고고학회, 81~117쪽.

_____, 2015, 「대가야토기의 생산체계와 유통」 『대가야 문물의 생산과 유통』, 고령군 대가야박물관·(재)영남문화재연구원, 11~52쪽.

유영춘 외, 2015, 「장수군 제철유적 지표조사」 『2014 · 2015 호남지역 문화유적 발굴조사 성과』, 호남고고학회, 169~175쪽.

유 철, 1996, 「전북지방 묘제에 대한 소고」 『호남고고학보』 3, 호남고고학회.

이성주, 2007, 「고령 지산동고분군의 성격」 『5~6세기 동아시아의 국제정세와 대가야』, 고령군 대가야박물관 · 계명대학교 한국학연구원, 147~189쪽.

李熙濬, 1995, 「토기로 본 大伽耶의 圈域과 그 변천」 『加耶史硏究』, 慶尙北道.

전상학, 2005, 「전북 동부지역 수혈식석곽묘의 구조연구」 『호남고고학보』 25, 호남고고학회, 101~130쪽.

_____, 2011, 「장수가야의 지역성과 교류관계」 『백제와 가야 그리고 신라의 각축장 금강상류지역』, 제39회 한국상고사학회 학술발표대회, 117~140쪽.

_____, 2013, 「진안고원 가야의 지역성」 『호남고고학보』 43, 호남고고학회, 35~66쪽.

_____, 2017, 「장수가야의 발전과정과 그 역동성」 『호남고고학보』 57, 호남고고학회, 33~34쪽.

_____, 2018, 「전북지역 가야고분의 현황과 특징」 『호남고고학보』 59, 호남고고학회.

_____, 2019, 「호남 동부지역 가야고분의 유형」 『마한 · 백제 그리고 가야』, 제27회 호남고고학회 정기학술대회.

_____, 2019, 「남원 유곡리와 두락리고분군」 『가야고분군 V』, 가야고분군 연구총서 6권, 가야고분군 세계유산등재추진단.

조명일, 2004, 「전북 동부지역 봉수의 분포양상」 『호남지역 문화유적 발굴성과』, 호남고고학회.

_____, 2009, 「전북지역 봉수의 분포양상과 성격」, 전북대학교대학원 석사학위논문.

조인진, 2001, 「전북 동부지역 석곽묘 출토 토기 연구」, 전북대학교대학원 석사학위논문, 33~35쪽.

조효식, 2006, 「낙동강 중류역 삼국시대 성곽의 분류와 특징」 『고문화』 66.

하승철, 2014, 「남원지역 가야 고분의 구조와 변천」 『가야와 백제 그 조우의 땅 '남원'』, 남원시 · 호남고고학회 학술대회 자료집, 96쪽.

2. 보고서

국립문화재연구소, 2009, 『한국고고학전문사전 -고분편-』.

국립나주문화재연구소, 2019, 「남원 청계리 청계고분군 발굴조사 약보고서」.

군산대학교박물관, 2000, 『삼봉리고분군』.

＿＿＿＿＿＿＿, 2001, 『鎭安 五竜里 古墳群』.

＿＿＿＿＿＿＿, 2005, 『삼봉리 고분군』.

＿＿＿＿＿＿＿, 2005, 『동촌리 고분군』.

＿＿＿＿＿＿＿, 2008, 『침곡리 마무산유적』, 군산대학교박물관.

＿＿＿＿＿＿＿, 2013, 『남원 입암리·임리 고분』, 군산대학교박물관.

곽장근 외, 2003, 『군산 산월리 유적』, 군산대학교박물관.

전라문화유산연구원, 2012, 『임실 석두리 유적』.

＿＿＿＿＿＿＿＿＿, 2020, 『임실 금성리 방형분』.

전북대학교박물관, 2013, 『남원 유곡리 및 두락리 32호분』, 남원시.

전북문화재연구원, 2005a, 『장수 침령산성』.

＿＿＿＿＿＿＿＿, 2005b, 『장수 합미산성』.

＿＿＿＿＿＿＿＿, 2012, 『남원 월산리 고분군』.

＿＿＿＿＿＿＿＿, 2019, 「장수 백화산고분군 발굴조사 약보고서」.

전주문화유산연구원, 2015, 『장수 삼봉리 고분군』.

＿＿＿＿＿＿＿＿＿, 2017, 『장수 동촌리 고분군 -1호분-』.

＿＿＿＿＿＿＿＿＿, 2017, 『장수 동촌리·삼봉리 고분군』.

＿＿＿＿＿＿＿＿＿, 2018, 『장수 노하리 고분군』.

＿＿＿＿＿＿＿＿＿, 2019, 『장수 동촌리 고분군 -30호분-』.

＿＿＿＿＿＿＿＿＿, 2020, 『장수 삼봉리 고분군 -16·19호분-』.

＿＿＿＿＿＿＿＿＿, 2020, 『장수 삼봉리 고분군 -1·24·25호분-』.

＿＿＿＿＿＿＿＿＿, 2020, 『장수 호덕리 고분군B』.

＿＿＿＿＿＿＿＿＿, 2020, 『장수 삼고리고분군 -1~3호분-』.

윤덕향, 1989, 『두락리』, 전라북도·남원군·전북대학교박물관.

＿＿＿＿＿, 1991, 『남원 건지리 고분군』, 문화재연구소.

_____, 1994, 『남원 고죽동 유적』, 전북대학교 전라문화연구소.

_____, 1994, 『행정리 고분군』, 전라북도 · 남원군 · 전북대학교박물관.

윤덕향 · 이민석, 2000, 「장수 호덕리고분군」 『대전-통영간 고속도로 건설공사 문화 유적발굴조사보고서』, 전북대학교박물관 · 한국도로공사.

조유전 외, 1989, 『익산 입점리 고분 정밀발굴보고서』, 문화재연구소.

전영래, 1981, 「남원 초촌리고분군 발굴조사보고서」 『전북유적조사보고』 12, 한국 문화재보호협회 전북도지부.

_____, 1983, 『남원 월산리 고분군 발굴조사보고서』, 원광대학교 마한 · 백제문화 연구소.

호남문화재연구원, 2013, 『남원 봉대 고분군』.

전북 동부지역 봉화의
축조기법과 구조

조 명 일

군산대학교 가야문화연구소 초빙교수

I. 머리말

　지금까지 전북 동부지역에서 확인된 봉화는 110여 개소[1]에 이른다. 이 봉화들은 충남 금산군·전북 진안군·무주군·완주군·임실군·순창군·남원시에서 시작하여 장수·장계분지로 이어져 있다.[2] 주지하다시피, 봉화(봉수)는 주변의 급박한 상황을 중앙으로 신속히 전달해 주는 군사통신시설이기 때문에 자연스레 봉화를 운영했던 정치세력의 중심지로 연결되기 마련이다. 잘 알려진 데로 조선시대 5봉수로가 당시 수도였던 한양(서울)으로 집결되는 것과 같은 맥락이다.

　이러한 점을 감안할 때, 전북 동부지역의 봉화들은 그 분포양상만 보더라도 장수·장계에 존재했던 정치체에 의해 운영되었을 가능성이 충분히 상정된다. 그런데 그동안 고고학적인 학술조사가 미비하다 보니 봉화의 구조 및 축조기법, 운영시기 등에 대한 논란의 꾸준히 제기되어 왔다.

　다행히도 최근 정부의 국정과제에 '가야문화권 조사연구 및 정비' 사업이 포함됨에 따라, 전라북도에서도 가야의 문화유산을 찾고 알리기 위한 조사가 활발히 진행되었다. 그리고 그 일환으로 전북 동부지역에 분포되어 있는 일부 봉화들에 대한 정밀지표조사와 발굴조사가 이루어지면서 그동안 베일에 가려져 있던 삼국시대 봉화의 구조와 축조기법을 어느 정도 파악되었고, 조사 과정에서 수습된

1　제시된 봉화의 수치는 충남 금산군에 분포된 봉화를 포함한 것이다. 지금은 행정구역상 충청남도에 편입되어 있지만, 과거 전라북도의 관할이자 동일 생활권이었던 충남 금산군에도 6개소의 봉화가 분포되어 있다. 금산군에 분포된 봉화들은 진안군을 통과하는 봉화로와 연결되어 있기 때문에 이를 전북 동부지역 봉화의 범주에 포함시키고자 한다.

2　전북 동부지역 봉화들은 중심권역인 장수·장계분지를 중심으로 여덟 갈래의 봉화로가 설정되는데, 이에 대해서는 추후에 별도의 논고를 통해 명확히 다루고자 한다.

유물을 통해 봉화의 운영시기에 대한 단서를 제공해 주었다.

따라서 본 글에서는 전북 동부지역 봉화들 중 발굴조사가 이루어진 유적을 대상으로 그 현황과 성과를 살펴보고, 이를 토대로 봉화의 축조기법과 구조를 정리하는 한편, 조선시대 내지 봉수와의 비교·검토를 통해 그 특징을 도출해 보고자 한다. 아울러 전북 동부지역의 봉화의 운영주체에 대한 나름의 의견을 밝히고자 한다.

II. 전북 동부지역 주요 봉화 현황

1. 남원 봉화산 봉화

봉화산(919.9m)은 백두대간의 준령에 위치한 고봉으로 전북 장수군 번암면과 남원시 아영면의 경계를 이룬다. 봉화의 남쪽에는 삼국시대 호남과 영남의 큰 관문이었던 치재가 있으며, 이 고갯길을 사이에 두고 북쪽에 봉화산 봉화, 남쪽에 남원 매봉 봉화와 아막산성이 자리한다. 봉화산에 오르면, 서쪽으로 섬진강 수계인 장수군 번암면 일원이 조망되며, 동쪽으로는 남원 아영분지와 멀리 경남 함양군까지 조망권이 형성된다. 현재 봉화산의 정상부에는 백두대간 등산로가 지나고 있으며, 중심부에 대형 표지석과 측량기준점이 시설되어 있다. 또한 북쪽 가장

사진 1. 봉화산 봉화 항공사진

사진 2. 봉화산 봉화 출토유물

자리에 산불감지 카메라와 산림청에서 복원된 봉화 구조물이 남아있다.

2013년 군산대학교박물관에서 봉화산 봉화를 대상으로 시굴조사가 실시되었다.[3]

조사 결과, 봉화의 기초부로 추정되는 단시설이 확인되었다. 대부분 붕괴·교란되어 정확한 구조와 현황은 파악하기 어렵지만, 비교적 잔존상태가 양호한 남쪽구역을 통해 대략적인 형태의 추정이 가능하다. 단시설은 정상부의 자연암반을 깎아내고, 여기에서 떨어져 나온 석재를 사용하여 경사면에 쌓아 올리고, 그 내부에 비교적 작은 석재를 깔아 평탄면을 조성한 것으로 추정된다. 전체적인 평면 형태는 장방형이며, 규모는 장축 12m, 단축 8m 내외이다. 전체적인 형태와 축조기법, 규모가 장수 영취산 봉화와 유사하다. 유물은 삼국시대 토기 편 수 점만이 출토되었는데, 이 중 밀집파상문이 시문된 가야 토기편이 포함되어 있다.

2. 장수 영취산 봉화

백두대간의 고봉인 영취산 정상부(1075.6m)에 봉화가 있다. 영취산은 백두대간과 금남호남정맥의 분기점이자, 금강·섬진강·남강 수계의 분수령을 이룬다. 영취산 정상부에서는 장계분지와 장수분지는 물론, 동쪽으로 경남 함양군 서상분지가 한눈에 조망된다. 영취산의 서쪽에는 무령고개가 있는데, 금강과

---

3 군산대학교박물관, 2016, 『장수 영취산·봉화산 봉수』.

섬진강 수계를 이어주는 중요한 길목이다. 이 고개를 사이에 두고 장안산 봉화와 마주한다. 영취산 봉화에서 백두대간 산줄기를 따라 남쪽으로 남원 덕치리 봉화까지 한 갈래의 봉화로가 이어진다. 2013년 군산대학교박물관에 의해 영취산 봉화에 대한 발굴조사가 진행되었다.[4]

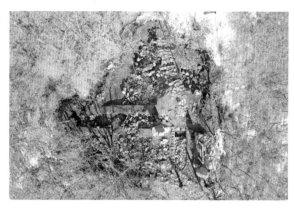
사진 3. 영취산 봉화 항공사진

조사 결과, 정상부의 가장자리를 따라 조성된 장방형의 단시설과 그 외곽으로 석축이 일부 확인되었다. 단시설은 자연암반층을 정지한 후, 그 위에 부정형 할석을 쌓아 면을 맞추고 그 내부는 석재와 흙으로 채워

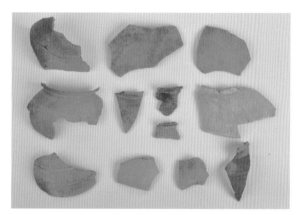
사진 4. 영취산 봉화 출토유물

평탄면을 조성한 것으로 추정된다. 대부분 붕괴되어 정확한 규모와 양상을 파악하기 어려우나 서쪽과 북쪽에 일부 잔존된 석축열을 토대로 추정해 볼 때, 평면 형태는 장방형이며, 규모는 장축 8m, 단축 5m 내외이다. 외곽 석축은 서쪽과 남쪽의 경사면에서 일부 확인되었다. 정상부 단시설과 3m가량의 거리를 두고

---

4 군산대학교박물관, 2016, 『장수 영취산 · 봉화산 봉수』.

있다. 석축은 황갈색 마사토계역의 풍화암반층을 정지한 후, 부정형 할석을 사용하여 쌓고 그 안쪽을 암갈색 사질점토를 채워 정상부 단시설의 하단부까지 높이를 맞춘 것으로 추정된다. 확인된 석축의 길이는 8m 내외이다.

유물은 정상부의 장방형 단시설과 외곽 석축 사이의 구지표층에서 회청색 경질토기편과 적갈색 연질토기편 등이 출토되었다. 출토된 유물은 대부분 파편으로 정확한 기형을 파악할 수는 없지만, 생활용기가 주를 이룬다. 특히 밀집파상문이 시문되어 있는 가야계 토기편과 선문이 시문된 토기편의 비율이 높은데, 토기류의 기종과 조합상이 장수군의 가야 지배자 무덤인 장수 삼봉리·동촌리 고분군과 유사하다.

3. 장수 삼봉리 산성(봉화)

삼봉리 산성(봉화)은 장수군 장계면 삼봉리와 계남면 화음리의 경계를 이루는 백화산(해발 849.5m)에서 북쪽으로 뻗어 내린 지류의 정상부(해발 555m)에 위치한

사진 5. 삼봉리 봉화 출토유물

다. 이곳은 호남과 영남을 이어주는 백두대간 육십령의 서쪽 초입에 해당된다. 산성에 오르면, 장계분지는 물론, 전북지역 최대의 고총군이자, 가야 지배자 무덤으로 알려진 '장수 삼봉리·호덕리·장계리 고분군'이 한눈에 들어온다.

산성은 서쪽의 산 정상부와 동쪽의 평탄지를 감싼 테뫼식 석성이며, 둘레는 250m 내외이다. 전체적인 형태는 타원형에 가까우나, 동북쪽이 돌출된 특이한 형태이다.

성벽은 산 경사면을 'L'자형으로 깎아내고 외벽만 쌓은 형태인데, 자연암반 위에

다듬지 않은 할석을 사용하여 조잡하게 쌓아 올리면서, 성돌과 기저부, 성돌과 성돌 사이에 작은 돌을 끼워 넣었다. 이러한 성벽의 축조기법은 백제 또는 신라계 산성의 성벽에서는 보이지 않았던 특징적인 것으로, 장수 명덕리 봉화, 진안 운장산 산성, 완주 불명산 봉화 등 최근 전북 동부지역에서 확인되고 있는 삼국시대 봉화대 및 소규모 산성에서 주로 확인되고 있어 주목된다.

산성의 내부에 명확한 지상 구조물은 남아있지 않지만, 정상부의 경우, 자연암반을 인위적으로 다듬고 여기서 떨어져 나온 석재를 이용하여 가장자리를 쌓았던 흔적이 확인되었다. 또한 정상부 중앙에 산화된 석재들이 산재되어 있다. 이러한 양상은 이미 발굴조사를 통해 가야의 봉화로 확인된 장수 영취산·봉화산 봉화의 축조기법과 매우 유사하다. 발굴조사 과정에서 대부장경호(굽달린목긴항아리), 유개장경호(뚜껑 있는 목긴항아리), 시루 등 가야 토기가 출토되었는데, 산성과 인접된 장수 삼봉리 고총군에서 출토된 토기들과 그 속성이 일치한다.[5]

4. 임실 봉화산 봉화

임실 봉화산(467m)은 전주에서 남원으로 향하는 옛길인 말치재의 서쪽 봉우리에 자리한다. 봉화산 정상부에서 약간 남쪽으로 떨어진 기슭(461m)에서 봉화의 흔적이 확인되었다. 봉화산 봉화는 2013년 지표가 이루어진 바 있는데, 당시 토단 형태의 봉화대가 남아있었다. 그런데 군부대의 외곽 철책을 설치하는 과정에서 모두 훼손되었다. 봉화산 봉화에 대한 발굴조사는 모두 3차례 이루어졌다.[6]

조사결과, 토단을 조성하기 위해 설치한 지지목을 박았던 기둥구멍이 발견되었으며, 불을 피웠던 아궁이 형태의 봉화시설[7]이 확인되었다. 기둥 구멍은 모두

---

5 군산대학교 가야문화연구소, 2019, 『장수 삼봉리 산성 발굴조사 약보고서』.

6 전주문화유산연구원, 2020, 『임실 봉화산 봉수지(3차) 발굴조사 약식보고서』.

7 봉화대의 불을 피웠던 시설이라는 의미로 봉화시설이라 명명했다. 조선시대 봉수의 거화시설(연조)처럼 정연하게 석축을 쌓아올린 형태가 아니고 자연암반 또는 풍화암

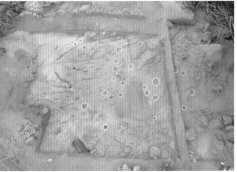

사진 6. 봉화산 봉화(좌 : 2007년 잔존 토축, 우 : 2020년 발굴조사 후 광경)

사진 7. 봉화산 봉화 출토유물

28개로 자연 암반을 파내어 만들었고, 규모는 직경 25~45cm, 깊이 10~20cm 내외이다. 기둥 구멍의 배치양상을 고려해 볼 때, 원형 또는 타원형의 토단을 둘러져 있었을 것으로 추정된다. 봉화시설은 석재 몇 매가 세워져 있는 상태로 확인되었는데, 주변에 상당량의 소토가 남아있는 것으로 보아, 석재와 흙을 쌓아 만든 아궁이 형태였을 것으로 추정된다.

유물은 가야 토기의 속성을 보이는 뚜껑, 굽다리접시, 항아리편 등 연·경질토기편이 출토되었다. 특히 중산모자형 꼭지가 달린 뚜껑은 장수 삼고리·동촌리 고분군 등 가야의 수장층 무덤에서 출토된 것과 거의 같다.

5. 완주 탄현 봉화

완주 탄현 봉화(전라북도기념물 제139호)는 전북 완주군 운주면 고당리 숯고개

반층의 일부 파내어 아궁이 형태로 조성되었다.

[탄현炭峴]의 서쪽 산봉우리(해
발 457.4m)에 위치한다. 봉화
가 위치한 탄현(숯고개)은 삼국
시대 전북지역 가야 세력과 백
제 중앙을 이어주는 최단 거리
교통로가 통과했던 전략적 요
충지로서, 이 일대에는 다수의
산성과 봉화가 남아 있다. 이
중 탄현 봉화는 완주-진안(금

사진 8. 탄현 봉화 전경

산)-장수를 잇는 봉화로의 시발점으로 백제의 동향을 살피기 위한 국경 방어체
계의 일환으로 장수 가야 세력이 국력을 담아 축조했을 가능성이 클 것으로 추
정된다. 백제의 고토(古土)였던 논산 등에서 탄현 봉화와 연계된 봉화가 발견되지
않는다는 점이 이를 방증해준다.

탄현 봉화는 2018년 전주문화유산연구원에 의해 발굴조사가 이루어졌다.[8]
조사 결과, 현재 남아있는 석축시설은 원형으로, 규모는 하단부 직경 840cm,
상단부 직경 750cm이고, 높이는 365cm이다. 암반 위에 장방형으로 다듬은 할
석을 사용하여 축조하였고, 상단으로 오를수록 점점 좁혀지는 형태이다. 원형
석축시설의 맨 상단에서 불을 피우거나 연기를 발생시키는 거화시설 등이 확인
되지 않았기 때문에 봉화의 기능보다는 주위의 동정을 살피기 위한 망대와 같
은 기능을 하였던 것으로 보이며, 탄현봉화의 서쪽에 자리하고 있는 용계산성과
직·간접적으로 관련된 망대일 가능성일 것으로 추정되었다.

원형 석축의 아래에는 방형의 또 다른 석축이 확인되었다. 원형 석축의 북서
쪽에서 방형 기단부가 원형 석축의 하단부로 이어지는 양상이 파악되었다. 방형
기단부는 한 변의 길이가 950cm이며, 잔존하는 높이는 170cm 내외이다. 축조

---

8 전주문화유산연구원, 2018, 『완주 탄현 봉수 발굴(정밀)조사 약식보고서』.

기법은 암반을 깎아내고 여기서 떨어져 나온 석재를 다시 쌓은 것으로 파악되었다. 이 기단부는 원형의 석축 망대 이전에 조성된 봉화의 기초부로 추정되는데, 최근 완주군 일대에서 확인되고 있는 삼국시대 봉화를 비롯하여, 가야 토기가 출토된 장수 영취산·남원 봉화산 봉화 등의 기초부와 축조기법이 유사하다. 탄현 봉화의 조사과정에서 삼국시대 기와편과 토기편이 출토되었다.

6. 완주 불명산 봉화

완주 불명산 봉화는 완주군 경천면과 운주면의 경계이자 금강과 만경강의 분수령을 이룬 불명산(佛明山) 정상부에 위치한다. 불명산은 불교 용어로 부처님의 가르침을 밝혀주는 산이란 뜻이며, 이 산의 서쪽 기슭 중단부에 완주 화암사가 위치한다.

사진 9. 불명산 봉화 전경

지표조사 당시 동서 길이 520cm, 남북 길이 680cm 규모의 장방형 봉대가 남아 있는 것으로 보고되었고, 2020년 조선문화유산연구원에 의해 유적의 잔존규모와 성격, 운영시기 등을 파악하기 위한 시굴조사가 진행되었다.[9] 조사를 통해 확인된 유구는 봉화대 1기와 수혈 1기이다.

봉화대는 자연 암반 사이 빈자리에 부분적으로 할석을 쌓아 완성하였고, 남동쪽에는 자연 암반을 거칠게 손질하여 등봉시설을 조성하였다. 세부적으로는 자연 암반 위에 장방형으로 다듬은 할석을 쌓았는데 남서쪽으로 높이 100~

---

9 조선문화유산연구원, 2020, 『완주 불명산 봉수 문화재 시굴조사 약식보고서』.

220cm의 7~13단 석축을 축조하였고, 북서쪽은 높이 165~180cm의 10~13단 석축을 쌓았다. 아울러 남동쪽의 등봉시설은 자연 암반석을 거칠게 다듬어 부정형의 계단 5~6단으로 축조되었으며, 등봉 시설 인근의 자연 암반 위에 크기가 다른 할석을 4단으로 쌓은 것이 확인되었는데 봉화대 정상부에 평탄면을 조성하기 위한 목적으로 보고 있다.

7. 진안 서비산 봉화

서비산 봉화는 진안군 마령면 계서리 서산마을의 서쪽에 솟아 있는 서비산 남쪽 봉우리 (496.6m)에 위치한다. 봉화는 섬진강 내륙수로를 통해 장수·장계분지, 영남지역으로 이어지는 길목에 위치하고 있으며, 주요 교통로인 응봉치와 배치가 한 눈에 조망된다.

사진 10. 서비산 봉화 봉화시설

2019년 정밀지표조사를 실시한 결과,[10] 서비산 봉화는 석재를 쌓아 올린 일반적인 봉화대 형태가 아닌 자연 암반층을 정지하고 그 위에 봉화구를 시설한 독특한 구조로 파악되었다. 이러한 형태의 봉화는 장수 명덕리 봉화에서도 확인되고 있어, 삼국시대 봉화의 한 형식으로 판단된다.

봉화대는 조망권을 확보하기 위해 산자락 끝에 돌출된 자연암반층의 가장자리와 상단을 정지하였으며, 산 능선이 이어지는 방향을 따라 일정한 폭으로 암반을 다듬어 출입시설을 마련하였다. 자연 암반으로 조성된 봉화대의 전체적인

---

10 군산대학교 가야문화연구소, 2019, 『진안 서비산 봉수 정밀지표조사 보고서』.

형태는 장방형에 가까우며, 규모는 남-북 11.2m, 동서 5.6m 내외로 전북 동부지역 삼국시대 봉화대의 규모와 큰 차이가 없다.

봉화대의 상면에는 눈사람 모양의 홈이 파여져 있는데, 길이 20cm, 폭 10cm 깊이 25cm 내외이다. 홈의 내부가 불에 그을려 있는 것으로 보아, 불을 지폈던 봉화구로 추정된다. 이러한 시설은 가야토기편이 수습된 장수 명덕리 봉수에서도 확인되는데, 규모가 거의 일치하고 있어 주목된다.

III. 봉화의 축조기법과 구조

산성 및 봉화와 같은 관방유적은 지상에 노출되어 있는 유적으로, 원형이 잘 보존되어 있을 경우, 굳이 발굴조사가 이루어지지 않더라도 정밀지표조사만으로도 충분한 학술자료를 확보할 수 있다는 장점을 지니고 있다. 반면에 축조재료가 석재 또는 흙으로 이루어진 것이 대부분이다 보니, 지표상에 장기간 노출되어 있을 경우, 훼손의 위험성이 다른 유적에 비해 매우 높다. 다행히도 전북 동부지역에 분포된 봉화들은 대부분 험준한 산 정상부에 위치하고 있어, 등산로의 개설 등으로 훼손된 것 일부를 제외하면, 그 보존상태가 양호한 편이다. 최근 봉화의 축조기법과 구조, 운영시기 등을 파악하기 위한 정밀지표조사와 학술발굴조사가 활발히 진행되어 그동안 베일에 가려져 있던 삼국시대 봉화의 모습이 하나, 둘씩 드러나고 있다.

고고학적 조사를 통해 드러난 전북 동부지역의 봉화는 축조기법과 구조에 따라 크게 3가지 유형으로 구분된다.

첫째, 장방형의 석축 봉화대이다. 이 유형은 가장 보편적인 것으로, 자연암반 또는 풍화암반층 위에 평균 길이 8~12m, 폭 6~8m 내외의 석축을 쌓고 그 상면에 불을 피웠던 시설이 마련된 형태이다. 전체적인 높이는 상부까지 잘 남아 있는 완주 불명산 봉화의 예를 참고할 때 2.5m 내외였을 것으로 추정된다.

축조재료는 기반층인 자연 암반을 깎아내는 과정에서 떨어져 나온 석재가 사용되기도 하고, 흑운모 편마암 계통의 할석을 일부 다듬어서 사용된 경우도 있다. 장수 오성리 봉화산 봉화, 완주 운암산 봉화, 진안 태평 봉화와 같이, 일부 화강 편마암 계통의 석재를 장방형 또는 세장방형으로 깎아 사용된 경우도 있는데, 축조기법 및 구조상에 큰 차이는 없다. 축조기법은 자연암반 또는 풍화암반층을 정지하고, 그 위에 지대석 등의 기반시설 없이 석재를 바로 쌓아 올렸다. 정연하지는 않지만 석재를 뉘어서 수평 줄 쌓기 방식으로 외면석을 축조하고, 그 내부는 잡석을 채웠다. 외면석과 채움석을 서로 맞물리도록 쌓아 견고함을 더했다. 봉화대의 상면은 납작한 석재를 깔아 놓은 형태이며, 그 중앙에 불을 피웠던 봉화시설이 배치된 양상이다.

등산로의 개설 및 대형 표지석의 설치 등으로 인해 불을 피웠던 봉화시설이 정연하게 남아있는 예가 거의 없어 그 구조를 정확하게 파악하기는 어렵다. 다만 최근 정밀지표조사가 이루어진 완주 종리 산성에서 성벽의 한쪽에 잇대어서 조성된 석축 봉화대가 확인되었는데, 여기에서 불을 피웠던 봉화시설이 확인되었다. 이를 살펴보면, 봉화대의 상면에 넓은 박석을 2~3매 깔고, 그 가장자리를 따라 1단 가량의 석축을 쌓은 구조이다. 전체적인 형태는 원형이며, 직경은 1.5m 내외이다.

두 번째로, 진안 서비산·장수 명덕리 봉화와 같이 자연암반을 활용한 유형이다. 산 정상부에 솟아있는 큰 암반의 가장자리와 상면을 일부 깎아 평탄면을 조성하고 봉화구를 시설한 형태이다. 봉화구는 암반에 깊이 25cm 내외의 홈을 파낸 것으로, 안쪽에 불에 그을린 것으로 보아, 위쪽에 땔감을 쌓아놓고 불을 지피기 위한 아궁이 기능이었을 것으로 추정된다. 진안 서비산의 봉화의 경우에는 봉화대에서 동남쪽으로 10m 떨어진 9부 능선상에 넓은 평탄대지 남아있는데, 봉화를 운영했던 군사들이 임시 주둔했던 생활 공간으로 추정되고 있으며, 장수 명덕리 봉화는 봉화대 주변에 둘레 150m 내외의 성벽을 둘렀다.

표 1. 전북 동부지역 삼국시대 봉화 유형 분류

형식	1유형(석축형)	2유형(암반형)	3유형(토축형)
특징	장방형 석축	자연암반 활용	토축
봉화시설	원형 석축	봉화구(암반 홈)	아궁이 형태 추정
봉화시설			
대표유적	1유형(완주 불명산)	2유형(진안 서비산)	1유형(완주 불명산)
대표유적			
추정복원도			

　　마지막으로, 최근 조사가 이루어진 임실 봉화산 봉화와 같이 토축으로 조성된 유형이다. 임실 봉화산 정상에는 불과 10여 년 전까지만 해도 타원형의 토축 봉화대가 잘 남아있었으나, 최근 군 부대의 철책이 설치되는 과정에서 모두 훼손되었다. 다행히도 최근 봉화대가 있었던 곳에 대한 발굴조사가 이루어져 봉화대의 구조를 추정할 수 있는 단서가 확보되었다. 발굴조사를 통해 자연 암반을 따라 나무 기둥을 박았던 흔적이 확인되었고, 불을 피웠던 아궁이 형태의 구조물(봉화시설)이 발견되었다. 기둥 구멍은 토축 구조물을 조성하기 위해 설치한 지지목을 박았던 자리로 파악되었다. 기둥 구멍과 봉화시설 배치양상, 토축 구조물이 남아있을 당시의 사진을 검토해 볼 때, 임실 봉화산 봉화는 본래 타원형의 토

사진 11. 봉화 외곽 성벽(좌 : 장수 삼봉리 봉화, 우 : 장수 명덕리 봉화)

단이 둘렀으며, 한쪽 벽에 출입구 마련하고, 그 안쪽에 아궁이 형태의 봉화시설이 조성되어 있었을 것으로 추정된다. 이러한 유형의 봉화대는 고려~조선시대 봉수에서는 전혀 확인되지 않는 것이다. 봉화산 봉화에서 삼국시대 유물, 특히 장수 일대 가야 고총에서 출토된 유물의 속성과 같은 뚜껑 등이 출토되었다는 점에서 그 조성 및 운영주체는 장수군 일대에 지역적 기반을 두고 발전했던 가야세력일 것으로 추정된다.

한편 전북 동부지역 봉화들 중 봉화대의 외곽을 두른 성벽이 확인되고 있어 주목된다. 성벽의 축조기법은 석축 봉화대의 축조기법과 유사하며, 둘레는 150~250m 내외이다. 이러한 성벽은 장수군의 외곽을 감싸고 있는 산줄기에 분포되어 있는 장수 명덕리·삼봉리·침곡리·영취산 봉화에서만 확인되고 있는데, 단순히 봉화대를 보호했던 시설이라기보다는 장수로 통하는 길목을 방어하기 위해 축조된 소규모 산성이었을 것으로 판단된다.

IV. 조선시대 내지 봉수와의 비교 · 검토

조선시대 봉수는 그 위치나 임무에 따라 연변봉수, 내지봉수로 나눌 수 있다. 연변봉수는 두만강-압록강의 강가나 서·남해안 및 동해안을 중심으로 해안가에 주로 연대를 축조하여 척후의 구실을 하는 봉수이다. 내지봉수는 달리 복리봉수(腹裏烽燧)라고도 하는데, 내륙에 위치한 봉수로서 서울 남산 봉수와 연변봉수의 사이를 연결하는 기능을 주로 담당하였다. 전북 동부지역에서 확인된 봉화들은 그 위치를 고려해 볼 때, 조선시대 내지 봉수와 비교가 가능하다.

조선시대 내지봉수의 축조기법과 구조는 세종 29년(1447) 3월에 의정부에서 올린 복리봉화배설지제(腹裏烽火排設之制)(사료 A)과 성종 6년(1475) 임금이 병조에 내린 전교(사료 B)를 통해 살펴 볼 수 있다.

> 사료 A. '…복리(腹裏)의 봉화(내지봉수)는 연변지방에 있는 연대와 비교가 아니니, 전에 있던 배설한 곳에 연대를 쌓지 말고, 산봉우리 위에 땅을 쓸고 연기 부엌을 쌓아 올려 위는 뾰족하게 하고 밑은 크게 하며, 혹은 모나게 하고 혹은 둥글게 하며, 높이는 10척이 지나지 않게 하고 또 원장(垣墻)을 둘러쌓아 흉악한 짐승을 피하게 하며…'[11]
>
> 사료 B. '…낮에 알리는 것은 반드시 연기로 하는데, 바람이 불면 연기가 곧바로 올라가지 못하므로 후망하기 어려우니, 이제 봉수가 있는 곳에는 모두 연통(煙筒)을 만들어 두라, 바람이 어지러워 연기 흩어져 후망할 수 없을 대에는 그곳의 봉수군이 달려와서 고하여 전보하도록 하라…'[12]

위의 사료의 내용을 살펴보면, 내지봉수에는 기본적으로 연변봉수에 설치된 연대[13]가 설치되지 않았으며, 불을 피우기 위한 연조만이 시설되었다.[14] 연조의

---

11 『世宗實錄』卷115, 世宗 29年, 3月 丙寅.

12 『成宗實錄』卷55, 成宗 6年, 3月 乙亥.

13 연변봉수에서 상시 1거 또는 비상시 거화를 위해 설치한 높이 3m 내외의 석축 시설물을 말한다. 연변봉수 자체를 연대라 지칭하기도 한다.

14 조선시대 봉수의 거화방식은 원칙적으로 5거이기 때문에, 방호벽 내 5기의 연조가 시설된 것이 보통이다. 다만 후대의 훼손으로 인해 5기 미만의 연조가 확인되는 경우도 있다.

그림 1. 조선시대 봉수망

기단은 원형 또는 방형으로 하고 위로 올라갈수록 뾰족한 형태로 축조되었으며, 성종 6년 이후부터는 연조의 상부에 연통이 설치되었음을 알 수 있다. 내지봉수의 구조상 가장 큰 특징은 바로 방호벽 개념

사진 12. 조선시대 내지봉수(상 : 성남 천림산, 중: 충주 대림산, 하: 창녕 태백산)

의 원장(垣墻)을 둘렀다는 것이다. 실제 고고학적 조사가 이루어진 조선시대 내지봉수들은 대부분 방호벽(원장)이 확인되고 있다. 방호벽의 규모는 둘레를 기준으로 작은 것은 50m, 큰 것은 100m 내외인데, 대체로 80~90m 정도가 일반적

이다.[15] 방호벽 내부에는 5기의 연조가 시설된 것이 보통이고, 일부 건물지 등이 확인되는 사례가 있다. 방호벽의 한쪽 벽에는 출입구가 마련되어 있다.

우리나라 내지봉수의 전형으로 알려져 있는 성남 천림산 봉수[16]는 동서방향으로 긴 장타원형의 방호벽을 갖추고 있으며, 방호벽의 한쪽 벽을 따라 3기의 연조가 일렬 배치된 양상이다.[17] 방호벽은 부정형의 할석을 사용하여 외측벽만 쌓고, 그 안쪽은 흙과 잡석으로 채운 편축식(片築式)이다. 연조는 원형과 타원형이 확인되는데, 부정형의 할석을 외측에 쌓고, 그 내부가 비워진 통형이다.

2019년 충청북도문화재연구원에서 발굴조사가 이루어진 충주 대림산 봉수[18]의 경우에도 타원형에 가까운 말각방형의 방호벽을 둘렀는데, 그 둘레가 70m 내외이다. 방호벽의 가장자리를 안쪽으로 따라 5기가 확인되었으며, 'ᄉ'형으로 배치되어 있다. 방호벽은 천림산 봉수와 마찬가지로 부정형의 할석을 사용하여 편축식으로 쌓았으며, 연조 역시 원통형의 구조로 축조되었다. 다만 일부 연조에서는 바닥에 잡석을 깐 구조가 확인된다.

이 밖에도 최근 발굴조사가 이루어진 창녕 태백산 봉수[19]와 대구 법이산 봉수[20]에서도 내지봉수의 현황이 파악되었다. 태백산 봉수의 경우, 둘레 105m 내외의 장타원형에 가까운 방호벽을 둘렀고, 그 내부에 6기의 연조와 건물지를 배치한 양상이다. 법이산 봉수 역시 주형(舟形)의 방호벽을 둘렀는데, 그 둘레가 106m 내외이다.

---

15 김주홍, 2011, 「조선시대의 내지봉수」, 충북대학교 박사학위논문.

16 한국토지공사 토지박물관, 2001, 『성남 천림산 봉수 발굴조사 보고서』.

17 본래 5기의 연조가 있었을 것으로 추정되지만, 2기는 후대에 훼손된 것으로 추정되고 있다.

18 충청북도문화재연구원, 2019, 『충주 대림산 봉수대』.

19 우리문화재연구원, 2019, 「창녕 태백산 봉수대 정밀발굴조사 약보고서」.

20 가온문화재연구원, 2019, 「대구 법이산 봉수유적 복원·정비사업부지 내 문화재 발굴조사 약보고서」.

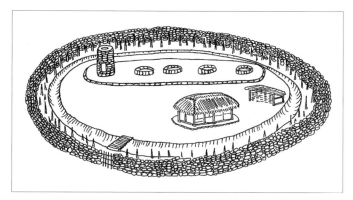

그림 2. 조선시대 내지봉수 추정 복원도

이상의 내용을 종합하여 조선시대 내지봉수의 큰 특징을 정리하면 다음과 같다.

첫째, 둘레 80~90m 내외의 방호벽을 둘렀으며, 그 내부에 연조와 건물지 등이 배치된 양상이다.

둘째, 방호벽은 부정형의 할석을 사용하여 허튼층 쌓기 방식으로 축조되었고, 외벽만 쌓은 편축식이다.

셋째, 기본적으로 5기의 연조가 시설되었다는 점이다. 연조의 형태는 대체로 원형이며, 내부가 비워진 통형의 구조이다.

이에 반해 Ⅱ장에서 살펴본 전북 동부지역의 봉화들은 조선시대 내지봉수의 방호벽과 같은 시설은 확인되지 않는다. 장수 삼봉리·명덕리, 영취산 봉화에서 확인된 성벽은 그 규모가 150~300m 내외로 내지봉수의 일반적인 방호벽 규모에서 한참 벗어나 있다. 축조기법에 있어서도 산 경사면을 'L'형으로 깎아 내거나, 자연암반을 정지한 뒤, 흑운모 편마암 계통의 할석을 일부 다듬어서 쌓아 올렸으며, 그 안쪽에 부정형 할석을 채웠다. 이러한 양상으로 보아 전북 동부지역, 특히 장수권 봉화에서 확인되고 있는 외곽 석축은 방호벽보다는 성벽으로 보는 것이 타당할 것으로 판단된다.

또한 전북 동부지역의 봉화에서는 내지봉수에 확인되고 있는 연조가 발견되지 않았다. 앞서 살펴본 바와 같이 전북 동부지역의 봉화는 방형 또는 장방형 형태의 석축 봉화대에 위에 판석을 깔고 가장자리에 석재를 1~2단가량 쌓아 불을 피웠거나, 자연암반에 홈을 파내고 불을 피운 경우가 있다. 그리고 임실 봉화산 봉화처럼 아궁이 형태의 토축 구조물을 축조한 예가 있는데, 이는 조선시대 봉수에서는 전혀 확인되지 않는 구조이다. 불을 피웠던 흔적 역시 1곳에 국한되어 있는데, 통형구조인 연조가 5기 시설된 조선시대 내지봉수의 구조와는 확연히 구분된다.

무엇보다도 조선시대 내지봉수들은 조선시대 이후 편찬된 각종 문헌기록에 등장하고 있는데 반해, 조선시대 5봉수의 직봉과 간봉이 통과하지 않는 전북 동부지역의 봉화들에 대한 기록은 그 어디에서도 찾을 수 없다. 또한 최근 발굴조사가 이루어진 봉화들에서 삼국시대 유물만이 출토되고 있어, 전북 동부지역의 봉화들은 조선시대가 아닌 삼국시대에 축조된 것으로 보는 것이 타당할 것으로 판단된다.

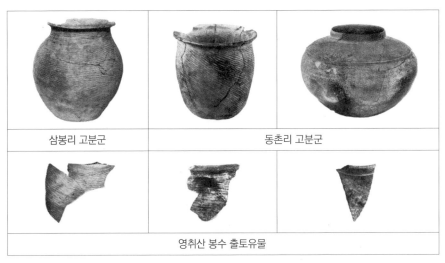

그림 3. 고분과 봉수 출토유물 비교(군산대학교박물관 2016, 85쪽 표2 인용)

V. 봉화의 운영주체[21]

전북 동부지역은 우리나라에 유일하게 삼국시대 봉화가 확인된 곳으로 그 존재만으로도 큰 역사성을 지닌다. 그런데 위에서 살펴본 것처럼 전북 동부지역의 봉화는 5세기 후반~6세기 초반경 장수·장계분지에 존재했던 가야세력에 의해 축조·운영된 것으로 추정되고 있어 그 의미를 더해 준다.

일본의 역사서인 『日本書紀』에는 가야계 소국인 반파(伴跛)가 513년부터 3년 동안 기문(己汶)과 대사(帶沙)를 두고 백제와 대립한 것으로 나타나 있으며, 이 과정에서 봉화를 운영했다는 기록이 등장한다(사료 C). 지금까지 역사·고고학계에서는 여기에 등장하는 반파를 고령의 대가야로 보고 있는 것이 통설이다. 반파와 관련해서는 다음과 같은 사료[22]들이 주목된다.

사료 A. 百濟는 姐彌文貴 將軍과 州利卽爾 將軍을 보내 穗積臣押山에 따라서 五經博士 段楊爾를 보냈다. 따로 주하여 "伴跛國이 臣의 나라인 己汶의 땅을 빼앗았습니다. 아무쪼록 천은을 내려 판단하여 본국으로 되돌려 주십시오"라고 말하였다.(『日本書紀』 卷17, 繼體天皇 7年 6月)

사료 B. 조정에서 百濟의 姐彌文貴 將軍, 斯羅의 汶得至, 安羅의 辛已奚 및 賁巴委佐, 伴跛의 旣殿奚와 竹汶至 등을 나란히 세우고 은칙을 내렸다. 己汶, 帶沙를 百濟國에 주었다. 이달에 伴跛國이 戢支를 보내어 珍寶를 바치고 己汶의 땅을 달라고 하였다. 그러나 끝내 주지 않았다.(『日本書紀』 卷17, 繼體天皇 7년 11월)

사료 C. 伴跛는 子呑과 帶沙에 성을 쌓아 滿奚와 연결하고, 봉화를 올리는 곳

---

21 본 장은 2018년 작성된 필자의 논문(조명일, 2018, 「전북 동부지역 봉수에 관한 일고찰」 『호남고고학보』 59)의 내용을 재구성 하였다.

22 본문에 제시된 사료는 2005년 一志社에서 발행된 『完譯 日本書紀』(田溶新 譯)에서 발췌하였다.

과 식량을 두는 창고를 만들어 일본에 대비하였다. 또 爾列比와 麻須比에 성을 쌓고, 麻且奚, 推封에 연결하였다. 사졸과 무기를 모아서 新羅를 공박하였다.(『日本書紀』卷17, 繼體天皇 8年 3月)

사료 D. 百濟의 사자 文貴 將軍 등이 귀국하려고 청하였다. 칙하여 物部連을 딸려 돌려 보냈다. 이달에 沙都島에 이르러 소문에 伴跛人들이 원한을 품고, 강한 것을 믿고 포악한 일을 마음대로 한다고 들었다. 고로 物部連이 수군 500명을 거느리고, 帶沙江으로 직행하였다. 文貴 將軍은 新羅를 거쳐 귀국하였다.(『日本書紀』卷17 繼體天皇 9年 2月)

사료 E. 百濟가 州利卽爾 將軍을 보냈는데, 物部連과 같이 와서 己汶의 땅을 준 것에 감사하였다.(『日本書紀』卷17 繼體天皇 10年 9月)

사료 F. 百濟王이 下㗴唎國守 穗積臣押山에 "조공하러 가는 사자들이 항상 섬의 돌출부를 피할 때마다 매양 풍파에 시달립니다. 이로 인하여 가지고 가는 것으로 적시고 망가지게 됩니다. 그러니 加羅의 多沙津을 신이 조공하는 길로 하겠습니다."라고 하였다. 이를 押山臣이 전하여 주하였다.
이달 物部伊勢連父根과 吉士老들을 보내 항구(多沙津)를 百濟王에게 주었다. 이에 加羅王이 칙사에게 "이 항구는 관가를 둔 이래, 신이 조공할 때 기항하는 항구입니다. 어째서 쉽게 이웃 나라에 주십니까. 원래의 지정하여 주신 경계를 침범하는 것입니다."라고 말하였다. 칙사 父根들이 이로 인하여 눈 앞에서 주는 것이 어려워서 大島로 물러갔다. 따로 문서계원을 보내 扶余에게 주었다.(『日本書紀』卷17, 繼體天皇 23年 3月)

위에 제시한 사료 중 A~E는 백제와 반파가 기문과 대사를 두고 쟁탈전을 벌이는 내용이며, 사료 F는 가라(加羅)의 다사진(多沙津)을 백제가 점유했다는 내용으로서 그간 대부분의 가야사 연구자들이 반파를 고령의 대가야로 비정하는데 주로 활용된 것 들이다.

반파=대가야설의 핵심은 『日本書紀』 繼體記 7·8·9·10년 기사(사료 A~E)와 계체기 23년 기사(사료 F)를 동일한 사건으로 보는데서 기인하며, 그 근거로 등장

인물이 같다는 점(穗積臣押山, 物部連=物部伊勢連父根)과 사료 B와 E에 등장하는 帶沙(帶沙江)와 사료 F에 기록된 多沙津을 동일한 곳으로 이해하는 시각[23]에서 비롯되었다.

그런데, 위의 사료들을 잘 살펴보면, 계체기 7~10년에 백제와 반파가 서로 차지하려던 핵심지역은 대사가 아닌 기문이었음을 알 수 있다. 그럼에도 계체기 23년의 기사에는 기문과 관련된 내용은 전혀 언급이 되지 않았다.

따라서 계체기 7~10년과 23년 기사는 동일 사건을 기록한 것이 아닌 별개의 사건일 수도 있다는 생각이 든다. 물론 두 사건에 등장하는 인물이 동일하다는 것은 부정할 수 없지만, 이들은 모두 일본측 인물이기 때문에 13년이 지난 시점에 다시 등장한다고 해서 크게 이상할 것이 없어 보인다. 결국 대사와 다사, 반파와 가라는 서로 다른 지역과 정치체일 가능성도 배제할 수 없을 것으로 판단된다.

더구나 사료 C에 보면, 반파는 봉화를 설치·운영한 것으로 기록되어 있는데, 현재까지 남원 운봉고원을 제외한 백두대간 동쪽의 가야 영역권에서는 삼국시대 봉화의 존재가 전혀 발견되지 않고 있다.

백두대간 동쪽에서 유일하게 삼국시대 봉화가 확인되는 남원 운봉고원은 최근 유곡리와 두락리 고분군 32호분, 월산리 고분군 등 대규모 가야계 고총에서 청자 계수호, 철제 초두, 청동 수대경, 금동신발 등 최고급 위세품 등이 출토됨에 따라, 백제와 반파가 각축을 벌였던 기문으로 비정되고 있다. 그렇다면 기문(운봉고원)과 지리적으로 인접하고, 전북 동부지역에 분포되어 있는 봉화들의 종착지로 알려진 장수가 문헌에 등장하는 반파일 가능성도 고려된다.

최근 장수군 가야문화유산에 대한 조사 성과에 따르자면, 장수·장계분지에는 동촌리·삼봉리·호덕리·장계리 등 대규모의 가야계 고총 240여 기가 존재

---

23 金泰植, 1993, 『加耶 聯盟史』, 一潮閣.

하고 있으며,[24] 고대 국가의 발전 원동력으로 알려진 철을 생산했던 제철유적이 120여 개소 가량 확인되고 있다.[25] 아직까지 제철유적에 대한 정밀조사가 이루어지지 않아 섣부른 감이 있지만, 유적의 분포양상만을 토대로 살펴보면, 장수의 가야세력은 철을 바탕으로 성장했던 정치세력이었을 가능성이 클 것으로 추정된다. 더 나아가 철로 상징되는 우수한 경제력을 발판 삼아, 방어체계의 하나인 봉화를 축조했던 것이 아닐까 한다.

그렇다면 장수의 가야세력은 왜 봉화를 축조했던 것일까? 이와 관련해서는 봉화가 축조·운영될 당시인 5세기 후반~6세기 초반경의 한반도 정세와 관련이 깊을 듯 당시 한반도 남쪽의 맹주로 군림하던 백제는 고구려의 남정으로 인해 개로왕이 전사하고, 갑작스럽게 한성에서 웅진으로 천도를 단행한다. 이후 얼마간 백제는 왕의 피살, 귀족의 반란으로 인해 급격한 혼란기에 빠지게 되고, 대외적인 영향력을 상실하게 되면서 한반도 남쪽 지방사회의 재편이 이루어졌을 것으로 추측된다. 이 시기를 틈타 장수의 가야세력은 본래 백제 영역이었던 남쪽의 기문(운봉고원)과 북쪽의 충남 금산, 전북 진안군·무주군 일원, 서쪽의 섬진강 유역까지 진출을 모색했을 것으로 추정되며, 이 과정에서 봉화를 축조했을 가능성이 있다.

그런데 6세기 초반 무령왕이 즉위하면서 다시금 강력한 왕권을 회복한 백제는 백두대간 서쪽의 유일한 가야 세력이었던 반파에 대한 공세를 취하여 기문과 대사를 되찾았고, 결국 반파는 백제에 복속되었을 것으로 추정된다. 6세기 초반 이후의 문헌 기록에 반파가 전혀 등장하지 않는 것[26]은 바로 이러한 이유로 해

----

24 전상학, 2017, 「장수가야의 발전과정과 그 역동성」 『호남고고학보』 57, 26~37쪽.

25 곽장근, 2017, 「장수군 제철유적의 분포양상과 그 의미」 『호남고고학보』 57, 4~25쪽.
유영춘, 2017, 「전북 동부지역 출토 철제무기의 전개양상과 의미 -남원·장수 삼국시대 분묘유적 출토품을 중심으로」 『호남고고학보』 57, 38~75쪽.

26 본문에 제시된 문헌기록 외 반파와 관련된 문헌은 『양직공도』가 유일한데, 여기에는 반파가 백제의 방소국 중 하나로 등장한다. 『양직공도』의 정확한 편찬 시기는 알 수

석된다.

　기문으로 비정되고 있는 남원 운봉고원과 반파로 추정되는 장수군 일원의 고고학적 성과에 따르면, 6세기 초반경 이들 지역에는 더 이상 가야계 고총이 축조되지 않는 반면, 백제의 무덤 축조가 활발해지고 백제 유물의 빈도수가 급격하게 증가하는 것으로 알려져 있다.[27] 이러한 고고학적 양상 역시 장수 일대가 반파였음을 암시해 주는 것이라 할 수 있다.

VI. 맺음말

　지금까지 학술조사를 통해 전북 동부지역에 확인된 봉화는 대략 110여 개 소에 이른다. 전북 남원시, 진안군, 무주군, 완주군, 임실군, 순창군 충남 금산군에서 시작된 여러 갈래의 봉화로는 최근 전북지역 가야세력의 중심지로 부각되고 있는 장수군으로 이어지고 있다.[28] 이 봉화들은 대체로 장수군으로 통하는 주요 길목과 교통로를 감시하기 좋은 산봉우리에 위치하며, 일부는 고대산성과 세트를 이룬다. 주지하다시피, 봉화는 주변의 급박한 상황을 중앙으로 신속히 전달해 주는 군사통신시설이기 때문에 자연스레 봉화를 운영했던 정치세력의 중심지로 연결되기 마련이다. 이러한 측면에서 전북 동부지역의 봉화들은 장수군 일원에 존재했던 정치세력에 의해 운영되었을 가능성이 크다. 최근 장수 영취산·봉화산·봉화봉·삼봉리 봉화, 임실 봉화산 봉화, 완주 탄현·불명산 봉화, 진안 서비산·망바위 봉화 등에 대한 학술조사가 이루어지면서 그동안 베일에 가려져 있는 삼국시대 봉화의 축조기법과 구조가 어느 정도 파악되었다.

　없지만, 520년경으로 보는 것이 일반적이다.

27　전상학, 2013, 「진안고원 가야의 지역성」『호남고고학보』 43, 호남고고학회, 36~67쪽.
28　조명일, 2018, 「전북 동부지역 봉수에 관한 일고찰」『호남고고학보』 59, 90~107쪽.

앞에서 살핀 것과 같이, 전북 동부지역 삼국시대 봉화들은 조선시대 내지봉수의 원장(垣墻, 방호벽)과 같은 시설은 발견되지 않고, 일부 봉화에서 둘레 150m 상회하는 성벽을 두른 경우만 확인되고 있다. 또한 조선시대 봉수의 경우, 3~5개의 원통형 연조가 시설된 반면에, 삼국시대 봉화는 석축을 일부 쌓거나, 자연 암반을 홈을 파낸 형태, 토축 아궁이 형태의 봉화시설만이 확인되고 있다. 무엇보다도 조선시대 내지봉수들은 조선시대 이후 편찬된 각종 문헌기록에 그 등장하고 있는데 반해, 조선시대 5봉수의 직봉과 간봉이 통과하지 않는 전북 동부지역의 봉화들에 대한 기록은 그 어디에도 찾을 수 없다. 또한 최근 발굴조사가 이루어진 봉화들에서 가야토기를 비롯한 삼국시대 유물만이 출토되고 있어, 그 운영주체에 대한 결정적인 근거를 제시해 주었다.

일본의 역사서인 『日本書紀』에는 가야계 소국인 반파(伴跛)가 513년부터 3년 동안 기문(己汶)과 대사(帶沙)를 두고 백제와 대립한 것으로 나타나 있으며, 이 과정에서 봉화를 운영했다는 기록이 등장한다.[29] 지금까지 역사·고고학계에서는 여기에 등장하는 반파를 고령의 대가야로 보고 있는 것이 통설이다. 그런데 현재까지 남원 운봉고원을 제외한 백두대간 동쪽의 가야 영역권에서는 삼국시대 봉화의 존재가 전혀 발견되지 않고 있다. 백두대간 동쪽에서 유일하게 삼국시대 봉화가 확인되는 남원 운봉고원은 최근 유곡리와 두락리 고분군 32호분, 월산리 고분군 등 대규모 가야계 고총에서 청자 계수호, 철제 초두, 청동 수대경, 금동신발 등 최고급 위세품 등이 출토됨에 따라, 백제와 반파가 각축을 벌였던 기문으로 비정되고 있다. 동시에 기문(운봉고원)과 지리적으로 인접하고, 전북 동부지역에 분포되어 있는 봉화들의 종착지로 알려진 장수가 문헌에 등장하는 반파

---

29 '百濟는 姐彌文貴 將軍과 州利卽爾 將軍을 보내 穗積臣押山에 따라서 五經博士 段楊爾를 보냈다. 따로 주하여 "伴跛國이 臣의 나라인 己汶의 땅을 빼앗았습니다. 아무쪼록 천은을 내려 판단하여 본국으로 되돌려 주십시오"라고 말하였다.'(『日本書紀』 卷17, 繼體天皇 7年 6月)

일 가능성도 제기되고 있다.[30] 장수군 가야문화유산에 대한 조사 성과에 따르자면, 장수·장계분지에는 동촌리·삼봉리·호덕리·장계리 등 대규모의 가야계 고총 240여 기가 존재하고 있으며,[31] 고대 국가의 발전 원동력으로 알려진 철을 생산했던 제철유적이 120여 개소가량 확인되고 있다.[32] 아직까지 제철유적에 대한 정밀조사가 이루어지지 않아 섣부른 감이 있지만, 유적의 분포양상만을 토대로 살펴보면, 장수의 가야세력은 철을 바탕으로 성장했던 강력한 소국의 존재를 상정해 볼 수 있고, 더 나아가 철로 상징되는 우수한 경제력을 발판 삼아, 방어체계의 하나인 봉화를 축조했을 가능성도 충분히 고려된다.[33]

---

30 이도학, 2019, 「반파국 위치에 대한 논의」 『역사와 담론』 90, 47~82쪽.

31 전상학, 2017, 「장수가야의 발전과정과 그 역동성」 『호남고고학보』 57, 26~37쪽.

32 곽장근, 2017, 「장수군 제철유적의 분포양상과 그 의미」 『호남고고학보』 57, 4~25쪽.
    유영춘, 2017, 「전북 동부지역 출토 철제무기의 전개양상과 의미 -남원·장수 삼국시대 분묘유적 출토품을 중심으로」 『호남고고학보』 57, 38~75쪽.

33 조명일, 2018, 「전북 동부지역 봉수에 관한 일고찰」 『호남고고학보』 59, 90~107쪽.

참고문헌

가온문화재연구원, 2019, 「대구 법이산 봉수유적 복원·정비사업부지 내 문화재 발굴조사 약보고서」.

군산대학교 가야문화연구소, 2019, 『장수 삼봉리 산성 발굴조사 약보고서』.

군산대학교 가야문화연구소, 2019, 『진안 서비산 봉수 정밀지표조사 보고서』.

群山大學校博物館, 2002, 『長水郡의 山城과 烽燧』.

군산대학교박물관, 2016, 『장수 영취산·봉화산 봉수』, 장수군.

군산대학교박물관, 2016, 『장수 침령산성 집수시설 발굴조사 약식보고서』.

군산대학교박물관, 2016, 『장수 합미산성 발굴조사 약식보고서』.

강원종, 2007, 「남원 운봉지역의 고대 관방체계」 『湖南考古學報』 27, 43~73쪽.

郭長根·韓修英, 1997, 『장수 삼고리 고분군』, 群山大學校 博物館.

郭長根, 2004, 「湖南 東部地域의 伽倻勢力과 그 成長課程」 『湖南考古學報』 20, 91~124쪽.

곽장근·조인진, 2005, 『장수 삼봉리·동촌리 고분군』, 群山대학교 博物館.

곽장근, 2009, 「금강 상류지역 교통로의 조직망과 재편과정」 『한국상고사학보』 66, 45~74쪽.

곽장근, 2017, 「장수군 제철유적의 분포양상과 그 의미」 『호남고고학보』 57, 4~25쪽.

김영심, 2008, 「백제의 지방지배 방식과 섬진강유역」 『백제와 섬진강』, 서경문화사.

김재홍, 2011, 「전북동부지역을 둘러싼 백재·가야·신라의 지역지배」 『백제와 가야 그리고 신라의 각축장 금강상류지역』, 한국상고사학회, 47~67쪽.

김주홍, 2011, 「조선시대의 내지봉수」, 충북대학교 박사학위 논문.

金泰植, 1993, 『加耶 聯盟史』, 一潮閣.

朴天秀, 1999, 「고고학 자료를 통해 본 大伽倻」 『考古學을 통해 본 伽倻』, 한국고고학회, 47~73쪽.

박현숙, 2008, 「백제의 섬진강유역 영역화와 가야와의 관계」 『백제와 섬진강』, 서경문화사.

이도학, 2019, 「반파국 위치에 대한 논의」 『역사와 담론』 90, 47~82쪽.

우리문화재연구원, 2019, 「창녕 태백산 봉수대 정밀발굴조사 약보고서」.

유영춘, 2017, 「전북 동부지역 출토 철제무기의 전개양상과 의미 -남원·장수 삼국시대 분묘유적 출토품을 중심으로」『호남고고학보』57, 38~75쪽.

전상학, 2013, 「진안고원 가야의 지역성」『호남고고학보』43, 호남고고학회, 36~67쪽.

전상학, 2017, 「장수가야의 발전과정과 그 역동성」『호남고고학보』57, 26~37쪽.

전주문화유산연구원, 2018, 『완주 탄현 봉수 발굴(정밀)조사 약식보고서』.

전주문화유산연구원, 2020, 『임실 봉화산 봉수지(3차) 발굴조사 약식보고서』.

정재윤, 2008, 「백제의 섬진강 유역 진출에 대한 고찰」『백제와 섬진강』, 서경문화사.

조명일, 2018, 「전북 동부지역 봉수에 관한 일고찰」『호남고고학보』59, 90~107쪽.

조선문화유산연구원, 2020, 『완주 불명산 봉수 문화재 시굴조사 약식보고서』.

조효식, 2006, 「낙동강 중류역 삼국시대 성곽의 분류와 특징」『古文化』67, 71~92쪽.

주보돈, 2011, 「5·6세기 금강상류지역의 정치세력과 그 향방」『백제와 가야 그리고 신라의 각축장 금강상류지역』, 한국상고사학회, 21~46쪽.

최인선, 2000, 「섬진강 유역의 백제성」『섬진강 주변의 백제산성』, 韓國上古史學會, 65~106쪽.

충청북도문화재연구원, 2019, 『충주 대림산 봉수대』.

한국토지공사 토지박물관, 2001, 『성남 천림산 봉수 발굴조사 보고서』.

아이언 로드,
철기문화의 뿌리를 찾아서

한수영
호남문화재연구원

Ⅰ. 머리말

가야는 '철의 왕국'으로 불린다. 가야의 모태가 된 변한(弁韓)에서는 양질의 철을 생산하여 삼한(三韓)과 동예(東濊)·한사군(漢四郡)을 비롯하여 바다 건너 왜(倭)까지 수출하였고, 철을 화폐로 이용하였다는 기록이 전하고 있다. 쇠바다인 김해(金海)가 철을 매개로 초기 가야의 맹주로 올라설 수 있었던 것과 같이 전북 가야가 고대국가로 성장할 수 있었던 원동력 역시 '철(鐵)'을 기반으로 하였음은 자명한 사실이다.

고대국가로 성장하는 삼국시대 초기 기록 가운데 신라 석탈해의 이야기가 전한다. 바다 건너 용성국 출신인 탈해는 자신을 대장장이로 일컫고 있으며, 훗날 신라의 4번째 왕인 탈해 이사금이 된다. 바다를 건너온 석탈해가 토착세력을 지배하고 왕권을 차지하게 된 배경은 바로 철기문화의 힘이다. 고구려의 고분벽화에는 고구려 사람들이 생각하는 신화 속 인물과 신선들이 표현되어 있는데, 그 가운데 오회분에는 모루 위의 쇳덩이를 내리치는 '대장장이 신'과 철로 만든 수레바퀴를 다루는 '바퀴의 신'이 표현되어 있다. 고대국가의 발전과 함께한 철은 이방인도 왕이 될 수 있는 권력의 상징이며, 철을 다루는 대장장이는 신의 반열에 올라 있는 것이다.

이러한 철 문화는 언제부터 우리나라에서 시작되었을까? 그리고 전북 가야 철 문화의 근간은 무엇일까? 한반도 철기문화는 기원전 4~3세기에 요동과 서북한 지역에 자리잡고 있었던 고조선에서 시작하며, 이후 마한지역에 파급되었고, 마한의 철기문화는 진한과 변한에 영향을 미친다. 서북한 지역의 철기문화가 마한지역에 파급된 곳, 한강 이남에서 가장 먼저 철기문화가 발전한 지역이 바로 전라북도이다.

II. 철기문화의 시작

1. 철기문화의 시작과 전파

인류의 문명은 불로 시작되어 철로 완성되었다고 할 만큼 철은 문화발달에 매우 중요한 역할을 하고 있다. 인류의 물질문화는 돌을 사용한 구석기시대와 토기를 발명한 신석기시대를 거쳐 청동기시대와 철기시대로 이어지는데, 청동기와 철과 같은 금속은 석기에 비해 가공성이 뛰어나고, 충격에도 강해 인류 발달에 있어 가장 획기적인 발명이라고 할 수 있다.

하지만 청동기는 구리에 주석과 아연 등을 합금하기 때문에 채광할 수 있는 지역이 한정적이고, 원료를 구하기가 쉽지 않아 제작에 어려움이 많았다. 또한 청동으로 만들어진 제품은 소수의 지배층이 주로 사용하는 무기류와 장신구가 대부분으로 사회 전반에 미친 파급력이 크지 않았다. 반면 철은 원료를 구하기가 쉽고, 매장량이 풍부하며, 상대적으로 가격도 저렴하여 청동기에 비해 매우 폭넓게 사용되었다.

철기가 본격적으로 제작되면서 철제 농기구의 사용으로 경작할 수 있는 농경지가 늘어나고 농업 생산력의 증가를 가져왔으며, 안정된 생활을 기반으로 인구의 증가, 복합적인 기술의 발달로 사회변화를 촉진시키게 되었다. 또한 대량 생산이 가능한 철제 무기의 제작으로 대규모 군대가 조직되었으며, 강력한 군사력을 가진 집단은 고대 국가로 성장하게 되었다.

철기를 제작하는 기술은 기원전 1,500년경, 오늘날 터키 지방에 있었던 히타이트 제국에서 시작되었다고 알려져 있으며, 히타이트의 제철기술은 초원길을 따라 중국으로 전래되었다. 고대 동양과 서양을 잇는 문명교류의 루트는 초원길, 바닷길, 비단길로 불리고 있다. 사막길로도 불리는 비단길은 한나라 무제 때 당시 수도인 장안성에서 시작하여 파미르고원과 이란고원을 거쳐 유럽에 이른다. 이 길을 통해 헬레니즘문화가 탄생하고 불교문화가 전래되었으며, 종이와 비단의 교류가 이루어졌다. 바닷길은 지중해와 페르시아만, 인도양을 거쳐 중국에 이르는 길로 유리와 향신료·비단·모피 등의 교역이 이루어졌으며, 고려시대 벽란도까지 온 아라비아 상인들의 활동무대이기도 하다. 초원길은 동서 교역에 있어 가장 오래된 교통로이다. 스키타이인과 흉노족으로 알려진 훈족의 활동무대로, 유목민의 이동과정에서 형성되었으며, 철기문화는 이 초원길을 통해 중국에 들어오고 춘추전국시대를 거쳐 우리나라까지 이어진다.

중국의 철기문화는 춘추시대와 전국시대 이후 한(漢)나라 초기에 획기적인 발전을 이루게 된다. 고온으로 녹여 만든 주철에서 탄소를 제거하여 강철로 바꾸는 일명 초강법(炒鋼法)이 개발되는데, 강철을 만드는 제철기술이 서양에서는 산업혁명을 통해 본격화되었으니, 무려 1,800여 년이나 앞선 한나라의 제철기술은 실로 제철혁명이라고 할 수 있다. 한나라에서는 제철기술의 유출을 막기 위해 국가가 직접 통제하였으며, 철제 연장도 국가에서 관리할 정도로 제철은 국가성장의 핵심동력이 되었다.

몇 해 전에 인기리에 방송되었던 주몽이라는 드라마에서 야철대장 모팔모가 수십 번의 노력 끝에 한나라에서 만든 것보다 더 강한 강철검을 만들고 감격하던 모습이 아직도 생생하다. 강철검의 제작은 고구려가 강대국으로 성장할 수 있었던 상징적인 사건이며, 실제 발굴조사를 통해 고구려뿐 아니라 백제·가야·신라에서는 독자적인 철기제작 기술을 갖추고 발달된 철제품을 생산하였음이 확인되었다.

2. 한반도 철기문화의 시작과 지역별 양상

우리나라의 철기문화는 지리적으로 가까운 중국에서 유입되었다. 춘추시대(기원전 770년~기원전 403년)부터 본격적으로 시작된 중국의 제철문화는 전국시대(기원전 403년~기원전 221년)로 오면서 중국 전역으로 확산된다. 전국시대(戰國時代)는 말 그대로 전쟁이 끊임없이 일어나던 시대이며, 철제 무기의 제작으로 전쟁의

사진 1. 위원 용연동유적 철제품과 명도전(국립중앙박물관)

규모가 국가 단위의 총력전으로 바뀌게 된다. 연나라, 조나라, 제나라, 위나라, 한나라, 초나라, 진나라의 전국 칠웅이 할거하던 전국시대는 진시황이 통일하면서 막을 내리는데, 이러한 혼란기에 하북성 북쪽에 자리잡고 있었던 연(燕)나라 주민들이 전쟁을 피해 고조선 영토인 요동과 한반도 서북한 지역으로 이주하게 된다. 요동지역에 있는 무순 연화보유적과 압록강 근처인 평안북도 위원 용연동유적, 영변 세죽리유적에서는 전국시대 철제품과 동일한 철제 농공구와 무기류를 비롯하여 당시 제나라와 연나라에서 화폐로 통용되던 명도전이 수백 점에서 수천 점씩 확인되고 있다.

　기원전 4~3세기 서북한 지역에서 시작된 한반도 철기문화는 청천강을 경계로 문화의 양상이 다르게 나타난다. 철기문화가 일찍 들어온 청천강 이북 지역에서는 철모와 찌르개, 철촉, 철부 등의 무기류와 괭이, 호미, 낫, 반월형철도, 철도자, 철사 등의 농공구류 등 다양한 철제품이 출토되는데, 청천강 이남은 세형동검과 정문경 등 청동기가 여전히 제작되며, 오히려 청동기 제작기술이 더욱 발전하고, 철제품은 한두 점 부가된 양상을 보인다. 동북부 지역은 두만강 가까이에 위치한 함경북도 무산이나 회령에서는 비교적 다양한 철제품이 출토되나, 남쪽에 위치한 원산만 일대의 함경남도 함흥과 함주 등에서는 세형동검을 비롯한 청동기가 주를 이루고 철기는 주조철부만 공반되어 상대적으로 빈약한 실정이다.

한강 유역의 중부 지역은 지리적으로 서북한 지역과 가깝지만, 기원전에 해당하는 철기문화는 유적 자체가 많지 않아 현재까지는 공백지대로 남아 있다. 낙동강 일대의 동남부 지역은 기원전 2세기 말부터 유적이 점차 증가하기 시작하여, 기원전 1세기 이후부터 철기문화가 크게 발전한다.

이와 같이 늦어도 기원전 3세기에 한반도에 들어온 철기문화는 기원전 1세기에 낙동강 유역의 진한과 변한을 중심으로 발전하고 있다. 그렇다면 그 중간에 해당하는 기원전 3~2세기 한반도의 중심지는 어디일까?

바로 금강과 만경강, 영산강 유역에 해당하는 서남부 지역에서 찾을 수 있다. 서남부 지역은 청동으로 만든 세형동검과 정문경 유적이 다른 지역에 비해 밀집 분포하고 있으며, 이 가운데 당시 선진문물의 대명사인 철기 유적은 만경강을 중심으로 한 전북지역에 가장 집중된 양상을 보인다.

즉, 청천강을 경계로 북쪽 지방에서는 기원전 3세기경 주조와 단조로 제작된 철제 무기류와 농공구가 출토되어 철기문화가 시작되지만, 청천강 이남에서는 청동기 제작 기술이 발전하며, 기원전 2세기경이 되면 남부 지방에도 철기 제품이 등장하고 있다. 하지만 남부 지방에서 출토된 철기 제품은 대부분 중국에서 들어온 수입품으로 아직 본격적인 철기의 생산은 이루어지지 않고 있다. 이와 같이 청동 제품의 기술력이 급발전하고, 초보적인 철기문화가 공존하는 기원전 300년에서 기원 전후한 시기를 초기철기시대(初期鐵器時代)로 명명하고 있는데, 주목할 점은 청천강 이남에서 초기철기문화의 핵심을 이루는 지역이 만경강 유역의 전북지역이라는 점이다.

Ⅲ. 전북지역의 초기철기문화

1. 초기철기시대 주요 유적

초기철기시대를 구성하는 문화요소는 널무덤과 독무덤·돌무지널무덤 등의 분묘유적과 반움집 형태의 주거지·수혈·가마와 같은 생활유적으로 구분되며, 이러한 유적에서는 중국에서 유입된 전국시대 철기제품과 국내에서 제작된 고난도 기술의 청동제품, 각종 토기와 유리 장신구 등 다양한 유물이 출토된다. 전북지역에서 처음 알려진 초기철기시대 유적은 일제강점기까지 거슬러 올라가며, 2000년 이전까지는 철기 유물의 실체가 명확하지 않아 청동 유물이 주를 이루었다.

1920년 완주 상운리 일대에서 도로공사를 하던 중 세형동검 1점이 수습되었다고 보고되었는데, 이 세형동검이 전북지역에서 가장 처음 발견된 초기철기시대 유물로 꼽을 수 있다. 이후 1960년대 들어서 익산 용제리유적과 오금산유적, 다송리유적 등 미륵산 일대를 중심으로 세형동검과 동과(銅戈), 동사(銅鉇), 청동거울 등이 확인되어 평양과 함께 익산 지역이 우리나라 세형동검문화의 중심지로 주목받게 되었다.

• 완주 상림리유적

1970년대 이후에는 익산 뿐 아니라 황방산을 중심으로 전주와 완주 일대에서도 다수의 유적이 보고되었는데, 중국식동검 26점이 확인된 완주 상림리유적이 대표적이다. 지금은 도로나 아파트 건설 등 개발이 이루어지기 전에 사업범위가 30,000㎡ 이상이면 문화재 조사가 의무화 되어 있지만, 문화재 조사가 법으로 규정된 것은 1990년대 말부터이며, 그 전에는 수많은 유적들이 흔적도 없이 사라져 버린 경우가 부지기수였다. 따라서 주민의 제보는 수백 년, 수천 년 잠들어 있던 유적을 세상에 알리는 생명줄과도 같았다. 앞에서 언급한 익산 지역의 유적도 주민의 제보로 밝혀졌으며, 상림리유적 또한 당시 나무를 심기 위해 묘목을 옮기던 주민의 신고가 있었기에 가능하였다.

중국식동검은 춘추전국시대에 중국에서 사용되었는데, 칼과 손잡이를 하나의 거푸집으로 제작하는 방식이다. 이것은 검신(劍身)과 칼자루 끝장식(劍把頭飾)을 따로 주조한 후에 나무로 만든 손잡이를 결합한 세형동검과 칼의 형태뿐 아니라

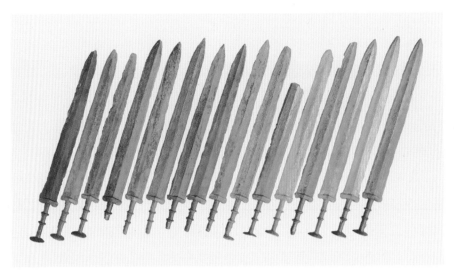
사진 2. 완주 상림리 출토 중국식동검(국립전주박물관)

제작기법에서 큰 차이를 보인다.

초기철기시대를 세형동검문화(細形銅劍文化)라고 부를 정도로 검(劍)은 당시 문화를 상징하는 주요 유물이며, 칼은 어느 시대를 막론하고 지배계급의 권력을 대변하고 있다. 『주례』의 고공기에는 신분에 따라 검의 길이와 무게에 차이를 두었다는 기록이 남아 있으며, 춘추전국시대에는 무덤에 부장할 때 신분을 상징하는 주요 유물로 알려져 있다. 또한 동일한 칼을 만들고 제작하는 집단은 동일한 문화를 공유한 것으로 간주되는데, 세형동검(細形銅劍)을 사용한 범위는 요동반도에서 한반도, 일본 구주지역까지로 이를 고조선문화권으로 설정할 수 있고, 중국식동검(中國式銅劍)은 만리장성 이남에서 주로 사용된다.

중국식동검은 춘추전국시대에 각 나라별로 각각의 특징이 반영된 독특한 동검이 제작된다. 이 가운데 상림리에서 출토된 중국식동검은 양자강 북쪽에 위치한 오(吳)나라와 남쪽에 위치한 월(越)나라에서 기원하였으며, 이후 산동지역에 위치한 제(齊)나라 동검과 가장 유사한 형태를 보인다. 중국식동검은 주민의 이주나 교류를 살펴볼 수 있는 중요한 자료로써 요동지방부터 한반도, 특히 서해와 연접한 평양 일대와 황해도 재령, 경기 파주, 충남 해미, 전남 함평, 일본 구주 지역에서 확인되고 있다.

특이한 점은 중국 본토를 포함하여 여타의 유적에서 발견된 동검의 수량은 1~2점 이내가 대부분이지만, 상림리에서는 26점이 일괄로 확인되었다는 점이다. 상림리유적이 발견되었을 때 도대체 왜 이곳에 이렇게 엄청난 양의 동검이 묻혔을까? 많은 궁금증을 가지지 않을 수 없었다. 이후 만경강 유역과 황방산 일대 유적조사가 증가하면서 이 지역이 초기철기문화의 중심지로 급부상되었고, 상림리유적이 그 시발점이 되었음이 밝혀지게 되었다.

황방산 일대에서는 상림리유적이 조사된 후에도 전주 여의동과 효자동유적 등에서 초기철기시대 유적들이 심심치 않게 보고되었다. 하지만 이때까지의 유적은 대부분 주민의 신고에 의해서 발견되거나 유물만 수습되어 당시 문화의 전체적인 양상을 살펴보기에는 학술적인 단서가 너무 부족하였다.

• 완주 갈동유적

그러다가 2003년 우리나라 초기철기문화 연구에 있어 한 획을 긋는 완주 갈동유적이 조사되었다. 전주우회도로구간에 포함된 갈동유적은 다행히 공사가 이루어지기 전에 지표조사와 시굴조사, 발굴조사 등 정식으로 문화재조사를 진행하여 유적의 전모를 파악할 수 있었다.

갈동유적이 위치한 곳은 해발 40m 정도의 완만한 구릉지역으로 오랫동안 밭으로 경작되고 있었다. 문화재 조사의 첫 번째 과정인 지표조사는 땅 위에 드러난 현상만을 눈으로 보고 관찰하기 때문에 지표에서 토기편과 같은 유물이나 유구의 흔적이 확인되면 땅 속에 유적이 있을 가능성이 큰 곳으로 추정하게 된다. 그러나 갈동유적은 지표조사에서 그릇 쪼가리 한 점 확인되지 않았다. 이럴 경우 조사자는 두 가지 경우의 수를 상정하는데, 하나는 원래 유적이 없어서 아무런 흔적이 나타나지 않거나, 혹은 땅 속에 유적이 온전한 상태로 남아 있기 때문에 파괴가 안 되어 지표상에 흔적이 나타나지 않을 가능성을 염두에 둔다. 인간이 선호하는 지리적 환경이나 생활하는 모습은 시대가 이천년 전이든 21세기이든, 사용하던 공간이 집자리이든지 무덤이든지 크게 다르지 않다. 갈동유적은 비록 지표조사에서 유물이 확인되지 않았지만 완만한 구릉의 남사면으로 접근하기가 쉽고, 또 만경강으로 합류하는 소하천이 흐르고 있어 물을 구하기가 어렵지 않다. 아마도 이러한 하천 근처 충적지에서 당시 농경이 이루어졌으리라 추측된다. 따라서 주변 지형을 고려하여 조사단에서는 후자의 가능성이 클 것으로 판단하여 발굴조사를 실시하였다.

발굴조사는 2차례에 걸쳐 진행되었는데, 1차 조사에서는 무덤 4기가 확인되었고, 그 가운데 1호에서 세형동검과 동과가 새겨진 거푸집 한 쌍이 출토되었다. 세형동검 거푸집은 발견된 사례가 손으로 꼽을 정도인데, 현재까지 평양 장천리, 용인 초부리, 전(傳) 영암 출토품만 알려져 있으며, 이마저도 모두 유물만 확인되어 정말 평양이나 용인에서 만들고 사용되었는지 확실하지 않았다. 심지어 영암에서 발견된 것으로 전해지는 거푸집은 골동품상한테 사들여 출토지조차 명확하지 않음에도 불구하고 국보로 지정될 정도로 희소한 유물 가운데 하나이다.

그런데 갈동유적에서는 피장자의 발치 쪽에서 거푸집 한 쌍을 세워서 부장한

사진 3. 완주 갈동유적 1호묘와 거푸집 출토 모습(호남문화재연구원)

모습 그대로 발굴조사를 통해 드러났다. 세형동검 거푸집을 부장한다는 것은 당시 최상품의 유물을 부장하였다는 의미로 무덤의 주인공이 수장층임을 알려주고 있으며, 무덤의 크기 또한 3m가 넘는 대형으로 일반적인 무덤의 규모를 크게 웃돌고 있다.

갈동유적에서는 이외에도 중국 전국시대 철기인 철부와 철낫이 출토되었으며, 청동으로 만든 화살촉과 흑도장경호, 점토대토기, 유리 장신구 등 다수의 유물이 확인되었다. 이렇게 중요한 유적이 조사됨으로써 유적은 현지보존이 결정되었으며, 우회도로의 노선은 동쪽으로 옮겨 새롭게 설계되었다. 새로운 노선에 대한 2차 발굴조사에서도 동일한 시기의 무덤이 추가로 확인되어 갈동유적에서는 모두 17기의 무덤군이 조사되었다. 2차 조사에서도 정문경(精文鏡)과 동모(銅鉾) 등 다양한 유물이 출토되었으나 도로개설이라는 현실적인 문제를 감안하여, 유구가 훼손되지 않도록 보존 조치를 취한 후 도로를 개설하게 되었다.

사진 4. 완주 갈동유적 유물 출토 모습과 철제품(호남문화재연구원)

갈동유적이 조사되기 전까지 국내에서 조사된 초기철기시대 유적에서는 대부분 수장층 무덤 한 기만 단독으로 확인되었으며, 이러한 무덤에서는 세형동검과 청동거울, 청동방울 등 위세품으로 볼 수 있는 다수의 유물이 출토되었다. 주변에 관련된 유적이 없기 때문에 단독으로 확인된 무덤을 하나의 소국(小國)으로 상정하고, 더 나아가 무덤 한 기를 기준으로 소국의 범위를 구분하는 근거로 삼기도 하였지만, 당시 사회의 전반적인 문화양상을 살피기에는 한계가 있었다. 하지만 갈동유적에서는 무덤이 군집으로 확인되어 구체적인 사회구조를 파악할 수 있게 되었고, 소국의 실체에 보다 다가설 수 있는 계기가 마련되었다. 또한 갈동유적에서 출토된 유물은 중국 전국시대의 철기문화와 한반도 서북한 지역, 일본 구주지역 등 당시 동북아시아의 전반적인 교류양상을 살펴볼 수 있는 중요한 자료를 제공해 주었으며, 전북지역이 초기철기문화의 중심지로 부각되는 획기가 되었다.

갈동유적 발굴조사 당시 공공기관 지방 이전 정책에 따라 한국토지공사가 전주로 올 예정이었으며, 갈동유적의 조사성과에 고무되어 토지공사 박물관을 갈동유적 박물관으로 만들 계획이었다. 그러나 토지공사는 주택공사와 합쳐지고, 전주와 진주의 우여곡절을 거쳐 진주시로 토지주택공사가 내려감으로써 갈동유적 박물관 건립도 수포가 되었다. 하지만 갈동유적은 초기철기문화 연구에 있어 하나의 이정표가 되었으며, 1호에서 출토된 세형동검과 동과 거푸집은 보물 제2033호, 2점의 정문경은 보물 제2034호로 지정되었다. 현지 보존된 유적지는 완주군 향토문화유산으로 등재되었으나, 아직 유적에 대한 정비가 이루어지지 않아 지금은 안내판만 쓸쓸히 그 자리를 지키고 있다. 하루빨리 정비 복원되어 유적의 가치가 널리 알려질 수 있기를 바래본다.

앞에서 언급한 바와 같이 서남부 지역에는 초기철기시대 유적이 밀집 분포하고 있으나, 금강과 영산강 유역에 비해 만경강 유역은 상대적으로 주목을 받지 못하였다. 그러나 갈동유적 이후 전북지역은 초기철기문화의 변방이 아닌 중심지로 부각되었으며, 전북혁신도시가 갈동유적과 바로 인접하여 조성됨으로써

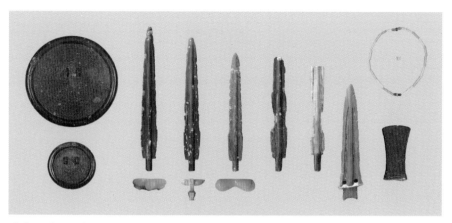

사진 5. 전주 원장동유적 1호묘 출토유물(전북문화재연구원)

또 한 번 학계의 이목이 쏠리게 되었다.

전북혁신도시 발굴조사는 전라북도에서 진행된 유적조사 가운데 가장 큰 규모의 조사로 도내 대부분 연구기관이 참여하여 수년간 발굴조사가 이루어졌다. 발굴조사를 통해 구석기시대부터 조선시대까지 우리 지역의 역사를 새롭게 쓸 정도로 다양한 유적이 확인되었는데, 역시나 가장 큰 성과로 초기철기시대 유적이 주목을 받았다.

전북혁신도시에서 조사된 초기철기시대 유적 가운데 대표적으로 전주 원장동유적과 완주 신풍유적을 들 수 있다. 전주 원장동유적은 갈동유적에서 불과 600m 정도 떨어진 지점에 위치하고 있으며, 5기의 널무덤이 군집을 이루고 있다. 구릉의 정상부에 조성된 1호에서는 전북지역 초기철기시대 무덤 가운데 가장 많은 부장품이 출토되었는데, 세형동검 5점과 검파두식 3점, 정문경 2점을 비롯하여 동과, 동부, 동사, 옥 장신구 등의 풍부한 유물이 부장되어 최고층의 위세를 보여주고 있다.

• 완주 신풍유적

국립농업과학원이 들어서 있는 완주 신풍유적에서는 현재까지 국내에서 확인

사진 6. 완주 신풍유적 전경(호남문화재연구원)

된 초기철기시대 유적 가운데 가장 대규모인 81기의 무덤군이 확인되었다. 신풍유적에서는 정문경 10점이 출토되었으며, 54호에서는 간두령 한 쌍이 출토되어 주목된다. 54호는 유적에서 가장 높은 곳에 위치한 가장 큰 규모의 무덤으로 입지와 규모, 부장품 등이 다른 무덤에 비해 월등하여 최고 지배자의 무덤임을 알려준다. 신풍유적에서는 세형동검의 부장이 줄어들고, 철기의 부장이 증가하고 있는데, 철기유물이 출토된 무덤은 대체적으로 규모가 큰 무덤으로 청동기를 대신하여 철제품이 위신재(威信材)로 새롭게 등장하였음을 보여준다.

초기철기시대에 발달된 기술력의 응집을 보여주는 청동유물은 문화권을 설정하는데 주요 기준이 된다. 세형동검과 중국식동검은 고조선문화권과 중국문화권을 구분하는 표지유물이며, 이와 함께 살펴볼 수 있는 유물이 청동거울이다.

중국의 청동거울은 뒷면 중앙에 한 개의 손잡이가 있고, 문양의 구성에 따라 별자리를 표현한 성운문경(星雲文鏡), 명문이 주 문양을 이루는 이체자명대경(異體字銘帶鏡), 용문양을 그린 훼룡문경(虺龍文鏡)이나 반리문경(蟠螭文鏡) 등으로 구분된다. 한반도에서는 거울의 뒷면에 2~3개의 꼭지가 달린 다뉴청동거울(多鈕鏡)이 청동기시대 후기부터 초기철기시대에 걸쳐 제작된다. 문양의 구성은 중국 거울과 달리 원문(圓文)과 삼각집선문(三角集線文) 같은 기하학적 문양이 표현되어 있다.

다뉴경은 새겨진 선의 폭에 따라 0.1~0.2cm 간격의 가는 선으로 표현된 정문경(精文鏡), 0.5~2.0cm 간격의 굵은 선으로 시문된 조문경(粗文鏡)으로 구분하는데, 조문경은 청동기시대 후기인 기원전 5~4세기에 주로 사용되고, 정문경은

사진 7. 청동거울-조문경 · 정문경 · 중국 한경(복천박물관)

초기철기시대인 기원전 3~2세기에 제작된다. 청동거울이 부장된 무덤은 일반 무덤에 비해 부장품의 양과 질이 우수하며, 거울은 최고층을 상징하는 위세품(威勢品)으로 제사에 사용하는 의기(儀器), 혹은 종교적 권위의 상징물로 사용되었다. 다뉴경의 분포 범위는 요동반도에서 한반도, 일본 구주지역까지 세형동검과 같은 범위를 보이고 있어 동일한 문화권으로 설정할 수 있다.

청동거울 가운데 조문경은 세형동검과 같이 돌로 된 거푸집을 사용한 것으로 보이나, 정문경은 토범(土范)을 사용한 것으로 추정되는데, 매우 가는 선을 새겨서 정문경을 만들기란 오늘날 기술로도 재현이 불가능할 정도이다. 이렇게 고도의 최첨단 기술을 필요로 하는 정문경은 그 발견 수량도 한반도와 일본 구주지역을 통틀어 70여 점 정도에 불과한데, 신풍유적에서만 10점의 정문경이 출토되었으며, 신풍유적과 인접한 갈동과 원장동 등에서도 확인되고 있어, 신풍유적 일대가 정문경 제작의 중심지로 당시 한반도의 실리콘밸리였음을 알 수 있다.

또한 신풍유적 54호에서는 간두령 한 쌍이 출토되었다. 54호는 380cm 정도의 묘광을 파고 그 안에 길이 300cm, 너비 56cm 정도의 대형 목관을 안치하였는데, 간두령은 목관의 하단부에서 토기와 철도자 등 다른 부장품과 함께 2점이 나란히 출토되었다.

세형동검 · 정문경과 함께 한반도에서는 쌍두령(雙頭鈴), 팔주령(八珠鈴), 간두령(竿頭鈴) 등의 청동방울이 제작된다. 방울은 소리를 통해 신의 소리를 전하는 상

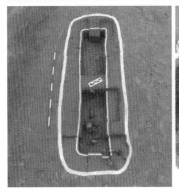

사진 8. 완주 신풍유적 54호묘와 유물 출토 모습(호남문화재연구원)

사진 9. 완주 신풍유적 간두령(호남문화재연구원)

징적인 의미를 가지고 있으며, 다뉴경과 마찬가지로 종교적 권위의 의례용 유물로 해석된다. 제사장이 막대 끝에 꽂아서 사용한 것으로 추정되는 간두령은 청천강 이남의 한반도 지역에서만 출토되고 있으며, 현재 약 11개소의 유적이 알려져 있다. 이 가운데 충청남도 논산과 예산군 덕산에서 출토된 것으로 전하는 2건은 국보로 지정되었으며, 경주 죽동리 출토유물은 보물로 지정되어 있을 정도로 우리나라를 대표하는 유물이다. 하지만 정식 발굴조사를 통해 부장양상을 알 수 있는 간두령은 완주 신풍유적이 유일하다. 따라서 신풍유적의 간두령이 가지는 학술적 가치는 매우 중요한 의미를 가진다고 볼 수 있다.

신풍유적에서 출토된 철제품은 갈동유적과 마찬가지로 전국시대 주조철부가 주를 이루며, 소형 철도자와 철사, 철착, 철촉 등이 공반되었다. 이 가운데 소형

철도자(鐵刀子)는 호신용
칼로 쓰이거나, 목간 등에
쓴 글자를 지우는 서도(書
刀)로 사용된 것으로, 문자
의 등장을 추정할 수 있
는 중요한 유물이다. 신풍
유적 보다 약 100년 정도
후대에 조성된 창원 다호

사진 10. 창원 다호리유적 붓과 철도자 복원 모습(국립중앙박물관)

리유적에서는 소형 철도자가 붓과 함께 출토되어 서도로 사용된 양상을 잘 보여
준다.

　철기 유물 가운데 철촉(鐵鏃)은 서북한 지역을 제외하고 신풍유적에서 처음으
로 출토되었는데, 화살촉은 사냥용과 무기용으로 가장 많이 제작되는 도구이다.
갈동유적에서는 청동으로 만든 화살촉이 출토되었으며, 초기철기시대까지 돌
로 만든 석촉이 일반적으로 사용된다. 이 시기 석촉의 형태는 평면 삼각형을 이

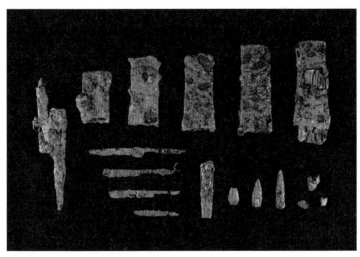

사진 11. 완주 신풍유적 철제품(호남문화재연구원)

루는데, 신풍유적에서 출토된 철촉은 재질만 돌에서 철로 바뀌었을 뿐 모양은 석촉과 동일하다. 이러한 형태의 철촉은 철기가 유입된 중국 동북지방이나 다른 유적에서는 출토된 예가 없어 신풍유적에서 자체 제작하였을 가능성이 크다. 청동유물은 합금한 금속을 주조기법으로 제작하고 있으며, 철기 역시 초기에는 주조기법으로 철제품을 생산하고 있어 청동기 제작방법과 동일하다. 따라서 아직 제철유적이 조사되지는 않았지만, 발달된 청동 제작기술을 가진 신풍유적 일원에서 철기를 제작하였을 가능성이 큰 것으로 여겨지며, 그 시작단계로 철촉을 직접 제작한 것으로 추정된다.

2. 초기철기시대 마을과 생활

초기철기시대 유적을 통해 당시의 생활모습을 살펴보면, 먼저 집자리는 반지하식의 수혈 주거지 형태를 보인다. 청동기시대 주거지가 초기철기시대에도 계속 만들어지기도 하지만, 황방산 일원에서는 새로운 주거 유형이 등장하고 있으며, 가장 대표적인 생활유적으로 전주 중동유적을 들 수 있다. 중동유적은 전북 혁신도시 발굴조사를 통해 확인되었는데, 이천 이백여 년 전의 집터에 현재 아파트가 들어서 있어 이것 또한 우리 지역에 살았던 조상들의 선견지명이 아닐까 한다. 중동유적에서는 크기가 다양한 방형의 집자리가 조성되었는데, 작은 집은 한 변의 길이가 2.5m 내외, 면적은 6.6㎡ 정도이다. 큰 집은 한 변의 길이가 6.8m에 달하고, 면적도 36.5㎡에 이르는데, 전용면적 기준으로 보면 현재 15평 정도의 주택과 동일한 규모이다. 이러한 주거지에서는 일상생활에 사용한 토기류가 주로 확인되고 있어 당시 생활모습을 복원할 수 있다.

중동유적을 비롯한 초기철기시대 집자리에서는 토기의 구연부에 점토띠를 덧대어 만든 점토대토기(粘土帶土器)가 가장 많이 사용되며, 쇠뿔 모양의 손잡이가 달린 항아리, 뚜껑 등이 주요 기종을 이룬다. 점토대토기는 높이가 10cm 정도의 소형 바리부터 50cm에 이르는 대형 옹형토기까지 제작되어 식기용, 취사용,

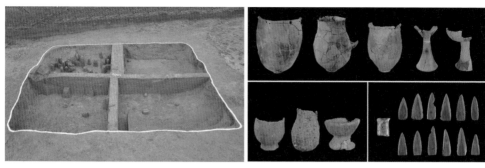

사진 12. 전주 중동유적 주거지와 출토유물(호남문화재연구원)

저장용 등 다양한 용도로 사용되었다. 또한 일상생활용 토기뿐 아니라 제사에 사용된 두형토기(豆形土器), 토기나 각종 생활용 도구를 실물보다 작게 만들어 제사에 공헌한 것으로 보이는 소형토기와 토제품 등도 확인된다. 초기철기시대 토기는 개방된 노천가마에서 소성하여 색깔은 황갈색이나 적갈색을 보이며, 테쌓기나 띠쌓기로 기형을 만들고 표면에 별다른 문양이 없어 청동기시대 무문토기의 제작 기법이 그대로 이어진다.

이외에 중동유적에서는 기와가 출토되어 주목된다. 중국에서는 주나라 때부터 기와가 사용되었으며, 전국시대에 크게 발전한 것으로 알려져 있다. 우리나라에서는 기원전 108년 한사군 설치 이후 낙랑군 지역인 평양 일대에서 출토되기 시작하였으며, 그 이후로도 기와의 사용은 일반적이지 않고, 삼국시대 도성과 같은 중요한 건물에서만 확인되고 있다. 따라서 중동유적에서 출토된 기와는 현재까지 우리나라에서 발

사진 13. 전주 중동유적 기와(호남문화재연구원)

견된 기와 가운데 가장 빠른 것으로 볼 수 있다. 중동유적에서 출토된 기와는 모두 암키와이며, 두께는 1.5cm 내외로 얇은 편이다. 측면에는 와도흔이 뚜렷하게 남아 있으며, 색상이나 태토는 주거지에서 출토된 토기와 동일하다. 발견된 수량이 적고 수키와나 막새기와 등 다른 와제품들이 확인되지 않아 중동유적에서 기와집을 건축했다고 보기는 어렵지만, 초기철기시대 전북지역에 선진문물이 유입된 양상과 이 지역의 중요성을 다시 한 번 보여주고 있다.

집자리 주변에서는 구와 수혈로 불리는 유구들이 다수 확인되는데, 구(溝)는 수로의 기능을 하였으며, 수혈(竪穴)은 곡물을 보관한 저장시설로 사용된 경우가 많다. 벼농사는 청동기시대부터 본격적으로 이루어지고 있으며, 전북지역에서도 관련 유적들이 확인되고 있다. 문헌에 의하면 삼한에서는 쌀·보리·조·콩·기장의 오곡을 재배했다고 기록되어 있으며, 실제 발굴조사를 통해 쌀·보리·밀·조·기장·콩·팥과 씨앗 등이 확인되어 다양한 작물이 경작되었음을 보여준다. 이때 사용한 농기구는 대부분 철기와 목기로 제작하였으며, 괭이와 따비, 낫과 같은 철제 농기구의 사용으로 농업 생산량이 더욱 증가하였을 것으로 보인다. 광주 신창동유적에서는 초기철기시대 저습지(低濕地)에서 각종 유기물질이 확인되었는데, 이 가운데 괭이, 절구공이, 낫자루, 자귀 자루 등 목제 농기구가 다수 확인되어 농경이 보편화되었음을 알 수 있다.

초기철기시대 유적과 관련하여 전북지역에서는 금속유물을 직접 제작한 양상도 여러 곳에서 확인된다. 앞에서 살펴본 완주 갈동유적의 세형동검과 동과 거푸집은 주조 후에 바로 매납하여 거푸집의 주입구에 탄착흔이 그대로 남아 있으며, 거푸집 가운데 한 점에는 세형동검만 새겨져 있으나, 다른 한 점에는 동과(銅戈)와 세형동검(細形銅劍)이 앞뒤로 새겨져 있어 동과를 제작하기 위해 거푸집을 사용하다가, 동과 거푸집 한 점이 파손되자 다른 뒷면에 동검을 새겨 재사용하였음을 알 수 있다. 갈동유적과 인접한 덕동유물산포지에서는 동착 거푸집편이 지표조사 과정에서 수습된 바 있다.

| 앞면 | 뒷면 | 탕구와 맞춤선 |

사진 14. 완주 갈동유적 세형동검과 동과 거푸집(국립전주박물관)

또한 전북혁신도시 발굴조사를 통해 전주 안심유적에서 송풍관이 출토되었으며, 송풍관은 전주 마전유적에서도 확인된 바 있다. 금속을 제작하기 위해서는 원료인 광물을 채광한 후에 불순물을 분리하여 청동이나 철과 같은 금속 용액을 추출해 내는데, 불순물을 분리하기 위해서는 1,000도 이상의 고온에서 일

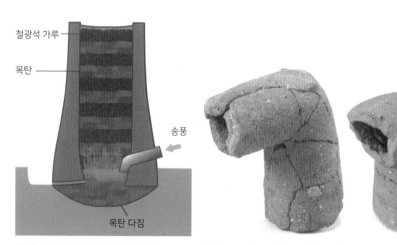

사진 15. 제련로와 송풍관 복원도
(국립중앙박물관)

사진 16. 전주 안심 · 마전유적 송풍관(국립청주박물관)

정시간 광물을 녹여야 한다. 이 과정에서 숯이 고온을 유지하도록 바람을 넣어주는 송풍관이 매우 중요한 역할을 하게 되며, 이러한 송풍관이 발견되는 것은 금속을 제작한 직접적인 근거가 되는 것이다.

안심유적과 마전유적에서 출토된 송풍관은 국내에서 발견된 송풍관 가운데 가장 이른 시기의 것으로 학술적 가치가 우수하며, 송풍관의 크기로 봤을 때 구경이 작기 때문에 청동기 제작에 사용된 것으로 추정된다. 또한 송풍관 외면에 말 머리 장식이 표현되어 있는데, 이러한 송풍관은 중국 요서지방과 일본 구주지방에서도 확인되고 있어, 지역 간의 교류양상을 살펴볼 수 있는 중요한 자료이다.

3. 초기철기시대 무덤과 사회 구조

2020년대를 살고 있는 지금 우리와 초기철기시대 사람들의 공통점이 있을까? 당연히 입는 옷도, 사용하는 도구도, 사는 집의 모습도 전혀 다르지만, 딱 한 가지! 바로 무덤의 형태는 크게 다르지 않다. 초기철기시대를 대표하는 무덤 형태는 목관을 사용한 널무덤(土壙木棺墓)이다. 지금도 시신을 운구하는데 목관을 사용하고 있으며, 이러한 목관은 초기철기시대부터 본격적으로 등장한다.

초기철기시대 널무덤은 구릉의 남사면과 서사면에 주로 분포하며, 장축은 지형을 따라 사면방향과 나란하게 조성된다. 초기철기시대 이후에는 무덤의 장축이 등고선과 나란한 방향으로 조성되다가, 다시 경사면 방향으로 바뀌고 있어 무덤의 장축방향은 시대를 구분하는 특징으로 꼽을 수 있다. 묘광의 규모와 형태는 오늘날 무덤과 비슷하며, 길이 2m 내외의 무덤이 가장 많이 만들어진다. 묘광 안에 사용한 관은 오랜 시간이 지나면서 부식되어 실물로 남아 있는 경우는 거의 없다. 따라서 조사하는 과정에서 토층의 양상을 파악하여 관의 유무와 형태를 추정하고 있는데, 판재로 조립한 판재관과 통나무배와 같이 안쪽을 파내어 만든 통나무관이 주로 사용되었다. 이외에 널무덤에 비해 선호도는 높지 않지만 목관 없이 바로 시신을 매장한 움무덤(土壙直葬墓), 관 주변이나 관 상부에 돌을 두른 돌무지널무덤(積石木棺墓), 일상용기인 항아리 등을 이용하여 어린아이의 무덤으로 사용되는 독무덤(甕棺墓)이 조성된다.

　무덤 내부에서는 이전의 청동기시대와는 비교가 안 될 정도로 다량의 유물이 부장되고 있어 한 단계 발전하고 계층화된 사회모습을 보여준다. 유물을 부장한 양상은 재질이나 기종에 따라 매우 다양한데, 세형동검과 정문경·간두령과 같은 위세품은 대부분 관 내부에 부장한다. 동검이나 거울은 시신에 착장한 경우도 있지만, 출토된 위치가 다양하기 때문에 유물을 별도로 시신 가까이에 부장한 것으로 보인다. 토기류와 청동 공구류, 철제 공구류는 묘광의 하단부에 주로 부장하고 있으며, 철낫과 철도끼 등은 무덤의 상부나 봉토 내에 매납하기도 한다. 신풍유적 54호에서 출토된 철도끼는 도끼날의 크기와 묘광에 남아 있는 굴광흔이 정확히 일치하고 있어, 묘광을 파낸 후 사용한 도끼를 무덤 안에 매납한 모습을 생생히 보여주고 있다.

　무덤은 그 시대에 따라 묘의 형식과 부장된 유물도 특징적이지만, 당시의 사회구조와 문화양상을 가장 잘 보여주는 고고학 자료이기도 하다. 주거지와 달리 엄선한 유물을 부장하고 있어 발달된 기술과 교류 양상 등을 살펴볼 수 있고, 여러 계층의 위계와 사회상을 보여준다.

　농경을 바탕으로 지석묘문화를 이루던 청동기시대와 달리 초기철기시대에는 급격한 사회 변화가 나타난다. 청동기시대 지석묘는 수십 명, 수백 명의 사람이 동원되기 때문에 지석묘를 족장의 무덤으로 해석하고 있지만, 한 유적에서 수십 기, 많게는 백여 기 이상의 지석묘가 군집을 이루고 있는 경우에 모두 족장의 무덤으로 보기는 어렵다. 또한 지석묘가 축조되던 청동기시대에는 부장유물이 거의 없고, 개별 무덤의 차이도 뚜렷하지 않다. 지석묘에 부장된 유물은 마제석검과 석촉, 붉은간토기 정도이며, 이마저도 유물을 부장한 무덤은 매우 드물다. 하지만 초기철기시대에는 무덤군의 규모, 개별 무덤의 규모와 입지, 부장품의 유무와 재질, 수량 등에 따라 계층의 분화양상을 살펴볼 수 있으며, 이를 통해 다

변화된 사회상을 상정할 수 있고, 이러한 증거들이 바로 소국(小國)의 성립을 추정하는 단서가 된다.

초기철기시대 초반에는 크기가 작은 소형 무덤들이 주로 조성되고, 동일 유적의 무덤은 비슷한 규모를 보이고 있다. 그런데 초기철기시대 후기로 가면서 소형 무덤 뿐 아니라 대형 무덤이 증가하고 있어 무덤의 규모가 다양해진다. 대형의 무덤에는 청동이나 철기 유물의 부장이 훨씬 많아진다. 특히 철기가 출현한 이후부터 대형의 무덤이 더욱 활발하게 제작되어 계층분화가 가속화된다. 철의 소유가 곧 권력의 상징이 된 것이다.

부장품을 통해서도 계층사회의 양상을 살펴 볼 수 있는데, 부장품이 없는 무덤부터, 토기 한두 점만 부장된 무덤, 청동이나 철기가 소량 부장된 무덤, 청동기·철기·토기 등이 다수 부장된 무덤 등으로 피라미드 모양의 계층 구분이 가능하다. 피라미드의 최상층에 해당하는 무덤은 상대적으로 규모도 크고, 다수의 유물이 부장되며, 유적 내에서 가장 높은 곳에 조성되고 있어, 유적을 대표하는 수장층의 무덤으로 볼 수 있다. 사회 계층의 분화 속에서 이러한 최고층의 등장은 소국의 형성을 입증하는 것이며, 바로 마한(馬韓)의 시작점이라고 볼 수 있다.

4. 초기철기시대 의례

농경사회에서는 의례가 매우 중요한 역할을 하며, 청동기시대 이래 우리나라의 세시풍속으로 지금까지도 이어져 오고 있다. 『삼국지』 동이전 한조에는 마한에서는 씨뿌리기를 마친 5월과 추수가 끝난 10월에 제사를 지내는데, 밤낮을 가리지 않고 무리지어 음주가무를 즐긴다고 하고 있어 농경과 관련한 의례가 빈번히 이루어졌음을 알 수 있다.

또한 마한 소국은 크기에 따라서 규모가 큰 국가에는 신지(臣智), 그 다음은 읍차(邑借)라는 우두머리가 있었으며, 귀신을 섬겨 국읍마다 천군(天君)이라 불리는 1인을 세워 천신에게 제사를 드리도록 하였다고 전하는데, 이를 통해 소국에는 정치적 우두머리인 신지나 읍차가 있고, 제사를 주관하는 천군이 있어 제사와 정치가 분리된 사회였음을 알 수 있다. 농경사회인 마한에서 풍요를 기원하여 하늘에 제사를 드리는 것은 매우 중요한 의례 및 행사였을 것이며, 청동기시대 후기부터 청동거울과 팔주령·쌍두령·간두령 등 의례용 청동기가 농경이 가장 발달한 호서·호남지역을 중심으로 다수 확인되고 있는 점은 이를 방증하고 있다. 또한 여러 소국에는 소도(蘇塗)라는 별읍(別邑)이 있어 큰 나무를 세우고 북과 방울을 매달아 두고 귀신을 섬기었으며, 소도는 신성한 지역으로 도적이 도망하여 들어가도 붙잡지 못하였다고 한다. 즉, 소도는 제사를 지내는 대상, 또는 제사를 주관하는 종교적인 신성한 공간을 의미하는 것으로 볼 수 있다.

사진 17. 제사장 모습 복원
(국립전주박물관)

점토대토기를 사용하던 취락의 두드러진 특징 가운데 하나는 환호(環壕)가 조성된 점이며, 이는 의례의 공간으로 보고 있다. 아직 전북지역에서는 환호가 확인되지 않았으나 완주 갈동유적과 전북혁신도시 일대에서 의례와 관련한 여러 양상이 나타난다. 갈동유적에서는 구릉의 정상부에서 길이 13m에 달하는 장타원형의 구상유구가 확인되었으며, 점토대토기와 호형토기를 비롯하여 제사용기로 사용되는 두형토기와 소형토기·토제품 등이 출토되었고, 목탄과 불에 탄 흔적이 확인되어 제사와 관련한 의례가 행해진 것으로 보인다. 이외에 황방산 일대 유적에서도 두형토기와 토제품 등이 다수 확인되었는데, 토제품은 공헌용 상징물로 특수 제작하여 주술이나 장식적인 효과를 내는 것으로 알려져 있어 의례 등 당시 사회를 이해하는데 중요한 역할을 하고 있다.

사진 18. 토제품(전주문화유산연구원)

　의례는 특징적인 유구나 행위뿐 아니라 주거지나 무덤, 금속유물 제작 등 일상생활 곳곳에서 행해졌을 것으로 추정된다. 무덤에 부장된 유물 가운데 청동기나 토기를 의도적으로 깨뜨려 편으로 흩뿌린 양상도 여러 곳에서 확인되어, 장례와 관련된 의례행위의 단면을 보여주고 있다. 또한 초기철기시대 무덤에는 유난히 흑도장경호(黑陶長頸壺)로 불리는 검은마연토기가 많이 부장된다. 흑도장경호는 다른 토기와 달리 제작방법이 복잡한데, 일반적인 토기는 주변에서 구한 흙을 별다른 처리과정 없이 태토로 사용하지만, 흑도장경호는 고운 점토를 태토로 사용하고, 흑연 등의 광물질을 발라 표면을 마연하여 광택을 내는 과정을 거치고 있어 부장용으로 주로 사용된다.

사진 19. 완주 신풍유적 흑도장경호(호남문화재연구원)

　상림리유적에서 중국식 동검 26자루가 일괄로 매납된 것 역시 제사나 공헌용의 의례유적으로 볼 수 있다. 상림리유적의 시기는 대체로 기원전 3세기경으로 보고 있는데, 이때 중국에서는 이미 철검을 사용하기 때문에 청동으로 만든 동검은 실용기가 아닌 상징적인 의미가 크다고 볼 수 있으며, 또한 26점을 가지런히 묶어서 매납한 것은 청동기 제작 집단에 의한 제의행위와 연관된 것으로 해석된다.

IV. 전북지역 초기철기문화의 전개와 특징

1. 장수 남양리유적의 중요성

전북지역 초기철기시대 유적은 대부분 만경강 유역의 서부 지역에서 확인되었으나, 장수 남양리유적은 유일하게 전라북도 동부 산간지역에 위치하고 있어 그 의미가 매우 크다. 장수 남양리유적은 금강 상류 충적지에 위치한 유적으로 2차례 조사를 통해 초기철기시대 무덤이 확인되었는데, 조사된 무덤의 수량은 5기에 불과하지만 역사적·학술적 중요성은 여느 유적에 못지않다.

장수군은 동부 산간지역에 위치해 있어 남양리유적이 발견되기 전까지 고고학

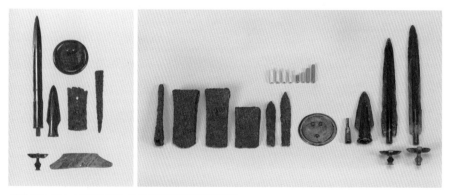

사진 20. 장수 남양리유적 출토유물(국립전주박물관)

유적에 대해 알려진 바가 전무하였으며, 1979년 삼봉리 지석묘가 학계에 보고된 정도에 불과하였다. 그러다가 1989년 주민의 제보로 초기철기시대 유물이 일괄로 신고되어 남양리유적이 세상에 알려지게 되었다. 신고된 유물의 중요성을 직감한 국립중앙박물관에서는 바로 조사팀을 꾸려 주말임에도 불구하고 현장에 내려와 수습조사를 진행하였으나 아쉽게도 무덤은 이미 파괴된 상태였다. 비록 수습조사이고, 정확한 무덤의 구조는 확인하지 못하였으나 장수지역을 알린 최초의 유적이 남양리유적이며, 수십 년이 지난 지금까지도 장수지역 뿐만 아니라 초기철기문화를 연구하는데 가장 주목받는 유적 가운데 하나로 손꼽히고 있다.

이후 군산대학교 박물관에서는 장수지역의 중요성을 인지하고, 어려운 여건 속에서도 삼고리 고분군에 대한 발굴조사를 실시하여, 오늘날 장수 가야의 실체를 밝히는 중추적 역할을 하였다. 그러던 중 삼고리 고분군과 인접하고 있는 남양리유적에 대한 관심을 소홀히 하지 않고 지속적으로 주의를 기울였으며, 남양리유적 일대에 경지정리 사업이 진행된다는 계획을 접하게 되었다. 당시에는 공사 전에 지표조사가 의무화되지 않았기 때문에, 초미의 관심이었던 남양리유적에 대하여 예의주시한 결과 다행히 경지정리 사업 전에 발굴조사를 진행할 수 있게 되었다. 2차 조사는 1997년 전북대학교 박물관에 의해 이루어졌으며, 돌무지널무덤(積石木棺墓) 4기가 확인되어 1989년에 신고된 무덤 역시 동일한 유형의 무덤으로 유추할 수 있게 되었다.

돌무지널무덤은 묘광에 나무널을

사진 21. 장수 남양리유적 돌무지널무덤
(전북대학교박물관)

안치하고 묘광과 널 사이를 냇돌로 채운 구조로 초기철기시대 금강과 영산강 유역에서 주로 확인된다. 이른 시기에 조성된 돌무지널무덤은 길이 300cm, 깊이 200cm 정도로 규모가 큰 편이나, 남양리유적은 초기철기시대 후기에 속하는 것으로 무덤의 규모는 200~240cm 내외이며, 남아 있는 깊이는 60cm 정도로 축소되었다.

출토된 유물을 살펴보면, 토기는 초기철기시대의 대표 기종인 점토대토기와 흑도장경호가 각각 1점씩 출토되었다. 점토대토기는 점토대의 단면이 원형에서 삼각형으로, 구연부 내면이 내경에서 외반으로 변화하는데, 남양리 출토품은 원형에서 삼각형의 중간단계 형태를 보이고 있다. 점토대토기의 동체 상부에는 세로방향의 뉴(鈕)가 부착되어 있는데, 이러한 뉴는 보령 교성리와 아산 남성리, 완주 갈동유적 등 중서부 지역 유적에서 다수 확인되며, 영남 지역에서는 그 예가 드문 편이다.

흑도장경호는 앞에서 언급한 바와 같이 주로 무덤에서 출토되는 기종이다. 흑도장경호의 계보는 다른 초기철기시대 문화요소와 함께 중국 동북지방에 위치한 요령성 심양 정가와자유적에서 찾아볼 수 있다. 전형적인 흑도장경호는 경부가 길고 동체가 구형을 이루며 표면을 마연하고 있는데, 남양리에서는 비교적 소형으로 경부가 짧고 마연이 이루어지지 않아 토착집단이 사용하던 무문토기의 전통이 흑도장경호와 결합된 것으로 볼 수 있다.

청동유물로는 세형동검과 검파두식 3세트, 동모 3점, 정문경 2점, 동착이 출토되었다. 세형동검 가운데 3호 출토품 하단에는 새발무늬가 양각되어 있는데, 이 시기 다른 청동제품에는 사람 손모양이나 사슴 등의 문양을 새겨 넣고 있어 청동유물이 가지는 상징성의 단면을 살펴볼 수 있다. 또한 고대사회에서 정치적 권위를 상징하는 대표적인 유물로 검(劍)·경(鏡)·옥(玉) 즉, 청동칼과 청동거울·구슬 장신구를 들 수 있는데, 이러한 유물조합의 전통은 남양리유적을 비롯한 전북지역에서 다수 확인되며, 중서부 지역과 일본 구주지방에서도 발견되고 있어 문화적인 연관성을 보여주고 있다.

철기 유물은 철부 4점과 철착 2점, 철사 4점 등이 확인되어 유적의 규모와 출토된 유물에 비추어 볼 때, 남양리유적은 철기의 부장율이 매우 높은 편이다. 철착과 철사는 청동으로 제작한 동착과 동사에서 재질이 철로 바뀐 것으로, 착(鑿)은 나무를 가공하는 도구이며, 사(鉈)는 조각칼과 같은 용도로 사용되었다. 출토된 유물 가운데 철제 공구류의 비율이 높은 점은 남양리 집단의 발달된 제작 기술을 가늠해 볼 수 있는 중요한 단서이다.

이외에 남양리유적에서는 이질적인 형태를 보이는 사다리꼴 모양의 제형석도(梯形石刀)가 출토되었다. 석도는 벼를 수확할 때 사용하는 수확구로 당시에는 일반적으로 삼각형석도가 사용되었으며, 중국 동북지방이나 서북한 지역에서는 철제 반월형석도가 소량 제작되었다. 제형석도는 중국 요령지방의 무순 연화보 유적과 압록강 하류의 영변 세죽리유적에서 보이고, 남한에서는 현재까지 남양리가 유일하다. 따라서 무순과 영변 일대의 철기문화와 함께 제형의 석도가 유입된 것으로 해석된다.

남양리유적의 중요성은 그 지정학적 위치에서도 찾아볼 수 있다. 중국 전국시대 철기문화는 한반도 서북한 지역으로 유입되며, 서북한 지역에 들어온 철기문화는 다시 남양리유적을 포함한 전북지역으로 파급된다. 전북지역은 철기 외에도 원통형토기나 칠기, 청동화살촉, 제형석도 등 서북한 지역과의 연관 양상을 여러 유물에서 찾아볼 수 있어, 해로를 통해 지속적인 교류가 있었던 것으로 여겨진다. 물론 전북지역의 교류루트는 서북한 지역을 통한 단선 루트가 아니라 중국 요서지방과 요동지방, 산동반도 등 당시 급변하는 정세 속에서 다양한 루트를 통해 선진문물의 유입과 교류가 이루어졌음은 앞에서 살펴본 바와 같다.

전북지역의 관문인 만경강으로 유입된 철기문화는 만경강 수로를 통해 황방산 일대의 내륙지방으로 이어져 완주 갈동유적과 신풍유적이 조성된다. 또 만경강을 거슬러 올라가 강의 상류에서 진안 방곡제를 넘으면 바로 장수 남양리에 이르게 되고, 이 내륙교통로를 따라 동쪽으로 육십령을 넘으면 경상도로 연결된다. 영남지역에서 가장 이른 시기의 초기철기시대 유적으로는 김천 문당동과 성주 장학리, 칠곡 심천리, 대구 팔달동유적 등을 들 수 있으며, 이는 모두 영남의 내륙지역에 위치해 있고, 그 중간 지점에 남양리유적이 자리하고 있다.

남양리는 이와 같이 동서방향의 교통로뿐만 아니라 북쪽으로는 금강을 따라 중부지역으로 연결되며, 남쪽으로는 금강의 발원지인 수분치를 지나 섬진강으로 이어진다. 따라서 동부내륙 산간에 위치한 장수 남양리유적은 동서방향과 남북방향의 교통로상에 자리하고 있음을 알 수 있다.

이러한 양상은 남양리유적에서 출토된 유물을 통해서도 알 수 있는데, 무문토기의 전통을 가진 흑도장경호와 점토대토기는 전라북도 서부지역에서 주로 보이는 것과 유사하고, 세형동검 역시 신풍유적 출토품과 비슷한 형식을 보인다. 동모는 부여와 함평 초포리, 완주 갈동유적과도 유사하지만, 상주와 대구 팔달동·경주 입실리 출토품과도 비교가 가능하다. 정문경은 문양의 형식으로 볼 때, 전북 서부지역보다 약간 늦은 단계의 특징을 보이고 있어, 서부지역 정문경 제작기술의 영향을 받았음을 알 수 있다.

한반도에서 확인된 초기철기시대 유적 가운데 가장 밀집된 양상을 보이는 곳은 서남부 지역이다. 서남부 지역의 초기철기문화는 내륙을 거쳐 영남지방 초기철기문화 형성에 영향을 준 것으로 볼 수 있는데, 그 중심에 위치한 유적이 바로 장수 남양리유적인 것이다. 남양리유적의 형성배경에는 발달된 교통로 뿐 아니라 최근 밝혀진 장수 일대 제철유적에서도 찾아볼 수 있다. 본격적인 발굴조사가 이루어지지 않아 유적의 시기는 확실하지 않지만, 장수지역에는 다수의 제철유적이 보고되었으며, 이는 전북 서부지역의 초기철기시대 세력이 굳이 동부 산간지대까지 들어가서 남양리유적을 조성한 것과 결코 무관하지 않을 것이다.

2. 고고학 자료로 본 초기철기문화의 전개

전라북도를 중심으로 발달된 초기철기문화는 기원전 2세기에 전성기를 이루다가 기원전 1세기경이 되면 유적의 규모와 수량이 감소하고, 청동유물은 동일한 기종의 철기로 대체되면서 점차 소멸된다. 또한 청동기와 철기 등 다량의 부장품을 부장한 수장층의 무덤도 확연히 줄어들어 만경강 유역의 정치 집단이 와해되거나 중심세력이 이동한 것으로 해석된다.

유물에서도 여러 변화가 나타나면서 초기철기문화가 소멸하는 양상을 보여준다. 점토대토기는 구연부가 삼각형을 이루다가, 나중에는 외반하는 구연부 형태로 바뀌면서 점토대가 사라진다. 흑도장경호와 두형토기 역시 수량이 줄어들고, 쇠뿔 모양의 손잡이는 일자형 손잡이로 간단해지며, 시루와 단지 모양 등 새로운 기종과 기형이 제작된다. 철기는 종류가 다양해지면서 단조로 제작된 소형의 철낫과 철부, 철검 등이 등장하고 있다. 초기철기문화의 대표유물인 세형동검은 날 부분이 좁아지고 수량도 감소하며, 철검으로 대체된다. 정문경은 일순간 제작이 단절되고, 중국 한나라 청동거울로 대체된다. 이러한 변화는 한사군의 설치와도 연관되어, 한반도에 기존의 고조선 문화의 전통이 사라지고, 한나라의 영향력이 증가하는 것과 맥락을 같이한다.

여하튼 기원전 2세기를 중심으로 발달된 전북지역 초기철기문화는 중국 요서와 요동, 산동반도, 북한의 압록강 유역과 평양 일대, 일본 구주 지역과의 교류를 통해 다변화된 국제정세 속에 전북지역이 한반도를 대표하는 중심기지 역할을 하였음을 알 수 있다. 이러한 전북지역의 문화요소는 가깝게는 광주 신창동과 나주 구기촌유적을 비롯하여, 창원 다호리와 경주 죽동리유적 등에 영향을 미치고 있으며, 앞에서 살펴본 남양리유적이 주요 길목 역할을 하고 있다.

초기철기시대 극강의 기술력을 상징하는 정문경은 청천강 이남부터 일본 구주지역 일대에 분포하고 있으며, 크기나 시문된 문양의 패턴이 거의 유사하고 정문경을 사용한 시기가 비슷하여, 만든 지역이나 직접 제작한 장인 역시 극히 소수에 국한되었을 것으로 보인다. 특히 완주 갈동유적과 신풍유적 일대에서 출토된 정문경은 문양과 크기가 더욱 정형화된 모습을 보이고 있다. 완주 신풍유적에서 출토된 정문경과 유사한 청동거울은 강원도 횡성, 황해도 봉산 등에서도 확인되며, 갈동유적 출토품은 일본 구주지역 정문경과 유사하여, 전북지역에서 제작되어 유통되었을 것으로 추정된다. 간두령 역시 그 희소성으로 인해 직접적인 교류 양상을 가장 잘 보여주는 유물이라고 볼 수 있는데, 신풍유적에서 출토된 간두령은 형태와 문양에 있어 경주 죽동리 간두령과 유사하여, 완주 신풍유적에서 경상도 지역으로 파급된 것으로 해석된다.

이외에 신풍유적에서 출토된 소형의 호는 창원 다호리유적 등 영남지방 주머니호의 시원형으로 볼 수 있으며, 원통형토기 역시 광주 신창동과 다호리유적에서 유사한 형태가 제작되고 있다. 또한 전남지방을 대표하는 나주 구기촌유적에서 출토된 흑도장경호는 신풍유적 흑도장경호와 매우 유사한 모습을 보인다. 완주 신풍유적에서는 다수의 무덤에서 여러 형태의 흑도장경호가 출토되었으며, 이 가운데 동체부가 옆으로 넓은 편구형을 띠고, 경부가 내경하는 신풍유적의 특징적인 기형이 제작되는데, 나주 구기촌에서도 이러한 흑도장경호가 확인된다.

이와 같이 전북지역에서 발달한 초기철기 문화요소는 여러 지역으로 파급되는 양상이 확인된다. 그러나 기원전 1세기경이 되면 전북지역의 유적은 현저히 감소하면서, 초기철기문화가 소멸되는데 그 배경과 이후 유적의 양상은 아직 확실하게 밝혀지지 않았다. 영남지방은 기원전 2세기 이후부터 유적이 점차 증가해 기원전 1세기를 거쳐 별다른 공백 없이 변한과 진한의 문화가 신라와 가야로 이어지고 있는 반면, 전북지역을 포함한 중서부 지역은 기원을 전후한 시기의 공백이 아직 해결되지 않고 있다는 점은 앞으로 풀어야할 과제이다.

3. 문헌과 설화로 본 초기철기문화

기록으로 남아 있는 문헌은 과거 역사를 복원하기에 가장 좋은 자료이다. 그러나 문헌자료는 승자의 기록이며, 중앙집권세력을 중심으로 서술하고 있어 지방의 모습과 전체적인 시대상황을 살펴보기에는 턱없이 부족하다. 더욱이 고대사회에 대해서는 사료 자체가 많지 않아 대부분의 역사는 고고학 조사를 통해 실체가 연구되고 있다. 고고학 조사를 통해 천 년 넘게 땅 속에 묻혀 있었던 전북의 가야가 드러나고, 초기철기문화도 새롭게 밝혀지고 있다. 전북지역은 국내 최대의 초기철기유적 밀집지역으로 그 중심 시기는 기원전 2세기이다. 이 시기를 문헌으로 검토해 봤을 때 준왕의 남래 시기와 일치하고 있으며, 준왕이 내려온 지역은 당시 유적이 가장 많은 전북지역이 가장 유력하다.

중국 역사책인 『삼국지』와 『후한서』에는 준왕의 남래와 관련된 기록을 찾아볼 수 있다. 『후한서』 동이열전 한조에는 과거에 조선왕 준(準)이 위만(衛滿)에게 패하여 자신의 남은 무리 수천 명을 거느리고 바다로 달아나 마한(馬韓)을 공격해서 깨뜨리고 스스로 한왕(韓王)이 되었다. 준의 후손이 멸망하자 마한사람이 자립하여 진왕(辰王)이 되었다고 하였으며, 『삼국지』 한조에는 조선의 준(準)이 분수에 넘치게 왕이라고 일컫다가 연나라에서 도망해 온 위만(衛滿)에게 공격을 받아 나라를 빼앗겼다. 이에 그 측근 신하와 궁인들을 거느리고 바다로 달아나 한지(韓地)에 살면서 스스로 한왕(韓王)이라 일컬었다. 그 후손이 망해 없어졌으나 지금도 한인 가운데에는 아직 그 제사를 받드는 사람이 있다고 기록되어 있다.

준왕이 남래한 곳을 『삼국지』에는 한지라고 표현하고, 『후한서』에는 마한이라고 되어 있으며, 준왕의 남래 규모에 대하여 『삼국지』에는 측근 신하와 궁인, 『후한서』에는 수천의 무리로 적혀 있어 차이가 있지만, 두 기록 모두 고조선의 준왕이 위만에게 쫓겨나 해로를 통해 마한(馬韓), 또는 한(韓)의 지역으로 내려온 상황을 알려주고 있다.

준왕의 남래 시기인 기원전 2세기경, 전북지역은 최고의 기술력과 대규모 유적, 철기·기와와 같은 선진문물의 유입 등 당시 문화의 중심을 이루고 있었으며, 바닷길을 통해 왔다는 기록 역시 서해를 통해 만경강 수로와 연결되는 점을 통해 입증된다. 또한 전북지역에는 기원전 1세기 이후 유적이 거의 없어 후손이 절멸했다는 기록과도 일치하고 있다.

이렇게 고고학 자료는 부족한 문헌 기록을 보완하면서 과거 역사를 복원하고 있지만, 전북지역 초기철기문화의 소멸양상은 고고학 자료마저 빈약하여 아직

사진 22. 준왕이 상륙한 나리포

풀지 못한 숙제로 남아 있다. 문헌이나 고고학 자료도 없는 과거 역사에 대하여, 우리가 같이 검토해야 할 부분은 바로 설화이다.

　먼저, 전북지역에는 준왕과 관련한 설화가 여러 곳에서 확인되고 있다. 군산의 북동쪽 끝자락에 위치한 원나포는 지금은 바닷가 시골 마을이지만, 한때는 수십 척의 배들이 드나들었던 큰 포구로, 예전에는 나리포 혹은 나시포로 불리었으며, 준왕이 처음 상륙한 곳으로 전하고 있다. 나리포에 있는 공주산(公主山)은 고조선을 위만에게 빼앗기고 남으로 내려온 준왕의 공주가 머물렀던 곳으로 알려져 있으며, 공주산의 건넛마을에는 준왕이 왔다고 하여 어래산(御來山)이라는 지명이 전하고 있다.

　『삼국지』나 『후한서』의 기록에도 나와 있듯이 준왕 세력은 후손이 절멸되었으며, 고고학 자료를 통해서도 기원전 1세기 이후 유적은 거의 확인되지 않고 있다. 그런데 준왕의 후손과 관련한 기원전 1세기의 이야기가 지리산 자락인 남원 달궁에서 유일하게 확인된다.

　서산대사가 지은 『청허집』 지리산 황령암기에는 한(漢)나라 소제(昭帝)가 즉위한 지 3년, 마한의 효왕(孝王)이 진한과 변한의 난을 피하여 이곳으로 들어와 도성을 쌓을 때에 황(黃)·정(鄭) 두 장수가 그 축성을 감독하였기에 좌우 봉우리 이름을 황령과 정령으로 불렀으며, 그 도성을 72년간 보전하였다고 전한다. 마한왕이 도성을 쌓은 곳이 바로 달궁(達宮)이며, 그 곳에서 기원전 84년부터 72년간 나라를 다스렸다는 이야기이다.

달궁 계곡에는 정령치와 황령재 외에도 마한 왕의 도성을 방어하기 위해 8명의 장수를 배치하여 팔랑재를 지키게 하였다고 전하는데, 그곳이 오늘날 팔랑치(八郞峙)이며, 성삼재(姓三峙)에는 성이 다른 3명의 장수를 두어 외세 침략에 대응했다고 전하고 있다. 달궁이 위치한 곳은 지리산 자락의 첩첩산중으로, 여기에 마한 왕의 이야기가 전하고 있다는 점은 준왕세력 후손의 실마리를 찾을 수 있는 하나의 단서가 아닐까 한다.

최근 군산대학교 가야문화연구소에서는 달궁 계곡 일대 지표조사를 진행하여 궁터로 추정되는 곳을 확인하였다. 이곳은 산 중턱에 너비 60m, 길이 50m 정도로 넓은 평지를 이루고 있는데, 동쪽으로 향한 궁터의 출구를 제외하고 나머지 지역은 산줄기가 에워싸고 있어 자연적인 방어시설을 형성하고 있으며, 동쪽과 서쪽에는 문지로 추정되는 곳이 확인된다. 달궁 계곡에서 9대째 살고 있는 주민에 의하면 의도적으로 산 속에 들어가서 땅을 정비한 일은 없었다고 한다.

사진 23. 남원 달궁터 추정지와 전경

따라서 이러한 평탄지는 적어도 그 이전에 조성된 것으로 볼 수 있으며, 건물지와 같은 대규모 유적이 있었을 것으로 추정된다.

준왕의 후손이 살기 좋은 서부지역을 버리고 달궁에 정착하게 된 이유는 철기의 필요성을 염두에 두고 철 생산지를 찾아 이동한 것은 아닐까? 달궁계곡에는 덕동리와 하점골 등의 제철유적이 보고되었으며, 현지에는 노벽 편과 쇠똥, 철광석 등이 산재되어 있다. 아직 정식 조사가 이루어지지 않았지만, 불과 10여 년 전까지 언급조차 되지 않았던 전북 가야가 지속적인 조사와 연구를 통해 밝혀졌듯이 준왕 후손의 달궁터를 찾는 작업 역시 지금이 그 시작점이라고 볼 수 있다.

4. 초기철기문화의 성장 배경

우리나라에 철기가 들어온 이후 한강 이남 지역에서 철기문화가 가장 먼저 시작되어 초기철기문화의 중심지를 이룬 곳이 전라북도이다. 그러나 선사시대 유적이나 역사적 기록으로 볼 때, 전북지역 특히 만경강유역이 그 전부터 문화의 중심을 이룬 곳은 아니었다. 초기철기시대 이전은 지석묘와 송국리문화로 대표되는 청동기시대 유적이 조성되지만, 대규모 취락이나 분묘군으로 중심권을 형성한 유적은 보이지 않는다. 그렇다면 전북지역이 초기철기문화의 중심지로 성장할 수 있었던 배경은 무엇일까? 그 시작점이 된 유적은

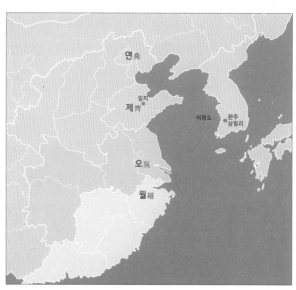

사진 24. 완주 상림리유적과 산동반도

바로 완주 상림리유적이라고 할 수 있다. 상림리에서 출토된 동검은 춘추시대 오(吳)나라와 월(越)나라에서 기원한 것으로 알려져 있다. 이 지역은 양자강 하류로 하천과 소택지가 발달해 있는 지형적 여건상 전차 중심의 전쟁보다 보병 중심의 백병전이 주로 발발하였으며, 이 과정에서 자루가 긴 모(矛)나 과(戈)보다 길이가 짧은 동검이 선호되어 발전한 것으로 보인다. 이러한 동검은 이후 오나라의 북쪽에 위치한 제나라로 전파되고, 해양루트를 통해 상림리유적까지 이어진 것으로 볼 수 있다.

중국식동검 26점이 일괄로 출토된 상림리유적은 중국이나 한반도에서 유사한 사례가 없는 독특한 유적으로, 유적의 조성시기는 대략 기원전 3세기경으로 파악되고 있다. 이 때 중국은 진시황에 의해 전국시대가 끝나면서 진(秦)나라의 출현과 멸망, 유방이 세운 한(漢)나라의 등장으로 여러 왕조가 교체되는 혼란기이며, 대규모의 전쟁과 유이민의 발생으로 급격한 사회변화가 이루어진 시기이다. 이 과정에서 중국의 이주민들에 의해 유입된 문화양상이 한반도 여러 지역에서 확인되며, 특히 육로를 통한 서북한 지역과 해로를 통한 중서부 지역에 집중되어 있다. 하지만 대부분의 문화는 전국시대 연(燕)나라 지역인 요서나 요동지방과 관련되어 있으며, 제(齊)나라가 있었던 산동반도와 연관된 고고학 자료는 뚜렷하지 않다. 당연히 당시의 문헌 역시 관련 자료가 희소하다. 그런데 산동반도에서 가장 가까운 군산 어청도에 제나라 전횡(田橫)과 관련한 설화가 전해지고 있어 주목된다.

전라북도의 가장 서쪽에 위치한 어청도는 항구가 오목하게 들어가 있어 태풍 때 선박들의 피난처 역할을 하고 있다. 이 섬에는 중국의 전횡장군과 관련한 전설이 있으며, 그와 그의 부하들을 기리는 치동묘제를 지내고 있다. 기원전 202년경 중국의 한 고조가 천하를 통일한 후 초패왕 항우가 자결하자, 초나라와 연맹을 맺고 한나라에 대항하던 제나라 전횡은 의지할 곳이 없게 되어, 두 명의 형제 및 측근과 군사 500명을 거느리고 망명길에 오르게 되었는데, 돛단배를 이용하여 서해를 목적지 없이 떠다니던 중 중국을 떠난지 3개월 만에 어청도를 발

견하였다는 것이다. 그
날은 쾌청한 날씨였으
나 바다 위에 안개가 끼
어 있었는데 갑자기 푸
른 산 하나가 우뚝 나타
났다고 한다. 전횡은 이
곳에 배를 멈추도록 명
령하고 푸를 청(靑)자를
따서 어청도(於靑島)라
이름지었다는 이야기가
전해오고 있다.

사진 25. 어청도 치동묘

　어청도 마을 중앙에 위치한 치동묘(淄東廟)는 중국 제나라 전횡을 모시는 사당
으로 치(淄)의 동쪽에 있는 사당이라는 의미이다. 치가 나타내는 지명은 오늘날
중국의 임치(臨淄)로 춘추전국시대 제나라의 수도이며, 산동성 북부에 위치해 있
다. 어청도는 중국 산동반도와 약 300km가량 떨어져 있는데, 개 짖는 소리와 닭
우는 소리가 들릴 정도로 중국과 가깝다고 한다.

　상림리유적에서 출토된 중국식동검은 산동반도 일대 제나라에서 가장 많은
분포양상을 보이고 있다. 제나라가 위치한 산동반도는 중국에서는 드물게 해양
교통이 발달한 지역으로 선사시대 이래로 벼농사와 소금의 생산지로 유명하다.
특히 청동기 제작기술이 발달하여 중국 문화의 기본 토대를 이룬 것으로 알려져
있다. 따라서 산동반도에서 서해를 거쳐 만경강 유역으로 들어온 상림리 집단에
의해 청동기 제작기술이 급발전할 수 있는 기폭제가 되었으며, 전북지역이 초기
철기문화의 핵심지역으로 성장하는 출발점이 되었을 가능성이 크다. 그 배경에
전횡의 설화가 있는 것이다.

　청동기를 제작하기 위해서는 발달된 제작기술 뿐 아니라 고온을 견딜 수 있는
거푸집이 매우 중요한 역할을 한다. 거푸집은 흙이나 돌을 사용하여 만들었는

데, 중국에서는 주로 토범(土范)이 제작되었고, 일본은 사암제(砂岩製)를 사용한 것으로 알려져 있다. 우리나라는 석범과 토범을 사용한 것으로 추정되며, 현재까지 발견된 거푸집은 모두 석범으로 활석제가 대부분이다.

거푸집은 일명 숨쉬는 돌이라고 불리는 활석(滑石)으로도 제작되고 있다. 활석은 경도 1로 매우 연하여 형태를 새기기가 용이하고, 열에 의해 쉽게 깨지지 않는 장점을 가지고 있으며, 국내에서는 충청북도 충주가 활석산지로 알려져 있다. 그리고 활석 외에 입자 구성이 비슷한 각섬석도 거푸집 제작이 가능한 것으로 밝혀졌다. 물론 각섬석은 경도가 6으로 활석보다 단단해서 제작이 어렵지만, 완주 덕동 유물산포지에서 수습된 거푸집의 석재를 분석한 결과 각섬석으로 확인되었으며, 그 산지로는 장수 번암지역이 연관성이 큰 것으로 추정되었다. 번암지역은 예로부터 질 좋은 곱돌산지로 유명하여 지금도 돌솥 등을 제작하는 석재공장이 운영되고 있는데, 불에 강한 곱돌이 바로 각섬석인 것이다.

또한 청동기를 주조하기 위해서는 원료가 되는 광산의 존재가 필수적인데, 전라북도 고고학의 선구자로 알려진 전영래 선생은 일찍부터 『세종실록지리지』와 『동국여지승람』의 토산품명과 관계지명을 검토하여 전라북도와 인접한 금강유역에 다수의 동(銅) 광산이 분포하고 있으며, 이를 곧 준왕 집단과 연관된 전통적인 채굴지로 추정한 바 있다. 대표적으로 진안 동향면에는 동향소(銅鄉所)가 있었으며, 동향면 대량리 보촌마을 산기슭에는 근대까지 동 광산이 운영되어 마을 주변에서 제련흔적을 쉽게 찾아볼 수 있다. 이외에도 전라북도 땅이었던 충남 금산군 복수면에는 삼한시대부터 취락이 형성되었는데 마을에 동계소(銅界所)가 있었다고 전하며, 논산시 연산면에는 청동기가 나왔다고 하여 청동골 또는 청동리(靑銅里)로 불리는 지명이 전해지고 있다.

이와 같이 상림리 집단의 유입은 청동 제작기술 발전에 기폭제가 되었으며, 인근에는 거푸집과 동 광산 등 원료를 구하기가 용이하고, 서해와 만경강 수로를 통한 해상 교통로가 발달되어 전북지역이 초기철기문화의 중심지로 성장할 수 있게 되었다. 전북지역에서는 최첨단 기술을 바탕으로 무기류뿐 아니라 각종 위세품을 제작하였으며, 이러한 유물이 매개가 되어 선진문물의 유입과 활발한 교역의 장이 펼쳐지게 된 것이다.

초기철기문화의 중심지는 1차적으로 전북 서부지역에 형성되었으며, 그 범위는 모악산에서 미륵산까지 이어진다. 이 지역은 모악산에서 미륵산으로 이어지는 산줄기가 배후를 이루어 동쪽의 방어기지 역할을 하며, 서쪽은 만경강과 서해로 트여 있고, 비옥한 충적지가 펼쳐져 있어 매우 월등한 자연지리적 환경을 갖추고 있다. 이후 청동기 제작의 원료가 되는 구리광산과 거푸집 등을 개발하면서 전북 동부지역의 철광석 산지를 알게 되었고, 철기문화가 본격화됨에 따라 서부지역에 있었던 세력이 철산지를 찾아 동부로 이동하였을 가능성이 크며, 이는 장수 남양리유적이나 남원의 달궁설화를 통해서도 알 수 있다.

V. 맺음말

우리는 문헌자료가 없는 선사시대를 구석기시대, 신석기시대, 청동기시대, 철기시대로 구분하고 있다. 하지만 현재도 철기시대의 연장선상에 있다고 볼 수 있으며, '철'이 없는 생활은 상상할 수 없을 정도이다. 플라스틱·세라믹·실리콘·탄소섬유 등의 첨단 신소재가 사용되고 있지만, 철을 완전히 대체하지 못하고 있으며, 철은 인간 생활에 가장 큰 영향을 미치는 금속이다.

기원전 1,500년경 터키지방에서 제작된 철은 동양과 서양의 교역 루트 가운데 가장 오래된 초원길을 통해 유목민의 활동무대를 따라 중국으로 들어온다. 중국과 인접한 한반도는 철기문화의 유입으로 철기시대에 들어섰으나 철기와 함께 이전 시대의 세형동검문화 요소도 더욱 발전하는 초기철기문화를 형성하게 된다.

앞에서 살펴보았듯이 전라북도는 한반도에서 가장 먼저 초기철기문화가 발전한 곳이다. 아직 문헌이나 고고학 자료가 부족하여 고대사 복원이 완벽하게 이루어지지는 않았지만, 제나라 전횡과 치동묘, 산동반도와 완주 상림리유적의 중국식동검, 중국 전국시대 철기와 완주 갈동유적, 준왕의 남래, 마한왕과 달궁, 장수 남양리와 제철유적 등 여러 실핏줄이 모여 아이언로드로 상징되는 고대 문화의 대동맥이 전라북도로 통하고 있는 것이다.

오늘도 우리 몸 속에는 철(Fe)이 흐른다. 그 철은 융성했던 전북 가야의 철이며, 한반도 초기철기문화의 수도였던 전라북도의 철(鐵)이다.

참고문헌

강인욱, 2016, 「완주 상림리 유적으로 본 동아시아 동검문화의 교류와 전개 -동주식 검(東周式劍)의 매납과 청동기 장인의 이주를 중심으로」 『호남고고학보』 54, 호남고고학회.

곽장근, 2003, 『長水郡의 古墳文化』, 서경문화사.

곽장근, 2014, 「고고학으로 본 군산의 역동성」 『全北史學』 45, 全北史學會.

곽장근, 2019, 『동북아 문물교류 허브 전북』, 전북연구원 전북학연구센터.

국립전주박물관, 2009, 『마한 숨쉬는 기록』.

국립전주박물관, 2015, 『완주 상림리 靑銅劍』.

국립중앙박물관, 2017, 『쇠 · 철 · 강-철의 문화사』.

國立中央博物館 · 國立光州博物館, 1992, 『韓國의 靑銅器文化』.

국립청주박물관, 2020, 『한국의 청동기문화』.

김승옥, 2016, 「전북혁신도시 부지 내 선사문화의 성격과 특징」 『고고학으로 밝혀 낸 전북혁신도시』, 국립전주박물관.

金元龍, 1977, 「益山의 靑銅器文化」 『馬韓 · 百濟文化』 2, 원광대학교 마한 · 백제문 화연구소.

김정열, 2014, 「동주식동검의 기원과 발전」 『완주 상림리 靑銅劍의 재조명』, 국립전 주박물관 · 한국청동기학회 학술세미나.

복천박물관, 2009, 『神의 거울 銅鏡』.

尹德香, 2000, 『南陽里』, 全北大學校 博物館.

윤명철, 2012, 『해양역사와 미래의 만남』, 학연문화사.

李健茂, 1992, 「韓國의 靑銅器의 製作技術」 『韓國의 靑銅器文化』, 국립중앙박물관 · 국립광주박물관.

李健茂, 2015, 「韓國 靑銅器文化와 中國式銅劍 -上林里遺蹟 出土 中國式銅劍을 중 심으로-」 『완주 상림리 靑銅劍』, 국립전주박물관.

李南珪, 2002, 「韓半島 初期鐵器文化의 流入 樣相 -樂浪 設置以前을 中心으로-」 『韓 國上古史學報』 36, 韓國上古史學會.

이나경, 2014, 「완주 상림리 동검의 특징」 『완주 상림리 靑銅劍의 재조명』, 국립전
　　주박물관·한국청동기학회 학술세미나.

이찬희·김지영, 2015, 「완주 갈동유적 출토 청동기 용범의 재질특성 분석 및 산지
　　추정」 『完州 葛洞遺蹟』, 湖南文化財硏究院.

全榮來, 1976, 「完州上林里出土 中國式銅劍에 關하여」 『全北遺蹟調査報告』 6.

全榮來, 2003, 「錦江流域의 청동기문화」 『益山의 先史와 古代文化』, 원광대학교 마
　　한·백제문화연구소.

全榮來, 2003, 「문헌을 통해서 본 益山의 文化」 『益山의 先史와 古代文化』, 원광대
　　학교 마한·백제문화연구소.

최완규, 2014, 「마한성립의 고고학적 고찰」 『韓國古代史上의 익산』, 한국고대사학
　　회 학술대회.

최완규, 2016, 「전북 혁신도시의 역사와 문화」 『고고학으로 밝혀 낸 전북혁신도시』,
　　국립전주박물관.

韓修英, 2015, 「全北地域 初期鐵器時代 墳墓 硏究」, 全北大學校 大學院 博士學位
　　論文.

한수영, 2018, 「만경강유역 청동기문화의 전개 양상」 『만경강유역의 고고학적 성
　　과』, 한국청동기학회.

홍대한, 2012, 『재미있는 우리나라 철 이야기』, 한국철강협회.

철제 무장(武裝)으로 본
전북 가야¹⁾의 대외교류와 전술체계

유영춘
군산대학교 가야문화연구소

Ⅰ. 머리말

'철의 왕국'으로 불리는 가야는 철 및 철기의 생산과 유통을 통해 성장한 연맹체로 알려져 있다(金泰植 1993, 95쪽; 노중국 2004, 28~30쪽; 신동조·장기명 2016, 442·443쪽). 비록 가야의 철 생산을 직접적으로 보여주는 '제철유적(製鐵遺蹟)'의 존재가 분명하지 않으나, 고분에서 출토된 다양한 철기 유물들을 통해 그들의 고도화된 기술을 짐작할 수 있다.

남원 운봉고원과 장수에는 총 390여 기의 가야 고총이 분포한다(전상학 2018, 48쪽). 대부분 도굴되어 많은 유물이 유실되었으나 대형분을 중심으로 철제 무장(武具)[2]과 농공구(農工具) 등이 출토되어 이 지역의 가야인도 철기 생산을 바탕으로 국방력과 생산력을 증대하기 위해 노력했던 것으로 추정된다.

그동안 이 지역의 철기는 대가야에서 제작된 후 '완제품이 이입' 되었거나 모두 '대가야의 기술을 모태로 제작'되었다는 인식이 강하였다. 그러나 최근 대가야 이외의 주변국과 관련된 철제 무장이 출토되면서 보다 다각적인 접근이 필요하게 되었다. 또한 이 지역 가야의 군사조직 및 전술체계에 대한 초보적인 검토조차 이루어지지 않아 연구의 필요성이 대두되었다.

따라서 본고는 남원 운봉고원과 장수 가야고분에서 출토된 철제 무장을 검토하여 주변과의 교류 및 당시의 전술체계 등을 거시적으로나마 살펴보는데 목적이 있다. Ⅱ장에서는 무장의 출토현황을 매장주체부의 규모 등과 정리한 후, 각

---

1 전북 가야란 전북 동부지역에서 조사된 모든 가야문화유산을 말한다. 이 용어에는 학술적 의미가 없으며, 홍보적인 의미만 있다(군산대학교 가야문화연구소 2018, 178쪽).

2 본고에서 의미하는 무장(武裝)이란 마구·무기·무구 등 전투에 필요한 장비를 전체를 일컫는다.

무장의 개념과 종류·세부 용어를 규정한다. III장에서는 주변 지역 출토품과 비교·검토하여 철제 무장의 편년 및 변천양상을 살펴보고 주변과의 관련성을 제시한다. IV장에서는 III장의 내용을 정리하여 시기별 교류 양상과 군사조직 및 전술체계 등에 대해 접근을 시도한다. 마지막 V장에서는 지질·지리·지표조사 자료와 접목하여 철제 무장이 생산된 배경에 대해 추론하도록 한다.

II. 철제 무장의 출토 현황과 용어 정리

1. 토기 검토를 통한 주요 고분의 편년 설정

철제 무장의 본격적인 비교·검토에 앞서, 공반된 토기를 분석하여 남원 운봉고원 및 장수의 주요 가야고분에 대한 편년을 1차로 설정한다. 이를 철제 무장의 편년 설정 및 전개양상을 살펴보는데 보조 자료로 활용하여 근거를 더욱 명확히 하고자 한다.

남원 운봉고원 가야고분에서 출토된 토기는 '현지에서 제작된 재지 양식 토기[3]와 '주변 지역 가야 양식 토기'로 구분된다. 재지 양식 토기 중 발형기대는 '대각부의 투창이 교차로 배치된 것'과 '일렬로 배치된 것'으로 나뉘는데, 전자는 청계리 1·2호·월산리 M1-A호에서, 후자는 청계리 1호·월산리 M1-A호·M3·M4·M5·M6호분·두락리 32호분에서 출토되었다. 또한 남원 두락리 1호분에서는 오직 대가야 양식 발형기대만 출토되었다. 유개장경호도 두락리 1호분에서는 대가야 양식이 주로 출토되었으나, 다른 고분에서는 경부에 4개의 문양대가 있는 재지 양식이 출토되었다. '교차 투창'·'일렬 투창'·'대가야'로 구분되는 발형기대의 양식 차이는 고분의 상대연대를 결정하는데 중요한 기

---

3 종래에 '월산리식 토기'로 설정되었다(조인진 2001, 33쪽).

준이 된다.

청계리 1·2호·월산리 M1-A호 출토품으로 볼 때, 재지 양식의 교차 투창 발형기대는 5세기 전반~5세기 중반에 주로 사용된 것으로 판단된다.

청계리 1호는 재지양식의 교차 투창 발형기대 수발부에 새겨진 삼각거치문이 고령 쾌빈동 1호 목곽묘·지산동 30·35호분 출토품과 비교할 수 있고,[4] 공반된 일렬 투창 발형기대는 대각부가 가장 높아 선행하는 형태로 판단된다. 또한 종형 투창이 뚫린 대가야 양식 발형기대가 고령 지산동 30호분 출토품과 유사하고, 유개장경호는 뚜껑받이턱의 돌출도가 크고 동체부의 견부가 넓게 벌어져 고령 지산동 30·35호분 출토품과 유사하다. 2단 교호투창 유개고배는 함안지역에서 출토된 유개고배와 비슷하나 투창의 배치가 다르고 광평 1호 출토품에 비해 대각부가 현저히 길다. 수즐은 고흥 길두리 안동고분·야막고분·부산 복천동 53호분·김해 대성동 14호분(미보고) 등에서 출토되었는데(국립나주문화재연구소 2019), 고흥 야막고분(국립나주문화재연구소 2014, 146쪽)·부산 복천동 53호분(박천수 2010, 136쪽)은 5세기 전반 무렵으로 편년된다. 이상을 종합하면, 청계리 1호는 고령 지산동 30호분과 동일한 5세기 전반 무렵(박천수 2010, 136쪽)에 조성된 것으로 판단된다.

청계리 2호 석곽은 1호 석곽보다 먼저 축조되었으나 그 시점은 큰 차이가 없을 것이다(이건용 2020a, 51·52쪽). 재지양식 교차 투창 발형기대는 유사 사례를 찾을 수 없어(이건용 2020b, 152쪽) 현지에서 제작된 것으로 판단되며, 이 지역 교차 투창 발형기대의 초기형태로 추정된다. 무개고배는 함안 도항리 428-1번지 18호 석곽 출토품과 유사하며, 차륜식 토기편은 함안 도항리 428-1번지 18호·함안 도항리(문) 39호 석곽 출토품과 비교 가능하다. 함안 도항리 428-1번지 18호 석곽·함안 도항리(문) 39호 석곽은 5세기 전반으로 편년되는 함안 도항리(문) 14호 석곽과 동일 단계로 설정된다(정주희 2016, 222쪽). 장경호는 함안

-----

4 이보다 늦게 제작된 고령 지산동 32호분 출토품은 송엽문과 파상문으로 장식되었다.

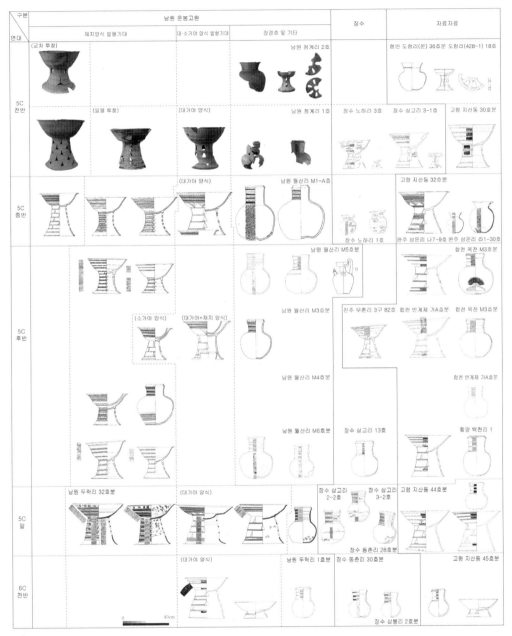

그림 1. 남원 운봉고원 · 가야고분 출토 토기의 변천과 편년

도항리(문) 10·36호분 출토품과 비교 가능한데, 함안 도항리(문) 36호분은 5세기 전반 이른 시기로 편년된다(박천수 2010, 136쪽). 통형기대는 직접적인 비교 사례를 찾을 수 없으나 외면에 원권문이 장식된 것으로 보아 함안지역 토기와의 관련성을 찾을 수 있다. 원권문은 5세기 전반 무렵으로 편년되는 함안 도항리(문) 10호분·함안 도항리(경) 13호분 출토 발형기대의 장식으로 사용된다. 이처럼 청계리 2호 석곽도 5세기 전반 무렵으로 편년할 수 있으나, 유구의 축조 순서를 고려하면 1호보다 일찍 조성된 것으로 볼 수 있다.

월산리 M1-A호는 많은 연구자들이 지적했던 것처럼 2점의 대가야 양식 발형기대가 고령 지산동 32호분 출토품과 비교할 수 있으며(이희준 1994, 119쪽; 박천수 2010, 86쪽; 김세기 2003, 156쪽; 정주희 2016, 211쪽), 재지 양식의 교차 투창 발형기대는 청계리 1호 출토품에 비해 대각부의 폭이 전체적으로 좁아졌고 수발부의 깊이도 얕아졌다. 청계리 1호보다 한 단계 늦은 5세기 중반 무렵으로 편년할 수 있다(박천수 2010, 136쪽).

이처럼 재지 양식의 교호 투창 발형기대는 청계리 2호분 출토품처럼 '수발부가 깊고 대각부의 높이와 폭이 낮고 좁은 형태'에서 '수발부가 얕고 대각부의 높이가 높은 형태'로 점차 변화했던 것으로 판단된다.

5세기 후반~5세기 말에는 월산리 M3·M4·M5·M6호분·두락리 32호분 출토 재지양식 발형기대로 볼 때, 교차 투창은 사라지고 일렬 투창만 사용되었던 것으로 보인다.

월산리 M5호분 출토 일렬 투창 발형기대는 월산리 M1-A호 출토품보다 대각부가 낮아지고 유개장경호의 동체부도 축약되어 한 단계 후행하는 것으로 판단된다.[5] 합천 옥전 M3호분과 동일한 연대를 부여할 수 있다(박천수 2010, 136쪽).

----

5 이 지역 발형기대는 소가야양식의 영향을 받아 원통형의 긴 대각부(長脚部), 장방형 투창, 파상문에서 대가야양식에 의한 짧은 대각부, 삼각형투창, 파상문+송엽문으로 변화한다(박천수 2014, 112쪽).

청자 천계호는 5세기 중반 무렵에 제작된 것으로 이해되기도 하나(임혜빈 2018, 78쪽), 대체로 절강 서안시 융산 남조 송 대명 5년(461) 출토품과의 유사성을 들어 5세기 후반에 제작된 것으로 본다(박순발 2012, 119쪽; 李軍 2017, 72쪽). 따라서 월산리 M5호분을 5세기 후반으로 편년할 수 있다. 월산리 M6호분 역시 재지 양식의 발형기대와 유개장경호의 형태를 근거로, 월산리 M5호분과 동일한 단계로 설정할 수 있다.

월산리 M3호분에서는 소가야 발형기대·대가야와 재지계 양식이 결합된 발형기대[6]·재지계 유개장경호 등이 출토되었다. 소가야 발형기대는 진주 무촌리 3구 82호 출토품과 비교할 수 있어 5세기 중반(박천수 2010, 136쪽)을 전후한 시기에 제작된 것으로 보인다. 그러나 대가야와 재지계 양식이 결합된 발형기대는 발부의 깊이가 월산리 M1-A호 출토품보다 약간 얕고 재지계 유개장경호의 동체부도 작아졌다. 월산리 M1-A호보다는 후행하는 것으로 보이나 재지계 유개장경호의 형태로 볼 때 M5호분보다는 약간 선행하는 것으로 판단된다. 양자의 연대를 고려하여 5세기 후반 이른 시기로 편년할 수 있다.

두락리 32호분에서는 재지 양식 발형기대 9점과 대가야 양식 발형기대 4점이 출토되었다. 재지 양식 발형기대는 수발부가 사선으로 곧게 벌어지고 그 깊이가 얕으며, 대각 상부의 폭이 넓은 것으로 볼 때, 기형은 대가야의 영향이 깊게 반영된 것으로 판단된다. 그러나 투창이 일렬로 뚫려 있고 수발부에서 대각부까지 밀집파상문이 전체적으로 시문되어 있어 재지 양식이 분명하다. 유개장경호 역시 경부에 4개의 문양대가 있어 재지 양식으로 판단되는데, 이전 시기의 고분 출토품보다 동체부가 줄어들었다. 양자 모두 고령 지산동 44호분 출토품과 유사하다. 대가야 양식의 발형기대는 전체적인 형태와 문양의 시문 방법이 고령 지

---

6 발부의 형태와 문양은 대가야 양식으로 판단되나 대각부는 폭이 좁고 길이가 긴 것으로 볼 때, 재지의 양식이 반영된 것으로 보인다. 남원의 공인이 대가야 토기를 보고 모방 제작한 것으로 추정된다.

산동 44호분 출토품과 동일하다. 고령 지산동 44호분이 5세기 말로 편년(박천수 2014, 114쪽)되기 때문에 두락리 32호분은 이 무렵에 조성된 것으로 판단된다.

6세기 전반 이후에는 재지 양식 발형기대가 사라지고 대가야 양식 발형기대만 출토된다.

두락리 1호분 출토 발형기대는 대가야 양식 발형기대 일색이며, 유개장경호는 1점을 제외한 3점이 대가야 양식이다. 고령 지산동 45호분 출토품과 비교할 수 있어 6세기 전반에 조성된 것으로 판단된다(박천수 2014, 114쪽).

이상의 검토를 근거로, 남원 운봉고원의 주요 가야 고분을 청계리 2호·1호 석곽(5세기 전반) → 월산리 M1-A호(5세기 중반) → 월산리 M3·M4·M5·M6호분(5세기 후반) → 두락리 32호분(5세기 말) → 두락리 1호분(6세기 전반)으로 편년할 수 있다. 발형기대는 이 지역 고분의 상대연대를 결정할 수 있는 중요한 자료 중 하나로, 재지 양식 교차 투창(5세기 중반 이전) → 재지 양식 일렬 투창(5세기 후반~5세기 말) → 대가야 양식 발형기대(6세기 말 이후)로 변화한다. 또한 청계리 2호 석곽 출토 토기에서는 아라가야와의 관련성을 주로 찾을 수 있고, 청계리 1호 석곽·월산리 M1-A호·M5호분 출토 토기에서는 재지계·대가야·소가야의 속성을 찾을 수 있다(이건용 2020a, 40쪽). 이후의 두락리 1호분·32호분 출토품에서는 대가야의 관련성이 더욱 짙어진다.

한편, 장수에서 출토된 가야토기는 남원 운봉고원 출토품에 비해 재지적 색채가 덜해 대가야 양식 토기가 주로 출토되었다. 이러한 가운데에 마한·백제·소가야·신라 등의 토기가 공반되어 주변과 다양한 교류가 있었음을 짐작할 수 있다. 이 지역 주요 고분의 편년을 살펴보면 아래와 같다.

노하리 3호·삼고리 3-1호에서 출토된 종형투창 발형기대와 대각부가 세장한 고배는 고령 지산동 30호분 출토품과 유사하다. 노하리 1호에서 출토된 2점의 광구호는 마한·백제계 토기로 5세기 중반으로 편년되는 완주 상운리 라 1-30호 출토품과 비교할 수 있다. 삼고리 13호분 출토 유개장경호는 5세기 후반 무렵으로 편년되는 합천 반계제 가A·함양 백천리 1호분 출토품과, 삼고리

2-2·3-2·동촌리 28호분 출토 유개장경호는 고령 지산동 44호분 출토품과 차이가 없다. 동촌리 30호분·삼봉리 2호분 출토 유개장경호는 전 단계에 비해 동체부가 한층 더 줄었는데, 이는 고령 지산동 45호분 출토품과 유사하다.

박천수의 실연대를 수용하면(박천수 2010, 136쪽), 장수의 주요 가야 고분을 노하리 3호·삼고리 3-1호(5세기 전반) → 노하리 1호(5세기 중반) → 삼고리 13호분(5세기 후반) → 삼고리 2-2·3-2·동촌리 28호분(5세기 말) → 동촌리 30호분·삼봉리 2호분(6세기 전반)으로 편년할 수 있다.

2. 철제 무장의 출토 현황

철기유물이 출토된 매장주체부는 총 76기로, 수혈식 석곽묘와 토광묘로 나뉜다. 이 중 수혈식 석곽묘는 72기이며, 이 중 64기의 잔존상태가 양호하여 길이와 폭을 측정할 수 있다. 64기의 수혈식 석곽묘를 대상으로 산점도를 작성하면 그림 2와 같다. 이 지역의 수혈식 석곽묘는 길이와 폭에 따라 크게 소형·중형·대형으로 나뉜다. 대형은 길이 5.0m 이상·폭 1.0m 이상, 중형은 길이 3.3m 이상~5.0m 미만·폭 0.5m 이상~1.3m 미만, 소형은 길이 3.3m 미만·폭 0.8m 미만이다. 벽석이 온전하지 않아도 규모를 추정할 수 있는 석곽묘 7기를 포함하

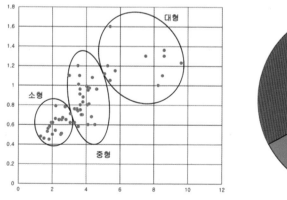
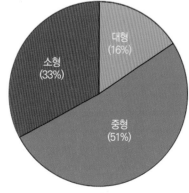

그림 2. 남원 운봉고원·장수 가야 석곽묘 산점도 및 규모별 비율

표 1. 남원 운봉고원 · 장수 가야고분 출토 철기유물 일람표

지역	유적명	유구명	석곽규모 길이	폭	등급	마구 비	등자	사행상철기	편자	안장	운주	무기 환두대도	대도	철검	철모	철준	철촉 영적	성시구	무구 갑주	농구 살포	공구 철겸	따비	철사	단조철부	주조철부	도자	위신재	연대
남원 운봉	청계리	1호	5.70	1.15	대형	1	1										3										수슬	5C 전반
		2호	5.40	1.60	대형				1	1				1(?)			1	1								1		5C 중반
	월산리	M1-A호	8.60	1.36	대형	1	1						2		2		27				5	7	5			1	상감환두대도	5C 중반
		M1-E호	3.77	0.70	중형																			2		1		
		M1-F호	1.50	0.46	소형																1					1		
		M2	4.30	0.68	중형																1			1				
		M3호분	4.30	0.68	중형						1			1	1		2				1			2		1		5C 후반
		M4호분	8.25	1.00	대형					1	1			1							1			1	3			5C 후반
		M5호분	9.60	1.23	대형	1	1쌍	1								1	20	1	1		10			10		2	계수호, 초두	5C 후반
		M6호분	8.50	1.10	대형						1					1	14	1	1			2		1		2		5C 후반
	두락리	1호분	8.60	1.30	대형	1	1쌍	1		1					1		7										5C 일
		4호분	4.50	0.60	중형								1				4							2				5C 일
		5호분	3.60	1.10	중형									1							1					3	탄목구슬, 경식	5C 일
		32호분	7.50	1.30	대형			1							4		94		1	1						1	청동거울, 식리	5C 일
	건지리	가-A1호	1.70	0.53	소형												1											6C 전반(?)
		가-A7호	2.80	0.65	소형												1				1							6C 전반(?)
		가-A8호	3.30	0.62	중형												1									1	금제 이식	6C 전반
		가-A10호	3.50	0.74	중형									1			7											6C 전반
		가-A12호	2.00	0.50	소형																					1		6C 전반
		가-A14호	2.55	0.65	소형																1					1		6C 전반
		가-A17호	3.30	0.76	중형												1									1		6C 전반
		다-1복토	4.10	0.60	중형												15				1			1		1	금제, 은제이식	6C 전반
		B3호	3.45	0.76	중형												6				1			1		1		6C 전반
		B4-1호	3.45	0.75	중형												3				1			1		1		6C 전반
		B4-2호	2.35	0.65	소형												1											6C 전반
		B5-3호	2.50	0.50	소형												5											6C 전반
	계					4	2쌍4점	2		3	3	4	4	1	13	1	209	3	4	1	24	7	7	22	3	22		
장수	노차리	1호	4.18	0.97	중형												4			1(?)	1	1		2				5C 중반
		1-1호	1.94	0.62	소형												1				1			1		1		5C 후반
		2호	–	–	중형(?)									1	1	2				1			1				5C 후반
		2-1호	1.74	0.56	소형																1		1					5C 후반
		2-2호	–	–	소형(?)												3							1				
		3호	3.62	0.91	중형									1							1			1		1		
		4호	(2.32)	0.70	소형(?)												2				1			1				
		5호	–	–																	1							
		7호	(1.80)	0.70	소형(?)																1							6C 전반
	삼고리(1998)	6호	4.02	0.99	중형												4				1					1		6C 전반
		10호	3.63	0.96	중형																					1		5C 일
		11호	4.11	0.95	중형												5				1			1				5C 후반
		13호	3.06?	0.71	소형(?)									1	1	7	1				2							5C 후반
		15호	2.18	0.66	소형												4				1				1			5C 일(?)
		17호	2.20	0.79	소형												2				1			1				5C 일
	삼고리(2018)	2-1호	3.80	0.83	중형												4				1			2		1	금제이식, 옥	5C 일
		2-2호	(4.45)	1.03	중형	1						1			1		19				1			2		1	이식	5C 일
		2-1호(토광)	2.13	0.82	소형																1			1		1		6C 전반
		3-1호	3.54	1.01	중형												1				2			1		1		5C 일
		3-2호	(3.64)	0.86	중형(?)												2				3			1		1		
		3-4호	2.18	0.54	소형												1				1			1		1		
		3-7호	1.30	0.48	소형												3				1							5C 일
		3-4호(토광)	2.32	1.21	소형												3				1							6C 전반
		3-6호(토광)	2.17	1.04	소형												2				1			1				6C 전반
		3-9호(토광)	(1.50)	0.88	소형(?)												1									1		
	호덕리(2000)	A-1호	3.00	1.10	중형																1							
		A-1.6호	3.50	1.20	중형												5							1				6C 전반(?)
		A-1.9호	(4.00)	1.50	중형(?)											1					1			2		2		6C 전반
	호덕리B(2018)	4호분	3.70	0.70	중형										1						1					1		5C 일(?)
	삼봉리(2000)	1호	3.81	0.88	중형												3									1		6C 전반
		2호	2.61	0.67	소형												12								1	1		6C 전반
	삼봉리(2005)	1-1호	4.62	0.96	중형						1				1		3				1							5C 일
		1-2호	2.02	0.62	소형												5									2		6C 전반
	삼봉리(2012)	2호분	5.08	1.12	대형	1	1쌍			1	2		1		1	1	20				1			1				6C 전반
		3호	2.54	0.51	소형												3											6C 전반
	삼봉리(2015)	3호분	5.25	1.20	대형				1												1							6C 전반
		3-1호	3.65	0.75	중형				1								8				1					1		5C 일
	삼봉리(2018)	16호분	3.70	0.70	중형												7											6C 전반
		16-2호	1.80	0.45	소형																					1		6C 전반
		19-4호	3.05	0.62	소형												6				1							6C 전반
	동촌리(2005)	1호분	4.05?	0.80	중형			1																				5C 일
		6-1호	4.07	0.98	중형																					1		6C 전반
		7-1호	3.64	0.80	중형										1													5C 일
		8-1호	4.60	0.96	중형												6				1							5C 일
	동촌리(2015)	2호분	3.53	0.58	중형								1				2											6C 전반
		2-1호	1.83	0.58	소형																					1		6C 전반
	동촌리(2015)	1호분	4.35	1.08	중형				1																			6C 전반
	동촌리(2017)	30호분	4.16	0.81	중형	1	1										7				1						금제, 은제이식	5C 일
	동촌리(2018)	28호분	5.40	1.05	대형	1	1				1				1		15	1			1			2		2	금제, 은제이식	5C 일
	침곡리(2005)	1호	2.75	0.78	소형												1											5C 중반(?)
	계					4	1쌍2점	1	3	3	3	3	3	3	9	3	166			1	31	2		25	4	31		

면, 대형 16% · 중형 52% · 소형 32%이다. 장수 삼고리 고분군에서 조사된 4기의 토광묘는 길이 2m · 폭 1m 내외이므로 모두 소형으로 분류된다.

남원 운봉고원과 장수 가야 고분에서 출토된 무장의 현황을 매장주체부의 규모 및 앞서 설정한 연대와 함께 정리하면 표 1과 같다.

이를 토대로 매장주체부의 규모별 무장의 출토 양상을 정리한 그래프가 그림 3이다. 갑주와 마구는 대형분에, 도검은 대형분과 중형분에 집중적으로 부장되었다. 또한 모와 촉은 대형~소형에서 모두 출토되었다. 이는 갑주와 마구가 상위계층을 중심으로 소유되었으며, 도와 모는 중간계층, 촉은 상위계층~하위계층에서도 모두 소유했음을 말해준다.

즉, 사회적 · 군사적 지위와 역할에 맞게 소유할 수 있는

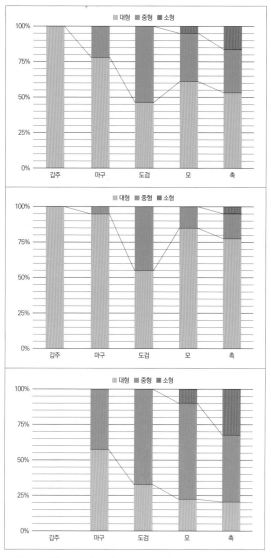

그림 3. 석곽 규모별 무장의 부장 양상
(상:통합 중:남원 운봉고원 하:장수)

무장이 어느 정도 한정되었던 것으로 추정되기 때문에 무장의 소유는 당시 이 지역의 계층구조를 반영했던 것으로 짐작된다. 궁시의 부속품 중 하나인 촉은

대형~소형 매장주체부에서 모두 출토된 것으로 볼 때, 전 계층이 사용했던 기본적인 무기로 이해된다. 또한 장수에서는 남원 운봉고원에서 사용된 갑주와 사행상철기가 출토되지 않아 무장의 구성에 있어 차이를 보인다.

3. 철제 무장의 용어 정리

남원 운봉고원과 장수 가야고분에서 출토된 철제 무장은 크게 마구·무기·무구로 나뉜다.

마구는 말을 실생활에 활용하기 위해 장착하는 장구로 용도에 따라 제어구(制御具)·안정구(安定具)·장식구(裝飾具)·방어구(防禦具)로 구분된다(김두철 외 1999, 3~55쪽). 제어구는 말을 조종하기 위한 마구로 비(轡, 재갈)·면계(面繫, 굴레)·고삐가 대표적이다. 안정구는 등자(鐙子)·안장(鞍裝) 등 기수가 말 위에서 안정을 유지할 수 있도록 도와주는 마구이며, 장식구는 행엽(杏葉)·운주(雲珠)·마령(馬鈴)·마탁(馬鐸)·사행상철기(蛇行狀鐵器) 등 말을 꾸미기 위한 마구이다. 방어구는 마주(馬胄)와 마갑(馬甲) 등 전투 시 말을 보호하기 위한 마구이다.

사행상철기는 통구 12호·쌍영총 등 고구려 고분벽화에 묘사된 개마무사(鎧馬武士)로 볼 때, 말을 장식하기 위한 기꽂이 또는 화살로부터 기수를 보호하기 위한 기생(寄生)으로 추정된다. 이 유물은 용도와 기능에 따라 고정부(固定部)·연결부(連結部)·신부(身部 또는 蛇行部)·공부(銎部)로 분류된다. 고정부는 사행상철기를 말의 몸체 또는 안장에 고정시키기 위한 부분으로 'ㄷ' 또는 'U'자형이다. 사행부는 뱀이 지나가는 모습처럼 'S'자형으로 구부러진 몸체이며, 연결부는 고정부와 사행부를 연결해주는 사행부의 끝부분이다. 공부는 내부에 세로 방향의 목질흔(木質痕)이 있는 것으로 볼 때, 깃대 등을 꽂기 위한 부분으로 판단된다(유영춘 2015a, 17쪽).

비는 대표적인 제어구로 말의 입에 물려 혀를 자극하는 함(銜)과 함이 입에서 벗겨지는 것을 방지하기 위한 함유(銜留)·고삐 연결을 위한 인수(引手)로 나뉜다.

또한 함과 인수 사이에 연결되어 유동성을 높이고 부속품의 훼손을 방지하기 위한 유환(遊環)과 함공(銜孔)에 세로 또는 가로로 부착되어 함외환과 인수내환·유환 등을 고정시키기 위한 함유금구(銜留金具)[7]가 사용되기도 한다. 인수호(引手壺)는 인수외환에 연결되어 고삐와 인수를 연결해주는 부속품이다.

비는 함유의 종류 및 구조에 따라 표비(鑣轡)·판비(板轡)·환판비(環板轡)·원환비(圓環轡)로 나뉜다. 남원 운봉고원과 장수에서는 판비와 환판비가 출토되었다. 판비는 금속판 형태의 함유가 사용된 비로 금과 은으로 도금되거나 문양이 새겨지는 등 장식성이 강하다. 또한 함유의 형태가 원형·타원형·내만타원형·f자형인 것도 비를 화려하게 꾸미기 위한 것과 관련이 깊다. 환판비는 철대(鐵帶)로 제작된 타원형 외환에 ㅗ자형(곡ㅗ자형) 또는 X자형(곡X자형) 함유금구가 부착된 비이다. 타원형 외환과 함유금구가 별도로 제작된 것을 단환판비(單環板轡)로, 외환과 함유금구가 하나의 철봉으로 제작된 것을 복환판비(復環板轡)로 부른다(김두철 외 1999, 22쪽).

등자는 형태에 따라 윤등(輪鐙)과 호등(壺鐙)으로 나뉘며, 재질에 따라 각각 목심윤등(木心輪鐙)과 철제윤등(鐵製輪鐙)·목심호등(木心壺鐙)과 철제호등(木心壺鐙)으로 세분된다. 윤등은 안장에 연결하기 위한 병부(柄部)와 기수의 발이 들어가는 윤부(輪部)로 나뉜다. 병부는 머리와 기저부인 병두부(柄頭部)·병기부(柄基部)로 구분되는데, 병두부에는 안장에서 이어지는 끈을 매기 위한 역혁공(力革孔)이 있다. 윤부는 윗부분인 윤상부(輪上部)와 아랫부분인 답수부(踏受部)로 나뉜다. 답수부는 기수의 발바닥이 닿는 부분으로, 미끄러짐을 방지하기 위해 '스파이크'로 불리는 돌기가 존재하기도 한다. 호등은 윤등과 구조적으로 거의 유사하나, 기수의 발을 감싸기 위한 구흉금구(鳩胸金具)가 존재한다.

편자(蹄鐵)는 말의 발굽을 지면에 직접 닿지 않게 하여 충격을 덜어주고 정지마찰력을 높여주기 위한 마구이다. 폭이 넓은 앞부분을 철두(鐵頭), 얇은 뒷부분

----

7 함유금구는 기수의 제어력을 말에 효과적으로 전달하는 역할을 한다.

을 철미(鐵尾)로 부르며, 외측면을 따라 오목한 홈이 길게 파였다. 편자는 정(釘 또는 징)을 통해 말굽에 고정되는데, 홈 안쪽에 정을 박기 위한 정공(釘孔)이 뚫려 있다.

무기란 전쟁 또는 전투 시 공격을 위해 사용되는 도구 일체를 의미한다. 삼국시대 무기는 근거리 무기와 원거리 무기로 분류되는데, 근거리 무기에는 검(劍)·도(刀)·모(鉾)가 있으며, 원거리 무기에는 궁시(弓矢)가 있다. 근거리 무기 중 도는 대표적인 단병기(短兵器)이며, 긴 자루를 장착한 모는 장병기(長兵器)에 해당한다.

한쪽에 날이 형성된 도는 전장에서 주력 무기로 사용되었다기보다 보조 무기 또는 소유자의 권위를 나타내는 위신제(威信材)였을 가능성이 높다(김두철 2003, 99쪽). 크게 자루인 병부(柄部)와 칼날에 해당하는 신부(身部 또는 刀身部)·칼집인 초부(鞘部)로 나뉜다. 병부는 파부(把部 또는 頸部)와 환두부(環頭部)로 세분되며, 신부는 날이 형성된 인부(刃部)와 날이 형성되지 않은 배부(背部)·끝에 해당하는 봉부(鋒部)로 구분된다. 파부와 신부 사이에는 관부(關部)가 형성되었으며, 관부 언저리에 심(鐔; 칼코등이)이 존재하는 경우도 있다. 또한 목제 또는 금속으로 제작된 파부를 고정하거나 장식하기 위해 파부와 심 뒤, 파부와 환두부 앞에 병연금구(柄緣金具)와 병두금구(柄頭金具)가 존재하기도 한다. 초부는 초부 몸체에 해당하는 초목(鞘木)과 양 끝에 고정 및 장식을 위한 초미금구(鞘尾金具)와 초구금구(鞘口金具)로 구성되는데, 초구금구는 초부 입구, 초미금구는 반대편 끝에 위치한다.

모(鉾)는 형태와 기능에 따라 모(矛)·피(鈹)·창(槍)으로 세분되기도 한다. 모(矛)는 끝이 뾰족하고 폭이 넓은 양날의 신부를 가지며, 피는 양날에 돌출된 경부(頸部, 슴베)가 있어 검과 유사하다. 이 두 종류의 무기는 양날이 있어 베는데 특화되었다. 창은 신부의 단면 형태가 마름모로 폭이 좁고 뾰족하여 벨 수 없고 찌르기에 적합하다. 형태가 유사한 모와 창은 크게 신부와 공부로 나뉘는데, 모는 신부(身部)와 공부(銎部) 사이에 관부(關部)가 주로 형성되어 있다. 피는 공부 대신 화살촉처럼 꽂을 수 있는 경부가 있다(김두철 2003, 97쪽).

원거리 무기인 궁시는 활과 화살대가 유기물로 제작되어 거의 남아있지 않고 무기물로 제작된 촉만 주로 출토된다. 촉은 몸체에 해당하는 신부(身部)와 화살

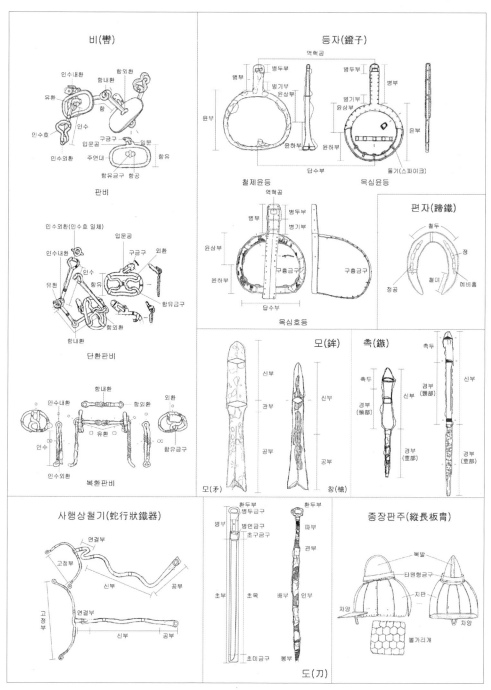

그림 4. 무장의 종류와 명칭(축척부동)

대에 고정시키기 위한 경부(頸部)로 나뉜다. 신부는 다시 촉두(鏃頭)와 경부(頸部)로 세분되는데, 촉두는 살상과 가장 직접적으로 연관된 부분으로 다양한 형태를 띠며, 역자(逆刺)가 존재해 추가적인 손상이 가해지기도 한다.

무구(武具)는 갑주(甲胄)처럼 적의 공격에서 신체를 보호하기 위해 장착하는 장구를 뜻한다. 남원 운봉고원에서 종장판주(縱長板胄)와 찰갑이 출토되었다. 종장판주는 세로로 긴 지판(地板)을 엮어 만든 몸체인 지판부(地板部)와 양 볼을 보호하기 위한 볼가리개·차양·복발(伏鉢) 등으로 나뉜다. 또한 지판부와 복발을 연결하고 보호하기 위한 타원형금구(楕圓形金具)도 존재한다.

본고의 연구대상에 해당되는 철제 무장의 세부 용어를 그림으로 정리하면 그림 4와 같다.

III. 철제 무장의 비교·검토

1. 마구

1) 사행상철기(蛇行狀鐵器, 기꽂이)

5세기 전반 무렵의 중국 풍소불묘(馮素弗墓)[8]에서 사행상철기와 형태는 다르나 동일한 기능의 유물이 출토되었다. 또한 고구려 고분벽화에 사행상철기가 묘사되었을 뿐만 아니라 고구려의 산성으로 지목되는 봉황산성(鳳凰山城)·마권산성(馬圈山城)에서 실물이 출토되었다. 벽화가 그려진 고구려 고분이 5세기 전반 무렵으로 편년되고[9] 산성에서 출토된 사행상철기가 5세기 무렵으로 설정되기 때

----

8 북연(北燕) 관료인 풍소불(馮素弗) 부부의 묘로로 풍소불은 415년 태평 7년에 죽은 선비계(鮮卑系) 한인(漢人)이다.

9 사행상철기가 그려진 고구려 고분 벽화로는 삼실총·통구 12호·쌍영총 벽화가 있

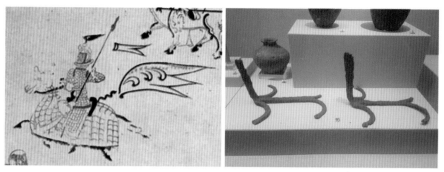

그림 5. 통구 12호묘에 묘사된 사행상철기와 풍소불묘 출토 기꽂이

문예(耿鐵華 2017) 한반도 남부지역 출토 사행상철기의 등장은 북연(北燕) 및 고구려와 관련이 깊을 것이다. 북연의 기꽂이 제작기술을 수용한 고구려가 뱀 모양의 신부로 개량했을 것으로 추정되며, 이러한 형태가 한반도 남부지역으로 전파된 것으로 판단된다.

한반도 남부지역에는 22점의 사행상철기가 존재한다. 이 중 기증품·소장품 3점을 제외한 나머지 19점은 발굴조사를 통해 출토되었다. 발굴된 19점의 사행상철기는 대체로 5세기 후반~6세기 중반 무렵의 가야·백제·신라의 대형 고총고분에서 출토되었으며, 이 중 가야와 신라에 집중된다. 따라서 사행상철기는 이 무렵 양 지역에서 크게 유행했던 것으로 판단된다. 한반도 남부지역에서는 5세기 중반 이전의 고분에서 아직 출토되지 않아 5세기 후반 이전과 이후의 고분을 구분하는 기준이 될 수 있다. 서산 여미리 Ⅰ-13호 출토 병(甁)·정읍 고사부리성 집수시설 출토 기와편 및 부여 쌍북리 154-10번지 사비 공방구 유적·공주 공산성 저수시설 출토 사행상철기로 볼 때, 백제에서도 제작된 것으로 추정된다. 그러나 유구가 6세기 전반~6세기 중반 이후로 편년[10]되기 때문에 가야와

다. 이러한 고분의 연대는 연구자마다 차이가 있으나 통구 12호묘 4세기 중반~5세기 전반, 삼실총은 4세기 말~5세 전반으로 편년된다(정호섭 2010, 249쪽).

10 서산 여미리 출토 병은 공주 단지리 유적 4구역 4호 횡혈묘·논산 표정리 모촌리 5

그림 6. 서산 여미리 병(좌 · 중)과 정읍 고사부리성 집수시설 출토 기와에 묘사된 사행상철기(우)

신라보다 그 시기가 늦다. 실용적이었던 백제 마장을 고려하면, 장식구의 일종인 사행상철기가 널리 사용되지 않았거나 늦게 유행했을 가능성이 있다.

사행상철기는 공부의 형태를 기준으로 분류되기도 하나(東潮 1997, 481쪽), 고정부와 연결부 · 신부의 형태에 따라 크게 A형 · B형으로 나뉜다. A형은 고정부가 U자형으로 폭이 30cm 이상으로 넓고 양단이 둥글게 말려있어 끈을 맬수 있는 형태이다. 연결부는 'S'자형에 가깝다. B형은 고정부가 ㄷ자형으로 폭이 25cm 이하로 좁고 그 끝은 곧게 뻗었다. 연결부는 역'L'자형에 가깝다. 이러한 고정부의 형태적 차이는 사행상철기의 착용 방법이 서로 달랐음을 의미한다. A형은 폭이 넓은 고정부를 안장 후륜 주변에 얹어 끼우고 고정부 양단에 끈을 맨 후 이 끈을 말의 배에 둘러 묶는 방법으로 착용된다(白井克也 2007). B형은 A형에 비해 폭이 매우 좁아 안장에 얹을 수 없으며, 고정부 양단에 끈을 매기 위한 고리가 없어 안장의 몸체 또는 후륜부 등에 끼워졌던 것으로 추정된다(유영춘 2015a, 50~54쪽).

호분 출토품과 비교할 수 있어 6세기 전반 무렵으로 편년할 수 있다. 정읍 고사부리성 출토 기와는 1차 집수시설(삼국시대)의 조성과 관련된 유물로 사비기 이후로 편년된다. 또한 공산성 저수시설과 부여 쌍북리 154-10번지 유적 역시 6세기 중반 이후의 사비기 유구 및 유적으로 판단된다.

표 2. 남한 출토 사행상철기의 형식분류

형태	A	B
그림		
유적 및 편년	합천 옥전 M3호분 2점(5C 후반) 합천 반계제 다A호분(5C 말) 함양 상백리 1호분(5C 말)[11] 남원 두락리 1호분(6C 전반) 진주 옥봉 7호분(6C 전반)[12] 진주 수정봉 2호분(6C 전반) 창녕 교동 89호분(5C 후반) 경주 금관총 2점(5C 말) 경주 천마총 2점(6C 전반) 양산 부부총(6C 전반) 부여 쌍북리 154-10(6C 중반 이후) 공주 공산성(6C 중반 이후) 국은 이양선 기증품(미상)	남원 월산리 M5호분(5C 후반) 고성 송학동 1A-1호(5C 말) 고령 지산동 518호분(6C 전반) 고령 지산동 A-19호(6C 전반) 경북대학교 소장품(미상) 고령 박물관 기증품 잔존상태 불량 형식설정 불가

표 3. 사행상철기의 착장방법(안)

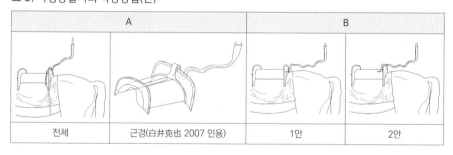

A		B	
전체	근경(白井克也 2007 인용)	1안	2안

---

11 종래에 B형으로 분류되었으나 고정부 휘어진 정도로 볼 때 A형으로 판단되어 재분류하였다.

12 고정부의 잔존상태를 근거로 필자의 분류안 중 B형으로 분류하기도 하나(東潮 1997, 481쪽) 고정부 양단의 굴곡과 벌어짐 등을 고려하면 A형으로 분류하는 것이 타당하다.

A형은 삼국시대에 한반도 남부지역에서 보편적으로 사용된 사행상철기로 백제·신라·가야 고분에서 모두 출토되었다. 봉황산성·마권산성 출토품도 A형이므로 이러한 형태의 기원을 고구려에서 찾을 수 있다. 남한 출토품 중 5세기 후반의 합천 옥전 M3호분과 창녕 교동 89호분 출토품이 가장 선행하며, 이후 5세기 말~6세기 중반까지 삼국에서 지속적으로 사용되었다. 두락리 1호분에서 출토된 사행상철기도 A형에 속한다. 이 고분이 6세기 전반으로 편년되기 때문에 사행상철기 역시 이 무렵에 제작된 것으로 보인다. 합천 등 대가야 고분에서 동일한 형태의 사행상철기가 이른 시기에 등장하였고 공반된 가야토기의 속성을 고려할 때, 대가야와의 관계 속에서 제작된 것으로 판단된다.

B형은 현재까지 가야 고분에서만 출토되어 가야의 사행상철기로 판단된다.[13] 남원 월산리 M5호분(5세기 후반)·고성 송학동 1A-1호 출토품(5세기 말)과 경북대학교 소장품이 이에 해당하며, 고정부가 결실되어 분명하지 않으나 연결부가 'L'형으로 구부러진 것으로 볼 때, 고령 지산동 518호분(6세기 전반)·고령 지산동 A-19호(6세기 전반) 출토품도 이에 해당하는 것으로 판단된다.[14] 사행상철기가 한반도 남부지역에 처음 등장한 5세기 후반 무렵 A·B 두 가지 형식이 지역을 달리하여 동시에 사용된 것으로 판단된다. 남원 운봉고원과 소가야·대가야 세 지역에서 B형의 사행상철기가 출토되었으므로 세 지역 간의 교류를 짐작할 수

---

13 앞으로의 출토 상황을 지켜봐야 하나, 고구려뿐만 아니라 일본에서도 B형 사행상철기의 출토 사례를 찾을 수 없어 한반도 남부 특히 가야지역만 사용된 것으로 판단된다.

14 고성 송학동 1A-1호는 박천수의 편년안(박천수 2018, 78·88쪽)을 참고하면 5세기 말로 편년된다. 함양 상백리 중생원촌 1호분은 유개장경호·개배의 형태로 볼 때 고령 지산동 44호와 동일 단계로 설정되며, 고령 지산동 518호분은 고령 지산동 45호분과 비슷한 시기에 축조된 것으로 보인다(국립가야문화재연구소 2016, 237쪽). 고령 지산동 A-19호는 고령 지산동 45호분과 동일 단계로 설정할 수 있다(재단법인 대동문화재연구원 2020, 405쪽). 박천수의 편년안에 따라 각각의 유구를 5세기 말·6세기 전반·6세기 전반으로 편년할 수 있다.

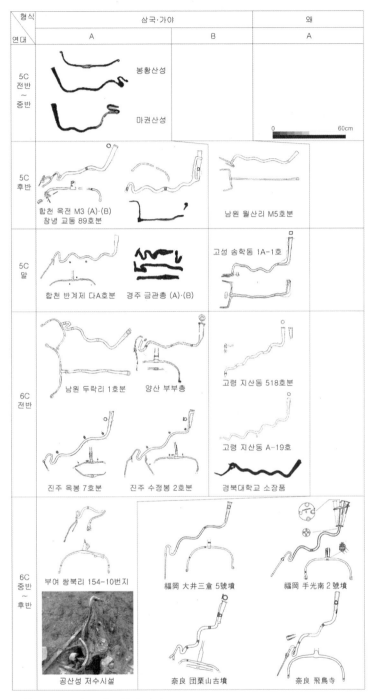

형식\n연대	삼국·가야		왜
	A	B	A
5C 전반 ~ 중반	봉황산성\n마권산성		0　　　　　60cm
5C 후반	합천 옥전 M3 (A)·(B)\n창녕 교동 89호분		남원 월산리 M5호분
5C 말	합천 반계제 다A호분　경주 금관총 (A)·(B)		고성 송학동 1A-1호
6C 전반	남원 두락리 1호분　양산 부부총\n진주 옥봉 7호분　진주 수정봉 2호분		고령 지산동 518호분\n고령 지산동 A-19호\n경북대학교 소장품
6C 중반 ~ 후반	부여 쌍북리 154-10번지\n공산성 저수시설	福岡 大井三倉 5號墳\n奈良 団栗山古墳	福岡 手光南 2號墳\n奈良 飛鳥寺

그림 7. 사행상철기의 유형별 전개

있다. 고분의 조성연대를 고려할 때, 5세기 후반 남원 운봉고원(월산리 M5호분)에서 가장 먼저 제작된 후 5세기 말을 전후한 시기에 소가야(고성 송학동 1A-1호)로 제작기술이 1차로 파급되었으며, 6세기 이후에 대가야(고령 지산동 518호·A-19호·경북대학교 소장품)로 전파되었을 가능성이 있다.

한편, 일본에서는 埼玉 將軍山古墳·福岡 船原古墳埋納坑·福岡 大井三倉 5號墳·福岡 手光南2號墳·奈良 飛鳥寺·奈良 団栗山古墳·山口 塔ノ尾古墳 등에서 8점의 사행상철기가 출토되었다. 형태는 모두 A형으로 고분의 연대를 고려할 때, 6세기 중반 무렵에 사행상철기가 처음 등장한 후 6세기 후반에 집중 사용된 것으로 판단된다(諫早直人 2015, 49쪽). 따라서 한반도 남부의 A형 사행상철기 제작기술이 왜(일본)로 전파된 것으로 판단된다. 즉, 이 유물은 동아시아의 교류 관계를 보여줄 수 있는 국제문물임에 틀림없다(東潮 1997, 496쪽).

2) 비(轡, 재갈)

남원 청계리 1호·월산리 M1-A호·M5호분·두락리 1호분·장수 삼고리 2-2호·동촌리 28호분·30호분·삼봉리 2호분에서 비가 출토되었다.

(1) 신식판비

남원 월산리 M1-A호·M5호분·장수 삼고리 2-2호·동촌리 28호분 출토 비는 함유가 타원형 또는 내만타원형인 '신식판비'[15]이다. 이러한 판비는 가야와 백제지역에서 크게 유행하여, 신라 판비와 형태 및 구조적으로 차이가 있다.[16]

----

15 5세기 이후에 등장하는 판비로 종방향의 함유금구와 유환, 타원형 또는 내만타원형 함유를 주로 갖는다. f자형 판비도 신식판비에 해당하나 여기에서는 이를 제외한 개념으로 사용하며, f자형 판비는 뒤에서 별도로 다룬다.

16 신라 판비는 심엽형 또는 타원형 함유에 십자형 함유 장식(십자형 철태)이 있으며, 인수는 인수외환이 굽은 일조선 또는 이조선 인수이다. 또한 유환과 함유금구, 인수호는 거의 사용되지 않는다. 가야와 백제의 판비는 함유가 내만타원형 또는 타원형

표 4. 삼국시대 신식판비 속성 분류표

함유					인수				
A(원형, 타원형)	B(내만타원형)	C(횡타원형)	D(횡내만타원형)	E(이형, 異形)	①(곧은)	②(인수호 별도)	③(일조선 국자형)	④(이조선 국자형)	⑤(인수호 일체)

백제보다 가야의 출토 사례가 현저히 많아 '대가야형 판비'로 명명되기도 한다.

가야의 신식판비에서 시간에 따른 변화양상을 가장 잘 반영하는 속성으로는 인수와 함유의 형태가 있다.

인수의 경우 5세기 중반 이전에 '곧은 인수①'와 '인수호가 연결된 인수②'가 주로 사용되다 5세기 후반부터 '일조선 국자형 인수③'와 '이조선 국자형④ 인수'가 출현한다. 5세기 말에 이르면 '인수호가 일체형인 인수⑤'도 등장한다. 즉, ①·②→③·④→⑤라는 변화를 찾을 수 있어 신식판비의 형태적 변천을 파악하는데 가장 중요한 속성이라 할 수 있다.

함유의 경우, 5세기 전반에는 함유폭/함유높이의 비율이 1.6 미만인 타원형(A)·내만타원형 함유(B)가 제작되다가, 5세기 중반부터 함유폭/함유높이의 비율이 1.6 이상인 횡타원형 함유(C)가 등장한다. 5세기 후반 이후에는 함유폭/함유높이의 비율이 1.6 이상인 횡내만타원형 함유(D)가 처음 등장할 뿐만 아니라 횡타원형(C)·횡내만타원형 함유(D)가 주로 사용된다. 5세기 말에 이르면 이형(異形) 함유(E)가 등장한다. 즉, 유형별 격차는 크지 않으나 A·B→C→D→E의 변화상을 엿볼 수 있다. 함유는 타원형계(A·C)와 내만타원형계(B·D)로 나뉘

에 가까운데 유환과 종방향의 함유금구가 사용된다. 또한 인수는 신라의 경우처럼 인수외환이 굽은 일조선 또는 이조선 인수도 사용되나, 인수외환이 곧은 일조선 인수와 인수호가 사용되는 점이 다르다(金斗喆 2000, 133쪽). 따라서 월산리 고분군에서 출토된 2점의 판비는 가야 또는 백제의 판비에 속한다.

표 5. 가야 · 백제 신식판비 속성분석표

번호	연대	유구명	함유					인수					함유재질	원두정장식
			A	B	C	D	E	①	②	③	④	⑤		
가야[17]	5C 전	고령 지산동 75[18]	●					●					금동	
		고령 지산동 35	●										철	
		부산 복천동 1(동아대)		●										
	5C 중	합천 옥전 M2	●						●				금동	금동
		합천 옥전 20			●				●				철	
	5C 후	합천 옥전 M3 (A)	●						●				은	은
		합천 옥전 82			●				●					금동
		합천 옥전 M3 (B)				●			●				금동	
		함안 도항리 문 54				●			●					은
		합천 옥전 76			●					●			철	
		합천 옥전 70			●					●				
		합천 반계제 가A(A)				●				●			철	
		함안 도항리 현 5				●				●			은	은
		합천 반계제 가A(B)				●				●			철	
		합천 문림리 20			●					●			철	
		함양 백천리 1-3				●					●		은	은
	5C 말	고성 송학동 1A-1				●						●	은	은
		김해 예안리 39호				●							철	
		고령 지산동 44(A)				●				●				은
		고령 지산동 44(B)				●				●				은
		고령 본관동 36	●							●			철	
		합천 반계제 다A	●							●			은	은
		고령 지산동 문 18					●						철	
		함양 상백리 1	●											
	6C 전	고령 지산동 518	●						●	●			금동	
		함안 말이산 26			●								철	
		고성 내산리 28-1			●				●				철	
		고성 내산리 21-8			●					●			철	
백제	5C 전	공주 수촌리 II-1	●						●				철	
	5C 중	천안 용원리 108[19]	●										철	
		완주 상운리 라-1-27	●							●			철	
		천안 도림리 5[20]			●					●			철	
		공주 수촌리 II-3[21]				●				●			철	
		완주 상운리 라-1-29					●			●			철	
	5C 후	익산 입점리 1	●						●				은	
		청주 신봉동 92-83			●				●				철	
		고창 봉덕리 4			●				●				철	
		공주 수촌리 II-4			●	●							철	
		청원 주성리 다2			●					●			철	
		청주 신봉동 82-B7			●					●			철	
		연기 송원리 KM-096	●							●			철	
전북동부	5C중	남원 월산리 M1-A				●				●			철	
	5C 후	남원 월산리 M5호			●				●				철	
	5C 말	장수 삼고리 2-2			●					●			철	
	5C 말	장수 동촌리 28			●							●	철	

는 평면형태보다 함유폭/함
유높이의 비율(1.6 미만/1.6 이
상)이 시간에 따른 변화를 잘
반영하는 것으로 판단된다.
함유의 폭이 점차 넓어지고
내만타원형으로 변화하는 것
은 장식성을 더하기 위한 것
과 관련이 깊다.

　이처럼 가야에서는 5세기
중반까지 '타원형(A) · 횡타원
형 함유(C)'에 '인수호가 연결

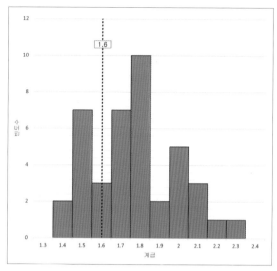

그림 8. 신식판비 '함유폭/함유높이' 히스토그램

---

17 가야고분의 연대를 설정함에 있어 박천수의 안을 주로 참고하였다.

18 'X'자형 함유금구가 부착되었고 유환이 존재하지 않는 것으로 볼 때, 전형적인 신식판비로 볼 수 없으나, 고식판비와 신식판비의 전환 과정을 보여줄 수 있는 자료이므로 분석대상에 포함하였다.

19 소호는 475년 한성기 형태에 해당(土田純子 2006, 168쪽)하고 '人'자형 함유를 갖는 환판비는 가야에서 합천 옥전 M1호분 출토품 등 5세기 중반 무렵까지 사용되는 것을 감안하면, 천안 용원리 108호를 늦어도 5세기 중반 이전에 조성된 것으로 판단된다.

20 도림리 5호는 내부에서 출토된 삼각 거치문 토기편이 한성 1기(250~350년)의 대옹과 비교 가능하나(충청문화재연구원 · 대전지방국토관리청 2011, 290쪽.), 목심윤등의 병두부편이 신식(新式)의 형태를 띠고 있어 5세기 전반 이후로 편년할 수 있다. 또한 5호는 3호와 구조적으로 큰 차이가 없어 거의 동시기에 조성된 것으로 보이는데, 3호는 내부에서 출토된 배를 근거로 5세기 중반으로 편년된다(土田純子 2014, 130쪽). 따라서 5호 역시 이 무렵에 축조된 것으로 판단된다.

21 공주 수촌리 II-3호 석곽은 연구자마다 약간의 차이가 있으나 5세기 전반~5세기 중반으로 편년된다.

연구자	이한상(2005)			성정용(2010)			김낙중(2010)			이훈(2010)			土田純子(2014)		이문형(2020)		
	1호	3호	4호	1호	3호	4호	1호	3호	4호	1호	3호	4호	1호	4호	1호	3호	4호
시기	5C 1/4	5C 2/4	5C 3/4	5C 전	5C 1/4	5C 1/4 ~2/4	5C 전~중			4C 4/4	5C 1/4	5C 2/4	5C 1/4	5C 2/4	5C 1/4	5C 2/4	5C 2/4

된 인수(②)'로 구성된 신식판비가 주로 사용되다가, 5세기 후반부터 합천 옥전 70호분·76호분·반계제 가A호분(A·B)·합천 문림리 20호·고령 지산동 44호분 출토품처럼 '횡타원형(C)·횡내만타원형(D) 함유'에 '일조선 국자형 인수(③)'가 결합된 신식판비가 사용되기 시작한다.

표 6. 연구자별 주요 가야 고분 편년안

연구자 연대	이희준(1995)	김두철(2001)	박승규(2003)	박천수(2010)	정주희(2016)
4C 3/4				고령 쾌빈 1 합천 옥전 68	
4C 4/4				합천 옥전 23	
5C 1/4	고령 지산 35	부산 복천25·26· 31·32·35·36	고령 쾌빈 1 합천 옥전 23·68	고령 지산 35	고령 지산 73
5C 2/4	고령 지산 32·33 합천 옥전 M1 남원 월산 M1-A	부산 복천 10·11·21·22 고령 쾌빈 1 합천 옥전 23	고령 지산 30·32·34·35 합천 옥전 91	고령 지산 32 합천 옥전 M1·M2 남원 월산 M1-A	고령 지산 30·35
5C 3/4	합천 옥전 70·M3 합천 반계제 가A·다A	부산 복천 53·39 고령 지산 35 합천 옥전 M2	합천 옥전 M1·M2 합천 옥전 20 남원 월산 M1-A	합천 옥전 M3 합천 반계제 가A·다A 함양 백천리 1-3	고령 지산 32 남원 월산 M1-A
5C 4/4	합천 옥전 M6 함양 백천 1 고령 지산 44	고령 지산 32 합천 옥전 M1 남원 월산 M1-A 합천 옥전 M3	합천 옥전 M3·70 장수 삼고리 13	고령 지산 44 합천 옥전 M4 합천 반계제 가B	합천 옥전 70·M3 고령 지산 44
6C 1/4	고령 지산 45 합천 옥전 M4 합천 옥전 M7	합천 반계제 가A·다A 고령 지산 44 합천 옥전 M4·M7	합천 옥전M4·M6· M7·86 남원 두락리 1	고령 지산 45 합천 옥전 M6 남원 두락 1	고령 지산 45 합천 삼가 1-A 진주 수정봉2 진주 옥봉7
6C 2/4	남원 두락 1 진주 옥봉 7	고령 지산 45·39 합천 옥전 M6·M10 진주 수정봉2·옥봉7	합천 옥전 M10·78 진주 수정봉2·옥봉7	합천 옥전 M10 합천 삼가 1 남원 두락 3	고령 고아동 벽화 합천 저포 DⅠ-1
6C 3/4		합천 옥전 M11 진주 수정봉 3	합천 옥전 M11 남원 두락리 2	합천 옥전 M11 남원 두락 2 진주 수정봉 2 진주 옥봉 7	

백제에서는 5세기 중반 이전에 타원형(A)·횡타원형(C)·횡내만타원형(D) 함유 뿐만 아니라 일조선 국자형 인수(③)도 출현한다. 즉, 천안 도림리 5호·공주 수촌리 II-3호·천안 용원리 108호 출토품 등으로 볼 때, '횡타원형(C)·횡내만타원형 함유(D)'와 '일조선 국자형 인수(③)'로 이루어진 신식판비가 5세기 중반부터 등장함을 알 수 있다. 따라서 동일한 형태의 신식판비가 가야보다 1분기 이상 먼저 사용되었다. 가야에 비해 백제 마구의 형식 변화가 한 단계 빠를 뿐만 아니라(오동선 2020, 130쪽) '일조선 국자형 인수(③)'가 백제 비(轡)에서 기원하였음을[22] 고려하면, 5세기 후반 가야에 등장하는 횡타원형(C)·횡내만타원형 함유(D)에 '일조선 국자형 인수(③)'로 이루어진 신식판비는 백제의 영향을 받아 등장했을 가능성이 있다.[23]

월산리 M1-A호 출토 신식판비는 '횡내만타원형 함유(D)'와 '일조선 국자형 인수(③)'로 이루어졌다. 합천 반계제 가A호분·고령 지산동 44호분에서 동일한 형태의 신식판비가 출토되었음을 근거로 월산리 M1-A호가 5세기 후반~5세기 말로 편년되기도 하였다(諫早直人 2009, 565쪽; 류창환 2012, 193쪽). 그러면서

---

22 가야 후기 비(轡)에서 확인되는 유환과 일조선 국자형 인수는 북방지역과 가야 전기의 비에서 찾을 수 없고, 백제에서 5세기 중반 이전부터 널리 사용되었기 때문에 백제의 영향을 받았을 가능성이 높다(류창환 2012, 270쪽).

23 전면에 능각(稜角)이 세워져 단면 형태가 오각형인 목심윤등(류창환의 분류 중 IB4·IB5식)은 고령 지산동 32·33·35호분·합천 옥전 70·M2호분 등 대가야 권역의 수장층 고분에서 집중적으로 출토되어 소위 '지산동형 등자' 또는 '대가야형 등자'로 불린다. 대가야 권역의 출토 사례가 많아 하나의 지역성을 설정하는데 무리가 없으나, 원주 법천리 1호(5세기 전~중반)·공주 수촌리 II-1·3·4호 석곽 등 이보다 이른 시기의 백제 고분에서 같은 형태의 등자가 출토되어 그 기원을 백제에서 찾을 수 있다(신경철 1989, 30쪽; 이훈 2005, 228~234쪽; 류창환 2007a, 160쪽). 또한 가야의 등자 중 병부와 윤상부가 철판으로 보강되고 답수부가 넓은 목심윤등(류창환의 분류 중 IIB1식)과 가야 호등의 기원을 백제에서 구하기도 해(류창환 2007a, 168쪽) 백제가 가야 후기 마구 형성에 미친 영향은 적지 않았던 것으로 생각된다.

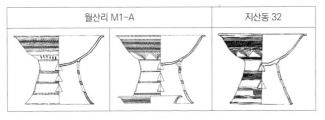

월산리 M1-A	지산동 32

그림 9. 남원 월산리 M1-A호 출토 발형기대의 비교

대가야 신식판비의 제작기술이 5세기 후반 이후 주변으로 전파되면서 월산리 출토품이 등장하는 것으로 해석되었다.

　　그러나 월산리 M1-A호와 합천 반계제 가A호분·고령 지산동 44호분을 동일한 단계로 설정하는 것은 선행연구와 부합되지 않는다. 표 6에 제시된 편년안을 살펴보면, 연구자별로 실연대는 다르나 월산리 M1-A호는 합천 반계제 가A호분·고령 지산동 44호분보다 1~2분기 가량 선행한다. 특히 월산리 M1-A호에서 출토된 대가야양식 발형기대는 투창이 일렬로 배치되었을 뿐만 아니라 발부의 깊이·송엽문과 파상문의 시문 방법 등이 고령 지산동 32호분에 가까우며 (이희준 1994, 119쪽; 박천수 2010, 86쪽; 김세기 2003, 156쪽; 정주희 2016, 211쪽), 유개장경호의 구연부 및 경부도 직선적이고 동체부도 현저히 크다. 또한 가야지역에서 5세기 중반 무렵까지 주로 사용된 세형(細形) 지판 종장판주가 부장되었을 뿐만 아니라 5세기 후반 이후부터 등장하는 사행상철기(기꽂이)가 출토되지 않았다.[24]

　　반면, 합천 반계제 가A호분·고령 지산동 44호분(이상 횡내만타원형 함유(D)와 '일조선 국자형 인수(③)'로 이루어진 신식판비가 출토된 고분)뿐만 아니라 합천 옥전 70호분·76호분(이상 횡타원형 함유(C)와 '일조선 국자형 인수(③)'로 이루어진 신식판비가 출토된 고분)에서 출토된 발형기대는 발부의 깊이가 얕아졌고 교호 투창이 뚫렸으며, 유개장경호의 동체부도 크게 줄었다. 월산리 M1-A호보다 분명 후행하는 고분들로 판단된다. 박천수의 편년안을 참고하면 월산리 M1-A호는 5세기 중반, 합천 반계제 가A호분·고령 지산동 44호분·합천 옥전 70호분·76호분 출토품은 5세기 후반 이후의 실연대를 부여할 수 있다.

24　5세기 후반으로 편년되는 월산리 M5호분에서는 사행상철기(기꽂이)가 출토되었다.

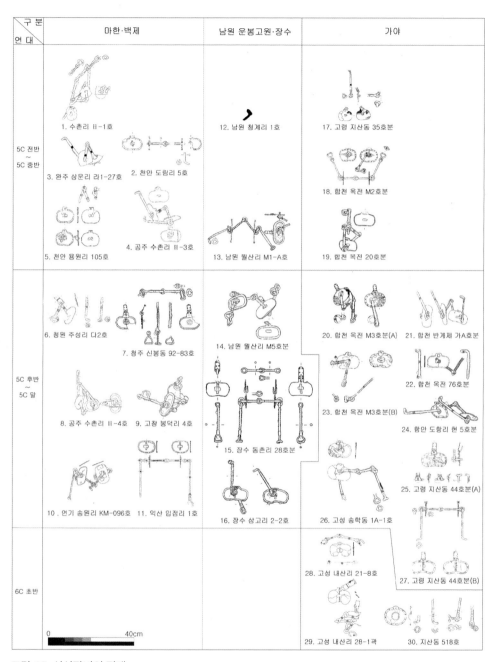

구분 연대	마한·백제	남원 운봉고원·장수	가야
5C 전반 ~ 5C 중반	1. 수촌리 II-1호 3. 완주 상운리 라1-27호 2. 천안 도림리 5호 5. 천안 용원리 105호 4. 공주 수촌리 II-3호	12. 남원 청계리 1호 13. 남원 월산리 M1-A호	17. 고령 지산동 35호분 18. 합천 옥전 M2호분 19. 합천 옥전 20호분
5C 후반 ~ 5C 말	6. 청원 주성리 다2호 7. 청주 신봉동 92-83호 8. 공주 수촌리 II-4호 9. 고창 봉덕리 4호 10. 연기 송원리 KM-096호 11. 익산 입점리 1호	14. 남원 월산리 M5호분 15. 장수 동촌리 28호분 16. 장수 삼고리 2-2호	20. 합천 옥전 M3호분(A) 21. 합천 반계제 가A호분 22. 합천 옥전 76호분 23. 합천 옥전 M3호분(B) 24. 함안 도항리 현 5호분 25. 고령 지산동 44호분(A) 26. 고성 송학동 1A-1호
6C 초반		28. 고성 내산리 21-8호 29. 고성 내산리 28-1곽	27. 고령 지산동 44호분(B) 30. 지산동 518호

0   40cm

그림 10. 신식판비의 전개

따라서 현재 자료로 볼 때, '횡타원형(C)·횡내만타원형 함유(D)'와 '일조선 국자형 인수(③)'로 이루어진 신식판비는 가야의 영역 중, 남원 운봉고원(월산리 M1-A호)에서 가장 먼저 등장하는 것으로 판단된다. 운봉고원 출토 마구를 가야의 영역권 내에 한정할 경우 종래의 견해처럼 해석이 가능할지 모르겠으나, 앞서 지적한 것처럼 5세기 중반 무렵 백제에 동일한 신식판비가 이미 존재했음을 고려하면, 월산리 M1-A호 출토품은 가야가 아닌 백제의 영향을 받아 제작되었을 가능성도 있다(유영춘 2015b, 104쪽). 월산리 M1-A호 출토품은 함유와 인수의 세부형태로 볼 때, 공주 수촌리 II-3호 출토품과 가장 유사하다.

주지하다시피, 월산리 고분군이 위치한 운봉고원은 백제와 가야를 잇는 주요 길목이자 관문(關門)이다(곽장근 2019, 138쪽). 백제 마구의 제작기술이 교통로를 따라 가야로 전파되면서 그 경계인 남원 운봉고원(월산리 M1-A호)에 최신의 신식판비가 먼저 부장된 것으로 추정된다. 공반된 금은상감환두대도와 월산리 M5호분 출토 계수호·두락리 32호분 출토 수대경 및 금동 식리편 등에서도 백제와의 관련성을 엿볼 수 있어 이러한 가능성을 뒷받침한다.

또한 고령·합천·고성·함안 등 다른 가야에서 출토된 신식판비는 함유가 주로 금동과 은 등으로 화려하게 장식되었다. 또한 못을 통해 주연대가 부착된 경우 못 머리의 지름이 0.4~0.5cm 내외로 크고 은 등으로 도금되어 육안으로 쉽게 관찰된다. 백제 신식판비의 함유는 익산 입점리 출토품[25]을 제외하고 모두 도금 없이 철로 이루어졌으며, 천안 도림리 5호·천안 용원리 108호·청주 신봉동 82-B7호 출토품처럼 주연대 부착 시 사용된 못의 머리가 작고 도금되지 않아 육안으로 관찰하기 어렵다(표 5 우측 참조). 월산리 M1-A호 출토품의 경우 모두 철로 제작되었을 뿐만 아니라 주연대 고정을 위한 못이 X-선 촬영을 통해서

---

25 '8'자형 함외환의 존재로 보아 백제에서 제작된 판비로 판단되나, 함유 외면이 은으로 도금되었고 대가야에서 개발된 철사 감긴 함이 사용되며, 편원어미형행엽이 공반 출토된 것으로 볼 때, 가야 또는 신라 마구의 제작기술이 반영된 것으로 보인다.

만 확인되기 때문에 이는 백제 기술을 기반으로 제작되었음을 보여주는 하나의 제작기법 상 특징으로 생각된다.

삼고리 2-2호 출토품 역시 월산리 M1-A호 출토품처럼 횡내만타원형 함유(D)에 '일조선 국자형 인수③'로 이루어졌다. 주연대가 입문공까지 둘러진 점은 다른 지역에서 찾을 수 없는 특징이나, 5세기 전중반~6세기 전반 무렵 백제와 가야에서 사용된 신식판비와 큰 차이가 없다. 공반된 가야 및 백제 토기·도자형 철촉의 형태로 볼 때, 5세기 말에 제작된 것으로 판단된다.

한편, 월산리 M5호분 출토품처럼 횡타원형 함유(C)에 '인수호가 연결된 인수②'로 구성된 신식판비는 합천 옥전 M2·20·M3호분·함안 도항리 문54호분·청주 신봉동 92-83호·익산 입점리 1호·고창 봉덕리 4호·고성 내산리 28-1호 출토품으로 볼 때, 가야와 백제에서 5세기 중반~6세기 전반에 주로 사용된 것으로 보인다. 이러한 신식판비는 백제와 가야에서 모두 사용되었을 뿐만 아니라 사용 기간도 길어 월산리 M5호분 출토품과 관련된 한 지역을 특정하기 어렵다. 다만, 고창 봉덕리 4호 출토품은 월산리 M5호분 출토품처럼 모두 철로 제작되었고 구조와 형태·크기가 거의 일치한다. 또한 두 점 모두 X-선 촬영 및 실견 결과[26] 주연대를 부착하기 위한 못이 확인되지 않아 못 고정 외 다른 방법으로 주연대가 부착된 것으로 추정된다. 즉, 양자는 소재·형태·제작기법 등으로 볼 때 동일 장인에 의해 제작되었다고 할

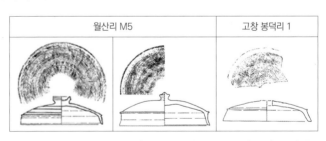

그림 11. 남원 월산리 M5호 출토 개와 고창 봉덕리 1호분 출토 개의 비교

26 X-선 촬영 및 해석에는 이영범 국립부여박물관 학예연구사 선생님과 국립전주박물관 신성용 연구원 선생님의 도움이 있었다. 도움을 주신 선생님들께 지면을 빌어 감사의 말씀을 드린다.

만큼 공통적인 속성이 많다. 뿐만 아니라 답수부가 한 갈래인 철제 등자와 함께 세트로 부장되었다는 점도 동일하다.

고창 봉덕리 1호분에서 출토된 개(蓋)는 파상문 또는 점열문이 시문되었고 토기의 색조가 자색(紫色)을 띠고 있어 가야와의 상호 교류가 추정되는데(원광대학교 마한·백제문화연구소·고창군 2016, 249쪽), 월산리 M5호분에서도 유사한 속성의 토기가 출토되었다. 아직 발굴조사 자료가 부족하여 경로를 밝힐 수 없으나, 5세기 후반[27] 무렵 양 지역의 교류 속에서 동일한 형태의 마구가 부장되었을 가능성이 있다.

동촌리 28호분 출토품은 횡내만타원형 함유(D)와 인수호가 일체형인 인수(⑤)로 구성되었다. 앞서 지적한 것처럼 횡내만타원형 함유(D)는 백제와 가야지역을 통틀어 5세기 중반~5세기 후반부터 본격적으로 출현하며, 인수호가 일체형인 인수(⑤)는 고령 지산동 32호분 표비와 지산동 45호분 환판비·고성 송학동 1A-A호 신식판비로 볼 때, 가야지역에서 5세기 중반부터 등장하여 6세기 전반까지 사용된 것으로 보인다.

동촌리 28호분 출토품은 함유와 인수의 형태를 고려할 때, 5세기 중반 이후에 제작된 것으로 판단된다. 다만, 공반된 유개장경호가 5세기 말로 편년되는 고령 지산동 44호분 출토품과 유사하여 비는 5세기 말을 전후한 시기에 제작된 것으로 보인다. 인수호가 일체형인 인수(⑤)의 사용 예가 백제에서는 찾을 수 없고

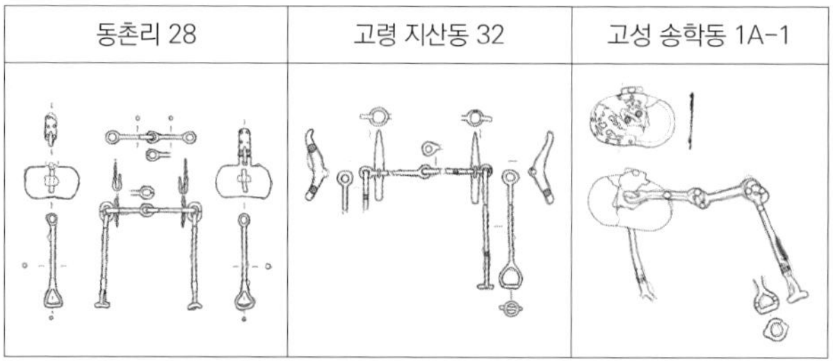

동촌리 28	고령 지산동 32	고성 송학동 1A-1

그림 12. 장수 동촌리 28호분 출토 신식판비와 비교 자료

----

[27] 금동식리의 문양과 제작기법, 중국자기의 연대를 근거로 고창 봉덕리 1호분 4호분은 5세기 후반경으로 편년된다(이문형 2020, 126~140쪽).

가야에만 있어 동촌리 28호분 출토 비는 가야와의 관계 속에서 제작된 것으로 판단된다. 특히, 고령 지산동 32호분 출토 표비가 가장 선행한다는 점을 고려하면 그 원류는 소가야보다 대가야에 있는 것으로 판단되며, 대가야에서 개발된 이러한 인수가 5세기 말 무렵 장수 동촌리와 고성 송학동 등 주변으로 전파된 것으로 생각된다.

한편, 5세기 전반으로 편년되는 청계리 청계 1호 석곽에서 일조선 국자형 인수(③)가 출토되었다. 인수만 출토되어 어떤 종류의 비가 사용되었는지 알 수 없으나, 최신 인수인 국자형 인수(③)가 사용된 것으로 볼 때, 5세기 전반부터 이 지역에 선진 마구 제작기술이 도입되었음을 추정할 수 있다.

(2) f자형 판비

동촌리 30호분에 f자형판비 1점이 출토되었다. 함유는 만곡도(彎曲度)가 크지 않고 완만하며, 인수외환은 외측으로 굽어 있다. 이러한 f자형 판비는 신식판비에서 장식성을 강화하기 위해 개량된 것으로 알려져 있는데(이상율 2009, 135쪽), 5세기 후반 합천 옥전 M3호분 출토품을 시작으로 고령 지산동 44호분·동래 복천동 23호분·함안 도항리 22호분·고성 송학동 1A-1호·1A-6호·해남 월송 조산고분·공주 송산리 고분 등 백제와 가야의 왕릉 또는 수장층의 분묘유적에서 5세기 말~6세기 전반에 본격적으로 등장한다. f자형 판비의 출현 시점과 공반 유물을 고려할 때, 동촌리 출토품은 6세기 전반에 제작된 것으로 판단된다.

(3) 환판비

삼봉리 2호분과 두락리 1호분에서 단환판비와 복환판비가 각 1점씩 출토되었다.

곡X자형 함유금구가 부착된 삼봉리 2호분 출토 단환판비는 함과 인수가 유환 없이 직접 연결되었다. 이 비는 6세기 전반으로 편년되는 고령 지산동 45호

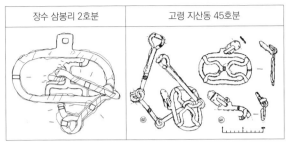

장수 삼봉리 2호분	고령 지산동 45호분

그림 13. 장수 삼봉리 2호분 환판비와 지산동 45호분 환판비

분 출토품과 유일하게 비교된다. 따라서 대가야와의 관계 속에서 제작된 것으로 판단되며, 환판비의 형태와 공반된 토기를 고려할 때, 6세기 전반 무렵으로 제작된 것으로 이해할 수 있다.

국내에서 출토된 20점의 복환판비 중 16점이 삼국시대 고분에서 출토되었다. 고분의 연대로 볼 때, 5세기 후반~6세기 전반(유영춘 2015b, 104~108쪽)을 전후한 시기에 신라·가야와 왜(일본)에서 집중 사용된 것으로 판단된다(諫早直人 2007, 135쪽). 이러한 비는 6세기를 전후한 시기에 단환판비를 대체하면서 출현한 것으로 알려졌으나(김두철 2000, 144쪽) 5세기 후반부터 복환판비가 등장하기 때문에 향후 이에 대한 신중한 검토가 필요하다.

표 7. 복환판비의 형식분류표

함유			연결방법			인수		
A	B		a	b		① (인수호 별도)	② (일조선 국자형)	③ (이조선 국자형)
	B-1	B-2		b-1	b-2			

복환판비를 구분할 수 있는 속성으로는 함유의 형태(제작방법)·연결방법·인수의 형태가 있다.

함유는 '양단에서 둥글게 말아 붙인 것(A)'과 '둥글게 말아 외환을 만든 후 중앙에서 8자형의 함유금구를 꼬아 만든 것(B형)'으로 구분된다. 후자는 입문이 있는 것(B-1형), 입문이 없는 것(B-2형)으로 세분된다. 함유의 형태는 시간적 변화양

표 8. 복환판비의 함유 형태와 연결방법 분류

유적명	성격	함유	연결방법	인수	연대
경주 미추왕릉 9구역 A호 2	신라	A	a		6C 전반
고성 내산리 8호분 주곽	가야	A	b-1	①	6C 전반
산청 생초 9호분	가야	A	b-1	①	6C 전반
함안 도항리(경) 10호	가야	A	b-2	③	6C 전반
충주산성지	신라	A	b-1(?)	③	6C 중반(?)
경주 월성로 다-6호	신라	B-1	a	③	5C 후반
김해 예안리 57호분	가야	B-1	a	③	6C 전반
창원 다호리 B42호		B-1(?)	a	②	6C 전반
경주 천마총	신라	B-1(?)	a		6C 전반
경주 미추왕릉 4지역 A지구 3호분 1곽	신라	B-1			6C 전반
경주 안압지	신라	B-1	a	③	7C 이후(?)
의성 대리리 46-4호 목곽	신라	B-1	b	③	6C 전반
합천 삼가 Ⅰ-M2-1호 석곽	가야	B-1		③	6C 전반
익산 왕궁리 동측 환수구		B-1			
양주 대모산성		B-1			
대구 시지지역 95호 석곽	신라	B-2	a	③	5C 말
남원 두락리 1호분	가야	B-2	b-2	③	6C 전반
나주 정촌 1호 석실A	마한	B-2	b-2	③	6C 전반
나주 정촌 1호 석실B	마한	B-2	b-2	③	6C 전반
합천 옥전 85호분	가야	?	b-1	③	6C 전반

상 및 지역성을 가장 잘 반영하는 속성이다.

연결방법은 유환이 없는 것(a)과 유환이 있는 것(b)으로 나뉘는데, 유환이 있는 것은 '함외환에 함유금구와 유환이 걸린 후 유환에 인수가 별도로 연결된 것(b-1)'과 '유환에 함외환과 함유금구·인수내환이 모두 걸린 것(b-2)'으로 세분된다. 신라에서 출토된 복환판비는 대부분 유환이 없으나(a) 가야와 마한에서 출토된 것은 유환이 있어(b-1·b-2) 뚜렷한 지역색을 보인다(유영춘 2015b, 104쪽). 인수는 세 종류로 분류되며, 이 중 이조선 국자형(③) 인수가 가장 많이 사용된다.

공반된 유물로 볼 때, 복환판비는 함유의 형태가 B-1형(5세기 후반)→B-2형(5세기 말)→A형(6세기 이후) 순으로 출현했던 것으로 판단된다. 5세기 후반으로 편년

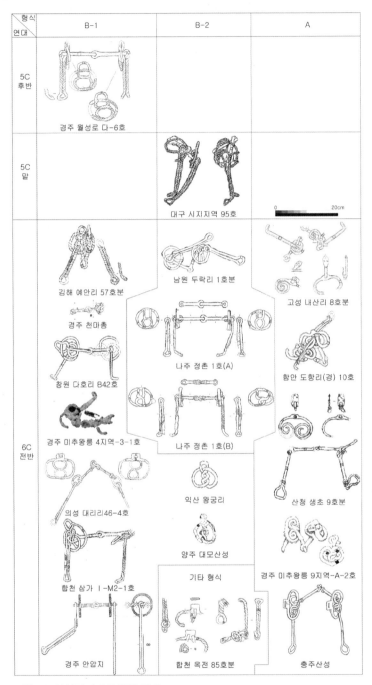

형식 연대	B-1	B-2	A
5C 후반	경주 월성로 다-6호		
5C 말		대구 시지지역 95호	0 20cm
6C 전반	김해 예안리 57호분 경주 천마총 창원 다호리 B42호 경주 미추왕릉 4지역-3-1호 의성 대리리46-4호 합천 삼가 I-M2-1호 경주 안압지	남원 두락리 1호분 나주 정촌 1호(A) 나주 정촌 1호(B) 익산 왕궁리 양주 대모산성 기타 형식 합천 옥전 85호분	고성 내산리 8호분 함안 도항리(경) 10호 산청 생초 9호분 경주 미추왕릉 9지역-A-2호 충주산성

그림 14. 복환판비의 유형별 전개

되는 경주 월성로 다-6호[28] 출토품으로 볼 때, 입문이 있는 B-1형이 가장 먼저 개발된 후, 5세기 말 무렵 대구 시지지역 95호 석곽[29] 출토품처럼 입문이 없는 B-2형으로 개량된 것으로 추정된다.[30] 따라서 B형(B-1·B-2형)의 원류를 신라에서 찾을 수 있다. A형은 6세기 이후 B-1형 복환판비처럼 가야와 신라에서 주로 사용되었다.[31]

두락리 1호분 출토 복환판비는 B-2형의 함유를 채용하고 있어 신라에 원류를 두고 있는 것으로 판단된다.[32] 그러나 신라 출토 복환판비는 모두 유환이 없으나(a형) 두락리 출토품은 유환을 사용하고 있어(c형) 연결방법이 다르다. 두락리 출토품과 함유의 형태 및 연결방법까지 동일한 유물로는 6세기 전반 무렵의 나주 정촌 1호 석실 출토품[33]을 꼽을 수 있다. 복환판비 제작기술이 신라에서 가야와 마한으로 전파되면서 가야와 백제(마한)에서 사용되던 유환이 부가된 것으로

----

28 경주 월성로 다-6호는 고배·대부장경호 등의 형태가 황남대총 북분·경주 월성로 가-11-1호 출토품과 비교 가능하여 동일 단계의 고분으로 이해된다. 이러한 고분이 5세기 후엽으로 편년되기 때문에 월성로 다-6호 역시 동일한 연대로 설정할 수 있다 (남익희 2014, 72쪽).

29 유개고배의 대각 높이 및 접지면의 지름과 대부장경호의 사선으로 뻗은 구연부 및 중상위에 위치한 최대경 등을 고려할 때, 천마총보다는 앞서나 월성로 가-4호보다 약간 후행하는 것으로 판단된다. 따라서 잠정적으로 5세기 말 늦은 시기로 편년할 수 있다.

30 초기에는 굴레를 걸기 위해 입문을 만들었으나 그 후 입문 없이도 함유외연과 함유 금구 사이에 걸 수 있다는 것을 인지하면서 B-2형의 함유가 등장하는 것으로 추정된다.

31 충주산성은 신라 진흥왕 대 소경(國原) 설치와 관련된 산성으로 내부에서 출토된 유물은 6세기 중반~7세기의 신라유물이 대부분을 차지한다. 따라서 이러한 유물 속에서 출토된 복환판비 역시 신라에서 제작된 것으로 판단된다.

32 남원 두락리 1호분 출토품이 대구 시지지역 95호 석곽 출토품과 유사함을 근거로 기술적 교류가 있었음을 추정한 바 있다(유영춘 2015b, 108쪽).

33 복환판비는 1호 석실의 운영단계와 관련된 유물로 그 시기는 5세기 4/4~6세기 1/4 분기로 볼 수 있다(국립나주문화재연구소 2017, 515쪽).

철제 무장(武裝)으로 본 전북 가야의 대외교류와 전술체계 — 273

판단된다. 고분의 연대 등을 근거로 신라(경주 월성로 다-6호·대구 시지지역 95호 석곽)-남원 운봉(두락리 1호분)·마한(나주 정촌 1호 석실)이라는 복환판비의 전파 루트를 생각할 수 있다.

따라서 두락리 1호분 출토품은 신라와의 교류뿐만 아니라 월산리 M5호분 출토 신식판비와 더불어 당시 운봉지역과 영산강 유역 분구묘 축조(마한) 세력과의 교류를 간접적으로 보여주는 유물로 이해된다. 아직 그 경로 등을 제시할 수 없으나 나주 정촌 고분군 출토 성시구 등에서 가야와 관련성이 확인되어(오동선

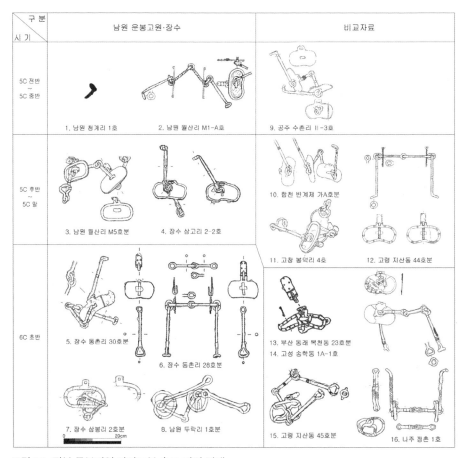

그림 15. 전북 동부지역 가야고분 출토 비의 전개

2018, 38쪽) 이러한 가능성을 뒷받침한다.

앞의 검토내용을 바탕으로 남원 운봉고원과 장수 가야고분에서 출토된 비의 변천 과정을 정리하면 그림 15와 같다. 이 지역에서는 5세기 중반부터 5세기 말까지 신식판비만 사용되다가 6세기를 기점으로 f자형 판비·단환판비 및 복환판비가 등장한다. 이는 삼국시대 비의 변천 양상과 큰 차이가 없다.

3) 등자(鐙子, 발걸이)

남원 청계리 1·2호 석곽·월산리 M1-A호·장수 삼봉리 28호분·동촌리 30호분에서 목심윤등편과 남원 두락리 32호분에서 목심호등편이 출토되었다. 또한 남원 월산리 M5호분·두락리 1호분, 장수 삼봉리 2호분에서 철제윤등도 출토되었다.

청계리 2호 석곽에서 출토된 목심윤등편은 윤상부에 해당하는 것으로 능각(棱角) 없이 전·후·측면이 철판으로 보강되었다. 또한 목심윤등편의 측면 두께가 동일한 것으로 볼 때, 윤상부와 답수부의 두께가 동일한 등자로 판단된다. 즉, 천안 용원리 12호 석곽·청원 주성리 1호 석곽·청주 신봉동 92-93호·합천 옥전 8호분 출토품처럼 윤상부의 전·후·측면이 능각 없이 철판으로 보강되고 답수부와 윤상부의 두께가 동일한 형태의 목심윤등이다. 이러한 등자들은 5세기 전반[34]~5세기 중반[35]에 출현하는 것으로 알려져 있다. 청계리 1호 석곽에서 출토된 목심윤등편은 윤하부 및 답수부 안쪽을 보강했던 철판으로 추정되는데, 철판의 폭이 1.8cm 내외로 하부와 상부의 폭이 동일한 것으로 볼 때, 역시 청계

---

34 합천 옥전 8호는 옥전 23호와 동일 단계로 판단된다. 합천 옥전 23호는 4세기 말(박천수 2010, 55~102쪽)~5세기 중반(조영제 2007, 75~126쪽)으로 편년된다. 천안 용원리 12호 출토 등자는 5세기 전반 경으로 편년된다(성정용 2003, 12쪽).

35 청주 신봉동 92-93호 출토 파배는 5세기 중반 이전으로 편년되기 때문에(김규동 2012, 196~198쪽) 등자 역시 같은 시기로 볼 수 있으며, 청원 주성리 1호 석곽 출토 등자 역시 5세기 중반으로 편년된다(성정용 2003, 12쪽).

리 2호 석곽 출토품과 동일한 형태의 등자편으로 추정된다.

월산리 M1-A호 출토품은 병두부와 윤상부만 철판으로 보강된 등자로(유영춘 2015b, 92·93쪽), 비교 자료를 고려하면, 답수부의 폭이 윤상부보다 넓었던 것으로 판단된다. 이러한 등자는 '신봉동형 마구' 중 하나로 5세기 중반 이전 백제에서 기원하여 가야로 파급된 것으로 알려져 있는데,[36] 가야에서는 합천 옥전 20호분·76호분·합천 반계제 가A호분·함양 백천리 1-3호분·고령 지산동 44호분 등 5세기 중반 이후의 고분에서 주로 출토되었다. 공반된 신식판비와 더불어 5세기 중반 무렵 백제에서 가야로의 마구 제작기술 전파 과정을 보여주는 유물로 생각할 수 있다. 동촌리 30호분에서 출토된 목심윤등도 월산리 M1-A호 출토품과 동일한 형태이다. 공반 유물을 고려할 때, 6세기 전반 경에 제작된 것으로 판단되는데, 이 무렵에는 이러한 등자가 백제와 가야지역에서 널리 사용되었다.

동촌리 28호분에서는 목심윤등의 병두부편이 출토되었다. 철편의 형태와 구조 등으로 볼 때, 화성 마하리 서-9호 석곽묘·호-16호·청주 신봉동 92-54호·김해 양동리 107호분·김해 양동리 78호분·합천 옥전 23호분·합천 옥전 67-B호분 출토품 등 5세기 전반 이전에 주로 사용되었던 고식(古式)등자의 병두부로 판단된다. 그러나 동촌리 28호분은 공반된 신식판비와 공반유물로 볼 때, 5세기 말에 조성된 고분으로 판단되기 때문에 등자와 시기 차가 크다. 이미 오래 전에 제작되어 사용된 등자를 후대에 부장한 것으로 추정된다.

한편, 삼국시대 철제 등자는 시간이 지남에 따라 답수부의 형태가 1갈래(5세기 후반~6세기 전반 사용)→2갈래(6세기 전반 주로 사용)→3갈래·광폭(6세기 전반~6세기 중반)으로 변화한다. 이는 기수의 안정을 도모하기 위해 개선된 것으로 판단된다

---

36 병부 상부와 윤상부가 별도의 철판으로 보강되고 답수부가 넓은 목심윤등(류창환의 분류 중 ⅡB1식)은 가야에서 5세기 후반부터 본격적으로 사용된다. 이는 '신봉동형 마구' 중 하나로 5세기 중반 무렵 백제에서 개발되어 가야로 이입된 등자로 해석된다(류창환 2007a, 164쪽).

(류창환 2007b, 296쪽).

　월산리 M5호분 출토 철제윤등은 돌기가 없는 1갈래의 답수부(踏受部)를 가지고 있어 5세기 후반의 삼국시대 초기 철제윤등의 형태를 잘 반영한다. 장수 삼봉리 2호분 출토 철제윤등은 돌기가 없는 2갈래의 답수부를, 두락리 1호분에서 출토된 철제윤등은 돌기가 있는 2갈래의 답수부를 가진다. 2갈래의 답수부로 볼 때, 양자 모두 월산리 M5호분 출토품보다 후대에 제작된 철제윤등으로 판단된다. 공반 유물을 고려하면, 양자 모두 6세기 전반 무렵으로 편년할 수 있으나 돌기가 없는 장수 삼봉리 2호분 출토품이 돌기가 있는 두락리 1호분 출토품보다 상대적으로 이른 시기에 제작되었을 가능성이 있다.

　한편, 두락리 32호분에서 호등이 출토되었다. 목심호등(木心壺鐙)으로 구흉금구와 윤부 외면 등을 보강하던 철편이 남아있으며, 은 도금된 소형 못을 박아 장식성을 강조하였다. 호등은 고구려·중국동북지방에서 찾아볼 수 없고, 중국 중원에서는 당대(唐代)에 이르러 등장하는 것으로 보아, 한반도 남부지역에서 자체적으로 개발된 등자로 파악된다(이상율 2007, 60쪽). 공주 수촌리 II-3호 석곽 출토 호등을 고려하면 5세기 중반 이전 제작기술이 백제에서 개발되어 5세기 말~6세기 전반에 백제와 가야 등 주변지역으로 확산된 것으로 보인다. 대형 고분을 중심으로 극소량 출토되고 장식성이 강하여 상위계층에서 소유했던 의례용 등자로 판단된다.

　호등은 구흉금구가 상부에서 하부까지 전체적으로 드리워지면 백제계, 윤부 상부까지만 드리워지면 가야계로 구분된다(이상율 2007, 67쪽; 김낙중 2010, 113~115쪽). 두락리 32호분 출토품은 구흉금구가 상부에서 하부까지 전체적으로 드리워졌고 그 끝이 삼각형으로 마무리 되었으며, 목심 고정을 위한 못이 2개씩 나란히 박혀있다. 공주 수촌리 II-3호 석곽 출토 호등과 모두 일치하여 그 원류가 백제에 있음을 알 수 있다. 두락리 32호분보다 후행하는 6세기 전반의 고성 내산리 28-1호·고령 지산동 1호분·경산 임당 6A호분에서 유사한 형태의 호

등이 출토되었으나,[37] 구흥금구 철판의 단면과 못의 고정방법 등을 고려할 때, 고성 내산리 28-1호 출토품이 가장 유사하다. 즉, 공주 수촌리 Ⅱ-3호 석곽(5세기 중반)-남원 두락리 32호분(5세기 말)-고성 내산리 28-1석곽(6세기 전반) 출토품으로 계보가 이어져,[38] 백제를 비롯한 소가야와의 교류 관계를 추정할 수 있다.

이처럼 남원 운봉고원과 장수 가야고분에서 출토된 등자는 시간에 따른 변화를 잘 반영한다. 동촌리 28호분 출토 고식 목심윤등은 전북 동부지역에서 출토된 등자 중 가장 오래된 등자로 5세기 전반에 제작된 것으로 판단된다. 5세기 전반에 접어들어 청계리 1·2호 석곽에서 신식등자가 등장하기 시작하는데, 병

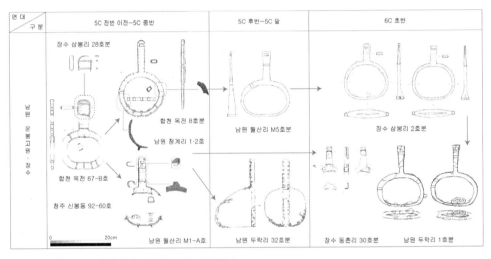

그림 16. 전북 동부지역 가야고분 출토 등자의 편년

- -

37 고성 내산리 28-1호 석곽에서 출토된 유개장경호와 개로 볼 때, 고성 송학동 ⅠB-1호 석곽 출토품과 비교 가능하여 6세기 전반 무렵으로 편년할 수 있다. 고령 지산동 1호분은 개와 단경호의 형태를 고려하여 고령 지산동 45호분 단계로 설정할 수 있어 6세기 전반 무렵에 조성된 것으로 판단되며(영남대학교박물관 2004, 108쪽), 경산 임당 다A호분도 6세기 전반으로 편년된다(박천수 2010, 135쪽).

38 단면 'V'자형의 구흥금구와 목심에 철판을 고정하기 위한 못이 2열로 배치된 점 등이 유사하다.

부와 윤상부의 전·후·측면이 모두 철판으로 보강되고 윤상부와 답수부의 폭이 동일하다. 그 후 5세기 중반 무렵, 병두부와 윤상부의 전·후면만 철판으로 일부 보강되고 답수부가 넓은 등자가 월산리 M1-A호에서 출현하며, 장수 동촌리 30호분 출토품처럼 6세기까지 사용이 지속된다.[39] 5세기 후반에는 월산리 M5호분에서 1갈래의 답수부를 갖는 철제윤등이 출현하며, 5세기 말에는 이전시기의 목심윤등 제작기술을 바탕으로 목심호등이 출현한다. 6세기 전반에는 두락리 1호분·삼봉리 2호분 출토품으로 볼 때, 기수의 안정을 도모하는 방향으로 철제 윤등이 개량되었던 것으로 판단된다.

4) 편자

6세기 전반의 장수 동촌리 1호분에서 편자 1점이 출토되었다. 편자에 못이 박혀있고 말뼈와 함께 출토된 것으로 볼 때, 말에 실제 사용했던 것으로 판단되며, 형태로 보아 말의 뒷발에 착용되었던 것으로 생각된다.

가야에서는 이러한 편자가 산청 평촌리 224호에서 출토되었다. 대가야의 중심지인 고령·합천에서 출토되지 않고 인접한 양 지역에서 편자가 출토된 것으로 보아 당시 장수·산청 등 백두대간 주변의 가야계 소국을 중심으로 편자를 부장하는 공통된 매장의례가 존재했던 것으로 추정된다.

장제사(裝蹄師)는 단야를 통해 편자를 제작한 후, 숙련된 기술로 말의 발굽에 부착해야 한다. 편자가 발굽에 맞지 않는다면 현장에서 즉시 변형해야 하기 때문에 이 유물은 장수지역에 단야기술과 장제(裝蹄) 기술이

그림 17. 장수 동촌리 1호분 및 산청 평촌리 254호 출토 편자

---

39 동촌리 30호분과 같은 중형 석곽묘에도 이러한 목심윤등이 부장된 것으로 볼 때, 6세기 전반 무렵까지 사용이 지속되면서 중·하위 계층에게도 보급된 것으로 판단된다.

존재했음을 보여준다.

2. 무기

1) 도(刀)

(1) 월산리 M1-A호 상감환두대도(象嵌環頭大刀)

남원 월산리 M1-A호에서는 금과 은으로 장식된 상감환두대도가 출토되었다. 신부 없이 환두와 파부만 잔존하며, 파부에 병두금구가 존재한다. 또한 초구금구로 추정되는 상감편[40]이 1점 더 출토되었다. 외면에 육각문(六角文)이 연속적으로 시문되었고 육각문 모서리에는 원문이 있다. 육각형 내부에 작은 육각문과 화문이 배치되었으며, 화문이 없는 곳에는 집선호문이 상감되었다. 육각문 상단과 하단에는 횡침선과 파상문으로 이루어진 문양이 새겨졌다. 다른 문양은 은으로 상감되었으나 꽃잎만 금으로 상감되어 장식성을 더하였다. X-선 촬영을 통해 초구금구에 새겨진 와문(渦文; 소용돌이 또는 물결 무늬)의 존재가 확인되었다(이영범 2019, 67쪽).

월산리 M1-A호 출토 환두대도는 삼국시대 상감대도 중 문양구성이 가장 화려하다(李承信 2008, 44쪽). 유물의 제작지 또는 제작에 영향을 준 지

| 환두 및 병부 (병두금구) | 환두 세부 | 병두금구 세부 | 초구금구 |

사진 1. 남원 월산리 M1-A호 출토 상감환두대도와 소환두대도

---

40 이 편에 대해 환두대도 2점 중 다른 1점의 병두금구 또는 병연금구로 파악하는 견해(이영범 2009, 44쪽)도 있으나 최근에는 대체로 상감환두대도의 초구금구로 파악한다(국립공주박물관 2015, 92쪽). 월산리 M1-A호 유구 실측도를 보면, 이 편이 다른 환두대도와 포개져 있지 않고 상감환두대도 파부 근처에 있는 것으로 볼 때, 상감환두대도의 초구금구로 파악하는 것이 합리적일 것이다.

역에 대해 가야와 백제로 양분된다. 전자는 월산리 M1-A호에서 출토된 가야토기와 고령 지산동 32NE-1 출토 상감환두대도를 근거로 대가야가 서부지역으로 진출하는 과정에서 제작기술 또는 완제품이 남원 운봉(월산리)에 전파된 것으로 보는 견해이다(김세기 2003, 234쪽; 박경도 2019, 157쪽). 후자는 무령왕릉 출토 족침(足枕) 및 용봉문환두대도의 육각문·화문과의 관련성(원광대학교 마한·백제문화연구소 1983, 70쪽)과 '남조-백제-가야·왜(일본)'라는 상감기술의 전파루트를 근거로 백제의 영향 속에서 제작된 것으로 본다(朴淳發 2000, 9쪽).

월산리 출토품의 문양 구성은 기본적으로 육각문이다. 전 세계에서 육각문을 본격적으로 사용한 곳은 팔미라·파르티아·사산조이란 등 서아시아였다(具慈奉 2001, 453쪽). 서아시아의 문물이 실크로드를 통해 중국 한(漢)에 유입되면서 육각문이 전파된 것으로 추정되는데, 이러한 문양은 전연 등 중국 화북지역에서 4세기 대 이후 변화 발전하였다.[41]

육각문은 중국 화북지역에서 북조를 통해 남조로 전파된 후(이귀영 2010, 308쪽) 백제를 거쳐 가야와 신라로 전파되었거나, 북조에서 고구려를 통해 백제로 유입된 후[42] 가야

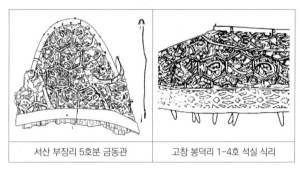

| 서산 부장리 5호분 금동관 | 고창 봉덕리 1-4호 석실 식리 |

그림 18. 육각문으로 장식된 백제 유물

---

41 월산리 상감환두대도와 동일한 문양이 장식된 4세기대 유물로는 전연(前燕)에서 제작된 안장(鞍裝, 337~370년)이 있으며, 5세기대 유물로는 서진(西秦) 건홍(建弘) 원년(420년)에 제작된 감숙성(甘肅省) 병령사(炳靈寺) 제169호굴 북벽 6호 무량수 3존상 본존의 의습·북량(北涼)의 돈황(敦煌) 막고굴(幕高窟) 제275굴의 본존인 교각보살상의 신광이 있다. 이러한 문양은 486년 무렵의 북위 영하(寧夏) 고원묘(固原墓) 채색칠화목관(彩色漆畵木棺)으로 이어진다(이귀영 2010, 271~274쪽).

42 북조와 고구려는 5세기 전반 장수왕 대에 본격적이 통교(또는 조공 관계)가 있었기

와 신라로 전파된 것으로 추정된다(이송란 2012, 225·226쪽; 윤정아 2013, 22쪽). 전파 경로가 어떻든 한반도와 직접적으로 관련된 육각문의 기원은 북조에 있다.

귀갑문이 장식된 마한·백제의 유물로는 서산 부장리 5호분 금동관·6-6·8-1호분 식리·고창 봉덕리 1-4호 식리·무령왕릉 식리·무령왕릉 두침 및 족침·나주 복암리 3호 식리·함평 신덕리 1호분 식리가 있다. 서산 부장리 금동관의 연대(이훈 2012, 96쪽)를 고려할 때, 백제로 유입된 육각문은 5세기 중반 이전부터 위신제의 장식에 사용되었던 것으로 보인다. 육각문이 장식된 백제의 대도로는 6세기 전반 무렵의 무령왕릉 출토 용봉문환두대도가 있으나, 5세기 중반부터 백제 유물에 육각문이 사용되었음을 고려한다면, 추후 육각문이 장식된 이른 시기의 환두대도가 출토될 가능성이 있다.

가야와 신라의 5세기 중반 이전 유물 중 육각문이 장식된 유물은 아직 보고되지 않았다. 5세기 후반에 이르러서야 황남대총 북분 출토 은잔에 육각문이 장식되기 시작하며, 가야에서는 육각문과 유사한 팔각문(八角文)이 합천 옥전 M3호분 출토 안장에 장식된다. 그 후 식리총 식리·대구 내당동 55호분 안장·양산 부부총 태환이식·천마총 안장 등 5세기 말~6세기 전반의 유물에서 이러한 문양을 찾을 수 있다.[43]

가야에서 출토된 대도 중 육각문이 장식된 것으로는 고령 지산동 39호·창녕 명리III-1호 출토품이 있다.[44] 고령 지산동 39호 용봉문환두대도에는 월산리 출

때문에 이 과정에서 육각문이 들어왔을 가능성이 있다.

43 식리총은 5세기 말을 전후한 시기로 편년(이한상 2004)되고 천마총과 부부총은 6세기 전반을 전후한 시기, 대구 내당동 55호분은 5세기 말경으로 편년된다(박천수 2010, 136쪽). 황남대총 북분은 연구자마다 차이가 있으나 대체로 5세기 후반 경으로 편년된다(김용성 2009, 54쪽; 박천수 2010, 136쪽).

44 이상의 대도가 출토된 고분은 5세기 말 이후로 편년된다. 지산동 39호분은 일제강점기에 보고되어 유물의 속성을 자세히 알 수 없으나, 일단 다투창고배·개배·유개장경호의 형태를 종합적으로 고려해보면 옥전 M3호분과 지산동 44호분 사이에 해

토품처럼 환두와 병두 금구에 장식되어 비교할 수 있으나 상감기법이 아닌 타출(打出) 기법으로 장식되었다. 창녕 명리Ⅲ-1호 출토 방두대도의 병두부에는 월산리 출토품과 유사한 육각문이 상감 기법으로 장식되었다. 합천 옥전 M4호분 출토 상감환두대도에도 모서리에 원문이 있는

| 고령 지산동 39호 | 합천 옥전 M4호분 | 창녕 명리 Ⅲ-1호 | 히라이 1호분 | 다이쇼야마 |

사진 2. 육각문 장식대도

문양이 상감기법으로 새겨졌으나, 엄밀히 따지면 육각문이 아닌 마름모이다.

월산리 M1-A호는 내부에서 출토된 가야토기와 후술할 세형지판 종장판주의 형태 및 사행상철기의 부재(不在) 등을 근거로 5세기 중반 무렵으로 편년할 수 있어 상감환두대도도 이 무렵에 제작된 것으로 추정된다. 앞서 살펴본 것처럼 육각문은 백제에서 5세기 중반 이전부터, 가야와 신라에서는 5세기 후반에 들어서야 위신제의 장식으로 활용되었다. 또한 월산리 출토품의 육각문에는 화문만 새겨졌는데, 유사 사례를 무령왕릉 식리와 두침 및 족침·나주 복암리 3호 식

당하는 5세기 말 이른 시기로 편년할 수 있다. 옥전 M4는 발형기대가 송엽문과 파상문으로 장식되었고 원형투공고배가 출현하여 5세기 말로 편년된다(박천수 2010, 136쪽). 창녕 명리Ⅲ-1호는 상감대도와 공반된 유개고배의 형태가 호우총 출토품과 유사한데(경남고고학연구소 2001, 425쪽), 호우총은 대체로 천마총보다 한 단계 늦게 편년되기 때문에 6세기 전반(이희준 2007, 159쪽; 김용성 2009, 54쪽)을 전후한 시기로 편년된다.

리·함평 신덕리 1호분 식리 등 마한·백제 유물에서 주로 찾을 수 있다.[45] 따라서 육각문의 등장 시점과 문양의 구성 등을 고려할 때, 월산리 M1-A호 출토 상감환두대도는 가야보다 백제와 관련이 깊은 것으로 생각된다.

한편, 귀갑문 상하에 새겨진 파상문은 서산 부장리 7-2호[46]·합천 옥전 35호분[47]·전 청주 신봉동 고분군 출토품을 고려할 때, 5세기 전반부터 백제와 가야 모두 존재했던 것으로 판단된다. 아직 5세기 후반의 대도에서 동일한 문양을 찾을 수 없어 월산리 출토품이 5세기 중반 무렵에 제작되었음을 보여주는 하나의 단서로 생각된다.

삼국시대에 사용된 화문으로는 연화문·당초문·인동문이 있다.[48] 월산리 출토품의 화문은 중앙의 원과 가장자리의 꽃잎으로 볼 때, 연화문으로 추정된다.[49]

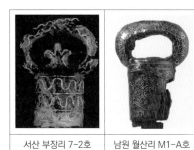

| 서산 부장리 7-2호 | 남원 월산리 M1-A호 | 합천 옥전 35호분 |

사진 3. 병두금구에 새겨진 파상문의 비교

연꽃문은 불교에서 깨달음·극락왕생·불성(佛性)을 상징하고, 불교 도입 이전의 고대 문명과 중국에서는 태양·천제(天帝)·군자(君子) 등을 의미한다. 즉, 연화문은 창조·번영·환

---

45 백제 이외에 이러한 문양이 장식된 사례로는 5세기 중반의 집안 지신총·귀갑총 벽화와 6세기 전반의 양산 부부총 태환이식이 있다.

46 상감대도와 공반된 광구호 및 고배편의 형태로 볼 때, 5세기 전반을 전후한 시기로 편년된다.

47 합천 옥전 35호분은 23호분 출토 창녕양식 고배보다 뚜껑받이턱의 돌출도와 하부의 투창이 작아진 고배가 부장된 것으로 볼 때, 5세기 전반으로 편년된다(박천수 2010, 83쪽).

48 삼국시대에 연화문·당초문·인동문이 주로 사용되며, 고려시대에 이르러서야 국화·모란·매화 등이 보편적으로 사용된다(朴成海 2002, 6·7쪽).

49 유사한 문양이 장수 합미산성 출토 삼국시대 수막새에 장식되었다.

생뿐만 아니라 초월적 절대자·신성함 등을 나타낸다(전호태 2000, 207~231쪽). 화문을 감싼 육각문은 삼국시대에 봉황·서수(瑞獸)·연화문 등과 어우러져 천상의 세계 자체를 상징한다(이귀영 2010, 306쪽). 따라서 월산리 금은상감환두대도에 새겨진 화문과 육각문은 피장자의 높은 권위와 신성함을 상징할 뿐만 아니라 사후 천상세계에서 안녕과 영락(榮樂)을 누리라는 의미도 내포되었다.

(2) 두락리 상원하방형(上圓下方形) 은장(銀裝) 소환두대도와 장수 삼고리 오각형 소환두대도

두락리 4호분에서는 소환두대도가 출토되었다. 환두는 상원하방형으로 내부에 별도의 장식이 없으며, 외면은 은도금되었다.[50] 환두는 파부와 별도로 제작된 후 단접되었으며, 병부와 신부 역시 별도로 제작된 후 2개의 못으로 연결되었다(이영범 2009, 47쪽).

두락리 4호분 출토품처럼 환두가 은으로 도금된 유물로는 합천 옥전 M3·71호분·합천 반계제 가A호분·함양 백천리 1-3호분 출토품이 있다. 이 유물은 '합천-함양-남원'이라는 남강 상류를 중심으로 밀집 분포하며, 5세기 후반 이후로 편년되는 고분에서 집중 출토되었다.[51]

두락리 4호분은 5세기 말~6세기 초로 편년되는 남원 두락리 32호분 부곽·남원 건지리 b-1호·장수 호덕리 a-1·11호 등과 축조방법이 유사하고[52] 상원하

----

50 환두 기저면에 은도금 되지 않은 것으로 볼 때, 본래 병두금구가 존재했던 것으로 추정된다.

51 합천 옥전 M3·함양 백천리 1-3호는 5세기 후반으로 편년되고(박천수 2010, 73~88쪽) 합천 옥전 71호분 역시 옥전 M3호분과 같은 시기로 편년(조영제 2007, 126쪽)되기 때문에 5세기 후반으로 설정할 수 있다.

52 판석형 석재를 수직으로 잇대어 하단부를 마련하고 그 위에 소형 석재를 이용하여 가로, 세로 쌓기를 혼용하여 축조한 형식으로 가야 후기에 유행한 방식으로 알려져 있다. 전북 동부지역에서는 대형 석곽보다 규모가 작은 석곽 또는 부곽 등을 축조하는데 사용된 방법으로 전상학의 분류안 중 C형에 해당한다(전상학 2007, 127쪽).

사진 4. 국내 출토 상원하방형 소환두대도
(1.합천 옥전 M3호분, 2.합천 옥전 71호분, 3.함양 백천리 가A호분, 4.남원 두락리 4호분)

방형 소환두대도와 비교 가능한 유물들이 5세기 후반 이후의 고분에서 출토되었기 때문에 5세기 말로 편년할 수 있다. 따라서 상원하방의 환두가 은도금된 소환두대도는 합천을 대표로 하는 대가야지역에서 먼저 제작되기 시작하여 주변으로 전파된 것으로 추정되며, 두락리 4호분 출토품 역시 환두대도의 형태와 고분의 연대를 고려할 때, 대가야의 영향을 받은 것으로 판단된다(유영춘 2017, 63쪽).

상원하방형의 소환두대도와 유사하나 환두 상부 중앙이 뾰쪽하게 돌출되어 오각형을 띠는 것을 소위 '오각형 소환두대도'로 구분하기도 한다(구자봉 2004; 박경도 2019). 장수 삼고리 2-2호 석곽에서 이러한 환두대도가 1점 출토되었다. 논산 표정리 신고품·나주 정촌 1호·연기 송원리 KM-96호·오산 수청동 4-14호·서산 부장리 4호 분구 7호·익산 모현동 2가 유적 분구묘 1-1호·합천 반계제 가A호·합천 옥전 8호분 등 마한·백제와 가야의 고지(古地)에서 모두 출토되었으나 마한·백제지역의 출토량이 현저히 많다. 고분의 연대를 고려할 때, 5세기 전반~6세기 전반에 주로 사용된 것으로 보이나, 오산 수청동 4-14호[53] 및 서

---

53 오산 수청동 4-14호에서 출토된 상감환두대도는 5세기 전반을 전후한 시기로 편년되는 마갑총 출토품과 매우 유사하고 공반된 표비는 5세기 전반으로 편년된다(권도희 2012, 338쪽).

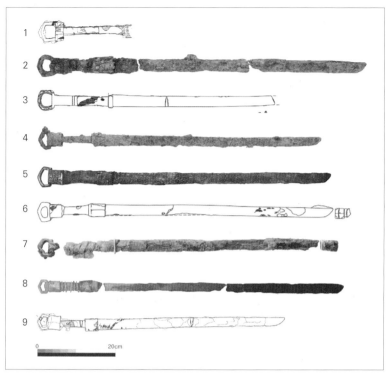

그림 19. 국내 출토 오각형 소환두대도
(1.합천 옥전 8호분, 2.서산 부장리 4호, 3.오산 수청동 4-14호, 4.장수 삼고리
2-2호, 5.합천 반계제 가A호, 6.연기 송원리 KM-96호, 7.나주 정촌 1호, 8.논산
표정리, 9.익산 모현동 2가 유적 분구묘 1-1호)

산 부장리 4-7호 출토품이 5세기 전중반으로 앞서 백제에서 기원했을 가능성이
있다. 삼고리 2-2호 출토품은 환두가 도금 없이 모두 철이고 세로 폭에 비해 가로
폭이 넓은 것으로 볼 때, 연기 송원리 KM-96호·익산 모현동 2가 유적 분구묘
1-1호·나주 정촌 1호 출토품과 비교할 수 있어 마한·백제 소환두대도의 영향을
받아 제작된 것으로 추정된다. 삼고리 2-2호 석곽에서 삼족토기 및 단경호가 출
토되어 이러한 가능성을 뒷받침한다.

(3) 목병도

목병도는 6개 고분에서 각 1점씩 출토되었다. 남원에서는 중형 석곽에만 부

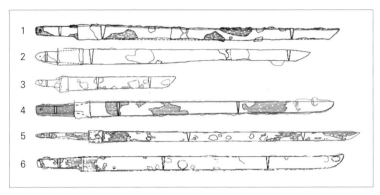

그림 20. 남원 운봉고원 · 장수 출토 목병도
(1.남원 유곡리 · 두락리 5호분, 2.남원 건지리 A10호, 3.장수 노하리 3호,
4.장수 삼봉리 2호분, 5.장수 동촌리 2호분, 6.장수 동촌리 30호분)

장되었으나 장수에서는 대형 석곽에서도 출토되어 위계차를 보인다.

5세기 전반으로 편년되는 장수 노하리 3호 출토품은 병부를 고정하기 위한 못이 없고 전체길이가 27.2m로 짧으나, 그 이후에 제작된 나머지 목병도는 병부를 고정하기 위한 못이 존재하고 전체길이가 56.2~70.6cm로 길다. 향후 출토 상황을 지켜봐야 하나, 5세기 전반에는 짧은 목병도가, 5세기 중반 이후부터 긴 목병도가 본격적으로 사용되었을 가능성이 있다. 또한 전체길이가 길수록 벨 때 강한 충격을 받았을 것으로 예상되기 때문에 병부를 단단히 고정시키기 위해 못이 사용된 것으로 판단된다.

표 8. 남원 · 장수 가야고분 출토 목병도 속성표

유적명	전체길이	신부길이	파부길이	관부형태	병연금구	고정방법	석곽 규모	연대
남원 두락리 5호분	67.5	57.3	10.2	편관	무	못 1개	중형	5C 말
남원 건지리 A10호	56.2	46.9	9.3	무관	유	못 1개	중형	6C 전반
장수 노하리 3호	27.2	22.1	5.1	양관	유	못 없음	중형	5C 전반
장수 삼봉리 2호분	61.8	50.8	11.0	양관	유	못 1개	대형	6C 전반
장수 동촌리 2호분	70.6	58.9	11.7	양관	유	못 1개	중형	6C 전반
장수 동촌리 30호분	66.2	56.4	9.8	편관	무	못 1개	중형	6C 전반

한편, 대체로 관부가 양관이면 병연금구가 존재하나 편관이면 병연금구가 존재하지 않는다. 양관은 경부(頸部)의 폭이 얇아 전투 시 병부가 쉽게 파손될 위험성이 있다. 따라서 이를 보완하기 위해 양관일수록 병연금구가 사용된 것으로 추정된다.

2) 촉(鏃)

남원 운봉고원과 장수 가야고분에서는 총 375점의 촉이 출토되었다. 모두 경부(頸部)가 형성되어 있으며, 촉두의 형태에 따라 도자형·사두형·유엽형·비대칭역자형[54]·광폭능형·방두형·역자형촉으로 분류된다. 형식분류표(표 9)를 참고하여 남원 운봉고원과 장수에서 출토된 촉을 시간의 순서에 따라 정리하면 그림 21과 같다.

남원 운봉고원에서는 도자형·사두형·유엽형·비대칭역자형·광폭능형·방두형·광폭역자형촉이 출토되었다. 후술할 장수에 비해 촉의 종류가 다양하다. 도자형·사두형·유엽형촉이 5세기 중반부터 6세기 전반까지 꾸준히 사용되며, 대형에서 소형에 이르는 매장주체부에서 모두 출토되는 것으로 볼 때, 세 종류의 촉은 남원 운봉고원의 실전용 주력촉으로 판단된다.

5세기 전반에는 남원 청계리 2호 석곽에서 방두형촉이 출토되었다. 대가야의 중심지인 합천과 고령에서 아직 이러한 철촉이 출토된 바 없어, 이 지역의 방두형 촉의 부장은 이례적인 현상이다(우병철 2006). 이는 군포 부곡동 I-3호·오산 수청동 5-1-1호·천안 두정동 I-5호·청주 신봉동 92-76·107호 등 백제에서 4세기 전반부터 5세기 중반 이전까지 출현하고(조규희 2013, 103쪽), 신라에서는 경주 황남동 109호·포항 옥성리 35호 등 5세기 전반부터 6세기 전반까지 지속적으로 사용된다(우병철 2006, 71쪽). 금관가야에서는 5세기 전반 무렵의 부산 복

---

54 종래에 '촉신부비대칭역자형(鏃身部非對稱逆刺形)촉'으로 불렸던 것과 동일하다.

표 9. 남원 운봉고원 · 장수 가야고분 출토 촉 형식분류표(축척부동)

명칭		도면	내용
도자형 (Ⅰ)	A (장신)		촉두 도(刀) 형태, 한쪽에 인부형성, 신부길이 10cm 이상
	B (중신)		촉두 도(刀) 형태, 한쪽에 인부형성, 신부길이 7~10cm 미만
	C (단신)		촉두 도(刀) 형태, 한쪽에 인부형성, 신부길이 7cm 미만
	D (기타)		촉두 도(刀) 형태, 촉두가 발달한 이형(異形)
사두형 (Ⅱ)	A (장신)		촉두 측면 각(角)져있어 뱀 머리 형태, 신부길이 10cm 이상
	B (중신)		촉두 측면 각(角)져있어 뱀 머리 형태, 신부길이 7cm 이상~10cm 미만
	C (단신)		촉두 측면 각(角)져있어 뱀 머리 형태, 신부길이 7cm 미만(점차 경부 뚜렷)
유엽형 (Ⅲ)	A (장신)		촉두 버드나무잎 형태, 촉신길이 10cm 이상
	B (중신)		촉두 버드나무잎 형태, 촉신길이 7~10cm 미만
	C (단신)		촉두 버드나무잎 형태, 촉신길이 7cm 미만
비대칭역자형(Ⅳ)			촉두 인부(刃部) 형성, 측면 교차로 2개 역자(逆刺) 형성, 신부길이 10cm 이상
광폭능형(Ⅴ)			촉두 능형(菱形), 촉두 최대 폭 2.5cm 내외, 신부길이 8cm 이상
방두형 (Ⅵ)	A (광폭)		촉두 끝 일직선, 촉두 최대 폭 2.5cm 이상, 신부길이 8cm 이상
	B (협폭)		촉두 끝 일직선, 촉두 최대 폭 2.5cm이하, 신부길이 8cm 이상
역자형 (Ⅶ)	A (광폭투공×)		광폭 촉두 양쪽 아래에 역자(逆刺) 형성, 투공 없음, 2단경식(段頸式)
	B (광폭투공○)		광폭 촉두 양쪽 아래에 역자(逆刺) 형성, 투공 있음
	C (협폭)		협폭 촉두 양쪽 아래에 역자(逆刺) 형성, 신부길이 9cm 이상
광검형 (Ⅷ)	A (장신)		촉두 광검형(広剣形), 2단경식(段頸式), 7cm 이상
	B (단신)		촉두 광검형(広剣形), 1단경식(段頸式), 7cm 미만

천동 11·21호에서, 소가야에서는 6세기 전반 이후의 고성 내산리 34호에서 출토되었다.

5세기 중반에 이르면 남원 월산리 M1-A호에서 도자형·사두형·유엽형·광폭능형촉이 등장한다. 도자형 촉은 신부의 길이가 9.5~13.2cm 내외의 중신(中身)·장신(長身)촉으로 고령 지산동 33호분·합천 옥전 M1호분 등 5세기 중반으로 편년되는 대가야 고분 출토품과 비교할 수 있다. 사두형·유엽형 촉은 모두 단신(短身)촉이며, 광폭능형촉은 촉신의 길이가 8.5cm 내외로 최대 폭이 촉두 상부에 위치한다. 광폭능형철촉은 방두형촉처럼 합천·고령 등 대가야에서 일반적으로 부장되지 않는다.[55] 월산리 출토품처럼 촉두의 하단부가 길고 경부가 1단인 방두형 촉은 마한·백제권에서 4세기 전반부터 본격적으로 등장하기 시작하여 6세기 전반을 전후한 시기까지 제작되며(조규희 2013, 103쪽), 신라에서는 포항 학천리 146호 등 4세기 중반~4세기 후반 무렵 집중적으로 등장한다(우병철 2006, 71쪽). 금관가야에서는 4세기 중반의 김해 예안리 110호부터 등장하기 시작하여 5세기 후반의 부산 생곡동 가달 17호까지 이어진다(우병철 2006, 71쪽).

5세기 후반에는 도자형·사두형·방두형촉이 사용되었다. 월산리 M6호분에서 출토된 도자형촉은 전시기의 월산리 M1-A호 출토품보다 촉두와 경부(頸部)의 길이가 상대적으로 길어졌다. 사두형·유엽형촉은 여전히 단신촉이 다수를 이루나 중신(中身) 촉이 등장한다. 방두형촉은 전 시기의 청계리 2호 석곽 출토품에 비해 신부의 길이가 넓어졌을 뿐만 아니라 폭이 광폭으로 변화했다. 이처럼 이 시기의 촉들은 신부의 길이가 길어지고 폭의 넓어지는 형태적 변화를 보이는데 이는 관통력과 살상력을 높이기 위한 개량의 결과로 생각된다.

5세기 말에는 중·단신의 사두형촉 소량과 비대칭역자형촉·협폭 역자형촉

---

55 고령 지산동 경10호 석곽에서 유사한 촉이 1점 출토되었다. 평면형태는 방두형 촉으로 보이나 단면형태가 이등변삼각형을 이루고 있어 세장방형을 이루는 일반적인 광폭능형촉과는 차이가 있다. 함께 출토된 사두형 촉의 변형으로 판단된다.

이 사용되었다. 두락리 32호분에서 출토된 비대칭역자형촉은 총 93점으로 신부의 길이가 11cm 이상의 장신촉이다. 인부 양쪽에 비대칭의 역자(逆刺)가 형성되었으며, 촉두 선단부에는 검(劍)처럼 양날이 형성되어 있다. 신부의 길이가 길고 촉두 선단부에 양날이 형성된 것은 관통력을 극대화하기 위한 것과 관련이 깊으며, 비대칭의 역자는 화살이 쉽게 빠지는 것을 방지하고 빼는 과정에서 2차 손상을 주기 위한 것이다. 삼국시대 촉 중 살상력이 가장 뛰어난 최신 촉으로 판단되나 형태가 복잡하여 제작 시 고도의 기술이 필요했을 것으로 추정된다. 비대칭역자형촉은 그동안 고령 지산동 44호분에서 1점·지산동 45호분에서 2점·김해 예안리 57호분에서 4점 등 5세기 말~6세기 전반[56]의 가야 고분에서 극소수 출토되었다. 두락리 32호분에서 월등히 많은 수가 출토되었을 뿐만 아니라 출현 시기도 늦지 않기 때문에 남원 운봉고원이 이러한 촉을 주도적으로 생산했을 가능성도 전혀 배제할 수 없다. 또한 비대칭역자형촉은 6세기 이후의 왜(일본)에서 다수 출토되어 가야와 왜와의 교류관계를 보여주는 유물로 해석되기 때문에(우병철 2007, 215쪽), 당시 운봉고원과 왜(일본)와의 교류도 짐작 할 수 있다. 두락리 32호분에서 출토된 협폭 역자형촉 역시 신부의 길이가 10cm에 달하는 장신촉이다. 나주 신촌리 9호분 을관·병관·호 옹관에서 유사한 형태의 철촉이 출토된 바 있다.

6세기 전반에 사용된 촉으로는 도자형·사두형·유엽형·방두형·광폭역자형·방두형촉이 있다. 건지리 고분군에서 출토된 도자형촉은 단신촉으로 전시기에 비해 촉두와 신부의 길이가 현저히 짧아졌다. 주지하다시피, 고령·합천 등 대가야지역에서 출토된 도자형 촉은 6세기 전반에 이르러 촉두와 경부의 길이가 짧게 퇴화하여 단신촉으로 변화하는데(장상갑 2009, 27쪽), 남원 운봉고원도 이와 동일한 양상이다. 사두형·유엽형촉은 단신촉이 대부분이나 장신 및 중신촉도 사

---

56 지산동 44호분은 5세기 말, 지산동 45호분과 김해 예안리 57호분은 6세기 전반으로 편년된다(박천수 2010, 55~136쪽).

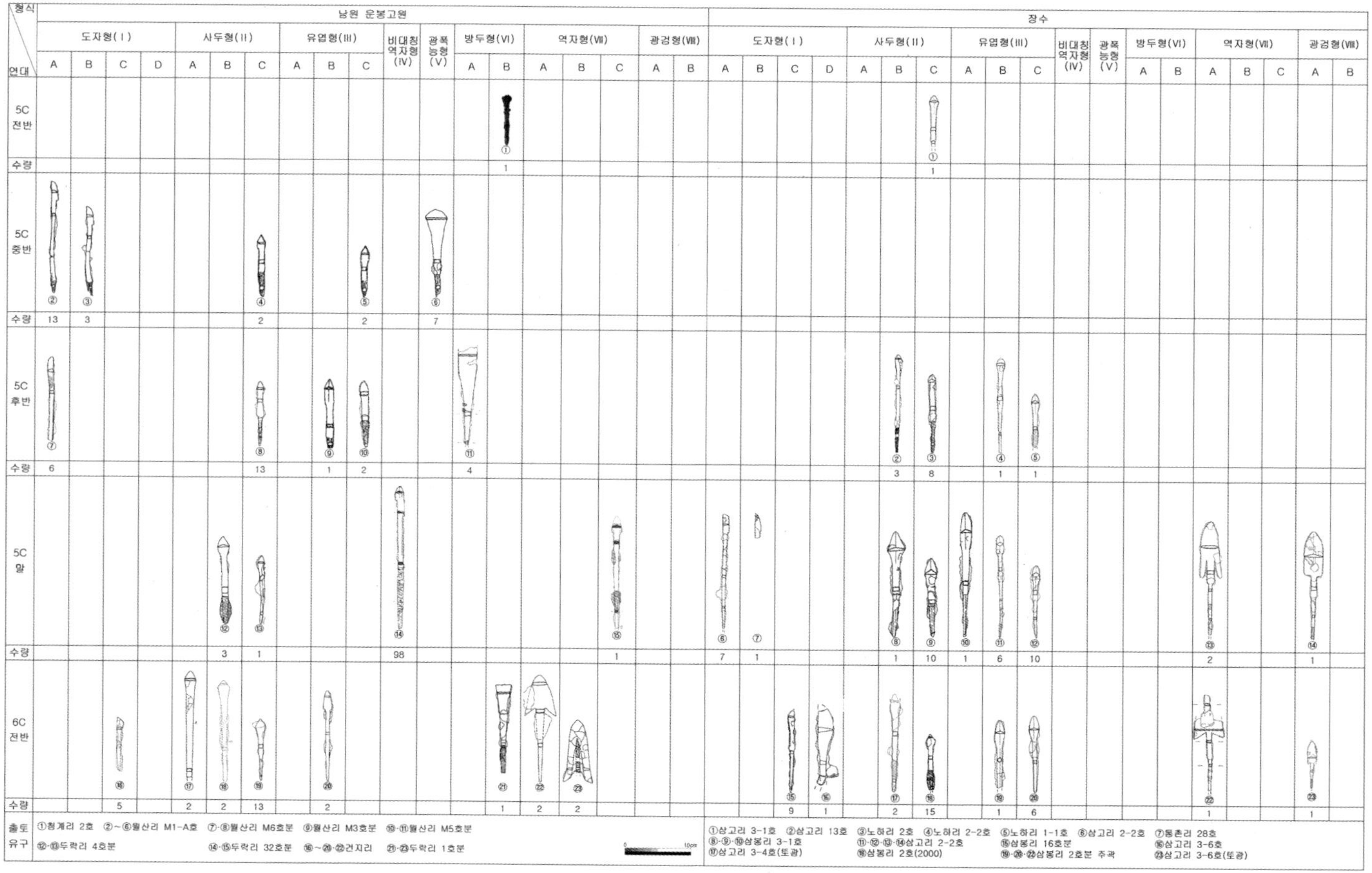

그림 21. 남원 운봉고원 · 장수 가야고분 출토 촉의 변화

용되었다. 방두형촉은 5세기 후반에 사용된 것에 비해 폭이 좁아지고 신부의 길이가 짧아졌다. 또한 이전에 사용되지 않았던 광폭 역자형 철촉이 새롭게 등장하는데, 투공이 없는 광폭 역자형촉은 금관가야의 고지인 김해·부산, 대가야의 고지인 고령·합천지역에서 4세기 중반에서 6세기 전반 무렵에 사용된 것으로 알려져 있다(우병철, 2006, 74~87쪽).

이처럼 남원 운봉고원에서 출토된 사두형·유엽형촉의 변화양상은 고령·합천 등 대가야 고분 출토품의 변화양상과 큰 차이가 없다. 그러나 대가야지역에서 찾기 어려운 방두형·광폭능형촉, 왜(일본)와 관련된 비대칭역자형촉이 다수 출토되었다는 점이 주목된다.

장수에서 출토된 촉은 도자형·사두형·유엽형·역자형·광검형촉으로 분류된다. 사두형촉과 유엽형촉은 5세기 전반부터 6세기 전반까지 지속적으로 사용되었을 뿐만 아니라 대형에서 소형에 이르는 매장주체부에서 모두 출토되었다. 도자형촉은 5세기 말부터 등장하나 그 후 형태적 변화가 뚜렷이 관찰되고 출토 수량이 적지 않다. 따라서 사두형·유엽형촉은 5세기 전반부터, 도자형촉은 5세기 말부터 이 지역에서 실전용 주력촉으로 사용된 것으로 판단된다.

5세기 전반에는 사두형 단신촉만 사용되다가 5세기 후반부터 중신 및 단신의 사두형·유엽형촉이 등장한다. 그 후 5세기 말에는 삼봉리 3-1호에서 장신의 유엽형촉이 등장하는 것으로 볼 때, 관통력과 살상력을 높이기 위한 기능적 개량이 이루어졌던 것으로 판단된다. 또한 동촌리 28호와 삼고리 2-2호에서 당시의 최신 촉인 장신·중신의 도자형촉이, 삼고리 2-2호에서 광폭역자형과 광검형촉이 처음으로 등장한다. 광검형촉은 삼국시대 고분에서 일반적으로 출토되지 않는데, 최근 완주 구억리 산성 4트렌치에서 유사한 촉이 출토된 바 있다(조선문화유산연구원 2020, 49쪽). 6세기 전반에는 사두형·유엽형·도자형촉이 대부분 단신으로 퇴화한다. 또한 5세기 말에 출현했던 광폭역자형·광검형촉의 사용이 지속되나 광검형촉의 크기가 줄고 경부가 간략화되었다.

장수에서는 남원 운봉고원에서 출토된 방두형·광폭능형·비대칭역자형·협폭역자형촉을 찾을 수 없다. 양 지역은 서로 인접해있으나 궁시의 제작 및 사용에 있어 차이가 있었던 것으로 판단된다. 장수지역 촉의 전반적인 전개양상은 광검형촉을 제외하고 대가야와 큰 차이가 없다.

3) 모(鉾)

남원 운봉고원과 장수의 가야고분에서는 총 22점의 모(鉾)가 출토되었으나, 남원 청계리 1호에서 출토된 3점의 모는 아직 정식보고가 이루어지지 않아 속성 파악이 어렵다. 따라서 19점에 대해 형식분류를 시도하고 시기별 변천양상을 살펴본다.

모는 신부단면·관부의 유무·공부 말단의 형태 및 공부 단면형태 등을 기준으로 분류할 수 있다. 이를 바탕으로 남원 운봉고원 및 장수에서 출토된 19점의 모를 유형화하면 총 9가지(ⅠAa1·ⅠAb1·ⅠAb2·ⅠBa1·ⅡAa1·ⅡAb1·ⅡBa1·ⅡBb1·ⅢAa2)로 세분할 수 있다. 각각을 Ⅰ1~Ⅰ4·Ⅱ1~Ⅱ4·Ⅲ로 치환하여 시기별 양상을 살펴보면 그림 22처럼 정리할 수 있다.

양 지역 모두 5세기 중반에는 신부의 단면이 편능형이고 관부가 돌출된 모가 사용되었다. 이는 고식(古式)적 속성을 갖춘 모로 이후에 등장하는 것보다 이른 시기의 형태를 띠고 있다. 이러한 형태의 모(鉾)는 2장에서 언급한 모(矛)에 해당하며 신부의 폭이 넓어 찌르기보다 베기에 적합하다. 장수 노하리 1호·침곡리 1호에서 출토된 2점의 Ⅰ3형식 모는 공부의 단면이 다각형이며, 남원 월산리 M1-A호 석곽 출토품은 원형이다.

5세기 후반에는 남원 월산리 M4호분·장수 삼고리 13호 출토품처럼 신부 단면형태가 능형이고 관부가 없는 모가 등장한다. 이는 갑주 등 무구의 개량에 발맞춰 찌르기에 적합한 형태로 모가 변화한 것이다(李賢珠 2005, 93쪽). 2장에서 언급한 창(槍)에 해당한다. 5세기 후반 이후의 대가야지역에서 제작되는 모는 전체 길이가 26cm 미만에 관부가 대체로 사라지고(김승신 2018, 12쪽) 공부 단면이 다각형으로 변화한다(장상갑 2010, 91~95쪽). 이 지역의 모도 다른 가야지역 출토품

표 10. 남원 운봉고원 · 장수 가야고분 출토 모 형식분류표

구분 \ 속성	검(劍)형		도(刀)형(Ⅲ)
	편능형(Ⅰ)	능형(Ⅱ)	
신부단면			
관부유무	유(A)		무(B)
공부 말단	직기형(a)		연미형(b)
공부 단면	원형(1)		다각형(2)
형식	ⅠAa1	ⅠAb1	ⅠAb2	ⅠBa1	ⅡAa1	ⅡAb1	ⅡBa1	ⅡBb1	ⅢAa2
	Ⅰ1	Ⅰ2	Ⅰ3	Ⅰ4	Ⅱ1	Ⅱ2	Ⅱ3	Ⅱ4	Ⅲ
수량	1	3	2	1	3	1	3	4	1

과 유사하게 변화하나 공부의 단면형태가 원형으로 유지된다. 또한 신부의 단면이 편능형이고 관부가 있는 고식의 모(장수 노하리 2호 석곽 출토품)가 이 시기까지 사용된다.

5세기 말, 장수에서는 전시기에 이어 찌르는 형태가 주로 제작되나, 남원 운봉고원에서는 고식적(古式的) 속성이 남아있는 모가 지속적으로 사용된다(金承新 2016, 90쪽). 두락리 32호분에서 출토된 2점의 철모는 전체 길이가 30cm 이상으로 공부에 비해 신부가 현저히 길고 관부가 돌출되었으며(④번, Ⅱ2형식), 다른 1점은 신부 단면이 편능형이고, 관부가 형성되었다(③번, Ⅰ2형식). 전체길이가 30cm 내외인 2점의 모(④번 좌측, Ⅱ2형식)는 고성 송학동 1C호분 · 내산리 34호분 · 63

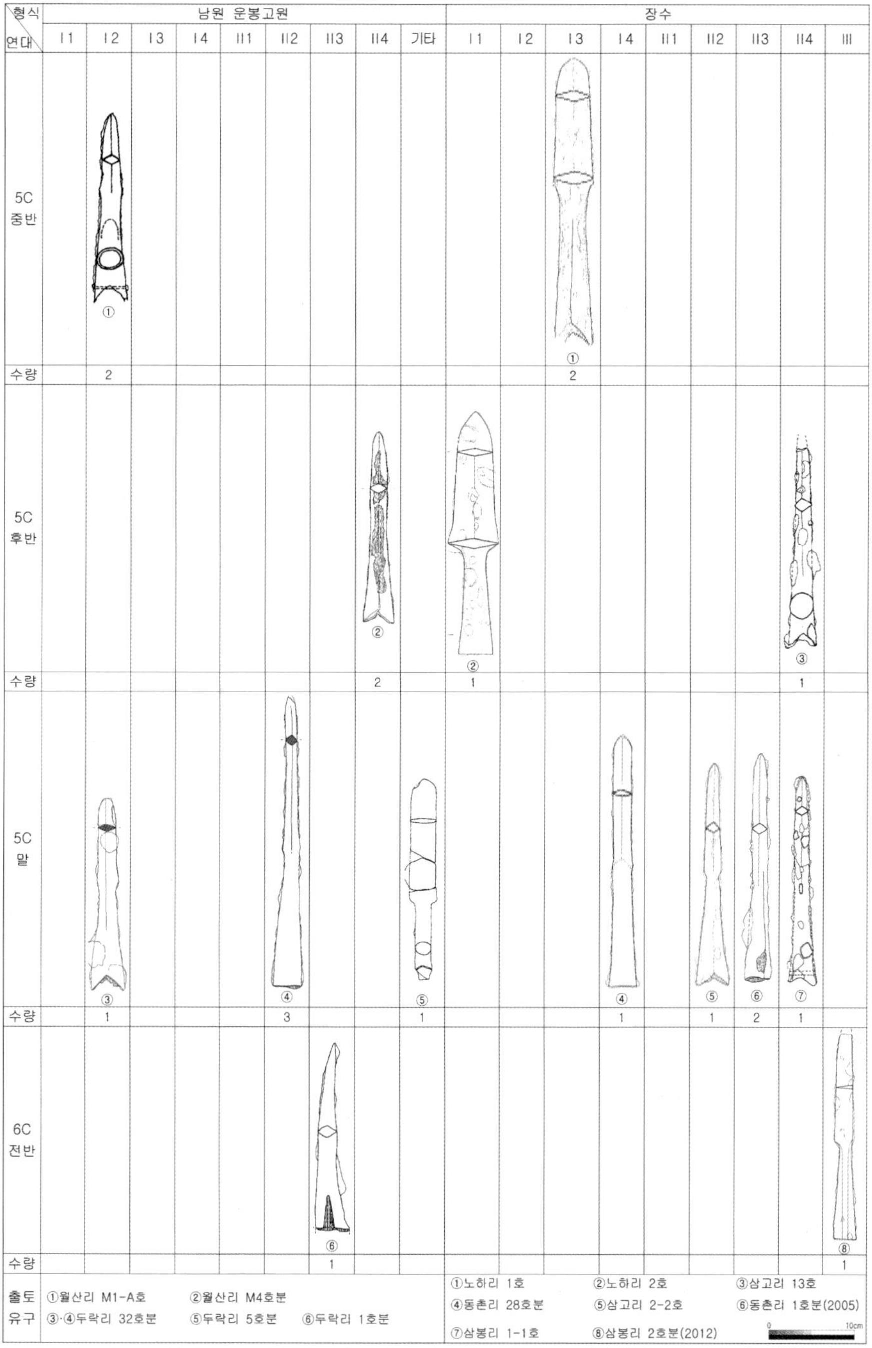

형식 연대	남원 운봉고원									장수								
	I1	I2	I3	I4	II1	II2	II3	II4	기타	I1	I2	I3	I4	II1	II2	II3	II4	III
5C 중반		①										①						
수량		2										2						
5C 후반						②				②							③	
수량						2				1							1	
5C 말	③			④			⑤						④		⑤	⑥ ⑦		
수량	1			3			1						1		1	2	1	
6C 전반						⑥												⑧
수량						1												1

출토 유구
①월산리 M1-A호 ②월산리 M4호분
③·④두락리 32호분 ⑤두락리 5호분 ⑥두락리 1호분

①노하리 1호 ②노하리 2호 ③삼고리 13호
④동촌리 28호분 ⑤삼고리 2-2호 ⑥동촌리 1호분(2005)
⑦삼봉리 1-1호 ⑧삼봉리 2호분(2012)

0   10cm

그림 22. 남원 운봉고원 · 장수 가야고분 출토 철모의 변화

호분 등 소가야지역에서 출토된 것과 비교할 수 있다. 이 시기 남원 운봉고원 및 장수에서 출토된 모는 모두 공부의 단면형태가 원형이다.

6세기 말에는 철모의 출토량이 줄어든다. 남원 운봉고원에서는 다시 찌르기 적합한 형태의 모가 등장하며, 장수에서는 신부가 도(刀)형태인 모가 제작된다. 전자의 공부 단면형태는 원형이나 후자는 다각형이다. 도형 모는 고령·합천 등 대가야의 중심지에서 출토된 사례가 아직 없으며, 함양 백천리 1호분과 부안 죽막동 제사유적에서 출토된 바 있다.

이처럼 남원 운봉고원에서는 소가야와 관련된 고식적 속성의 모가 제작될 뿐만 아니라 공부의 단면형태가 모두 원형으로 다각형은 아직 단 한 점도 출토되지 않았다. 장수는 노하리 1호 석곽·침곡리 1호 석곽·삼봉리 2호분에서 공부 다각형 모가 출토되었으나 원형이 대부분을 차지한다. 공부의 단면 형태가 원형인 점은 대가야와의 구분되는 특징으로, 이러한 유물이 현지에서 제작되었음을 보여주는 하나의 단서로 생각된다.

3. 무구(종장판주)

이 지역의 대표적인 무구인 종장판주(縱長板胄, 투구)는 월산리 M1-A호·M5호분·두락리 32호분 등 남원 운봉고원에서만 출토되었다.

잔존상태가 가장 양호한 월산리 M5호 종장판주는 광형(廣形) 지판 10매로 몸체(지판부)가 만들어졌으며, 여기에 챙·볼가리개·복발·복발과 지판을 연결해주는 타원형금구 등이 결합된다. 두락리 32호분에서도 챙과 타원형금구가 출토되어 동일한 형태의 종장판주가 부장되었음을 알 수 있다. 월산리 M1-A호에서 출토된 종장판주는 20매 이상의 세형(細形) 지판으로 몸체가 제작되었으며, 현재 복발은 유실되었으나 타원형금구가 남아있어 본래 복발이 존재했던 것으로 보인다. 또한 지판을 서로 연결하기 위한 투공 이외에 하단부 중앙에 챙을 결합하기 위한 것으로 생각되는 투공이 있어 본래 챙이 있었던 것으로 추정된다. 즉, 구

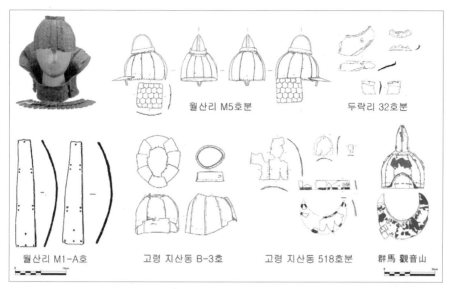

그림 23. 남원 운봉고원 출토 종장판주와 비교자료

조적으로 월산리 M5호분 출토품과 큰 차이가 없는 것으로 판단된다. 따라서 남원 운봉고원에서는 월산리 M1-A호 단계의 5세기 중반부터 두락리 32호분 단계의 5세기 말까지 복발이 달린 동일형태의 종장판주가 사용된 것으로 판단된다. 그러나 월산리 M1-A호 출토품은 세형(細形) 지판으로, M5호분 출토품은 광형 지판으로 제작되었다.

주지하다시피, 가야의 종장판주는 시간이 지남에 따라 3단계의 변화를 거친다. 1단계에는 20매 이하의 광형지판으로 종장판주가 제작된다. 만곡하거나 만곡하지 않는 지판이 모두 사용되며, 볼가리개는 삼각형 철판으로 제작되었다. 김해 대성동 18호·부산 복천동 38호 등 4세기대 고분 출토품이 해당된다. 2단계에는 세형지판이 사용되어 그 수가 20~40매로 증가하며, 볼가리개는 소찰로 변한다. 부산 복천동 93호·김해 대성동 1호·고령 지산동 32호·합천 옥전 8호 등 5세기 전반~5세기 중반의 고분에서 출토된 종장판주가 이에 해당된다. 3단계에는 다시 광형 지판이 사용되어 그 수가 20매 이하로 줄고 지판이 곡선으로 휘었거나 지판이 금동으로 제작된다. 또한 차양과 복발을 결합한 형태가 본격적으로 등장하기 시작한다. 월산리 M5호분 등 5세기 후반 이후의 출토품이 대표적이다(김혁중 2016, 425~427쪽).

따라서 세형지판이 사용된 월산리 M1-A호 출토품은 복발이 달린 종장판주 중 고식(古式)의 형태를 띠고 있어 5세기 중반 무렵에 제작된 것으로 판단된다. 광형 지판이 사용된 월산리 M5호분 출토품은 5세기 후반의 전형적이 형태이다. 따라서 종장판주를 이루는 지판의 형태에서 시간에 따른 변화를 간취할 수 있으며, 이는 공반된 토기의 연대와 잘 부합한다.

이러한 종장판주의 기원을 복발을 근거로 백제에서 찾기도 하나(이현주 2015, 362~367쪽) 아직 실물이 없으며, 5세기 중반의 창녕 교동 3호분에서 타원형금구와 복발편이 출토되어 향후 다각적인 논의가 필요하다. 가야에서는 남원 운봉고원 출토품을 포함하여 6세기 전반으로 편년되는 고령 지산동 518호분·B-3호묘[57]에서 각 1점씩 출토되었다. 현재까지 가야의 고지를 중심으로 출토되어 가야에서 집중 제작·사용된 종장판주임에 틀림없다. 남원 운봉고원에서 이러한 형태의 종장판주가 줄곧 사용된 점, 지판의 형태로 볼 때 월산리 M1-A호 출토품이 고식인 점, 고령 지산동 출토품이 6세기 이후의 고분에서 출토되어 운봉고원 출토품보다 후행한다는 점을 근거로 기원지에 대한 보다 다양한 접근이 필요하다. 즉, 남원 운봉고원도 이러한 종장판주의 고안지 중 하나로 생각해 볼 수 있다.

한편, 群馬 觀音山 고분·福岡 池の上 1호분 등 6세기 이후의 일본 고분에서 출토된 수신광판병유식주(竪矧廣板鋲留式冑)도 복발과 챙이 있어 한반도 남부에서 출토된 복발형 종장판주와 상호 관련성이 있다(국립가야문화재연구소 2016, 206쪽). 국내 출토품이 선행하여 그 기원을 한반도에서 찾을 수 있어 가야가 일본 주(冑)

---

57 복발과 챙은 유실되었으나 월산리 M1-A호 출토품처럼 타원형금구와 지판 하단부 중앙에 투공이 있어 본래 복발과 챙이 존재했던 것으로 추정된다.

제작에 영향을 주었던 것으로 판단된다(국립김해박물관, 2015, 46쪽). 따라서 월산리 M5호분 등 운봉고원에서 출토된 종장판주는 비대칭역자형철촉과 더불어 당시 왜(일본)과의 관계를 보여주는 유물로 이해된다.

Ⅳ. 전북가야의 교류와 전술체계

1. 철제 무장의 전개 및 교류양상

남원 운봉고원 출토 무장 중, 등자·비·사행상철기·촉·종장판주에서 시간에 따른 변화양상을 찾을 수 있다. 이는 5~6세기 삼국시대 무장의 커다란 변천과 흐름을 같이한다. 동일한 무장의 등장 시기가 주변의 가야에 비해 결코 늦지 않음을 고려하면, 이 지역의 가야인들은 최신의 철기 제작기술을 발 빠르게 수용했던 것으로 추정된다. 특히, 신식판비·사행상철기·종장판주는 대가야·소가야에서 출토된 것보다 선행하기 때문에 이 지역 또는 이 지역을 거쳐 전파된 제작기술이 주변지역의 무장 형성에 영향을 미쳤던 것으로 생각된다.

또한 남원 운봉고원의 무장은 대가야와 공통점도 있으나 차이점도 있다. 이는 철제 무장의 지역성으로(김승신 2018, 32쪽), 모두 대가야의 기술로 제작된 것이 아님을 나타낸다.

표 11은 Ⅲ장의 검토 내용을 정리한 것이다. 이를 바탕으로 남원 운봉고원 철제 무장의 시기별 전개 및 교류 양상을 기술하면 다음과 같다.

5세기 전반의 청계리 1·2호 석곽에서 인수편과 등자편·철촉·철모가 출토되었다. 수량이 극히 적거나 편만 출토되어 심도 있는 내용을 파악하기 어렵다. 다만, 대가야에서 출토되지 않은 방두형촉이 출토된 것으로 볼 때, 이른 시기부터 대가야와 차이가 있음을 짐작할 수 있다. 또한 인수편은 5세기 전반부터 일조선 국자형 인수를 갖는 비(轡)가 사용되었음을 나타낸다.

표 11. 남원 운봉고원 출토 주요 무장 비교 · 검토 내용 정리표

연대	유물	주변과의 관련성	내용
5C 전	청계리 1호 석곽 인수편	미상	인수외환이 굽은 인수편
	청계리 1 · 2호 석곽 목심윤등편	미상(백제 · 대가야)	윤상부와 답수부의 폭일 동일한 5세기 전반 형태
	청계리 1 · 2호 석곽 방두형촉	미상(백제 · 신라 · 금관가야)	방두형촉, 대가야권에서 확인되지 않은 형태
5C 중	월산리 M1-A호 신식판비	백제→운봉→대가야	굽은 인수외환 신식판비, 대가야 출토품보다 선행, 백제 기술 제작
	월산리 M1-A호 목심윤등	백제→운봉 · 대가야	답수부 넓은 목심윤등, 신식판비처럼 백제 기술 제작 가능성
	월산리 M1-A호 환두대도	백제→운봉	육각문, 가야 육각문 출현시기 보다 선행, 백제와의 관련성
	월산리 M1-A호 광폭능형촉	미상(백제 · 신라 · 금관가야)	광폭능형 철촉, 대가야에서 확인되지 않은 형태
	월산리 M1-A호 모	미상	공부 단면 원형 모
	월산리 M1-A호 종장판주	(운봉→대가야)→왜	세형 지판 사용, 국내 복발형 종장판주 중 고식의 형태
5C 후	월산리 M5호분 판비	운봉↔마한	고창 봉덕리 출토품과 동일
	월산리 M5호분 철제윤등	미상	삼국시대 철제윤등 초기형태, 5세기 후반 형태
	월산리 M5호분 사행상철기	(운봉→소가야)→대가야	B형 중 가장 선행
	월산리 M5호분 방두형촉	미상(백제 · 신라 · 금관가야)	방두형촉, 대가야권에서 확인되지 않은 형태
	월산리 M5호분 종장판주	(운봉→대가야)→왜	광형 지판 변화, 대가야 출토품보다 선행
5C 말	두락리 32호분 호등	백제→운봉→소가야	공주 수촌리 출토품과 동일, 이후 고성 내산리 출토품에 영향
	두락리 32호분 비대칭역자형촉	(운봉 · 대가야)→왜	실전용 철촉, 국내에서 가장 많은 수량 출토
	두락리 32호분 모	운봉↔소가야	동시기 철모에 비해 고식의 형태, 소가야 출토품과 비교
	두락리 32호분 종장판주	(운봉→대가야)→왜	월산리 M5호 출토품과 동일, 대가야 출토품 보다 선행
6C 전	두락리 1호분 복환판비	신라→운봉→마한	신라 · 마한과의 관련성
	두락리 1호분 사행상철기	대가야→운봉	A형, 대가야의 영향을 받아 제작
	두락리 1호분 방두형촉	미상(백제 · 신라 · 금관가야)	방두형촉, 대가야에서 확인되지 않음
	두락리 4호분 소환두대도	대가야→운봉	옥전 M3 호분 등 대가야 출토품과 관련, 대가야의 영향을 받아 제작

5세기 중반에는 공부의 단면이 원형인 모가 지속적으로 사용되고 광폭능형촉이 등장하여 역시 대가야와 차이가 있다. 또한 세형 지판으로 이루어진 복발형 종장판주는 동시기 대가야지역에서 찾을 수 없는 것으로 고식의 형태를 띤다. 5세기 후반 이후 운봉고원에서 지속적으로 제작되는 복발형 종장판주와 6세기 전반 무렵부터 대가야에 등장하는 복발형 종장판주의 시원형으로 판단된다. 또한 월산리 M1-A호에서 출토된 신식판비와 목심윤등은 백제에서 받아들인 기술을 바탕으로 제작되었을 가능성이 높으며, 운봉고원을 발판삼아 마구 제작기술이 대가야로 전파되었을 가능성도 있다. 금은상감환두대도는 상감기법과 문양으로 볼 때, 백제의 영향을 받아 제작된 것으로 판단된다. 이는 후술할 월산리 M5호분 출토 청자 천계호처럼 백제와 남원 운봉과의 관계를 나타내는 유물로 이해할 수 있다.

이 시기 도자형·사두형촉의 형태 및 변천 등은 대가야와 유사하나, 방두형촉 및 광폭능형촉·단면 원형 모·복발형 종장판주는 동시기 대가야와 차이가 있다. 또한 마구와 상감환두대도는 백제와 관련된 것으로 5세기 중반 무렵 철제 무장의 제작에 있어 백제와 교류가 있었던 것으로 추정된다.

5세기 후반~5세기 말에는 백제뿐만 아니라 대가야·소가야·마한·왜(일본)와의 관련성을 찾을 수 있다. 무장의 제작 및 기술의 전파에 있어 주변과 가장 활발한 교류가 있었던 시기로 판단된다. 월산리 M5호분 출토 신식판비를 통해 마한과의 교류를 짐작할 수 있으며, 두락리 32호분 출토 호등은 이전 시기에 이어 백제의 최신 등자 제작기술이 남원 운봉고원에 지속적으로 전파되었음을 나타낸다. 호등은 백제(공주 수촌리)-운봉고원(남원 두락리)-소가야(고성 내산리)로 계보가 이어진다. 두락리 32호분 출토 모(II2형식)는 소가야지역 출토품과 유사하다. 또한 월산리 M5호분 출토 사행상철기와 월산리 M5호분·두락리 32호분 출토 종장판주는 대가야·소가야 출토품보다 선행하여 이 지역의 제작기술이 주변으로 전파되었을 가능성을 보여주며, 복발형 종장판주와 두락리 32호분 출토 비대칭 역자형철촉은 운봉고원과 왜(일본)의 교류를 나타낸다.

이 시기는 479년 가라왕 하지가 중국의 남제(南齊)로부터 보국장군(輔國將軍) 본
국왕(本國王)을 제수받았을 만큼 가야의 최전성기였을 뿐만 아니라 등을 맞댄 백
제가 475년 웅진 천도 후 혼란에 빠졌던 시기이다. 남원 월산리 M5호분과 두락
리 32호분에서 중국 남조 및 백제와 관련된 청자 천계호·금동식리·의자손 수
대경(宜子孫 獸帶鏡)이 출토된 것으로 볼 때, 이 지역의 가야도 전성기를 구가했던
것으로 판단된다. 철제 무장에서 백제·대가야·소가야·마한과의 관련성이 확
인되기 때문에 남원 운봉고원의 가야는 이러한 정세를 틈타 철제 무장의 제작에
있어 주변과 보다 다원적인 교류를 전개하고자 노력했던 것으로 추정된다. 특
히, 백두대간 이서(以西)의 섬진강 루트를 통해 왜(일본)와 직·간접적인 교류가 있
었던 것으로 짐작된다.

6세기 전반에는 두락리 1호분 출토 사행상철기와 두락리 4호분 상원하방형
소환두대도·철촉 등으로 볼 때, 대가야의 제작기술이 강하게 영향을 미쳤던 것
으로 판단된다. 5세기 말 이전의 토기가 지역색을 띠나, 이 시기부터 대가야 일
색으로 변화하는 것에서도 이러한 모습을 찾을 수 있다. 그럼에도 불구하고 두
락리 출토 복환판비(신라·마한 관련) 및 방두형 철촉처럼 대가야와 차이를 보이는
무장도 일부 부장된다.

이처럼 남원 운봉고원의 철제 무장은 백제·신라·대가야·소가야·마한·왜
(일본) 등 주변국과의 다양한 기술적 교류를 통해 제작된 것으로 판단된다. 시간
에 따른 교류의 주된 주체가 '백제(5세기 중반)'→'대가야·소가야·마한·왜(5세기
후반~5세기 말)'→'대가야·신라(6세기 전반)'로 변화했던 것으로 보인다.

한편, 최근 축적된 고고학적 성과를 근거로 기문의 위치를 남원 운봉고원으로
보는 견해가 힘을 얻고 있다(곽장근 1999, 287쪽; 김재홍 2011, 58쪽; 이희준 2017, 297
쪽; 박천수 2018, 390~403쪽). 『일본서기』, 계체 7년(513년) 6월의 기록으로 볼 때,
반파에게 일시적으로 빼앗기는 6세기 전반을 제외하고 그 이전과 이후는 백제
의 영향 하에 있었던 것으로 보인다. 5세기 말 이전에 보이는 백제 무장과의 관
련성과 6세기 전반 이후 가야와의 관련성은 기문의 이러한 정치적 상황이 반영

된 것으로 생각된다.

장수도 동일한 무장의 등장 시기가 주변 가야에 비해 늦지 않기 때문에 최신의 철기 제작기술을 발 빠르게 수용했을 가능성이 높다. 현재까지 출토된 무장으로 볼 때, 이 지역은 대가야와의 관련성이 가장 두드러진다.

표 12. 문헌에 기록된 기문

출전	연대	소유	내용
『일본서기』 권17	계체 7년 6월 (513년 6월)	반파국	(중략)"반파국이 저희 나라(백제) 기문의 땅을 빼앗았습니다. 엎드려 바라건대 하늘 같은 은혜로 판단하시어 본래 속했던 곳(백제)으로 되돌려 주게 해주십시오"라고 하였다.
『일본서기』 권17	계체 7년 11월 (513년 11월)	백제	겨울 11월 신해 초하루 을묘 조정에서 백제의 저미문귀(姐弥文貴)장군과 사라(斯羅)의 문득지(文得至)·안라의 신이해(辛已奚)와 분파위좌(賁巴委佐)·반파의 기전해(既殿奚)와 죽문지(竹汶至) 등을 불러놓고 은칙을 선포하여 기문과 대사를 백제국에 주었다.(중략)
양직공도	백제국사 도경(523년)	백제	(중략)주변의 소국으로는 반파·탁·다라·전라·신라·지미·마련·상기문·하침라 등이 있었는데, 백제에 부속하였다.(중략)
『삼국사기』 권32 악지우륵 12곡		가야	(중략)일곱째는 하기물·여덟째는 사자기·아홉째는 거열·열째는 사팔혜·열한째는 이사·열두째는 상기물이었다.

삼봉리 2호분에서 출토된 환판비는 고령 지산동 45호분 출토품과 직접적인 연관이 있으며, 동촌리 28호분 출토 신식판비는 대가야에 기원이 있는 것으로 판단된다. 철촉의 형태적 변화와 전개양상도 대가야와 큰 차이가 없다. 또한 단면 원형의 모가 주를 이루나 장수 노하리 1호와 삼봉리 2호분에서 공부 다각형 모도 출토되었다. 등자는 5세기 후반 이후 삼국에서 보편적으로 사용된 것과 큰 차이가 없다.

그러나 장수 삼고리 2-2호에서 출토된 오각형 환두대도는 마한·백제와 관련이 깊어 이와 교류가 있었던 것으로 짐작된다. 장수 삼고리 고분군·동촌리 고분군 등에서 출토된 마한·백제 토기가 이를 뒷받침한다. 이뿐만 아니라 신라·소가야 토기도 출토되어 철제 무장 제작기술의 다각적인 도입의 가능성도 전혀 배제할 수 없다.

그 밖에 동촌리 1호분 출토 편자는 고령·합천 등 대가야 중심지에서 출토되지 않은 유물로, 인접한 산청에서 1점 출토되었다. 이는 장수에 철기 생산기술이 존재했음을 간접적으로 보여준다.

2. 병종(兵種)과 전술

고분에서 출토된 철제 무장이 실제 무장체계를 모두 반영한다고 단언할 수 없으나, 군사적 행위가 빈번했던 당시의 시대 상황과 계세사상(繼世思想)이라는 사후 인식을 고려하면 반영되었을 가능성이 높다. 따라서 매장주체부의 규모를 참고하여 무장의 종류를 계층화한 후, 각 계층의 군사적 성격을 검토한다면 남원 운봉고원 및 장수지역 가야의 군사조직에 대한 거시적인 접근이 가능할 것으로 생각된다.

가야는 고구려·백제·신라의 침략에 대비했을 뿐만 아니라 단독 또는 연합을 이루어 주변국에 침략을 자행할 만큼, 상당한 수준의 군사력 또는 군사조직을 보유했던 것으로 추정된다(윤석효 1987, 71쪽). 그러나 어떠한 병종(兵種)이 얼마나 존재했는지 상세히 기록되지 않아, 이에 대한 접근이 어렵다. 다만, 고분에서 출토된 철제 무장과 단편적인 문헌기록·고구려 고분벽화 등을 고려하면 가야에는 기본적으로 지휘관(首將)·기병(騎兵)·보병(步兵)·사병(射兵)[58]이 존재했던 것으로 추정된다(윤석효 1990, 23쪽). 남원 운봉고원과 장수 가야고분에서 출토된 철제 무장의 종류도 다른 가야와 큰 차이가 없어 동일한 병종이 존재했을 가능성이 높다.

종래의 연구성과를 살펴보면, 삼국시대 무장의 유형화에 있어 주된 대상은 갑

---

[58] 표 15·16으로 볼 때, 삼국에는 지휘관(왕)·기병·보병으로 구성된 군사조직이 존재했던 것으로 추정된다. 또한 『三國志』 魏志 東夷傳 弁辰條에 '乘駕牛馬便步戰 兵仗與 馬韓同'이라고 기록되어 변한부터 보병이 존재했음을 알 수 있다.

표 13. 연구자별 무장의 유형화

연구자	구분	연구대상
김성태 (1999)	최상위계층 : 甲馬刀鉾鏃形(甲馬刀鉾形/甲馬刀鏃形/甲馬刀形) 상위지배층 : 甲馬鉾形(甲馬刀形/甲鉾鏃形/甲馬鏃形/甲馬形) 　　　　　　甲刀鉾鏃形(甲刀鉾形/甲刀鏃形/甲刀形/甲鉾形/甲鉾鏃形/甲鏃形) 중위지배층 : 馬刀鉾鏃形(馬刀鉾形/馬刀鏃形/馬刀形/馬鉾形/馬鉾鏃形/馬鏃形) 하위지배층 : 刀鉾鏃形(刀鉾形/刀鏃形/唯刀形) 피지배층 : 唯鉾形, 鉾鏃形 비전투요원 : 唯鏃形 비전투요원 : 無兵器形	영남지방 고분 출토 무장
김두철 (2003)	무장 내지 무력이 집중된 최상급유적 : 갑주(甲胄)와 마구(馬具) 소수의 유력자가 존재하는 상급유적 : 갑주(甲胄) 혹은 마구(馬具) 전사들이 집단의 핵심층을 이루는 중급유적 : 장병(長兵)기본 전사들이 집단의 핵심층을 이루는 중급유적 : 단병(短兵)기본 무력이 거의 존재하지 않는 하급유적 : 사병(射兵)	김해·합천·고령 가야 고분 출토 무장
이현주 (2005)	최상급 지휘자 : 최신의 기능을 갖춘 다량의 공격용 무기(刀劍·鏃·鉾)와 최신 방어용 　　　　　　　무구(甲胄)의 복수부장, 위신재 부장 중급 지휘자 : 공격용 무기(刀劍·鏃·鉾)의 다량부장과 방어용 무구(甲胄)의 복수부장, 　　　　　　　최신무기 보유 초급 지휘자 : 공격용 무기(刀劍·鏃·鉾)의 다량부장 혹은 세트부장과 방어용 무구의 　　　　　　　단수부장, 혹은 마구의 부장 말단병사 중 선두 : 공격용 무기(刀劍·鏃·鉾)의 다량부장 혹은 세트부장 말단병사 : 공격용 무기(刀劍·鏃·鉾)의 소량부장 비무장지배계층 : 방어용 무구의 부장에도 불구하고 공격용 무기(刀劍·鏃·鉾) 부장 　　　　　　　　소량	부산 복천동 등 가야 고분 출토 무장
장상갑 (2010)	상급지휘관 : (석곽 길이 500cm 이상·폭 100cm 이상의 Ⅰ등급)+[도검+모+촉(+위신 　　　　　재+갑주+마구)] 전문전사계층 : (석곽 길이 260cm~500cm·폭 40~120cm의 Ⅱ등급 주로)+[도검+모 　　　　　+촉(+갑주+마구 일부 부장)] 장병전사계층 : (석곽 길이 260cm~500cm·폭 40~120cm의 Ⅱ·Ⅲ등급)+(모+촉 또 　　　　　는 모 단독부장) 단병전사계층 : (석곽 길이 260cm~500cm·폭 40~120cm의 Ⅱ·Ⅲ등급)+(도검+촉 　　　　　또는 도검 단독부장) 사병계층 : (석곽 길이 260cm이하~400cm·폭 60cm이하~80cm의 Ⅲ·Ⅳ등급)+철 　　　　　촉 단독부장	고령·합천 등 대가야 고분 출토 무장
김승신 (2016)	최상위계층 : 장식환두도·모·촉+갑주·장식마구·마갑 일부 또는 전체 공반(A형) 중장기병 : 환두도·모·촉+갑주·마구·마갑주 일부 또는 전체 공반(B형) 경장기병 : 대도·모·촉+갑주·마구(C형) 경장기병 : 대도·모·촉+마구(D형) 보병 상급지휘관 : 대도·모·촉 갑주 있거나 없음(E형) 보병 병사 : 대도·모·촉 중 소량 부장(F형)	고령·합천 등 대가야 고분 출토 무장

주·마구·도검·모·촉이다. 대체로 갑주와 마구를 기본으로 하고 도검·모·촉의 무기가 세트로 부장된 유형을 주로 최상위계층으로, 마구를 기본으로 하고 모와 도검을 일부 소유한 유형을 상위계층의 전문병사로 파악하였다. 또한 모와 도검을 기본적으로 소유한 유형을 중간계층의 전사 또는 병사로 보았으며, 촉만 단독 부장된 유형을 무력이 가장 낮은 사병(射兵) 또는 말단 병사로 이해하였다.

삼국시대 병종과 종래의 연구성과·무장이 출토된 매장주체부의 규모를 참고하여, 남원 운봉고원 및 장수 가야의 군사조직을 추정하면 다음과 같다.

계층1은 갑주·마구를 기본으로 하고 모·도검·촉이 공반된 무장과 금은상감환두대도·청자계수호·초두·수대경·금동식리 등의 위신재(威信材)를 소유한다. 매장주체부의 규모는 길이 5.0m 이상·폭 1.0m 이상의 대형이다. 도굴로 인해 갑주 또는 마구만 출토되었으나 매장주체부의 규모가 대형인 경우도 이 유형에 포함시켰다. 남원 월산리 M1-A호·M5·M6호분·두락리 32호분 등 남원 운봉고원에서 조사된 대형 석곽묘가 해당하며, 장수에서는 아직 확인되지 않았다. 피장자는 이 지역의 수장층으로 수장이 군사행위에 적극적으로 가담했던 당시의 시대 상황을 고려하면 군사조직에서 지휘관의 역할도 겸했을 것이다.

표 14. 무장과 매장주체부 규모와의 상관관계

계층	무장 유형 / 분묘 규모	대형	중형	소형	계	성격	비율(%)
1	갑주+마구(+도검+모+촉+위신제)	4			4	지휘관(수장)	5
2-A	마구(+도검+모+촉)	7			7	지휘관(수장)	10
2-B	마구(+도검+모+촉)		6		6	경장기병(전문병사)	8
3	모(+도검+촉)		6	2	8	장병 경장보병(일반병사)	10
	도검(+촉)		4		4	단병 경장보병(일반병사)	5
4	촉(+농공구)		13	17	30	사병(하급병사)	40
5	농공구		8	8	16	비전투원	22
계		11	37	27	75		100

계층2는 마구를 기본으로 하고 모·검·촉 등이 공반된 무장을 소유하였다. 매장주체부의 규모는 대형이거나 길이 3.3m 이상~5.0m 미만·폭 0.5m 이상 ~1.3m 미만의 중형이다. 도굴이 심해 마구만 출토되었어도 이 유형으로 분류하였다.

계층2 중 매장주체부가 대형인 것을 계층2-A로 세분하였는데, 남원 청계리 1·2호 석곽·월산리 M4호분·두락리 1호분·장수 삼봉리 2·3호분 주곽·동촌리 28호분 등이 해당한다. 남원 청계리 1·2호 석곽·월산리 M4호분·두락리 1호분은 도굴 때문에 유물이 거의 출토되지 않아 계층2-A로 분류되었으나 대형의 매장주체부와 화려한 토기의 구성, 나무 빗(竪櫛) 등의 위신재로 볼 때, 본래 계층1일 가능성이 높다. 장수 삼봉리 2·3호분 주곽·동촌리 28호분도 마구와 모·검·촉만 출토되어 계층2로 구분되나 대형의 봉분과 매장주체부를 갖추고 있어 장수지역 수장층 고분으로 판단된다. 따라서 계층2-A는 갑주가 출토되지 않았다는 점에서 계층1보다 낮은 계층2로 분류되나 그 성격은 지역의 수장 및 지휘관으로 이해된다.

또한 계층2 중 매장주체부의 규모가 중형에 속하는 고분을 계층2-B로 나누었다. 월산리 M3호분·삼고리 2-2호·삼봉리 3-1호·동촌리 1호분 주곽·동촌리 30호분 주곽 등이 해당한다. 마구와 공반된 철모를 근거로 기병의 역할을 담당했던 전문병사로 이해할 수 있다.

현재까지 전북 동부지역 가야고분에서 마갑과 마주가 출토되지 않은 것으로 볼 때, 중장기병(重裝騎兵)보다 경장기병(輕裝騎兵)이 주로 운영되었던 것으로 판단된다.

계층3은 모와 도검을 기본으로 소유하며, 매장주체부의 규모가 중형 또는 소형이다. 이는 일반병사인 보병에 해당하며, 모를 기본으로 했던 장병보병(長兵步兵)과 도검을 기본으로 한 단병보병(短兵步兵)으로 구분된다. 전자에 호덕리 A-1-9호·호덕리(B) 4호분 주곽·동촌리 1호분이 해당하며, 후자에 남원 두락리 4호분·건지리 가-A10호·노하리 3호·동촌리 2호분 주곽 등이 속한다. 아직까

표 15. 『삼국사기』에 기록된 고구려 · 백제 기병의 운용(남도영 1996; 김두철 1999; 류창환 2010 수정 후 인용)

국가	출전 시기	기병 구분	출병수	교전국	전술 유형	출전 형태	결과	내용	기타
고구려	琉璃王 11년 (B.C.9)	勇騎		선비	A-1	친정	정복	신(부분노)이 정예 병력으로서 그 성으로 달려 들어가고, (유리)왕께서 친히 용맹한 기병을 이끌고 저들(선비)을 협공한다면 이길 수 있습니다."라고 하였다.	
	太祖王 69년 (121)	騎	10,000	부여, 한	A-1	친정	패배	(태조)왕이 마한(馬韓)과 예맥(穢貊)의 기병 1만여 기를 거느리고 현도성(玄菟城)으로 나아가 포위하였다. 부여의 왕이 아들 위구태(尉仇台)를 보내 군사 20,000명을 거느리고 한나라 군대와 힘을 합쳐 대항하여 싸우게 하니 우리 군대가 크게 패하였다.	
	新大王 8년 (172)	騎	楼千	한	A-2	파견	격퇴	지금 한나라 사람들은 1,000리나 군량을 옮겼기 때문에 오래 지탱하기 힘들 것입니다. 만약 우리가 해자를 깊이 파고 보루를 높이 쌓아 들판의 (곡식을) 비워놓고 저들을 기다린다면, 저들은 반드시 한 달을 넘기지 못하고 굶주리고 곤궁해져서 돌아갈 것입니다. (그때) 우리(고구려)가 날랜 병사로 저들을 치면(帥数千騎追) 뜻을 이룰 수 있을 것입니다."라고 (명림답부가 말)하였다.	
	故國川王 6년 (184)	精騎		한	A-1	친정	격파	한의 요동태수가 군대를 일으켜 우리를 쳤다. (고국천)왕이 왕자 계수(罽須)를 보내 적을 막았으나 이기지 못하였다. (고국천)왕이 친히 정예 기병을 거느리고 가서, 한의 군대와 좌원에서 싸워서 이겼는데 베어버린 (적의) 머리가 산처럼 쌓였다.	
	東川王 20년 (246)	步騎	20,000	위	B	친정	격파	위(魏)가 유주자사(幽州刺史) 관구검(毌丘儉)을 보내 10,000명을 거느리고 현도(玄菟)로부터 침략해왔다. (동천왕이 보병과 기병 20,000명을 거느리고 비류수에서 싸워 패배시키니 베어버린 머리가 3천여 급(級)이었다.	
	東川王 20년 (246)	鉄騎	5,000	위	A-1	친정	패배	(동천)왕이 여러 장수들에게 말하기를, "위(魏)의 대병력이 도리어 우리의 적은 병력보다 못하고, 관구검이란 자는 위(魏)의 명장이지만 오늘은 목숨이 내 손안에 있구나."라고 하고, 철기(鉄騎) 5,000명을 거느리고 나아가 공격하였다.	
	中川王 12년 (259)	精騎	5,000	위	A-1	친정	격파	위(魏)의 장수 위지해(尉遲楷)가 병사를 이끌고 쳐들어왔다. (중천)왕이 정예 기병 5,000명을 선발하여 양맥(梁貊) 골짜기에서 싸워서 이를 물리쳤는데, 베어버린 머리가 8천여 급이었다.	
	烽上王 2년 (293)	騎兵	500	연 (慕容廆)	A-1	파견	격파	모용외(慕容廆)가 침략해왔다. (봉상)왕이 신성(新城)으로 가서 적을 피하고자 하였다. 행차가 곡림(鵠林)에 이르렀는데 모용외가 왕이 나간 것을 알고 병력을 이끌고 이를 추격하였다. 거의 따라잡게 되자 왕이 두려워하였다. 이때 신성재(新城宰), 북부(北部), 소형(小兄), 고노자(高奴子)가 기병 500기를 거느리고 왕을 맞이하러 왔다가 적을 만나 그들을 힘껏 공격하니, 모용외의 군대가 패하여 물러갔다.	
	広開土王 3년 (393)	精騎	5,000	백제	A-1	친정	격파	백제가 침략해오니 (광개토)왕이 정예 기병 5천을 거느리고 맞받아쳐서 이를 패배시켰다. 나머지 적들은 밤에 달아났다.	
	故國原王 39년 (369)	步騎	20,000	백제	B	친정	정벌	고구려(고국원)왕 사유가 보병과 기병 20,000명을 이끌고 치양(雉壤)에 와서 진을 치고는 군사를 나누어 민가를 약탈하였다. 왕(근초고왕)이 태자를 보내니, (태자는) 군사를 이끌고 지름길로 치양에 이르러서 급히 쳐부수고 5천여 명을 잡았는데, 사로잡은 포로는 장수와 군사들에게 나누어주었다.	백제 기사 인용
	安原王 10년 (540)	精騎	5,000	백제	A-1	파견	격파	백제가 우산성을 포위하므로 (안원왕)이 날쌔고 용맹한 기병 5천을 보내 공격하여 달아나게 하였다.	
	寶藏王 4년 (645)	步騎	40,000	당	B	파견	패배	이세적이 진군하여 요동성 아래에 이르고 황제가 요택(遼澤)에 도달하였으나 진흙이 2백여 리여서 사람과 말이 통과할 수 없었다. 장작대장(將作大匠) 염입덕(閻立德)이 흙을 넓게 깔아 다리를 만들어 군대가 지체하지 않고 요택 동쪽으로 건넜다. (보장왕이 신성과 국내성의 보병과 기병 4만을 보내서 요동을 구원하니, 강하왕 도종이 기병 4천을 거느리고 막았다.	

310 — 전북 가야의 역사와 문화

국가	출전 시기	기병 구분	출병수	교전국	전술 유형	출전 형태	결과	내용	기타
백제	寶藏王 7년 (648)	步騎	5,000	당	B	?	패배	오호진(烏胡鎭) 장수 고신감(古神感)이 병력을 거느리고 바다를 건너와서 공격하였다. 우리(고구려) 보병과 기병 5천을 만나 역산(易山)에서 싸워 이를 격파하였다. 그날 밤에 아군(고구려) 만여 인이 신감의 배를 습격하였으나 신감이 숨겨놓은 병력을 출동시켜 패하였다.	
	寶藏王 7년 (648)	步騎	10,000 여	당	B	파견	패배	(당)태종이 장군 설만철(薛萬徹) 등을 보내 쳐들어왔다. 바다를 건너 압록강으로 들어와 박작성(泊灼城) 남쪽 40리 되는 곳에 도달하여 진영을 멈추니, 박작성주 소부손(所夫孫)이 보병과 기병 1만여 명을 거느리고 이를 막았다. 만철(萬徹)이 우위장군(右衛將軍) 배행방(裵行方)을 보내 보병과 여러 군대를 거느리고 이를 이기니, 우리(고구려) 병력이 무너졌다.	
	溫祚王 10년 (B.C.9)	精騎	100	말갈	A-1	친정	격퇴	말갈이 북쪽 경계를 노략질하였다. (온조)왕이 군사 200명을 보내 곤미천(昆彌川)가에서 막아 싸우게 하였다. 우리(백제) 군사가 거듭 패배하여 청목산(靑木山)에 의지해서 스스로를 지켰다. 왕이 친히 정예 기병 100명을 이끌고 봉현(烽峴)으로 나가서 구원하니 적들이 보고서 곧 물러갔다.	
	溫祚王 22년 (4)	騎兵	1,000	말갈	A-1	친정	격파	(온조)왕이 기병 1,000명을 거느리고 부현(斧峴) 동쪽에서 사냥하다가 말갈의 적병을 만나 한 번 싸워 격파하고, 생구(生口)를 사로잡아 장수와 군사들에게 나누어 주었다.	
	溫祚王 40년 (22)	勁騎	200	말갈	A-1	파견	격파	(말갈(靺鞨)이 또 부현성(斧峴城)을 습격하여 1백여 명을 죽이고 약탈하니, (온조)왕이 날랜 기병 200명에게 명하여 이를 막아 치게 하였다.	
	仇首王 3년 (216)	勁騎	800	말갈	A-2	친정	격퇴	말갈이 와서 적현성(赤峴城)을 에워쌌다. 성주가 굳게 막으니 적이 물러나 돌아갔다. (구수)왕이 굳센 기병 800명을 이끌고 뒤쫓아가 사도성(沙道城) 아래에서 싸워 쳐부수었는데, 죽이거나 사로잡은 자가 매우 많았다.	
	武寧王 12년 (512)	勇騎	3,000	고구려	A-1	친정	격파	(무령)왕이 용감한 기병 3천 명을 거느리고 위천(葦川) 북쪽에 나가 싸우니 고구려 병사들이 (무령)왕의 군사가 적은 것을 보고 가벼이 여겨 진을 치지 않았으므로 (무령)왕이 기발한 작전을 써서 기습을 하여 크게 무찔렀다.	
	聖王 1년 (523)	步騎	10,000	고구려	B	파견	격퇴	고구려 군사가 패수에 이르즌 (성)왕이 좌장 지충에게 보병과 기병 1만 명을 주어 출전케 하니 그가 적을 물리쳤다.	
	聖王 7년 (529)	步騎	30,000	고구려	B	파견	패배	고구려 왕 흥안(興安, 안장왕)이 직접 군사를 거느리고 침입하여 북쪽 변경 혈성(穴城)을 함락시켰다. (성)왕이 좌평 연모(燕謨)에게 명령하여 보병과 기병 3만 명을 거느리고 오곡(五谷) 벌판에서 항전하게 하였으나 이기지 못했다. 사망자가 2천여 명이었다.	
	聖王 32년 (554)	步騎	50	신라	B	친정	패배	(성)왕이 신라를 습격하기 위하여 직접 보병과 기병 50명을 거느리고 밤에 구천(狗川)에 이르렀는데 신라의 복병이 나타나 그들과 싸우다가 (성)왕이 난병들에게 살해되었다	
	武王 3년 (602)	步騎	40,000	신라	B	파견	패배	(무)왕이 노하여 좌평 해수(解讎)에게 명령하여 보병과 기병 4만 명을 거느리고, 4성을 공격케 하였다. 신라 장군 건품(乾品) 무은(武殷)이 군사를 거느리고 마주 싸웠다. 해수가 불리해지자 군사를 이끌고 천산(泉山) 서쪽의 소택지로 퇴각하여 복병을 숨겨 놓고 기다렸다. 무은이 승세를 타고 갑병(甲兵) 1천 명을 거느리고 소택지까지 추격하여 왔을 때, 복병이 달려들어 갑자기 공격하였다.	
	義慈王 7년 (647)	步騎	3,000	신라	B	파견	패배	장군 의직(義直)이 보병과 기병 3천 명을 거느리고 신라의 무산성(茂山城) 아래에 주둔하고, 군사를 나누어 감물(甘勿)과 동잠(桐岑) 두 성을 공격하였다. 신라 장군 유신이 직접 군사들을 격려하며 결사적으로 싸워서 아군을 크게 격파하니 의직이 단신으로 돌아왔다.	

표 16. 『삼국사기』에 기록된 신라 기병의 운용(남도영 1996; 김두철 1999; 류창환 2010 수정 후 인용)

국가	출전 시기	기병구분	출병수	교전국	전술유형	출전형태	결과	내용	기타
신라	脫解王8년 (64)	騎兵	2,000	백제	A-1	파견	격퇴	(백제가) 또 구양성(狗壤城)을 공격하였다. (탈해)왕이 기병 2,000명을 보내어 격퇴하였다.	
	婆娑王 15년 (94)	騎兵	1,000	가야	A-1	파견	격퇴	가야(加耶)의 적(賊)이 마두성(馬頭城)을 포위하였다. 아찬(阿飡) 길원(吉元)을 보내 기병 1,000명을 이끌고 공격하게 하여 물리쳤다.	
	祗摩王 4년 (115)	步騎		가야	B	친정	분격	(지마)왕이 친히 가야(加耶)를 정벌하였다. 보병과 기병을 거느리고 황산하(黃山河)를 건너는데, 가야인들이 군사를 수풀 사이에 숨겨두고 기다리고 있었다. 왕이 깨닫지 못하고 곧장 나아가니, 복병들이 나타나 여러 겹으로 에워쌌다. 왕이 군사들을 지휘하여 분연히 공격하면서, 포위를 헤치고 물러났다.	
	阿達羅王 14년 (167)	精騎	8,000	백제	B	친정	정벌	일길찬(一吉飡) 흥선(興宣)에게 명령하여 병사 20,000명을 거느리고 백제를 공격하게 하였다. (아달라)왕이 또한 직접 기병 8,000명을 통솔하여 한강(漢水)을 따라 나아가 (두 성에) 이르렀다. 백제가 크게 두려워하여 잡아갔던 남녀들을 돌려보내고 화해할 것을 요청하였다.	
	伐休王 7년 (190)	勁騎	500	백제	A-2	파견	패배	백제가 (나라) 서쪽 국경에 있는 원산향(圓山鄕)을 기습 공격하고, 더 진격해 부곡성(缶谷城)을 포위하였다. 구도(仇道)가 정예 기병 500명을 거느리고 백제군을 공격하자, 그들이 거짓으로 달아났는데, 구도가 와산(蛙山)까지 쫓아갔다가 백제에 패하였다. (벌휴)왕은 구도의 실책이라고 여겨 (그를) 부곡성주(缶谷城主)로 강등시키고, 설지(薛支)를 좌군주(左軍主)에 임명하였다.	
	助賁王 3년 (232)	輕騎		왜	A-2	파견	격퇴	왜인(倭人)이 갑자기 쳐들어와 금성(金城)을 포위하였다. (조분)왕이 몸소 나가 싸우니 적이 패하여 도망갔다. 경기병(輕騎兵)을 보내 도망가는 왜군을 추격하여 1천여 명을 죽이거나 사로잡았다.	
	訖解王 37년 (346)	勁騎		왜	A-2	파견	격퇴	왜병(倭兵)이 갑자기 풍도(風島)로 쳐들어와 변방의 백성들을 노략질한 후 더 진격하여 금성(金城)을 포위하고 강하게 공격하였다. (흘해)왕은 병사를 내보내 대항하여 싸우려 하였으나 이벌찬(伊伐飡)강세(康世)가 말하기를, "적은 멀리서 (계속 승리하며) 왔기 때문에 (지금은 우리 병사가 나간다면) 그 강한 기세를 감당하기 어려우니, (나가서 싸우는 것은) 시기를 늦추어 적군이 지치기를 기다리는 것만 못합니다."라고 하였다. (흘해)왕이 그의 말이 옳다고 생각하여 성문을 닫고 병사를 내보내지 않았다. 적군의 식량이 모두 떨어져 장차 퇴각하려 하자, (흘해)왕이 강세에게 명령하여 정예 기병을 거느리고 그들을 쫓아 공격하여 (적군을) 도망치게 하였다.	
	奈勿王 38년 (393)	騎兵	200	왜	A-2 B	파견	격퇴	"지금 적(왜인)들은 배를 버리고 깊이 들어와 사지(死地)에 있으니 그 날카로운 기세를 당할 수 없다."라고 하고는 성문을 닫았다. 적이 아무런 성과 없이 물러가자, (다물)왕이 용맹한 기병 200명을 먼저 보내 그 돌아가는 길을 막고, 또한 보병 1,000명을 보내 독산(獨山)까지 추격하였다.	전술융합
	實聖王 4년 (405)	騎兵		왜	A-2	친정	격퇴	왜병(倭兵)이 와서 명활성(明活城)을 공격하였으나 이기지 못하고 돌아갔다. (실성)왕왕이 기병을 이끌고 독산(獨山)의 남쪽에서 잠복하였다가 두 번 싸워 그들을 깨부수고 3백여 명을 죽여 그 목을 베었다.	
	訥祗王 28년 (444)	騎	數千 餘騎	왜	A-2	친정	패배	왜병(倭兵)이 금성(金城)을 10일 동안 포위하였는데 군량이 다 떨어지자 돌아갔다. (눌지)왕이 군사를 내어 그들을 추격하려고 하니 좌우에서 말하기를, "병가(兵家)의 말에 '궁지에 몰린 도적은 쫓지 말라.'고 하였으니 (눌지)왕께서는 그 일을 그만두십시오."라고 하였다. (그러나 눌지왕은) 듣지 않고 수천의 기병을 이끌고 독산(獨山) 동쪽까지 추격해 맞붙어 싸우다가 적에게 패하여 장수와 사졸 가운데 죽은 사람이 절반이 넘었다.	

국가	출전 시기	기병구분	출병수	교전국	전술유형	출전형태	결과	내용	기타
	眞興王 23년 (562)	騎兵	5,000	가야	A-1	파견	정복	가야(加耶)가 배반하였으므로 (진흥)왕이 명하여 이사부(異斯夫)에게 토벌하게 하고, 사다함(斯多含)에게 그를 보좌하도록 하였다. 사다함이 5,000명의 기병(騎兵)을 거느리고 먼저 전단문(栴檀門)으로 달려들어가 흰색 깃발을 세우니, 성 안의 사람들이 두려워 어찌할 바를 몰랐다. 이사부가 군사를 이끌고 다다르자, 일시에 모두 항복하였다.	
	眞德王 1년 (647)	步騎	10,000	백제	B	파견	격퇴	백제의 군사가 무산성(茂山城)·감물성(甘勿城)·동잠성(桐岑城)의 세 성을 에워쌌으므로 왕(진덕왕)이 유신(庾信)을 보내 보병과 기병 10,000명을 거느리고 가서 막게 하였다. 고전하여 기운이 다 하였는데, 유신의 부하인 휘하의 비령자(丕寧子)와 그의 아들 거진(擧眞)이 적진에 들어가 급히 공격하다가 죽었다. 무리들이 모두 분발하여 쳐서 3천여 명의 목을 베었다.	

지 갑주와 장·단병기(長·短兵器)의 공반된 사례가 없어, 갑주 없이 모와 도검을 든 경장보병(輕裝步兵)이 존재했던 것으로 판단된다.

계층4는 촉을 소유한 사병(射兵)으로, 매장주체부의 규모가 중형 또는 소형이다. 가장 많은 수를 차지해 군사조직에서 핵심 전력이었던 것으로 판단된다. 군사조직에서 사병의 비율이 가장 높고, 2장에서의 검토처럼 궁시(촉)가 전 계층을 대상으로 사용된 기본 무기였던 까닭은 남원 운봉고원 및 장수의 자연지형과 관련이 깊은 것으로 생각된다. 주지하다시피, 궁시는 산악지형에서 매복·기습 등 게릴라전술을 펼치기에 가장 효율적인 무기이다(姜在炫 2006, 45쪽). 이 지역의 가야인들은 백두대간으로 둘러싸인 험준한 지형 속에서 사냥 등을 통해 궁시를 자연스럽게 체득하였으며, 유사시 이러한 전력을 발판삼아 사병으로서 참전했던 것으로 추정된다. 남원 건지리 가-A17호·다-봉토 주곽·B3, B4-1호·장수 노하리 1호·삼고리 11호·호덕리 A-1-6호·동촌리 7-1·8-1호 등이 이에 해당한다.

계층5는 무장 없이 농공구만 소유하며, 매장주체부의 규모가 중형 또는 소형이다. 무장이 없는 것으로 볼 때, 여성과 노인 등 전투에 직접적으로 참여하지 않은 비전투원으로 판단된다. 남원 월산리 M2호분·건지리 가-A8호·장수 삼고리 2-1호 등의 중형 석곽과 월산리 M1-E·F호·건지리 가-A8·가-A12호가 이에 해당한다.

상기의 검토를 근거로 남원 운봉고원과 장수 가야의 군사조직은 지휘관(계층

1·계층2-A)·경장기병(계층2-B)·경장보병(계층3)·사병(계층4)으로 구성되었던 것으로 추정된다. 여기에 전투에 직접적으로 관여하지 않은 비전투원(계층5)도 존재했던 것으로 짐작된다.

다음으로 유적의 군사적 위계를 알아보기 위해 유적별 계층의 구성을 정리하면 표 17과 같다. 남원 운봉고원의 경우 청계리·월산리·두락리 고분군은 지휘관(계층1·계층2-A)의 비율이 상대적으로 높아 유사시 군사조직 정점에 있었던 상위계층의 분묘유적으로 판단된다. 이에 반해 건지리 고분군은 사병(계층4)과 비전투원(계층5)의 비율이 높아 하위계층의 분묘유적으로 판단된다. 장수는 도굴로 인해 소량의 무장만 남아있어 명확하지 않으나, 삼봉리와 동촌리 고분군에서 지휘관(계층2-A)과 기병(계층2-B)의 비율이 높은 것으로 볼 때, 군사조직 내 상위 또는 중위계층의 분묘유적에 해당하는 것으로 판단된다. 호덕리·노하리 고분군은 보병(계층3)과 사병(계층4)이 중심을 이루고 삼고리 고분군은 사병(계층4)과 비전투원(계층5)에 집중되어 군사조직 내 중·하위 계층의 분묘유적일 가능성이 높다.

표 17. 유적별 계층 구성

고분군	계층	지휘관 (1)	지휘관 (2-A)	기병 (2-B)	보병 (3)	사병 (4)	비전투원 (5)	계
남원 운봉	청계리		2					2
	월산리	3	1	1			3	8
	두락리	1	1		2			4
	건지리				1	8	3	12
계		4	4	1	3	8	3	26
장수	삼봉리		2	1	1	6	1	11
	동촌리		1	3	2	2	2	10
	호덕리				2	1	1	4
	노하리				3	3	2	8
	삼고리			1	1	10	4	16
계			3	5	9	22	10	49

그렇다면 이 지역의 가야는 어떤 방법으로 전투를 수행했을까? 가야의 전투 방법과 관련된 문헌기록이 전무하여 그 내용을 알 수 없으나, 삼국시대 기병과 관련된 삼국사기 기사와 전투장면을 복원한 연구성과를 참고하면 그 모습을 일부 추정할 수 있다.

표 15·16에 정리된 삼국사기 기록을 살펴보면, 기병의 전투 수행 방법은 크게 '기병 단독의 전투 수행(전술A)'과 '보병과의 연합을 통한 전투 수행(전술B)'으로 나뉜다. 기병 단독의 전투 수행(전술A)은 전면 공격(전술A-1)과 후퇴하는 적을 추격하는 방법(전술A-2)로 세분된다. 전면 공격(전술A-1)은 문헌기록 속에 정기(精騎), 철기(鐵騎) 등으로 표현되어 왕의 친정 시에 주로 사용되었던 방법으로, 4세기 이전 고구려 기록에 가장 많이 등장한다. 도주하는 적을 추격하는 방법(A-2)은 신라의 문헌기록에서 주로 찾아 볼 수 있어 신라에서 주로 사용한 전술로 판단된다(김두철 외 1999, 236쪽). 또한 보병과 기병이 함께 전투를 수행했던 전술(B)은 삼국 기록 모두에서 찾을 수 있으나 6세기 이후의 고구려와 백제 전투기사에서 자주 등장한다.

고구려 고분벽화 및 해외 사례를 검토하여 전투장면을 복원한 연구(임용한 2011, 212~251쪽; 김두철 외 1999, 236쪽)를 참고하면 삼국시대에는 다음과 같은 방법으로 전투가 행해졌을 개연성이 크다. 1) 경장기병이 돌격하며 창과 화살을 이용하여 상대의 밀집된 대열을 교란하면, 그 사이에 마갑주와 갑주로 무장한 중장기병이 출동하여 수비가 취약한 곳 또는 측면으로 파고들어 대열을 붕괴한다. 2) 중장기병이 대열을 관통하거나 측면으로 돌아 후방으로 자리를 잡으면, 경장보병을 앞세운 보병이 적진으로 진격하여 백병전을 벌인다. 3) 적 배후에서 중장기병이 둘러싸 후방을 공격하고 후퇴하거나 도망치는 적을 경기병이 추격하여 섬멸한다. 4) 사병은 공격 시 아군 병력을 엄호하거나 돌격하는 적을 원거리에서 차단하고 기습하는 등 수시로 동원되었다. 전술A-1은 1)에, 전술 A-2는 3)에, 전술B는 1)~4)에 각각 대응된다.

삼국사기에 기록된 것처럼, 고구려·백제·신라는 200~40,000명에 이르는 대규모 기병대를 운영했던 것으로 보인다. 가야에는 4세기대부터 기병이 존재했던 것으로 짐작되나, 마구와 무구를 상위 일부 계층만 소유할 수 있어 대규모의 기병대와 중장기병대를 운용하지 못했던 것으로 추정된다. 따라서 기병 위주의 전술보다 보병·사병 등 다른 병종과의 합동전술(전술B)이 주로 펼쳐졌던 것으로 추정된다(류창환 2010, 155쪽). 앞서 살펴본 것처럼, 남원 운봉고원과 장수의 가야도 다른 지역 가야와 상황이 크게 다르지 않다. 더욱이 이 지역은 중장기병보다 '마구와 갑주·무기' 또는 '마구와 무기'만을 갖춘 경장기병이 운영되었을 가능성이 높고, 보병도 중장보병보다 경장보병이 주력을 이루었던 것으로 판단된다. 또한 원거리 공격이 가능한 사병의 활용도 원활했던 것으로 생각된다.

따라서 남원 운봉고원 및 장수의 가야인들은 방어력보다 자유로운 활동 및 공격에 주안점을 두고 무장을 구비했던 것으로 판단된다. 유사시 지휘관(수장)의 명령 아래 빠른 기동 및 원거리 공격이 가능한 경장기병과 사병을 적절히 활용하여 적의 대열을 교란한 후 경장보병이 백병전을 치르는 전술이 사용되었을 것으로 추정된다. 후퇴하거나 도망치는 적 역시 경장기병이 추격하여 섬멸했을 것이다. 또한 이러한 경무장(輕武裝)과 사병의 운용은 전면전뿐만 아니라 험준한 지형에서 벌어지는 국지전에서도 효율적이었을 것으로 생각되기 때문에 이 지역의 가야인들은 게릴라 전술에도 능했을 것으로 추정된다.

V. 철제 무장의 생산배경

그동안의 지표조사를 통해 남원 운봉고원과 장수에는 총 97개소의 철 생산유적이 분포하는 것으로 확인되었다(전라북도·군산대학교 가야문화연구소 2019, 75쪽). 이러한 유적은 백두대간 산줄기를 따라 밀집 분포하며, 계곡 내부와 산줄기 하단부에 입지한다. 지표에 다량의 철재(鐵滓, 슬래그)와 노벽편(爐壁片)이 산재한 경우가 많고 철 생산 부산물로 이루어진 폐기장이 확인되기 때문에 주로 제련(製鍊)

을 담당했던 것으로 추정된다.

한국지질자원연구원에서 제작한 '다목적지화학도'에 따르면, 제철유적이 위치한 곳 또는 그 주변에는 철 광화대(鑛化帶)[59]가 존재할 가능성이 높은 것으로 표기되었다. 또한 제철유적에서 수습한 철재에 대해 '희토류 원소분석'[60]을 실시한 결과, 동일한 지역에서 산출되는 원료를 바탕으로 철 생산이 이루어졌을 가능성이 높은 것으로 밝혀졌다(국립중원화재연구소 2018, 174쪽). 다목적지화학도 검토결과와 희토류 원소분석 결과는 백두대간 주변에서 산출되는 원료(철광석·사철 등)를 바탕으로 철 생산이 이루어졌음을 의미한다. 특히, 남원 운봉고원과 장수를 구성하고 있는 '반상변정편마암'과 '흑운모편마암'에는 자철석(磁鐵石)이 존재하여(한국지질자원연구소 1964, 8쪽) 이를 기반으로 제철이 이루어졌을 가능성이 높다. 이 지역 원료의 특징은 티타늄($TiO2$)의 함량[61]이 매우 높다는 것인데(국립중원화재연구소 2018, 173쪽), 장수 대적골 제철유적에서 수습된 광석 시료를 근거로 티탄철광의 사용 가능성이 제기되었다(공주대학교 문화재보존과학과 2019, 307쪽).

그러나 현재까지 남원 운봉고원 및 장수 가야고분에서 출토된 철제 무장의 생산과 직접적으로 연관된 철 생산유적이 조사되지 않았다. 다만, 백두대간 산줄기를 따라 철 생산 원료가 존재하는 것을 고려하면, 삼국시대에도 이러한 철기를 생산하기 위한 자연적 기반이 갖춰졌음은 분명하다.

최근 발굴조사를 통해 장수·남원 운봉고원의 가야 및 삼국시대 철기 생산의

----

59 특정 원소가 지각 내 평균 함유량보다 높은 지역으로 경제적 개발 가치가 있는 경우와 없는 경우를 모두 포함한다. 경제적 개발 가치가 있는 경우 광상(鑛床)이라 한다.

60 원소 분석을 통해 암석의 기원물질에 대한 정보를 확인할 수 있어 산지와 관련된 정보를 얻을 수 있다.

61 티타늄 성분은 원료 사용에 있어 철광석을 사용했는지 사철을 사용했는지를 판단하는 기준이 되기도 하나 티탄철광석이나 저티탄 사철도 존재하기 때문에 티타늄($TiO2$)의 함량만으로 원료를 판단하기에 다소 무리가 있다(국립중원화재연구소 2018, 168쪽).

실체를 보여주는 유물이 출토되었다.

장수 장계리 8호분에서 출토된 단야구 세트는 집게·망치·모루로 구성되었다. 집게는 길이 21.9cm·망치 6.3cm·모루 5.5cm로 망치 한쪽 면이 눌린 것으로 볼 때, 실제 사용된 것으로 추정된다. 단야구의 크기가 소형인 점을 감안하면 완제품 제작을 위한 단련단야(鍛鍊鍛冶)에 사용된 것으로 추정되며, 피장자는 이 지역 철기 생산을 담당했던 수장층이었던 것으로 판단된다(장수군·전북문화재연구원 2020, 35쪽). 장수의 가야인들은 적어도 철기를 제작하고 성형하기 위한 단련단야(鍛鍊鍛冶) 기술을 보유했던 것으로 판단된다.

남원 아막성(阿莫城)[62] 집수시설에서는 철 생산 부산물이 상당량 출토되었다. 신라·가야토기와 함께 노벽편(爐壁片)과 철재(鐵滓, Slag)가 상당량 출토되었다. 집수시설은 구조와 출토유물을 고려할 때, 6세기 중반~6세기 후반 무렵 신라에 의해 조성된 것으로 판단된다. 철 생산의 주체가 이 지역의 가야와 관련이 있는지 알 수 없으나, 적어도 6세기 중반을 전후한 시기에 남원 운봉고원에도 단야(鍛冶)를 비롯한 철 생산 기술이 존재했음을 짐작할 수 있다.

사진 5. 장수 장계리 8호분 출토 단야구 일괄   **사진 6. 남원 아막성 출토 철 생산 부산물**

----

62 남원시 아영면 성리에 위치한 산성으로 달리 '성리산성'으로 불리기도 한다. 주변에 주요 길목인 '복성이재'와 '치재'가 위치한다.

한편, 철제 무장에서 백제 · 대가야 · 소가야 · 신라 · 마한 등 주변과의 관련성이 확인된다. 주지하다시피, 남원 운봉고원과 장수는 서쪽의 백제와 동쪽의 가야와 신라를 잇는 최단 거리의 교통로가 통과하는 곳으로 백제 선진문물의 교섭 창구이자 큰 관문이다(곽장근 2014, 64쪽). 지리적 이점을 기반으로 최신의 철기 생산기술이 이곳에 전래되었으며, 남원 운봉고원과 장수의 무장 제작기술이 주변으로 전파되었을 가능성도 있다. 또한 5세기 후반 이후부터는 섬진강 유역을 따라 왜(일본)와의 교류가 이루어졌던 것으로 추정된다. 완주 혁신도시 등 호남의 철기문화가 영남으로 전파되는 시기(최성락 2019, 136쪽)에 전북 동부지역이 거점의 역할을 수행한 것도 이러한 지리적 환경과 무관하지 않을 것이다.[63]

즉, 이 지역에 존재하는 철 생산 원료 · 단야구로 대표되는 철기 생산기술 · 동-서의 핵심 교통로는 이 지역의 철기문화가 형성되는데 핵심적인 배경이었던 것으로 생각된다.

VI. 맺음말

본고에서는 남원 운봉고원 및 장수 가야고분에서 출토된 철제 무장을 종류별로 정리하고 동시기 다른 지역 출토품과 비교 · 검토하여 관련성 및 변천을 정리하였다. 그 후 철제 무장의 전개 양상과 교류 관계 등을 살펴보았으며, 고분에서 출토된 무장과 문헌기록 등을 참고하여 이 지역에 존재했던 군사조직의 구성 및 전술에 대해 거시적으로 살펴보았다. 마지막으로 지질 · 지리 · 지표조사 자료 등을 활용하여 무장의 제작 배경에 대해 추론하였다.

종래에 이 지역 철제 무장에 대해 모두 대가야에서 제작된 완제품이 이입되었거나 대가야의 기술을 토대로 제작된 것으로 보았다. 그러나 남원 운봉고원 철

---

63 이에 해당하는 유적으로는 장수 남양리 유적이 있다.

제 무장은 대가야 이외에 소가야·백제·마한·신라를 비롯하여 멀리 왜(일본)와 관련성이 있다. 따라서 주변과의 다양한 교류를 통해 철기문화가 형성된 것으로 판단된다. 특히 대가야·소가야·왜(일본)와 관련된 철기 중 운봉고원 출토품이 시기적으로 앞서 다른 지역 철기문화에 영향을 미쳤을 가능성도 배제할 수 없다. 다시 말해, 운봉고원을 발판삼아 철기문화가 동에서 서로 전파되었을 뿐만 아니라 서에서 동으로도 전파되었을 가능성도 있는 셈이다. 이처럼 남원 운봉고원 출토 철제 무장은 서에서 동으로의 철기 전파 과정과 5~6세기대 주변과의 교류를 보여준다는데 의의가 있다. 장수의 철제 무장은 대가야와의 관련성이 두드러지나 오각형 환두대도에서 마한·백제와의 관련성을 찾을 수 있다. 또한 고분에서 가야 토기와 함께 신라·소가야 토기가 출토되어 향후 다각적인 접근이 필요하다. 편자는 대가야 중심지에서 출토되지 않은 유물로, 장계리 8호분에서 출토된 단야구와 더불어 장수에 철기 제작기술이 존재했음을 보여준다.

무장의 종류와 매장주체부의 규모를 고려할 때, 남원 운봉고원 및 장수 가야의 군사조직은 지휘관·경장기병·경장보병·사병으로 구성되었던 것으로 짐작된다. 유사시 지휘관(수장)의 명령 아래 빠른 기동 및 원거리 공격이 가능한 경장기병·사병을 활용하여 적을 교란한 후, 경장보병이 백병전을 치르는 전술이 사용된 것으로 추정된다. 또한 이러한 경무장(輕武裝) 전력과 사병의 운용은 험준한 지형에서 벌어지는 국지전에도 적합하기 때문에 이 지역의 가야인들은 게릴라 전술에도 능했을 것으로 추정된다.

마지막으로, 주변과 관련된 최신의 철제 무장이 부장된 배경으로 이 지역의 원료(철광석 등)와 현지의 철기 생산기술·동-서의 핵심 교통로를 꼽았다.

도굴로 인해 철제 무장의 출토 사례가 많지 않아 시기별 변화 양상을 파악하는데 한계가 있다. 향후 농공구(農工具) 등 철제 무장과 공반된 철기유물의 지속적인 검토를 통해 본고의 미비한 점을 보완하도록 하겠다.

참고문헌

「남원 청계리 청계고분군 발굴조사 자문위원회의 자료집」, 2019, 국립나주문화재연구소.

『갑주, 전사의 상징』, 2015, 국립김해박물관.

『고령 지산동 고분군 518호분』, 2016, 국립가야문화재연구소.

『고령 지산동 대가야고분군 I』, 2020, 재단법인 대동문화재연구원.

『고령 지산지구 국도 개량공사구간 내 유적 고령 지산동 고분군』, 2004, 영남대학교 박물관.

『高敞 鳳德里 1號墳 종합보고서 -本文-』, 2016, 원광대학교 마한·백제문화연구소·고창군.

『고흥 야막고분』, 2014, 국립나주문화재연구소.

『나주 복암리 정촌고분』, 2017, 국립나주문화재연구소.

『남원, 월산리고분군발굴조사보고』, 1983, 원광대학교 마한·백제문화연구소.

『完州 九億里山城』, 2020, 조선문화유산산연구원.

『장수 대적골 제철유적 부산물의 과학적 분석』, 2019, 공주대학교 문화재보존과학과.

『장수 백화산 고분군 발굴조사 약보고서』, 2020, 장수군·(재)전북문화재연구원.

『전라지역 제철유적 출토시료의 자연과학적 분석보고서』, 2018, 국립중원화재연구소.

『전북 가야사 및 유적 정비 활용방안』, 2018, 군산대학교 가야문화연구소.

『전북가야 제철 및 봉수유적 정밀현황조사 보고서』, 2019, 전라북도·군산대학교 가야문화연구소.

『지질도폭 설명서 -운봉(雲峰)-』, 1964, 한국지질자원연구소.

『昌寧 桂城 新羅古塚群』, 2001, 경남고고학연구소.

『천안 유리·독정리·도림리 유적』, 2011, (재)충청문화재연구원·대전지방국토관리청.

『한국의 고대 상감, 큰 칼에 아로새긴 최고의 기술』, 2015, 국립공주박물관.

諫早直人, 2007, 「慶州 月城路 다-6號墳 出土 復環式環板轡의 再檢討」 『慶北大學校博物館年報』 4, 慶北大學校博物館.

諫早直人, 2009, 「大伽倻圈 馬具 生産의 展開와 그 特質」『高靈 池山洞44號墳 -大伽倻王陵-』, 慶北大學校博物館.

諫早直人, 2015, 「飛鳥寺塔心礎出土馬具」『奈良文化財研究所紀要』, 文化財研究所 奈良文化財研究所.

姜在炫, 2006, 「한국 고대 활에 대한 일고찰」, 영남대학교대학원 국사학과 석사학위 논문.

耿鉄華, 2017, 「高句丽马具寄生研究」『社会科学战线』第5期, 吉林省社会科学院.

곽장근, 1999, 『湖南東部地域 石槨墓 研究』, 서경문화사.

곽장근, 2014, 「남원의 고고학적 연구성과」『가야와 백제, 그 조우(遭遇)의 땅 '남원'』, 남원시 · 호 남고고학회.

곽장근, 2019, 『동북아 문물교류 허브 전북』, 전북연구원 전북학연구센터.

具慈奉, 2001, 「III-1호분 출토의 方頭大刀에 대하여」『昌寧 桂城新羅古塚群』, 慶南 考古學研究所 · 昌寧郡.

구자봉, 2004, 『三國時代의 環頭大刀 研究』, 嶺南大學校大學院 博士學位論文.

권도희, 2012, 「오산 수청동 분묘군 馬具에 대하여」『烏山 水清洞 百濟 墳墓群IV』, 경기문화재연구원 · 한국토지주택공사.

김규동, 2012, 「신봉동 출토 파배 고찰」『신봉동, 백제의 전사를 만나다』.

김낙중, 2010, 「榮山江流域 古墳 出土 馬具 研究」『한국상고사학보』69, 한국상고 사학회.

김두철 외, 1999, 『韓國의 馬具』, 한국마사회 마사박물관.

金斗哲, 2000, 『韓國 古代 馬具의 研究』, 東義大學校大學院 博士學位論文.

김두철, 2003, 「무기 · 무구 및 마구를 통해 본 가야의 전쟁」『가야 고고학의 새로운 조명』, 부산대학교 한국민족문화연구소.

김세기, 2003, 『고분 자료로 본 대가야 연구』, 학연문화사.

金承新, 2016, 「大加耶圈 古墳 出土 武裝의 類型과 展開에 대한 研究」, 慶尙大學校大 學院 碩士學位論文.

김승신, 2018, 「대가야권 고분 출토 무장의 유형과 전개」『영남고고학』81, 영남고 고학회.

김용성, 2009, 「제3장 신라왕궁 고분군의 조영과정」『신라왕도의 고총과 그 주변』, 학연문화사.

김재홍, 2011, 「전북 동부지역을 둘러싼 백제 · 가야 · 신라의 지역지배」『백제와 가야 그리고 신라의 각축장 금강상류지역』, 한국상고사학회.

金泰植, 1993, 『加耶聯盟史』, 일조각.

김혁중, 2016, 「가야의 갑주」『가야고고학개론』, 진인진.

남도영, 1996, 『한국마정사』, 한국마사회 · 마사박물관.

남익희, 2014, 「고 신라토기」『신라고고학개론 下』.

노중국, 2004, 「대가야의 성장기반 -4세기를 중심으로-」『대가야의 성장과 발전』.

東潮, 1997, 「蛇行狀鐵器考」『高句麗考古學研究』, 吉川弘文館.

류창환, 2007a, 『加耶馬具의 研究』, 東義大學校大學院 博士學位論文.

류창환, 2007b, 「삼국시대 철제등자에 대한 일고찰」『考古廣場』 창간호, 釜山考古學研究會.

류창환, 2010, 「三國時代 騎兵과 騎兵戰術」『한국고고학보』 76, 한국고고학회.

류창환, 2012, 『가야마구의 연구』, 서경문화사.

李軍, 2017, 「계수집호에 관련된 문제 및 한국의 고대 가야고분에서 발견된 의의」『전북가야를 선언하다 국제학술심포지엄』, 호남고고학회.

李承信, 2008, 「加耶 環頭大刀 研究」, 弘益大學校大學院 碩士學位論文.

李賢珠, 2005, 「三韓 · 三國時代 釜山地域 軍事体制의 考古學的 研究」, 釜山大學校大學院 碩士學位論文.

박경도, 2019, 「철제무기 비교분석을 통한 마한 · 백제 그리고 가야 -장식대도를 중심으로-」『제27회 호남고고학회 정기학술대회 마한 · 백제 그리고 가야』, 호남고고학회.

朴成海, 2002, 「傳統 花紋을 應用한 金屬工藝 디자인에 關한 研究」, 大邱가톨릭대학교大學院 碩士學位論文.

朴淳發, 2000, 「加耶와 漢城百濟」『제6회 가야사 국제학술회의 발표논문집』, 김해시.

박순발, 2012, 「계수호와 초두를 통해 본 남원 월산리 고분군」『운봉고원에 묻힌 가야무사』, 국립전주박물관 · (재)전북문화재연구원.

박천수, 2010, 『가야토기』, 진인진.

박천수, 2014, 「출토유물로 본 삼국시대 南原지역의 정치적 向方」 『가야와 백제, 그 조우(遭遇)의 땅 남원』, 호남고고학회.

박천수, 2018, 『가야문명사』, 진인진.

白井克也, 2007, 「梁山夫婦塚における土器祭祀の復元」 『東京國立博物館紀要』 42, 東京國立博物館.

성정용, 2003, 「漢城期 百濟馬具의 編年과 그 起源」 『國史館論叢』 第101輯, 국사편찬위원회.

신경철, 1989, 「加耶의 武具와 馬具」 『國史館論叢』 7, 국사편찬위원회.

신동조 · 장기명, 2016, 「가야의 철생산과 철기문화」 『가야고고학개론』, 진인진.

오동선, 2018, 「고대 한국의 화살통과 나주 복암리 정촌고분」 『고대 한 · 일의 화살통과 장식칼』, 국립나주문화재연구소.

오동선, 2020, 「남원 아영분지 고분 조영세력의 변천과 성격」 『한국고고학보』 제117집, 한국고고학회.

우병철, 2006, 「신라 및 가야식 철촉의 성립과 확산」 『한국고고학보』 제58집, 한국고고학회.

유영춘, 2015a, 「雲峰高原 出土 馬具 硏究」, 群山大學校大學院 碩士學位論文.

유영춘, 2015b, 「운봉고원 출토 마구의 의미와 등장배경 -轡, 蛇行狀鐵器, 鐙子를 중심으로-」 『호남고고학보』 51집, 호남고고학회.

유영춘, 2017, 「전북 동부지역 출토 철제무기의 전재양상과 의미 -남원 · 장수 삼국시대 분묘유적 출토품을 중심으로-」 『호남고고학보』 제57집, 호남고고학회.

윤석효, 1987, 「伽耶의 軍事制度에 대하여」 『경희사학』 제14집, 경희대학교사학회.

윤석효, 1990, 「伽耶의 政治 · 軍事制度에 대한 考察」 『실학사상연구』 1, 무악실학회.

윤정아, 2013, 「공예품에 보이는 육각문의 상징적 의미 -삼국시대 공예품을 중심으로-」 『조형디자인연구』 16권, 한국조형디자인협회.

이건용, 2020a, 「남원 청계리 고분군 출토유물 연구」 『남원 청계리 · 월산리 고분군 역사적 가치와 의미』, 남원시 · 군산대학교 가야문화연구소.

이건용, 2020b, 「남원지역 출토 기대에 대한 검토」『남원 청계리 청계 고분군과 월산리 고분군의 조사성과와 의의』, 국립완주문화재연구소·국립나주문화재연구소·남원시.

이귀영, 2010, 「百濟 龜甲文 考察」『신라사학보』18, 신라사학회.

이문형, 2020, 『高敞 鳳德里古墳群 築造勢力 硏究』, 公州大學校大學院 博士學位論文.

이상율, 2007, 「삼국시대 호등의 출현과 전개」『한국고고학보』65, 한국고고학회.

이상율, 2009, 「新羅·大加耶 新式板轡의 成立」『고문화』74호, 한국대학박물관협회.

이송란, 2012, 「백제 한성시기 금속공예의 투각 연속육각문의 수용과 전개」『백제문화』47집, 공주대학교 백제문화연구소.

이영범, 2009, 「6C 이전 제작된 소환두도의 병부 제작기법 연구 -전라북도 출토 소환두도를 중심으로-」, 공주대학교대학원 석사학위논문.

이영범, 2019, 「운봉고원 철기유물의 제작기법 연구」『백두대간 운봉고원 역사적 가치와 의미』, 남원시·군산대학교 가야문화연구소.

이한상, 2004, 『황금의 나라 신라』, 김영사.

이현주, 2015, 「삼국시대 소찰주 연구」『우정의 고고학』, 진인진.

이훈, 2005, 「수촌리고분군 출토 백제마구에 대한 검토」『충청학과 충청문화』4, 충청남도역사문화연구소.

이훈, 2012, 「백제의 지방과 대외교류; 금동관을 통해 본 백제의 지방통치와 대외교류」『백제연구』55권, 충남대학교 백제연구소.

이희준, 1994, 「고령양식 토기 출토 고분의 편년」『영남고고학회』15호, 영남고고학회.

이희준, 2007, 『신라고고학연구』, 사회평론.

이희준, 2017, 『대가야고고학연구』, 사회평론.

임용한, 2011, 『한국고대전쟁사1』, 혜안.

임혜빈, 2018, 『삼국시대 중국제 도자기 연구』, 영남대학교대학원 석사학위논문.

장상갑, 2009, 「후기가야 실전용촉의 소유양상에 대한 일고찰」, 경상대학교대학원 석사학위논문.

장상갑, 2010, 「後期加耶의 軍事組織에 대한 硏究」『영남고고학』54, 영남고고학회.

전상학, 2007, 「전북 동부지역 수혈식 석곽묘의 구조 연구」 『호남고고학보』 제25집, 호남고고학회.

전상학, 2018, 「전북지역 가야고분의 현황과 특징」 『호남고고학보』 제59집, 호남고고학회.

전호태, 2000, 『고구려 고분벽화 연구』, 사계절출판사.

정주희, 2016, 「가야의 토기」 『가야고고학개론』.

정호섭, 2010, 「高句麗 壁畵古墳의 編年에 관한 檢討」 『先史와 古代』 33, 한국고대학회.

조규희, 2013, 「마한·백제권 촉의 변천과정」, 전남대학교대학원 석사학위논문.

조영제, 2007, 『옥전고분군과 다라국』, 혜안.

조인진, 2001, 「全北 東部 地域 石槨墓 出土 土器 硏究 : 長頸台와 器台를 中心으로」, 全北大學校大學院 碩士學位論文.

최성락, 2019, 「호남지역 철기문화의 형성과 변천」 『도서문화』 46, 목포대학교 도서문화연구원.

土田純子, 2006, 「百濟 平底外反口緣短頸壺 및 小型平底短頸壺의 變遷考」 『한국상고사학보』 51호, 한국상고사학회.

土田純子, 2014, 『百濟土器 東아시아 交叉編年 硏究』, 서경문화사.

전북 동부지역 제철유적과 그 동향

곽장근
군산대학교 교수

Ⅰ. 머리말

잘 아시다시피 제철유적은 원료인 철광석과 연료인 숯, 여기에 1,500° 이상 온도를 올리는 첨단기술이 더해져야 가능하다. 전북 동부지역은 세 가지의 필수 조건을 모두 갖추어 초기철기시대부터 후백제까지 철기문화를 꽃피운 철산지로 역동성과 다양성, 국제성으로 상징된다. 전북 동부지역에서 학계에 보고된 모든 가야문화유산을 하나로 합쳐 전북 가야라고 새로운 이름을 지었다(군산대학교 가야문화연구소 2018). 이 용어에는 학술적인 의미는 아예 없고 대중적이고 홍보적인 의미만을 담고 있음을 밝혀둔다. 가야사 국정과제로 전북 동부지역에서 그 존재를 드러낸 제철유적은 230여 개소에 달한다(군산대학교 가야문화연구소 2019).

초기철기시대 전북혁신도시가 테크노밸리로 급성장하면서 만경강유역이 초기 철기문화의 중심지로 홀연히 급부상했다(한수영 2011). 당시 만경강유역이 테크노밸리로 융성할 수 있었던 것은 제나라 전횡(田橫)의 망명과 고조선 준왕(準王)의 남래가 역사적인 배경으로 작용했을 것으로 추정된다. 이제까지 큰 지지를 받았던 철기문화가 육로(陸路)보다 바닷길[1]로 새만금을 거쳐 만경강유역으로 전래됐음을 말해준다. 당시 전북혁신도시를 첨단산업단지로 이끌었던 선진세력이 100년 뒤 이주를 단행했는데, 장수 남양리(池健吉 1990; 柳哲 1995; 尹德香 2000)와 지리산 달궁(達宮)[2]에서 그 단서가 포착됐다.

우리나라에서 철산지는 대부분 중앙이자 거점지역으로 발돋움했고, 삼국시대 때는 고대국가를 출현시켰다(國立淸州博物館 1997; 이남규 2011). 백두대간 산줄기

----

1 우리나라와 중국을 이어주던 옛 고대항로는 연안항로와 횡단항로, 사단항로 등이 있는데, 이 세 갈래의 바닷길이 전북과 관련이 깊다.
2 2019년 가야사 국정과제로 지리산 달궁계곡에서 마한 왕의 달궁 터가 그 존재를 드러냈다.

양쪽에 가야문화를 당당히 꽃피운 전북 가야가 가야 소국들과 백제, 중국 남조, 왜와의 문물교류도 당시 철의 생산과 유통이 큰 비중을 차지했다. 가야와 백제, 신라가 국운을 걸고 전북 동부지역 철산지를 장악하기 위해 치열하게 각축전을 펼쳐 110여 개소의 가야 봉화가 그 존재를 드러냈다. 그럼에도 불구하고 여전히 제철유적에 대한 인식 부족으로 지표조사 및 발굴조사가 거의 이루어지지 않아 학계의 관심을 받지 못하고 있다.

전북 동부지역 가야 봉화망의 역사성과 완전성을 달성하기 위해 제철유적을 찾는 지표조사가 기획됐다.[3] 전북 가야의 영역에서 가장 이른 시기의 철기 유물이 나온 장수 남양리 유적은 금강 최상류에 위치한다. 동시에 금강 최상류는 철광석을 녹여 철을 생산하던 제철유적도 가장 많이 학계에 보고됐다. 백두대간 서쪽에서 유일한 가야 소국이자 봉화 왕국 반파국(李道學 2019)도 금강 최상류에 자리한다. 웅진 천도 이후 한동안 백제가 정치적인 불안에 빠지자 신라가 백두대간 덕산재를 넘어 금강유역으로 진출하여 가야와 백제, 신라의 유적과 유물이 함께 공존한다.

백두대간 산줄기 동쪽 운봉고원 철산지에 큰 관심을 두었던 백제 무령왕과 성왕, 무왕은 당시에 백제를 중흥으로 인도했다. 사비기 익산이 백제의 핵심지로 번창할 수 있었던 것은 운봉고원 철산지의 탈환이 결정적인 배경으로 작용했을 것이다. 남원 실상사 철조여래좌상(강건우 2013)은 운봉고원의 철기문화와 중국 유학승의 신앙심이 하나로 응축되어 탄생시킨 최고의 걸작품이다. 전북 가야와 후백제를 하나의 유적에서 함께 만날 수 있는 것은 전북 가야가 처음 터를 닦고 후백제가 국력을 쏟아 다시 일으켜 세웠기 때문이다.

초기철기시대부터 전북 가야를 거쳐 후백제까지 1000년 동안 전북 동부지역

---

3 1990년대부터 시작된 가야 봉화 찾기 프로젝트 완성을 위해서는 당시 국력의 원천으로 알려진 제철유적을 찾는 것은 필수불가결한 요소이다.

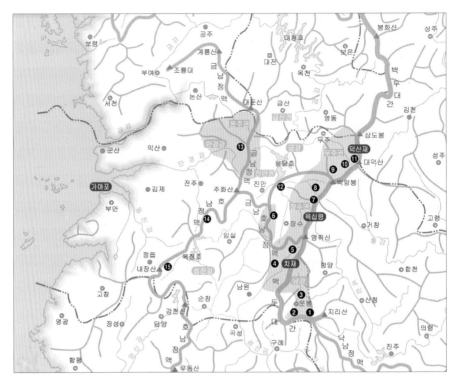

그림 1. 전북 동부지역 제철유적 분포도 및 핵심 제철유적 위치도(군산대학교 가야문화연구소)

(1.남원 덕동리 하점골, 2.남원 고기리, 3.남원 화수리 옥계동, 4.남원 대상리, 5.장수 지지리 지지계곡, 6.장수 비룡리, 7.장수 명덕리 대적골, 8.장수 양악리 토옥동, 9.무주 삼공리 구천동계곡, 10.무주 삼공리 월음령계곡, 11.무주 삼거리, 12.진안 대량리, 13.완주 신월리, 14.임실 신덕리, 15.순창 학선리)

에서 철이 생산되어, 전북의 '동철서염(東鐵西鹽)'을 구축한 뒤 전북을 '염철론(鹽鐵論)'[4]의 큰 무대로 구축했다. 전북 동부지역 230여 개소의 제철유적과 서부지역 200여 개소의 패총[5]이 이를 뒷받침해 준다. 지금도 전북에서 패총 및 제철유적

---

4 중국 전한의 선제 때 환관이 편찬한 책이다. 한나라 무제가 제정하여 시행한 소금과 철의 전매, 균수, 평준 등의 재정 정책의 존폐에 대하여 선제 때 여러 식자가 논의한 것을 정리한 것이다. 전한의 정치·경제·사회·학예 따위에 관한 좋은 자료이다.

5 우리나라에서 학계에 보고된 600여 개소의 패총 중 200여 개소가 집중적으로 산재

을 찾는 정밀 지표조사가 진행되고 있기 때문에 그 수가 더 늘어날 것으로 확신한다. 삼국시대 때 백제와 전북 가야가 함께 '동철서염'의 밑바탕을 구축했고, 백제와 통일신라를 거쳐 후백제 견(진)훤왕이 국가시스템으로 완성했다.

백두대간과 금남호남정맥, 금남정맥, 호남정맥 산줄기를 따라 계곡이 깊고 수량이 풍부하면서 평탄지가 발달한 곳에 제철유적이 위치한다. 금강과 만경강 분수령이자 전북과 충남 경계를 이룬 금만정맥에도 제철유적의 밀집도가 상당히 높다. 지금도 제철유적을 찾고 알리는 정밀 지표조사가 더 진행되고 있기 때문에 학계의 관심과 참여가 요망된다. 아직은 전북 동부지역 제철유적의 역사성이 파악되지 않았기 때문에 남강과 금강, 만경강, 섬진강 등 네 개의 권역[6]으로 나누어 권역별 제철유적의 분포양상[7]과 그 동향을 분석하려고 한다.

2017년 가야 봉화의 분포망에 근거를 두고 복원된 전북 가야의 영역에서 그 존재를 드러낸 제철유적은 230여 개소에 달한다. 현재까지 지표조사를 통해 그 분포양상만 파악됐고, 아직은 전북 가야와의 연관성이 밝혀지지 않았기 때문에 이를 고증하기 위한 학술발굴이 요청된다. 전북 동부지역 제철유적 운영 주체와 운영 시기를 밝히기 위한 학제 간 또는 지역간 융복합 연구도 시작됐으면 한다. 전북 동부지역 제철유적과 철기문화에 대한 학계의 연구(유영춘 2015·2017·2018)가 미진한 상황에서 부족한 고고학 자료를 문헌에 접목시켜 논리의 비약이 적지 않았음을 밝혀둔다.

된 것은 토판천일염의 생산과 유통을 기반으로 한 해양세력이 융성했을 것으로 유추해 두고자 한다.

6 백두대간을 중심으로 동쪽에 남강유역이, 서쪽에 금강유역이, 백두대간과 호남정맥 사이에 섬진강유역이 자리하고 있으며, 금남정맥과 금만정맥 사이에 만경강유역이 위치한다.

7 종래의 지표조사에서 가야계 유적과 유물이 발견된 지역으로만 권역을 한정시켰다. 삼국시대 가야 봉화가 발견되어 전북 가야의 영역으로 포함된 지역이 여기에 해당된다.

II. 운봉고원의 기문국과 실상사 철불

1. 운봉고원 제철유적과 기문국 융성

우리 조상들의 지혜와 운봉고원[8]의 철광석이 합쳐져 만들어 낸 것이 운봉고원 제철유적이다. 조선시대 '십승지지'[9]이자 전략상 요충지[10]로 알려진 운봉고원은 한마디로 철광석의 산지이다. 운봉고원의 철광석은 니켈의 함유량이 높아 철광석 중 최상급으로 평가받는다. 이제까지의 지표조사를 통해 40여 개소의 제철유적이 운봉고원에 집중 분포된 것으로 밝혀졌다(유영춘 외 2012). 백두대간 노고단에서 달궁계곡을 지나 삼봉산[11]까지 그 분포 범위가 30km에 달한다(군산대학교 박물관 2013).

2012년 지리산 달궁계곡에서 제철유적이 그 존재를 처음 세상에 알렸다. 그해 이른 봄 가뭄이 심해 달궁계곡 철광석이 뿜어낸 진한 황갈색의 녹물이 제철유적을 찾는 결정적인 실마리를 제공했다. 오래 전부터 사람들의 발길이 뚝 끊겨 제철유적을 찾아 세상에 알리는데 고고학자들의 끈기와 뚝심이 필요로 했다. 남원시 산내면 덕동리 달궁계곡을 중심으로 동북쪽 외얏골, 북쪽 언양골, 남쪽

---

8 백두대간 산줄기 동쪽 신선의 땅으로 널리 회자되는 곳으로 행정 구역상 남원시 운봉읍·인월면·아영면·산내면이 여기에 속한다.

9 뜻하지 않게 생긴 불행한 변고 때 피난을 가면 안전하다는 열 군데의 지역을 가리킨다. 지리산의 절경이 만든 신선의 땅으로 백성들이 천난·외난·인난을 피할 수 있는 최고의 보신처이다.

10 조선 후기 실학자 정약용은 『다산시문집(茶山詩文集)』에서 "남도의 관방은 운봉이 으뜸이고 추풍령이 다음이다. 운봉을 잃으면 적이 호남을 차지할 것이고 추풍령을 잃으면 적이 호서를 차지할 것이며, 호남과 호서를 다 잃으면 경기가 쭈그러들 것이니, 이는 반드시 지켜야 할 관문인 것이다"라고 했다.

11 전북 남원시 산내면 중황리와 경남 함양군 함양읍 죽림리, 마천면 구양리 경계에 위치한다.

하점골과 서남쪽 봉산골, 서쪽 심원계곡이 여기에 해당된다.

남원 덕동리 하점골 제철유적은 철광석의 채광부터 숯을 가지고 철광석을 환원시켜 철을 추출해 내는 제련 공정을 한 자리에서 만날 수 있다. 이제 막 문을 연 철의 야외 유적공원을 떠올리게 할 정도로 제철유적의 보존상태가 거의 완벽에 가까워 대자연의 원시림을 방불케 한다. 2019년 가야사 국정과제 일환으로 지표조사 때 지리산 뱀사골 계곡에서도 제철유적이 처음으로 발견되어, 운봉고원 제철유적의 수가 더 늘어날 것으로 확신한다.

백두대간 만복대에서 세걸산을 지나 덕두산까지 이어진 산줄기 양쪽 계곡에도 10여 개소의 제철유적이 조밀하게 산재해 있다. 남원시 운봉읍에서 지방도를 따라 정령치 방면으로 2km쯤 가면 선유폭포에 도달하는데, 그 부근에 슬래그(쇠똥)가 광범위하게 흩어져 있다. 남원 고기리 제철유적으로 쇠똥의 분포 범위가 1.5km 내외로 운봉고원 내 제철유적 중 최대 규모를 자랑한다. 운봉고원에 속해 있지만 수계상으로는 섬진강유역에 위치한다.

기원전 84년 마한의 왕이 전쟁을 피해 피난길에 올랐다. 당시 마한의 왕이 피난지로 삼은 곳은 지리산국립공원 내 뱀사골계곡 서쪽 달궁계곡이다. 백두대간 노고단 동쪽 기슭에서 발원하는 물줄기가 줄곧 동쪽으로 흐르면서 달궁계곡을 이룬다. 여기서 그치지 않고 백두대간의 정령치·성삼재,[12] 팔랑치[13] 등도 마한의 왕과 관련된 지명들이다. 남원읍지『용성지』,『여지도서』에 달궁 터, 정령치 등과 관련된 이야기가 실려 있는데,[14] 그 내용을 옮겨보면 다음과 같다.

12　지리산 달궁계곡 서쪽 관문으로 성이 다른 세 사람의 장수들이 지킨 고개라는 뜻이다.

13　남원시 운봉읍 일원에서 달궁계곡 달궁 터로 향하던 고개를 8명의 젊은 남자들이 지켜 유래됐다고 한다.

14　『龍城誌』古蹟條에 의하면, "黃嶺鄭嶺 并在智異山初麓 皆極險峻 牛馬不通之地 西距府五十里許 古釋淸虛堂黃嶺記曰在昔漢昭帝卽位之三年 馬韓主 避辰韓之亂 築都城於此以黃鄭二將 監其事守其嶺 故逐以二人之姓姓其嶺 保其都城者七十一年也云 頹城毀壁 今猶存焉 其所云都者則世傳達宮其也 在二嶺之內長谷 中古以南原地 今屬雲峰"이라고 기록

황령과 정령은 둘 다 지리산 기슭 입세에 있으며, 몹시 가파르고 험하여 소나 말이 다닐 수 없는 곳인데, 거기서 서쪽으로 남원부까지는 50리쯤 된다. 옛 승려 청허당의 황령기에는 "옛날 한 소제 즉위 3년에 마한의 임금이 진한의 난을 피하여 이곳에 와서 도성을 쌓았는데, 그 때 황·정 두 장수로 하여금 그 일을 감독하고 고개를 지키게 했으므로 두 장수의 성으로 고개 이름을 삼았다. 그 도성을 유지한 것이 71년이었다"고 했다. 지금도 무너진 성돌과 허물어진 성 벽이 남아 있으며, 그 도성이었다는 곳을 세상에서는 달궁 터라고 전한다. 두 고개 안에 있는 골짜기가 본래는 남원 땅이었으나 지금은 운봉에 속한다.

그런데 조선시대 청허당 서산대사가 쓴 황령기의 가장 핵심이 되는 부분은 마한 왕이 쌓은 달궁 터의 존재이다. 중국 한나라 때인 기원전 84년 마한의 왕이 진한의 침공을 받아 지리산으로 피난하여 도성을 쌓고 71년 동안 도성을 유지했다는 것이다. 그리고 황·정 두 장수로 하여금 성을 쌓고 고개를 지키도록 하여 고개의 이름도 두 장수의 성을 좇아 황령(黃嶺), 정령(鄭嶺)이라 불렀다고 한다 (최병운 1992). 지리산 달궁계곡 서쪽 관문 백두대간 정령치가 문헌의 정령[15]을 가리킨다(全北大學校 博物館 1987).

2019년 백두대간 만복대 동쪽 기슭 중단부 절골이 마한 왕의 달궁 터라는 주장(곽장근 2019)이 발표됐다. 현지조사 때 성벽의 흔적이 확인됐는데,[16] 산성은 그 평면 형태가 반달모양이다. 성벽은 대부분 산줄기 바깥에 삭토법을 적용하여 가파르게 다듬었는데 할석으로 쌓은 동쪽 성벽은 대부분 무너져 내렸다.[17] 산성 내

되어 있다.

15 백두대간 정령치 서쪽 기슭에는 돌과 흙을 가지고 골짜기를 막은 토석혼축성과 고리봉 서쪽 기슭에는 돌을 가지고 쌓은 석성이 잘 남아 있다. 석성의 성벽은 크기가 일정하지 않은 깬돌만을 가지고 곧게 쌓았는데, 성벽의 축조 기법이 거칠고 조잡하다.

16 2019년 11월 24일 김정길 전북산악연맹회장, 이병채 전 남원문화원장과 함께 현지조사를 다녀왔다.

17 백두대간 만복대 동쪽 기슭에서 발원해 줄곧 동쪽으로 흐르는 계곡부를 성벽이 가로지른다.

상단부에 상당히 넓은 평탄지가 조성되어 있는데, 본래 추정 왕궁 터와 절터로 추정되는 곳이다.[18] 지리산 달궁계곡에서 최고의 명당터로 지리산 반야봉이 안산(案山)을 이룬다.[19]

전북 전주시 덕진구와 완주군 이서면 일원 전북혁신도시를 중심으로 모악산과 미륵산 사이 만경강유역이 마한의 요람으로 학계의 이목을 집중시키고 있다. 전북혁신도시의 선진세력이 기원전 84년 철산지를 찾아 지리산 달궁계곡으로 이동했을 개연성(최완규 2015)이 충분하다. 운봉고원 제철유적의 필수 조건 중 하나인 첨단기술이 운봉고원에 전래됐음을 알려준다. 지리산 달궁계곡에서 마한왕이 70년 이상 나라를 다스리는 동안 철산 개발이 처음 시작된 것으로 추론해 두고자 한다.

2010년 역사학계의 시선이 온통 철산지 운봉고원으로 쏠렸다. 운봉고원 내가야 고총 남원 월산리 M5호분에서 중국제 청자인 계수호(鷄首壺)[20]가 그 자태를 드러냈기 때문이다. 백제 왕의 주요 하사품으로 알려진 최상급 위세품(威勢品)으로 공주 수촌리, 천안 용정리, 서산 부장리 등 백제의 영역에서만 나왔는데, 가야에서는 남원 월산리 가야 고총에서 처음으로 출토됐다. 지금까지 중국제 청자가 나온 곳은 대부분 지방의 중심이자 지배자 무덤으로 밝혀졌으며(박순발 2012), 중국에서도 지배자 무덤에서만 출토되는 최고의 유물이다. 무엇보다 더 중요한 것은 남원 월산리·청계리 가야 고총에서만 중국제 청자가 나왔다는 점이다.

신라의 천마총과 황남대총 출토품과 흡사한 철제초두(鐵製鐎斗)를 비롯하여 금제 귀걸이, 갑옷과 투구, 경갑, 기꽂이 등 가야 위신재(威身財)도 상당수 포함되어

---

18 왕궁이 문을 닫은 뒤 문헌에 등장하는 황령암이 그 위에 다시 지어졌을 것으로 추측된다.

19 반야봉 부근 투구봉, 망바위봉의 지명도 달궁 터와 관련이 깊을 것으로 추정된다.

20 중국에서도 지배자의 무덤에서만 나온 최고의 위세품으로 어깨 부분에 닭 머리가 부착되어 있다. 닭이 부리를 다물어 생활용기가 아닌 부장용품으로 백제왕 하사품보다 자주적인 기문국 국제외교의 산물로 본 견해(李軍 2017)가 큰 흥미를 끈다.

있었다(전북문화재연구원 2012). 여기서 그치지 않고 2013년 남원 유곡리와 두락리 32호분에서는 공주 무령왕릉 출토품과 흡사한 수대경(獸帶鏡)[21]과 금동신발이 더 출토됐다. 금동신발을 비롯하여 수대경, 철제초두, 계수호는 가야의 영역에서 한 점씩만 나온 기문국 최고의 위세품들이다(김재홍 2017). 바꾸어 말하면 백제와 신라, 가야 소국들이 최고의 위세품과 위신재를 기문국으로 보낸 것이다. 기문국의 위상이 으뜸이었음을 유물로 방증해 주었다.

고령 지산동과 합천 옥전에서 나온 금동관을 제외한 가야 최고의 위세품이 대부분 운봉고원 기문국에서만 출토됐다. 가야 고총에서 최초로 계수호와 철제초두가 남원 월산리에서 금동신발과 청동거울이 남원 유곡리와 두락리 32호분에서 그 실체를 드러냄으로써 기문국의 역동성과 국제성을 최고로 높였다(변희섭 2014). 당시 백제가 철 산지이자 문물교류의 관문으로 기문국을 얼마나 중시했던가를 살필 수 있다. 바꾸어 말하면 기문국이 백제와 정략관계였지 않았을까? 동시에 기문국이 동북아 문물교류의 허브였음이 유물로 명약관화하게 담아냈다.

철의 왕국 기문국이 그 존재를 세상에 처음 알린 것은 1982년이다. 그해 광주와 대구를 잇는 88고속도로 공사 구역에 포함된 가야 고총을 대상으로 구제발굴이 이루어졌다. 본래 백제의 대형고분일거라는 고고학자들의 당초 예상과 달리 그 주체가 가야로 밝혀지면서 적지 않은 관심을 끌었다. 남원 월산리는 기문국을 맨 처음 세상에 알린 역사적인 명소이다. 2018년에는 반달모양으로 휘감은 서쪽 산줄기에서 10여 기의 가야 고총이 더 발견되어, 국립나주문화재연구소 주관으로 이루어진 학술발굴에서 기대 이상으로 큰 성과를 거두었다(오동선 2020).

2019년 남원 청계리 가야 고총에서 마한 무덤의 특징이 다시 확인됐다. 봉분은 서로 붙은 연접분으로 봉분을 성토한 뒤 다시 파내어 매장시설을 마련하고

---

21 7개의 작은 손잡이 사이에 동물 문양을 새겨 놓아 수대경이라고 부른다.

봉분 가장자리에 도랑을 둘렀는데, 봉분의 평면 형태는 남북으로 긴 장타원형이다. 아라가야의 수레바퀴 장식 토기와 일본제 나무로 만든 빗, 중국제 청자편이 나와 기문국이 동북아 문물교류의 허브였음을 유물로 다시 또 세상에 알렸다. 운봉고원에 지역적인 기반을 둔 마한세력이 가야문화를 수용하여 가야 고총을 만들면서 마한의 묘제를 따랐음을 알 수 있다. 기문국의 뿌리가 변한이 아닌 마한이었음을 반추해야 한다.

남원 월산리·청계리에서 동쪽으로 1.5km 떨어진 곳에 남원시 인월면 유곡리·아영면 두락리가 있는데, 이곳에도 40여 기의 가야 고총이 무리지어 있다. 봉분의 직경이 30m 이상 되는 초대형급 가야 고총도 산자락 정상부에 자리하고 있어, 당시에 철의 왕국 기문국이 더욱 융성했다는 발전상도 과시했다. 그리고 40여 기의 가야 중대형 고총[22]이 한 곳에 모여 있기 때문에 운봉고원의 기문국이 상당 기간 동안 존속했음을 알 수 있다. 지금까지 운봉고원에서 그 존재를 드러낸 마한의 말무덤[23]과 가야 중대형 고총

그림 2. 남원 월산리 M5호분 출토 무구류(국립전주박물관)

---

22 본래 80여 기 내외로 훨씬 더 많았다고 남원시 인월면 유곡리 성내마을 주민들이 제보해 주었다.

23 말이 마(馬)의 뜻으로 보고, 말은 머리 혹은 크다 뜻으로 우두머리에게 붙여진 관

은 180여 기에 달한다.

가야 소국 기문국은 세 가지 점에서 강한 지역성을 보였다. 하나는 봉분의 중앙부에 하나의 매장시설만 배치된 단곽식이고, 다른 하나는 봉분의 가장자리에 호석시설을 두르지 않았고, 또 다른 하나는 매장시설이 지상식 혹은 반지하식이라는 점이다. 남원 월산리·유곡리·두락리를 중심으로 한 함양 상백리·백천리, 산청 생초·중촌리, 장수 삼봉리·동촌리 가야 고총은 봉분의 가장자리에 호석시설을 갖추지 않았다. 운봉고원을 중심으로 함양군과 산청군, 장수군 일대에 서로 돈독한 교류관계를 유지하면서 발전했던 가야 소국들이 공존[24]했음을 넌지시 알려준다.

당시 철의 왕국으로 융성했던 기문국은 가야에서 유일하게 봉분의 규모와 매장시설이 축소되지 않고(李熙濬 1995) 그 이전 단계의 발전 속도를 멈추지 않고 더욱 커졌다. 동시에 가야 고총에서 최초로 그 존재를 드러낸 철제초두를 비롯하여 철기유물이 대부분 나왔는데, 더욱 중요한 것은 대부분 철기류가 기문국에서 직접 제작됐다는 것(이영범 2013)이다. 무엇보다 기문국 지배자의 시신을 모신 목관에 사용된 꺾쇠는 그 크기가 가장 크다. 사실 가야 고총의 규모와 꺾쇠의 크기는 국력을 상징한다. 유적과 유구, 유물로 기문국의 발전상과 그 역동성을 아주 일목요연하게 표출했다.

기문국의 가야 고총은 매장시설의 내부구조가 수혈식에서 횡구식 또는 횡혈식으로 바뀐다. 남원 유곡리와 두락리 36호분은 매장시설이 횡혈식 석실분으로 남쪽 기슭 제일 하단부에 자리한다. 봉분의 중앙부에 축조된 석실은 아래쪽이

형사로 파악하여 그 피장자는 마한의 지배자를 의미한다. 말하자면 말무덤은 마한 소국의 왕무덤이다. 흔히 왕벌을 말벌, 왕사슴을 말사슴, 왕매미를 말매미로 부르는 것과 똑같다. 현지 주민들이 사용하는 용어로 발굴을 통해 마한의 분구묘로 밝혀졌다.

24 기문국과 반파국이 문헌에 함께 등장하고 있는데, 그것을 고고학 자료가 입증해 준다.

수직에 가깝고 그 위쪽으로 올라가면서 모든 벽석을 같은 비율로 좁혀 1매의 천정석으로 덮어 궁릉상[25]을 이룬다. 연도의 위치를 제외하면 유구의 속성은 대체로 공주 송산리 3호분, 나주 송제리 고분과 상통한다. 백제의 기술자가 기문국의 가야 고총을 만드는데 직접 파견됐을 개연성도 없지 않다. 엄밀히 말하면 기문국이 백제에 복속됐음을 말해준다.

백두대간 산줄기 동쪽, 즉 모든 가야의 영역에서 백제묘제가 가장 일찍 수용된 곳이 운봉고원이다. 6세기 전반기 이른 시기 백제의 영향력이 더욱 강화되면서 가야 고총의 내부 구조가 횡구식 및 횡혈식으로 변화한다. 가야 고총의 내부 구조가 수혈식에서 횡구식으로 바뀐 것은 기문국이 백제에 정치적으로 복속됐음을 말해준다. 백제 무령왕이 운봉고원의 기문국을 교류의 상대에서 정복의 대상으로 인식을 바꾸었다.[26] 운봉고원의 기문국은 백제의 선진문화와 선진문물이 가야 영역으로 전파되는데 줄곧 큰 관문의 역할을 담당했다. 백제와 전북 가야는 불가분의 관계였음을 알 수 있다.

남원 유곡리와 두락리 15·16호분에서 나온 은제목걸이와 은제구슬, 유리구슬, 탄목구슬에서 무령왕릉 출토품과의 관련성도 입증됐다. 기문국의 가야 고총에서 무령왕릉 출토품과 흡사한 백제계 유물이 상당량 나왔기 때문에 백제 웅진기 이른 시기부터 백제의 정치적인 영향력이 운봉고원에 강하게 미쳤음을 상정해 볼 수 있다. 운봉고원을 통과하던 백두대간 치재로를 따라 백제가 가야지역으로 본격 진출했음을 알 수 있다. 문헌의 내용을 유적과 유물이 반증해 주었다.

운봉고원 일대가 6세기 전반 이른 시기 백제 무령왕 때 백제에 정치적으로 복속됨으로써 철의 왕국 기문국이 521년 이후부터는 더 이상 문헌에 등장하지 않

---

25 반면에 합천 저포리 D-1호, 고령 절상천정총·고아 2동 고분·고아동 벽화고분은 모두 터널식이다.
26 백제의 부흥을 위해서는 운봉고원 철산지의 장악이 절실했을 것이다.

는다.[27] 백제는 운봉고원의 기문국에 직접적인 영향력을 행사하다가 554년 관산성 전투에서 신라에 패배함에 따라 그 주도권을 일시에 상실한다. 남원 유곡리와 두락리 36호분,[28] 아영면 봉대리 2호분(장명엽·윤세나 2013)에서 나온 신라의 단각고배를 근거로 6세기 중엽 경 운봉고원이 신라의 영향권으로 편입됐음을 말해준다. 남원시 운봉읍 북천리 3호분이 다시 또 운봉고원이 신라 영역이었음을 유적으로 입증했다(전라문화유산연구원 2014).

현재까지 운봉고원의 가야 고총에서 토기류와 철기류, 장신구류 등 대부분의 가야 유물이 나왔는데, 차양이 달린 복발형 투구[29] 등 상당수 철기유물이 기문국에서 손수 제작됐다. 진안고원의 장수군에서 갈라진 한 갈래 봉화로[30]가 백두대간을 따라 선상으로 이어져 반파국과의 우호관계도 유적과 유물로 입증됐다. 운봉고원의 기문국과 진안고원의 반파국은 서로 혈맹관계였을 것으로 추정된다.[31] 2018년 호남지방에서 최초로 남원 유곡리와 두락리 고분군이 국가 사적 제542호로 지정됐고, 2020년 9월 11일 가야고분군 세계유산 신청 대상에도 최종 선정됐다.

2. 아막성 철의 전쟁과 실상사 철불

삼국시대 때 운봉고원 기문국에서 생산된 품질이 좋은 니켈 철을 확보하기 위

---

27 동북아 문물교류의 허브이자 철의 왕국 기문국이 백제에 정치적으로 복속됐음을 말해준다.

28 운봉고원 철산지가 신라에 편입된 6세기 중엽 늦은 시기까지 장례 행위가 지속됐음을 알 수 있다.

29 일본에서도 상당수 출토되어 기문국과 왜가 바닷길로 국제 교역이 활발하게 이루어졌음을 알 수 있다.

30 기문국과 반파국이 서로 우호관계였음이 운봉봉화로를 근거로 명약관화하게 입증됐다.

31 백두대간을 따라 배치된 운봉봉화로가 기문국과 반파국을 하나로 연결시켜 준다.

해 백제가 최고급 위세품과 위신재를 철의 왕국 기문국으로 보냈다. 더욱이 대가야, 소가야 등 가야 소국들이 운봉고원에서 생산된 철의 교역을 위해 기문국으로 보낸 최상급 토기류도 다량으로 나왔다.[32] 한마디로 가야토기의 모음은 '가야토기 명품 박물관'을 방불케 한다. 그럼에도 불구하고 운봉고원 일대가 단순히 대가야의 변방 혹은 지방으로만 인식되고 있다.

백두대간 산줄기를 따라 촘촘하게 배치된 관방유적(강원종 2007)은 철산지를 지키려는 당시 국가 차원의 방어 전략이 담겨있다(조명일 2012). 남원 성리산성은 백두대간 치재[33]에서 멀지 않은 복성이재 남쪽 산봉우리에 있는데, 백두대간 북쪽 골짜기를 휘감은 포곡식으로 그 평면 형태가 약간 남북으로 긴 방형이다. 성돌과 성돌 사이에는 밀집파상문이 시문된 가야 토기편을 중심으로 삼국시대 토기편, 기와편이 끼여 있다. 가야와 백제, 신라, 후백제의 유물이 공존하는 보물창고이다.

그러다가 562년 대가야를 비롯한 백두대간 동쪽 가야 소국들이 모두 신라에 정치적으로 복속되면서 마침내 백두대간 산줄기에서 백제와 신라의 국경선이 형성됐다. 백두대간이 백제와 기문국 국경을 형성했는데, 옥천 관산성 전투 이후에는 백제와 신라 국경이 형성된 것 같다. 이 무렵 장수군을 제외한 전북 동부지역 대부분 철산지가 신라 수중으로 들어간다. 백제가 두 번째로 백두대간 산줄기를 넘어 다시 운봉고원으로 진출하는 것이 신라와의 아막성 전투이다.

백제 무왕 3년(602) 가을 8월 왕은 좌평 해수에게 보병과 기병 4만 명을 보내어 신라의 아막성을 공격했다. 신라 진평왕이 건품과 무은에게 정예 기병 수천

---

32 당시의 교역은 대체로 물물 교환으로 운봉고원에서 생산된 철을 필요로 했던 가야 소국들이 최상급 토기를 가지고 기문국을 방문했던 것이 아닌가 싶다. 철과 소금은 소비자가 물품을 가지고 직접 생산지를 방문해서 구입한다.

33 백두대간 큰 고갯길로 지명으로도 철산지 운봉고원 서북쪽 관문이었음을 알 수 있다.

명을 보내 막아 싸우니, 우리(백제) 군사가 크게 패했고, 해수는 겨우 죽음을 면하고 한 필의 말을 타고 혼자 돌아왔다(『삼국사기』 백제본기 무왕 3년조).

삼국시대 때 백제와 신라의 최대 격전지가 아막성이다. 운봉고원 서북쪽 관문 백두대간 치재 남쪽에 위치한 남원 성리산성을 신라의 아막성으로 비정한 견해(全榮來 2003)가 널리 통용되고 있다. 남원시 아영면 성리산성으로 그 동쪽에는 남원 월산리·청계리·유곡리·두락리 고분군, 북쪽에는 치재·복성이재와 봉화산 봉화대, 남쪽에는 구시봉 봉화대가 있다. 백두대간 산줄기 북쪽 골짜기를 아우르는 포곡식 산성으로 그 평면형태가 남쪽이 약간 긴 방형으로 둘레 640m 이다.

2020년 산성 내 북쪽 기슭 가장 하단부에서 동서로 긴 장방형의 집수시설이 조사됐다(군산대학교 가야문화연구소 2020). 집수시설은 두께가 얇은 흑운모 편마암을 가지고 벽석을 수직으로 쌓았는데, 그 규모는 길이 950cm, 너비 710cm, 높이 250cm이다. 벽석은 계단식으로 북쪽을 제외하고 사방에 도수로를 둘렀고, 집수시설 동쪽에서 목주열이 확인됐다. 유물은 집수시설의 자연 퇴적층에서 토기류와 기와류, 목제유물, 슬래그와 노벽편,[34] 다양한 동물유체 등이 출토됐다.

토기류는 신라토기가 유물의 절대량을 차지하고 있으며, 여기에 가야토기와 백제토기가 일부 섞여있다. 옻나무 옻 액이 바닥에 붙은 상태로 신라토기가 나와 큰 관심을 끌었다.[35] 경주 월성 유적에서 나온 곰을 중심으로 소, 개, 고라니, 두루미, 백제 제사유적에 나온 자라 뼈도 출토됐다. 목간, 목검 등 목제유물의 출토량도 상당히 많다. 아직은 발굴이 시작 단계에 불과하지만 운봉고원에 지역

----

34 운봉고원이 철산지였음을 증명해 주는 근거로 산성 내에서 대장간 혹은 공방지가 발견될 가능성도 높다.

35 남원 주요 특산품으로 유명한 남원목기와 전통 옻칠 공예를 연구하는데 귀중한 자료로 점쳐진다.

적인 기반을 둔 가야 소국 기문국이 산성의 터를 처음 닦은 뒤 6세기 중엽 경 신라가 포곡식 산성으로 증축했을 것으로 추정된다.

백제는 신라의 아막성을 차지하기 위해 20년 넘게 신라와 치열한 전쟁을 벌였다. 백제 무왕은 왕위에 오른 뒤 3년 만에 4만의 군대를 동원하여 신라 아막성을 공격했지만 대패했고, 616년에도 그 뜻을 이루지 못했다. 그러다가 624년 백두대간을 넘어 운봉고원을 다시 백제에 예속시켰고, 당시 경남 함양까지도 백제의 영향권으로 편입시켰다. 백두대간 산줄기를 넘기 위해 20년 이상 계속된 아막성 전투는 대규모 철산지 운봉고원을 차지하기 위한 철의 전쟁이었다.

다시 말하면 반파국과 3년 전쟁의 승리로 기문국이 정치적으로 복속됐다가 성왕 때 신라에 빼앗긴 운봉고원 철산지의 탈환작전이었다. 그리하여 운봉고원을 다시 찾은 뒤 얼마간 백제의 신라 공격이 소강상태를 이루었는데,[36] 그것은 백제의 중흥 프로젝트를 역동적으로 추진했던 백제 무왕에게 운봉고원 철산지의 장악이 얼마나 절실했던가를 말해준다. 그만큼 운봉고원의 철산지를 차지했던 국가가 대체로 당시 패권을 쥐었음을 알 수 있다.

백제 무왕은 운봉고원 철산지를 탈환한 뒤 대규모 철산개발로 익산 미륵사와 제석사, 왕궁리 유적 등 대규모 국책사업을 수행했을 것으로 추측된다. 그리고 군산을 중심으로 한 전북의 서해안에서 생산된 소금도 백제 부활의 밑거름이 됐을 것이다. 전북의 '동철서염'을 국가시스템으로 기획하고 구축한 최초의 왕이 백제 무왕으로 그 이후에도 운봉고원의 철산개발이 통일신라를 거쳐 후백제까지 계속된 것(곽장근 2020)으로 판단된다.

운봉고원을 대상으로 행정 구역의 개편 과정을 통해서도 운봉고원의 위상 변화를 확인할 수 있다. 백두대간 산줄기 동쪽 운봉고원은 신라의 모산현으로 경덕

---

36 백제 무령왕이 가야 소국 반파국과 3년 전쟁에서 승리를 거두어 운봉고원의 기문국을 정치적으로 복속시킨 뒤 백제의 가야진출이 소강상태를 이룬 것과 똑같다.

그림 3. 운봉고원 속 남원 실상사 약사전 내 철조여래좌상(남원 실상사)

왕 16년(757) 운봉현으로 개칭된 이후에도 천령군 영현으로 편입되어 남원보다
오히려 함양과 밀접한 관련성을 유지했다. 통일신라 때 운봉고원의 동향을 살필
수 있는 것이 운봉고원 내 실상사 철불이다. 우리나라 철불의 효시로 운봉고원의
철기문화와 중국 유학승의 신앙심이 하나로 응축되어 탄생됐다.

　　우리 선조들이 철에 장인의 혼을 불어넣어 예술적인 작품으로 승화시킨 것
이 철불이다. 통일신라 말에서 고려 초까지 선종의 영향을 받아 철로 만든 철불
이 널리 유행했다. 운봉고원 내 실상사 철조여래좌상을 비롯하여 72체의 철불이
남아있다. 실상사 철조여래좌상은 그 보존상태가 양호하고 높이 273.59cm의
대형 불상으로 통일신라 선종불교의 기념비적인 불상으로 평가받고 있다. 실상
사 철조여래좌상이 우리나라 철불의 첫 장을 열었음에도 불구하고 그 조성배경
과 관련하여 운봉고원의 내부적인 요인에 대한 논의가 거의 없었다.

그런데 운봉고원은 40여 개소의 제철유적으로 상징되는 대규모 철산지이다. 남원 월산리 M1-A호 출토품인 금은새김 고리자루 칼에서 삼국시대 최고의 철기 제작기술도 확인됐다(全榮來 1983). 운봉고원이 일찍부터 철의 생산부터 최고의 주조기술까지 응축된 당시 철의 테크노벨리였다. 그렇다면 중국 문물에 익숙한 신라 유학승들의 불상 재료에 대한 인식의 변화에 따른 신앙심과 최고의 주조기술을 자랑하는 운봉고원의 철기문화가 하나로 응축되어 철불이 탄생된 것(崔仁善 1991)이 아닌가 싶다.

후백제 때 운봉고원 철산지에 대한 국가 차원의 후원이 각별했음을 짐작할 수 있다. 실상사 조개암지 편운화상승탑에 후백제 연호 정개(正開)[37]와 백두대간 고리봉 동쪽 기슭 개령암지 마애불상군에 오월의 천보(天寶)라는 연호가 이를 증명한다(진정환 2019). 후백제와 오월은 반세기 동안 가장 역동적인 국제 외교를 펼쳤다. 그렇다면 지리산 달궁계곡에서 마한 왕에 의해 처음 시작된 철산 개발이 기문국을 거쳐 후백제 견(진)훤왕까지 계속된 것으로 설정해 두고자 한다.

그러다가 고려 태조 23년(940) 남원부와 첫 인연을 맺게 된 것은 운봉고원의 철 생산과 무관하지 않다. 후백제 멸망 5년 뒤 운봉고원을 남원부[38]에 이속시킨 것은, 고려 왕조가 운봉고원의 철산 개발을 중단시키고 철산지의 통제력을 한층 더 강화하기 위한 국가 전략 때문이었다. 그리하여 후백제 멸망 이후에는 백두대간 산줄기를 넘어야 하는 일상생활의 큰 불편함에도 불구하고 행정 구역상으로 전북 남원에 편입된 역사적 배경이 됐다. 운봉고원의 니켈 철이 맺어준 기나긴 인연이다.

---

37 남원 실상사 제3대 조사 편운화상승탑 탑신부에 '創祖洪陟隆弟子 安筆創祖 片雲和尙 浮圖 正開十年庚午歲建'이라고 음각되어 있다.

38 고려 태조 23년(940) 남원경을 없애고 대신 남원부를 설치하여 2개 군(임실, 순창)과 7개 현(장계, 적성, 거령, 구고, 장수, 운봉, 구례)을 관할했고, 조선 태종 13년(1413) 남원도호부로 개편됐다.

III. 진안고원 제철유적과 반파국 융성

1. 가야 고총의 지역성과 독자성

백두대간과 금남정맥, 금남호남정맥 사이에 진안고원이 있다. 달리 '호남의 지붕'으로 불리는 곳으로 전북 장수군·진안군·무주군과 충남 금산군[39]이 여기에 속한다. 선사시대 이래로 줄곧 지정학적인 이점을 잘 살려 교통의 중심지이자 전략상 요충지를 이루었다. 삼국시대 때는 백제와 가야, 신라가 철산지 진안고원[40]을 차지하기 위해 서로 치열하게 각축전을 펼침으로써 삼국의 유적과 유물이 공존한다. 그렇지만 가야사의 논의에서 거의 다루어지지 않았다.

전북 동부지역에서 그 존재를 드러낸 230여 개소의 제철유적 중 3/4 정도 금강유역에 위치한다. 금강 최상류 장수군 일원에 80여 개소와 진안군에 20여 개소, 무주군에 50여 개소, 완주군 운주면에 10여 개소의 제철유적이 산재해 있다. 충남 금산군 일원에도 제철유적이 산재된 것으로 밝혀져 그 수가 더 늘어날 것으로 전망된다. 장수군 장계면 명덕리 대적골과 무주군 설천면 삼공리 월음령계곡 제철유적, 진안군 동향면 대량리 제동유적을 대상으로 학술발굴이 시작됐다.

기원전 2세기 전북혁신도시의 철기문화가 전북혁신도시에서 금강 최상류로 전래됐다. 장수군 천천면 남양리 적석목관묘에서 청동유물과 철기유물이 반절씩 섞인 상태로 나왔다. 가야사 국정과제 일환으로 기획된 지표조사를 통해, 장수 남양리 부근에 제철유적이 산재된 것으로 밝혀져 커다란 관심을 모으고 있다. 장수 침곡리 토광묘에서 3세기 철기유물이 일부 출토됐지만(군산대학교 박물관 2006), 아직은 발굴이 거의 이루어지지 않아 마한 단계까지 철기문화의 발전과

---

39 1963년까지 전북에 속했었고, 가야 봉화망에 의하면 전북 가야와의 연관성이 깊은 것으로 밝혀졌기 때문이다.

40 우리나라에서 제철유적과 제동유적이 함께 학계에 보고된 곳은 진안고원이 유일하다.

정이 베일 속에 드리워져 있다.

장수 노하리에서 4세기 후반경 철산 개발을 암시해 주는 유물이 나왔다(전주 문화유산연구원 2018). 가야의 수혈식 석곽묘에서 마한계, 백제계, 가야계 토기류가 함께 나왔는데, 당시 반파국에서 생산된 철을 확보하기 위해 여러 지역에서 보낸 물물 교환의 증거물이 아닌가 싶다. 만경강유역에서 마한계 최대 규모의 분묘유적으로 밝혀진 완주 상운리 출토품과 흡사한 토기류도 포함되어 있다. 금강 최상류에 기반을 둔 마한세력은 근초고왕 남정 이후 가야 문화를 받아들인 것[41]으로 추측된다.

장수 삼고리 고분군에서 3기의 봉토분이 조사됐다. 봉토분은 토광묘와 수혈식 석곽묘로 구성된 매장시설의 바닥면 높이가 서로 달라 추가장에 의한 다곽식으로 밝혀졌다. 유물은 위신재로 알려진 금제이식, 오각형 철제대도를 중심으로 매우 다양한 양식의 토기류가 함께 나왔다. 가야·백제·신라토기와 영산강 유역의 유공광구소호가 함께 뒤섞인 토기류는 그 조합상이 '명품 토기 박물관'을 연상시켰다. 우리나라에서 가야와 백제, 신라, 고구려 유물이 함께 나온 곳은 반파국이 유일하다.[42] 가야 고분에서 나온 유물 조합상은 반파국이 철의 왕국이었음을 반증해 준다.

장수 삼고리 2호분과 3호분 사이에서 토광묘 10기와 옹관묘 1기, 그리고 수혈식 석곽묘 10기가 조사됐다. 모두 17기의 가야 고분은 3호분 봉분 동쪽에 잇대어 후대에 조성됐는데, 본래 3호분과 봉분이 서로 붙은 연접분으로 밝혀졌다. 종래에 백제 영역에서만 나온 횡병(橫瓶)·배부병(杯附瓶) 등 상당량 토기류가 출토됐는데, 가야토기는 그 제작 기법이 매우 조잡하고 엉성했다.[43] 백제 영역으로

---

41 남원 장교리 등 전북 동부지역 말무덤 학술발굴을 통해 그 역사성이 심층적으로 고증됐으면 한다.

42 초기철기시대부터 장수 남양리 유적에서 처음 시작된 철기문화가 일구어낸 역사적 산물이 아닌가 싶다.

43 2020년 임실 봉화산 봉화대 출토품과 상통하는 검은 모래가 섞인 뚜껑접시가 장수

진출 이후 철의 생산과 유통이 일시에 중단됨으로써 고립무원에 내몰린 반파국이 직접 가야토기를 생산해야만 했던 당시의 시대상[44]을 적나라하게 보여주었다.

가야 고총이란 봉분의 직경이 20m 내외되는 대형무덤으로 그 주인공이 수장층 혹은 지배층으로 추정된다. 가야 소국의 존재를 가장 진실하고 솔직하게 상징해 준다. 진안고원의 가야 분묘유적 중 가장 큰 비중을 차지하고 있는 것이 가야 중대형 고총이다. 가야 고총은 대체로 사방에서 한 눈에 보이는 산줄기 정상부에 입지를 두었는데, 운봉고원의 기문국처럼 봉분을 산봉우리처럼 훨씬 크게 보이게 함으로써 그 주인공의 권위와 신분을 극대화하려는 정치적인 의도가 숨어있다(金世基 1995).

이제까지의 지표조사를 통해 진안고원의 장수군에서만 240여 기의 가야 중대형 고총이 발견됐다. 좀 더 구체적으로 정리하면, 장계분지에는 장수군 장계면 삼봉리에서 41기·월강리에서 23기·장계리에서 20여 기, 계남면 호덕리에서 40여 기와 화양리에서 1기의 가야 고총이 있다. 그리고 장수분지에는 마봉산에서 서북쪽으로 뻗은 산줄기 정상부에 90여 기와 팔공산 서남쪽 대성고원에도 5기 내외의 가야 고총이 있다(전상학 2011). 가야 소국이 장수군에 자리하고 있었음을 알 수 있다.

장수 삼봉리·월강리·장계리·호덕리 등 백화산 자락에 120여 기의 가야 고총이 밀집 분포된 것은 반파국의 존속 기간을 웅변해 준다. 장수분지의 중앙부에 위치한 장수 동촌리에도 90여 기 이상의 가야 고총이 무리지어 가야 영역에서 상당히 이례적이다. 봉분의 직경이 30m 내외 되는 장수 화양리를 비롯하여 240여 기의 가야 중대형 고총이 무리를 이루고 있어, 당시 철의 왕국으로 융성

삼고리 3호분에서 나와 전북 동부지역 가야 봉화의 운영주체가 반파국이었음을 유물로 입증됐다.

44 백제 영역으로 진출을 강행했던 반파국의 정책적 실책이 반파국 몰락의 빌미를 자초했다.

했던 반파국의 발전상도 유추해 볼 수 있다.

장수군의 가야 고총은 그 평면형태가 장타원형으로 봉분 가장자리에 호석을 두르지 않아 반파국만의 지역성과 독자성이 입증됐다(전상학 2013). 동시에 마한의 분구묘처럼 봉분

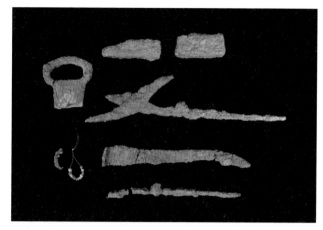

그림 4. 장수 장계리 8호분 출토 단야구 및 철기유물(전북문화재연구원)

을 만든 뒤 다시 파내어 매장시설을 마련하여 운봉고원의 기문국과 묘제적인 친연성도 확인됐다. 반파국의 가야 고총이 마한 묘제의 전통을 그대로 이어 받았음을 알 수 있다(전상학 2007). 그리고 봉분의 중앙부에 주석곽이 배치되어 있고, 그 주변에 1~3기 내외의 순장곽이 배치된 다곽식이다.

2015년 장수 동촌리 19호분에서 말발굽이 나왔는데, 말발굽은 철 주조기술의 백미이자 지금의 반도체와 같은 것이다. 2017년 장수 동촌리 28호분 주석곽에서 금동제 화살통 장식과 마구류, 부장곽에서 은제 귀걸이가 출토됐다. 2020년 장계면 장계리 8호분 주석곽에서 단야구가 나왔는데(전북문화재연구원 2020), 망치와 모루, 집게로 구성된 단야구는 그 크기가 작아 2차 단야구로 추정된다. 장수군 내 가야 고총에서 처음으로 말발굽과 단야구가 나와 반파국이 철의 생산부터 주조 기술까지 함께 갖춘 철의 왕국이었음을 알 수 있다.

2. 반파국 봉화망과 제철유적 동향

잘 아시다시피 봉화(烽火)란 변방의 급박한 소식을 중앙에 알리던 불을 이르던 말이다. 가야의 고총 못지않게 가야 소국의 존재를 가장 잘 증명해 주는 고고

학 자료이다. 「양직공도(梁職貢圖)」,[45] 『일본서기(日本書紀)』[46]에 등장하는 가야 소국 반파국이 513년부터 515년까지 기문국, 대사를 두고 백제와 3년 전쟁을 치를 때 봉후(화)제[47]를 운영했다. 우리나라에서도 삼국시대의 봉화대가 존재하고 있을 개연성이 충분하기 때문에 특별히 관심을 기울여야 한다.

전북 동부지역에서 그 존재를 드러낸 110여 개소의 봉화대는 백제와 국경을 마주한 반파국이 생존을 위해 국가 차원에서 운영했던 통신유적이다(조명일 2018). 따라서 반파국은 유일무이한 가야의 봉화 왕국이다. 동시에 장수군 제철유적을 사방에서 감시하듯이 배치되어, 당시 국력의 원천인 제철유적의 방비를 위해 봉화대가 배치됐을 개연성도 없지 않다. 가야사 국정과제로 전북 동부지역 봉화의 운영 주체가 반파국이라는 역사성을 고증하기 위한 봉화대의 학술발굴이 시작됐다.

현재까지 복원된 여덟 갈래 봉화로의 최종 종착지가 장수군 장계분지로 밝혀졌다. 모든 봉화로의 정보가 장수 삼봉리 산성에서 하나로 합쳐졌는데, 그 부근에 반파국 추정 왕궁터[48]가 자리하고 있다. 남원 봉화산, 장수 봉화산·영취산·원수봉·침곡리, 완주 탄현, 임실 봉화산 봉화대 발굴에서 반파국의 가야 고총 출토품과 흡사한 유물이 나왔다. 가야 중대형 고총과 삼국시대 가야 봉화가

---

45 중국 양나라 원제(元帝) 소역(蕭繹)이 그린 신도(臣圖)이다. 당시 양나라에 파견된 외국 사절을 그림으로 그려 해설해 놓았다.

46 일본 나라[奈良]시대에 편찬된 일본 최초의 정사(正史)로 30권으로 구성됐다. 신대(神代)부터 지토천황[持統天皇]까지를 편년체(編年體)로 기록했다. 덴무[天武]왕의 명으로 도네리친왕[舍人親王]이 중심이 되어 680년경 착수하여 720년에 완성된 것으로 추정된다.

47 『일본서기』에 봉후(烽候)로 등장하고 달리 봉화(烽火) 혹은 낭연(狼煙)으로도 불리는데, 여기서는 봉화 혹은 봉화대로 통일하여 사용하고자 한다.

48 장수군 장계면 삼봉리 탑동마을에 위치한다. 장계분지 주산 성주산(聖主山) 동남쪽 기슭 하단부로 태봉(胎峰)에서 흘러내린 산자락들로 감싸여 자생풍수에서 최고의 혈처를 이룬다.

진안고원 내 반파국의 존재를 유적과 유물로 뒷받침해 주었다.

백두대간 덕산재를 넘어 무주군 일대 철산지로 신라의 진출도 확인됐다. 금강과 인접된 무주 대차리에서 11기의 수혈식 석곽묘가 조사됐는데, 유구의 속성은 옥천 금구리, 상주 헌신동·병성동에서 조사된 신라 고분과 일맥상통한다. 일부 가야 고분이 포함되어 신라보다 먼저 반파국이 무주군 일대로 진출했음을 알 수 있다. 유물은 투창이 지그재그로 뚫린 고배와 대부장경호 등 40여 점의 신라토기가 절대량을 차지하고 있으며, 그 상한은 5세기 4/4분기로 편년됐다.

1970년대 무주군 무풍면 현내리 북리마을 동쪽 산자락에서 20여 점의 토기류가 나왔다(全州大學校 博物館 1988). 토기류는 신라토기와 백제토기가 반절씩 섞여 있었는데, 현재 무풍초등학교 향토관과 개인이 소장하고 있다. 무주군 설천면 구천초등학교에도 대부광구장경호 등 신라토기가 일부 전시되어 있다. 신라토기는 대각부에 지그재그로 투창이 뚫린 이단투창고배와 대부광구장경호, 파수부잔 등으로 그 상한은 5세기 말엽 늦은 시기이다.

진안고원에서 신라의 유적이 발견됐거나 유물이 나온 지역에서는 한 개소의 봉화대도 발견되지 않았다. 문헌[49]에 신라와 반파국이 서로 적대관계였음이 가야 봉화망을 통해서도 입증됐다. 진안 황산리에서는 가야 수혈식 석곽묘에서 가야·백제·신라·고구려 토기가 함께 섞인 상태로 나왔다. 진안고원에 그물조직처럼 잘 구축된 교역망을 이용하여 철의 생산과 유통이 이루어졌음을 살필 수 있다. 충남 금산군도 가야 봉화가 발견되지 않은 지역에서는 신라 분묘유적이 분포되어 있다.

마한 이래로 줄곧 백제문화권에 속했던 곳으로만 인식된 장수군의 마한세력

----

49 『일본서기』 계체기 8년 3월조에 "伴跛는 子呑과 帶沙에 성을 쌓아 滿奚에 이어지게 하고, 烽候와 邸閣을 설치하여 日本에 대비했다. 또한 爾列比와 麻須比에 성을 쌓아 麻且奚·推封에까지 뻗치고, 사졸과 병기를 모아서 新羅를 핍박했다"라고 기록되어 있다.

이 백제 근초고왕 남정 이후 가야문화를 받아들여 가야 소국으로까지 발전했다.[50] 장수 남양리에서 처음 시작된 철의 생산과 유통이 반파국에 이르러 더욱 활발하게 이루어졌을 것으로 추정된다.[51] 반파국은 대규모 철산개발로 국력을 다진 뒤 백제의 동태를 살피고 제철유적의 방비를 위해 봉후(화)제를 운영했던 것 같다. 장수군을 중심으로 한 전북 동부지역은 지붕 없는 가야의 야외박물관이다.

진안고원의 장수군에 지역적인 기반을 둔 반파국이 어떤 과정을 거쳐 백제에 의해 멸망됐는지, 언제부터 백제의 영토에 편입됐는지 단정할 수 없다. 장수 삼고리에서 삼족토기·횡병과 장수 동촌리에서 직구단경호가 나왔는데, 그 시기는 6세기 초엽 전후로 편년됐다. 이 무렵 백제의 영향력이 반파국에 강하게 미치기 시작했고,[52] 가야 고총에서 백제 묘제의 영향도 확인된다. 그렇다면 6세기 초엽을 전후한 시기까지도 반파국이 백제에 의해 멸망[53]되지 않았음을 알 수 있다.

우리나라에서 가장 규모가 큰 제철유적이 장수군에 있다. 장수군 장계면 명덕리 대적골 제철유적으로 큰 보물단지라는 대적골 지명에 제철유적의 중요성을 담았다. 모두 세 차례의 시(발)굴을 통해 철의 생산부터 가공까지 함께 이루어진 종합 제철소로 태어났다. 아직까지 반파국과 제철유적의 연관성이 밝혀지지 않았지만 후백제 문화층 아래에 선대의 문화층이 자리하고 있는 것으로 밝혀졌다. 이를 근거로 가야 봉화와 제철유적은 한 묶음으로 반파국의 아이콘이 아닌가 싶다.

그러다가 6세기 전반 늦은 시기 반파국이 백제에 의해 멸망됐고, 백제와 후백

---

50 장수 노하리 가야 고분에서 백제와 대가야, 아라가야, 마한계 토기가 함께 나왔다.

51 현재까지 전북 가야의 영역에서 230여 개소의 제철유적이 학계에 보고됐다.

52 장수 동촌리 28호분 매장시설이 산자락과 평행되게 장축방향을 두어 반파국이 백제에 멸망됐음을 말해준다.

53 521년부터 538년 사이 반파국이 백제에 의해 멸망됐을 것으로 설정해 두고자 한다.

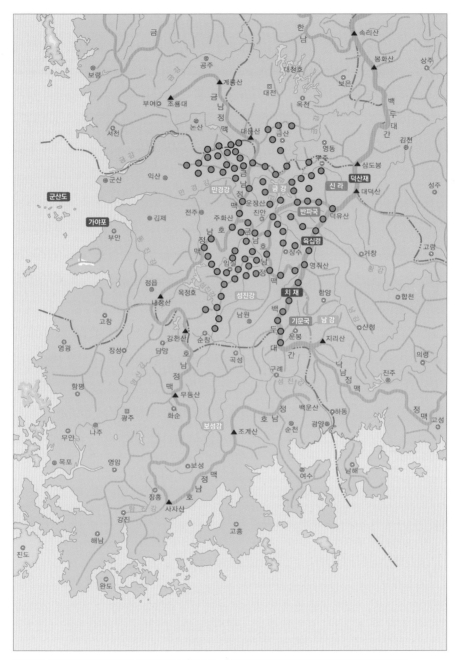

그림 5. 전북 동부지역 봉화 분포도 및 기문국 · 반파국 비정도(군산대학교 가야문화연구소)

제의 멸망 이후[54]에는 장수군 등 진안고원의 철산지가 더 이상 주목을 받지 못했다. 진안고원을 경유하여 백제, 후백제 도읍까지 이어진 교역망이 일시에 끊기고 철산 개발이 중단됐기 때문이다. 그렇다면 가야의 소국으로 반파국의 발전상과 삼국의 각축장으로 철산지 진안고원이 막중한 역할을 담당할 수 있었던 것은 그 중심에 반파국과 백제, 후백제가 있었기 때문에 가능했던 것이 아닌가 싶다.

그런가 하면 무주군 제철유적은 그 존재[55]를 지명으로도 추론해 볼 수 있다. 덕유산은 옛부터 덕이 많아 넉넉한 산 혹은 너그러운 산으로 유명하다. 과연 그 잠재력은 어디서 나왔을까? 백두대간 백암봉에서 중봉을 지나 북쪽으로 1.6km 가량 떨어진 산봉우리가 향적봉으로 제철유적의 존재 가능성을 넌지시 알려준다. 백두대간 배재[56]는 수많은 전사자가 생겨 뼈를 묻었다는 이야기가 지명에 담겨있다고 한다.[57] 구전으로도 무주군 일대 철산지를 두고 당시 전쟁이 잦았음을 유추해 볼 수 있다.

고려시대 14개의 사찰을 거느리고 9천여 명의 불자들이 살아갈 수 있었던 경제력은 무엇일까? 절 혹은 승려에게 돈이나 음식을 보시하는 시주의 본바탕도 무엇일까? 덕유산 일대에서 그 존재를 드러내기 시작한 제철유적이 경제력의 근원이었을 것으로 추측된다. 14개 사찰에서 9천여 명의 불자들이 신앙생활을 수행하는데 필요한 시주의 본바탕도 철 생산과 무관하지 않을 것이다. 이제 막 무

---

54 936년 후백제가 멸망하자 반파국과 백제, 후백제의 국가 발전을 선도했던 철산 개발이 일시에 중단됐고, 급기야 940년 벽계군이 벽계현으로 강등됐다.

55 가야사 국정과제 일환으로 무주군 일대에서 학계에 보고된 제철유적은 그 수가 60여 개소에 달한다.

56 덕유산 일대 제철유적을 장악하기 위한 당시 철의 전쟁을 암시하는 것이 아닌가 싶다. 본래 '뼈재'였는데, 여기에 경상도 방언이 가미되어 '뼈재'가 '배재'라는 이름으로 변모됐고, 그것이 다시 '秀嶺'으로 바뀌었다고 한다.

57 달리 임진왜란 때 식량이 부족하여 주민과 군사들이 잡아먹은 짐승 뼈가 널려 있어 배재라는 이름으로 불렀다는 이야기도 있다.

주 삼공리 월음령계곡 제철유적의 역사성을 밝히기 위한 학술발굴이 시작됐다 (전주문화유산연구원 2019).

무주군 무주읍은 백제 적천현(赤川縣)으로 통일신라 때 단천현(丹川縣)이라 하다 가 고려시대 주계현(朱溪縣)으로 그 이름을 고쳤다. 우리말로 쇳물 혹은 녹물이라 는 의미가 담긴 지명을 1500년 동안 지켜왔다. 무풍면은 신라의 무산현으로 통 일신라 때 무풍현(茂豊縣)으로 그 이름이 바뀌었는데, 지상낙원과 같은 풍요로움 이 지명에 녹아있다. 조선시대에 이르러 양쪽 지역을 합쳐서 무주현(茂朱縣)이라 했다. 금강유역 가야 봉화와 제철유적의 인과관계를 밝히기 위한 학제 간 융복 합 연구가 시작됐으면 한다.

Ⅳ. 만경강유역 철산지와 봉화망 구축

완주군 동상면 사봉리 밤티마을 남쪽 밤샘에서 만경강이 발원한다. 본래 넓 은 들 가운데로 흐른다는 뜻이 담긴 만경강은 여러 갈래의 지류를 거느린다. 금 남정맥 운장산 서쪽 기슭에서 발원하는 고산천과 호남정맥 만덕산 북쪽에서 시 작하는 소양천이 완주군 용진읍 상운리에서 합류한다. 그리고 전주시를 관통하 는 전주천과 호남정맥 오봉산 서북쪽 기슭에서 발원하여 줄곧 북쪽으로 흘러온 삼천(三川)이 완주군 삼례읍 동남쪽에서 합류하여 만경강 본류를 이룬다.

2018년 만경강유역에서 산성 및 봉화대, 제철유적이 그 존재를 드러냈다(군산 대학교 가야문화연구소 2019). 완주군 고산면·경천면·비봉면·화산면·동상면·운 주면[58] 등이 여기에 해당된다. 전북 동부지역에서 단일 지역 내 관방유적의 밀집 도가 가장 높다. 이제까지의 지표조사에서 20여 개소의 제철유적이 완주군 동 북부 일대에서만 발견됐는데, 삼국시대 가야 봉화망과 제철유적 분포양상이 거

---

58 완주군에서 운주면의 경우만 유일하게 금강유역에 속한다.

의 일치한다. 1500년 전 반파국이 완주군 동북부 일대로 진출하여 금만정맥을 따라 잠깐 동안 백제와 국경선이 형성됐기 때문이다.

금만정맥은 금강과 만경강 분수령이자 전북과 충남 경계를 이룬다. 금남정맥 금만봉에서 시작해 왕사봉을 거쳐 불명산과 천호산, 미륵산, 함라산, 최종 종착지 장계산까지 이어진다. 『산경표』에 실린 15개 산줄기에는 등장하지 않지만 진정한 금남정맥으로 보아야 한다는 주장(김정길 2016)도 있다. 금만정맥 산줄기를 따라 산성 및 봉화가 집중적으로 배치되어 학계의 이목을 집중시켰다. 완주 봉수대산 등 20여 개소의 봉화대에 그 근거를 두고 완주군 동북부 일대를 전북 가야의 영역에 포함시켰다.

완주 각시봉 등 가야 봉화대는 유구의 속성에서 서로 공통성과 정형성을 보였다. 봉화대는 그 평면형태가 장방형으로 길이 8m 내외이며, 벽석은 대부분 편마암[59]을 이용하여 수직으로 쌓고 벽석 사이는 작은 할석으로 메꾸었다. 봉화대 중앙부에 배치된 봉화시설은 2매의 장대형 할석을 나란히 놓고 그 주변을 할석으로 둘렀는데 직경 100cm 내외이다. 완주 불명산에서 봉화대로 오르는 등봉시설이 확인됐고, 현지조사 때 기벽이 상당히 두꺼운 회청색 경질토기편만 수습됐다.[60]

완주군 화산면 소재지 북쪽 산봉우리 정상부에 고성산성(古城山城)이 있다. 테뫼식 산성은 그 평면형태가 동서로 긴 장타원형으로 판석형 할석을 가지고 성벽을 쌓았다. 성돌과 성돌 사이 틈에 쐐기돌을 박아서 잘 물리도록 한 성벽의 축조기법이 위에서 설명한 각시봉 봉화대 벽석과 거의 흡사하다. 완주군 산성 및 봉화대가 하나의 세트관계를 이룬다. 현지조사 때 유물이 수습되지 않아 상당한

---

59 만경강유역이 한눈에 잘 조망되는 완주 운암산 봉화는 화강암으로 봉화대를 쌓아 벽석의 축조기법이 더 정교하다.

60 완주 천호산성 봉화시설에서 밀집파상문이 희미하고 조잡하게 시문된 가야토기편이 수습되어 큰 관심을 끌었다.

의구심을 자아냈는데, 오래전부터 미완성의 성(城)과 관련된 이야기가 전해온다 (화산면지추진위원회 2019).

완주 고성산성은 금만정맥을 넘는 여러 갈래의 옛길이 하나로 합쳐지는 교통의 중심지와 전략상 요충지에 위치한다. 아직은 한 차례의 발굴도 이루어지지 않아 산성의 성격을 단정할 수 없지만 반파국이 완주군 동북부 일대로 진출하여 산성을 쌓았지만, 그 운영 기간이 그다지 길지 않았을 것으로 추정된다. 반파국이 완주군 동북부 일대로 진출하여 산성을 쌓다가 성을 완공하지 못해 성산 앞에 옛 고(古)가 붙은 것 같다. 군산의 지명 고향을 고군산(古群山)으로 부르는 것과 똑같다.

삼국시대 산성 및 봉화대의 분포망을 근거로 전북과 충남의 경계를 이룬 금만정맥에서 잠깐 동안 반파국과 백제의 국경선이 형성된 것 같다. 이 산줄기를 따라 4km 거리를 둔 상태로 장재봉·큰남당산·까치봉에서 봉화시설이 발견됐다. 장재봉에서 기벽이 두껍고 돗자리문양이 시문된 회청색 경질토기편이 수습됐다. 한국동란 때 참호(塹壕)를 만들면서 유구가 심하게 훼손되어 그 구조를 살필 수 없지만 완주 성태봉·천호산성 내 봉화시설과 연결된다.

완주 성태봉·천호산성 산성에서도 봉화시설이 남아있다. 전자는 금만정맥 소룡고개 남쪽 산봉우리 정상부에 추정 봉화시설을 배치하고 그 주변을 성벽으로 둘렀다. 후자는 산성의 서쪽 성벽을 두 겹으로 쌓았는데, 반파국이 처음 터를 닦고 사비기 백제가 바깥 성벽을 덧대 두 겹이다.[61] 본래 반파국이 북쪽 산봉우리에 봉화시설을 배치하고 테뫼식 성벽을 둘렀는데, 사비기 백제가 남쪽 산봉우리까지 세 배 이상으로 산성의 규모를 확장했다.[62]

---

61 2019년 현지조사 때 밀집파상문이 희미하고 조잡하게 시문된 가야토기편이 수습됐는데, 그 속성은 장수 봉화봉 출토품과 흡사하다.
62 익산 왕궁리 유적을 보호하기 위해 당시 배후 산성으로 증축됐을 개연성이 높다.

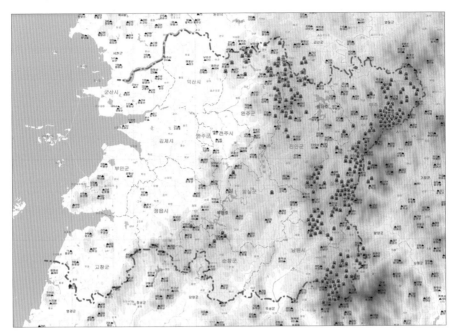
그림 6. 전북 동부지역 제철유적 분포도, 230여 개소 밀집 분포(군산대학교 가야문화연구소)

완주 종리산성[63]에서도 봉화시설이 발견됐다. 테뫼식 산성의 북쪽 성벽 위에서 불을 피우던 봉화시설이 있는데, 봉화시설은 두 매의 장대형 석재를 10cm 간격으로 나란히 놓았다. 장방형 석재와 그 주변이 붉게 산화되어 봉화대가 얼마간 이용됐음을 알 수 있다. 봉화대는 대부분 판석형 할석을 가지고 방형 혹은 장방형으로 쌓고 한 개소의 봉화시설을 두었다. 반파국의 국경선이나 전략상 요충지에 봉화가 배치되어 있다는 점에서 강한 공통성을 보였다.

완주 배매산성·구억리 산성에서 가야토기편이 출토됐는데, 만경강유역에 잘 구축된 교역망을 반파국이 이용했음을 알 수 있다. 완주군 동북부 일대로 반파국의 진출이 철산개발 혹은 철의 유통과 관련이 깊을 것으로 짐작된다. 아직도

---

63 완주군 동북부 중앙부에 위치하여 교통의 중심지와 전략상 요충지를 이룬다.

산성 및 봉화대를 제외하면 또 다른 가야문화유산이 완주군 일원에서 더 발견되지 않았다. 반파국이 완주군 동북부 일대로 진출했지만 그 존속 기간이 너무 짧아 반파국의 분묘유적이 발견될 가능성은 높지 않다.

만강경유역의 두드러진 특징은 분묘유적과 생활유적에서 철기유물이 많이 나왔다는 점이다. 만경강 내륙수로와 여러 갈래의 옛길이 교차하는 교통의 분기점에 완주 상운리 유적이 위치한다. 마한 최대 규모의 분묘유적으로 알려진 주요 거점으로 500여 점의 철기류가 출토됐다(김승옥·이보람·변희섭·이승태 2010). 철기유물은 단야구류(鍛冶具類)를 중심으로 농공구류, 마구류, 무구류 등으로 그 종류가 다양하고 풍부하다(이택구 2008). 여기서 큰 흥미를 끈 것은 철기를 제작하는 데 꼭 필요한 단야구의 출토량이 많다는 점이다. 당시 대장간에서 무쇠를 다시 두드려 철을 가공하는데 없어서는 안 될 필수 도구가 단야구이다.

단야구류는 망치와 집게, 줄, 철착, 쐐기, 모루, 톱 등으로 구성되어 있다. 단야구는 기본적으로 망치와 집게가 세트를 이루면서 줄, 철착, 쐐기, 모루 등이 더하는 조합상을 이룬다. 단야구를 사용하는 단야 기술은 철괴 또는 철정을 다시 가공해 철기 혹은 철제품을 생산하는 공정을 말한다. 완주 상운리에서 20세트의 단야구가 나왔는데, 우리나라의 단일 유적에서 나온 단야구 중 가장 많은 양을 차지한다. 전북 동부지역에서 생산된 철이 완주 상운리 등 만경강유역에서 2차 가공됐음을 알 수 있다. 완주 상운리는 철 가공 단지로 무쇠를 두드리는 소리가 우렁찼을 것이다.

완주 상운리 생활유적에서도 철기유물이 많이 나왔다. 마한의 주거지에서 철도끼, 철촉, 도자, 철정, 철괴형 철재, 철부 반제품 등이 출토됐다. 마한의 생활유적과 분묘유적에서 단야구를 중심으로 철기유물이 다량으로 나온 것은 매우 이례적이다. 완주 상운리 유적을 남긴 마한의 세력집단은 당시 철의 가공 기술을 소유한 최고의 전문가 집단이었음을 유적과 유물로 보여 주었다. 전북 가야와 만경강유역에 기반을 마한세력이 철을 매개로 서로 왕성하게 교류했음을 알 수 있다. 그렇다면 만경강유역에서 전북 가야의 Iron Belt가 최종 완성된 것이 아닌가 싶다.

만경강을 사이에 두고 완주 상운리 서북쪽에 완주 수계리 유적이 있다(전주문화유산연구원 2019). 완주군 봉동읍 수계리 신포·장포 유적에서 마한의 생활유적과 분묘유적이 함께 조사됐다.[64] 완주 상운리처럼 마한의 발전상을 일목요연하게 잘 보여줬지만 단야구류는 출토되지 않았다. 동시에 완주 상운리가 구릉지 정상부에 자리하고 있지만 완주 수계리는 만경강 부근 충적지에 입지를 두어 큰 차이를 보였다. 신포, 장포 등 지명에 담긴 의미처럼 만경강 내륙수로를 이용하여 철제품의 교역이 활발하게 이루어졌음을 이해할 수 있다.

초기철기시대 철기문화가 바닷길로 전래되어, 당시 만경강유역에서 철기문화가 꽃피웠다. 새만금의 해양문화와 전북혁신도시의 철기문화가 만경강유역에서 하나로 응축되어 마한문화의 요람으로 발돋움했다(최완규 2015). 전북혁신도시에서 완주 상운리 일대로 중심지를 옮긴 이후에도 철기문화가 더욱 융성했다. 반파국이 만경강유역으로 진출하여 20여 개소의 봉화를 남긴 것도 철과의 연관성이 제일 높다. 완주군에서 제철유적의 밀집도가 상당히 높은 경천면과 동상면, 운주면으로 세 갈래의 봉화로가 통과함으로써 이를 입증한다. 만경강유역에서 그 존재를 드러낸 가야문화유산의 보존대책 및 정비방안(유철 2011·2017; 김낙중 2018)이 마련됐으면 한다.

V. 섬진강 철 집산지 및 남원경 탄생

금남호남정맥 팔공산 서북쪽 상추막이골 데미샘[65]에서 발원하는 섬진강은 여

---

64 마한의 분구묘 16기와 도랑 널무덤 15기, 널무덤 191기와 토기류 291점, 철기류 198점, 옥류 181점 등 모두 672점의 유물이 출토됐다.

65 진안군 백운면 신암리 원심암마을 위쪽 천상데미의 상추막이골에 자리한다. 천상데

러 갈래의 지류를 거느린다. 진안군 백운면과 마령면을 지나고 임실군에서 갈담천, 순창군에서 추령천·오수천·경천, 남원시와 전남 곡성군 경계에서 요천·옥과천·수지천이 섬진강 본류에 합류한다. 금남호남정맥과 호남정맥 사이를 통과하는 상류지역을 제외한 섬진강 중·하류지역에는 수량이 풍부해지고 그 폭도 넓어져 강으로써 모든 위용을 갖추어 충적지가 곳곳에 발달해 있다. 섬진강유역은 금남호남정맥이 북쪽 경계를 이루고 백두대간과 호남정맥 사이를 흐르는 모든 물줄기를 말한다.

전북 동부지역에서 2/3의 면적을 차지하고 있는 곳이 섬진강유역이다. 섬진강유역에는 남원시 산동면과 장수군 번암면 일대에서 20여 개소의 제철유적이 산재된 것으로 밝혀졌다. 백두대간과 금남호남정맥 사이 지지계곡과 그 주변 일대로 단일 지역 내 제철유적의 밀집도가 상당히 높다. 백두대간 영취산 서남쪽 기슭 무룡샘에서 발원하는 요천 최상류로 섬진강유역에서 학계에 보고된 제철유적의 대부분을 차지한다. 임실군에서 4개소와 순창군에서 2개소의 제철유적이 더 보고됐지만, 전북 동부지역에서 제철유적의 밀집도가 가장 희박하다.

섬진강유역은 일찍부터 농경문화가 발달했고, 섬진강 내륙수로를 이용하여 문물교류도 활발하게 이루어졌다. 전북 남원시와 순창군, 전남 곡성군을 중심으로 섬진강 중류지역에서 마한의 지배층 무덤으로 밝혀진 40여 기의 말무덤[66]이 조사됐다. 현지 주민들이 말무덤으로 부르는 것은, 남원시 대강면 방산리·보절면 도룡리에서 7기 내외와 순창군 적성면 고원리에서 7기 내외, 남원 방산리에

미의 '천상(天上)'은 하늘을 오른다는 뜻이며, '데미'는 '더미'의 전라도 방언으로, 그 뜻은 물건이 한데 쌓인 큰 덩어리를 의미한다. 따라서 '천상데미'는 '하늘을 오르는 봉우리'를 의미한다.

66 말이 마(馬)의 뜻으로 보고, 말은 머리 혹은 크다 뜻으로 우두머리에게 붙여진 관형사로 파악하여 그 피장자는 마한의 지배자를 의미한다. 말하자면 말무덤은 마한 소국의 왕무덤이다. 흔히 말벌을 왕벌, 말사슴을 왕사슴, 말매미를 왕매미로 부르는 것과 똑같다.

서 섬진강을 건너 서남쪽으로 6km가량 떨어진 전남 곡성군 옥과면 주산리에서 7기 내외의 몰무덤이 있었다고 한다.

섬진강 내륙수로를 따라 그 부근에 마한의 정치 중심지가 자리하고 있었음을 알 수 있다. 마한의 중심지는 모두 충적지가 발달한 곳에 위치하여 농경문화에 경제적인 기반을 두었던 것 같다. 아직까지 가야 중대형 고총이 발견되지 않은 상황에서 임실군 임실읍에 가야 소국 상기문과 장수군 번암면에 하기문이 있었던 것으로 본 견해(金泰植 1993)가 큰 지지를 받고 있다. 그러나 전북 동부지역에서 가장 활발하게 정밀 지표조사가 진행됐음에도 불구하고 가야 소국의 존재를 증명해 주는 가야 중대형 고총이 섬진강유역에서는 여전히 발견되지 않고 있다.

섬진강유역으로 백제의 진출이 6세기 초로 보고 있지만 그 이전에 이미 시작된 것 같다. 남원시 대강면 사석리 고분군은 남원시 대강면 소재지 부근 남쪽 기슭에 위치하고 있는데, 봉분의 직경이 10m 내외되는 10여 기의 대형무덤[67]이 무리지어 있다. 남원 사석리 3호분은 타원형 주구를 두른 횡혈식 석실분으로 반지하식 석실은 그 평면 형태가 장방형으로 5세기 후반 전후로 편년됐다(전주문화유산연구원 2014). 백제의 진출 이후 섬진강유역 정치 중심지가 남원 입암리 등 4개소의 마한의 지배층 분묘유적 중앙부에 위치한 남원 사석리 일대로 통폐합됐음을 알 수 있다.

2020년 남원 8호분 학술발굴에서도 그 개연성을 더욱 높였다(조선문화유산연구원 2020). 매장시설은 반지하식의 횡혈식 석실분으로 그 평면형태가 남북을 긴 장방형으로 길이 347cm로 전북에서 두 번째[68]로 크다. 석실의 규모와 장방형의 관대 시설, 부장유물 등을 근거로 6세기 초엽 이른 시기에 만들어진 백제의 중앙 묘제이다. 남원 입암리 등 섬진강 중류 지역에 4개소의 말무덤을 남긴 마한세력이

----

67 현지 주민들이 말무덤으로 부르고 있는데, 어느 문중 묘역에 자리하고 있다.
68 백제 무왕이 잠든 익산 쌍릉 대왕묘의 석실 길이가 370cm로 전북에서 가장 크다.

그림 7. 남원 사석리 3호분 주구 및 횡혈식 석실 발굴 이후 모습(전주문화유산연구원)

그림 8. 남원 사석리 8호분 횡혈식 석실 내부 및 관대시설 모습(조선문화유산연구원)

백제에 정치적으로 복속된 뒤 남원 사석리 일대로 통합됐음을 말해준다. 남원 사석리는 백제 웅진기까지 섬진강 유역 지방 통치 거점[69]이었음을 살필 수 있다.

조선 철종 8년(1857)에 제작된 「동여도」 옛 지도에 가야포(加耶浦)가 표기되어 있다. 1864년 김정호가 지은 『대동지지』 부안현 산수조에도 가야포가 등장한다. 동진강 본류와 지류를 따라 잘 갖춰진 내륙수로가 하나로 합쳐지는 동진강 하구 부안군 계화면 궁안리(宮安里)와 창북리 용화동마을 사이에 가야포가 위치한다. 서해 연안항로의 기항지이자 해양제사를 지낸 부안 죽막동 제사유적에서 위쪽으로 20km가량 떨어진 곳이다. 가야포는 통일신라 때 중국 당나라에 설치됐던 신라방처럼 가야 사람들의 집단 거주지 혹은 국제 교역항으로 추정된다(곽장근 2011).

전북 동부지역에서 철의 왕국으로 융성했던 전북 가야가 철을 생산하는 과정에 굴이나 조개껍질이 필요로 했을 것이다. 철광석을 녹이는 과정에 굴이나 조개껍질은 불순물을 제거하는데 꼭 필요한 첨가제이다. 전북 가야가 굴이나 조개껍질을 조달하려면 섬진강유역을 가로지르는 교역망을 이용해야 한다. 동진강 하구 가야포에서 출발해 호남정맥 가는정이를 넘으면 전북 동부지역 철산지 어디든지 갈 수 있다. 여기서 그치지 않고 가야포로 가는 길목에 위치한 부안 역리(전주문화유산연구원 2017)에서 가야토기와 판상철부가 출토되어 그 가능성을 유물로 입증했다.

그러다가 섬진강유역에서도 봉화대가 별안간 등장하기 시작한다(조명일 2018). 513년부터 515년까지 기문국과 대사의 소유권을 두고 백제와 3년 전쟁 동안만 반파국이 진출하여 가야 봉화를 배치했던 것 같다. 임실 봉화산 봉화 등 10여 개소의 봉화가 임실군에서 발견됐는데, 장수군 장계분지에서 시작된 한 갈래의 봉화로가 섬진강 상류지역을 동서로 가로지른다. 동진강 하구 가야포에서 출

---

69 백제 지방 통치 방식으로 알려진 담로제 혹은 왕후제와 관련이 깊을 것으로 추론해 두고자 한다.

발해 최종 종착지 장수군 장계분지까지 옛길을 따라 선상으로 이어진다. 가야사 국정과제 일환으로 임실 봉화산 학술발굴을 통해 그 성격이 봉화 왕국 반파국 봉화대로 밝혀졌다.[70]

2019년 순창군에서도 5개소의 봉화가 학계에 보고됐다. 임실 봉화산 봉화에서 시작해 오수천을 따라 이어지다가 순창군 유등면 오교리 산성에서 끝난다. 순창군 동계면 신흥리 합미성 서쪽에 현포리 말무재 봉화가 있는데, 이 봉화를 중심으로 서북쪽에 적성면 석산리 생이봉 봉화, 서남쪽에 채계산[71] · 오교리 봉화가 있다. 전북 동부지역의 다른 봉화들과 달리 봉대 및 성벽의 축조기법이 매우 조잡하여 급히 쌓았음을 알 수 있다.[72] 섬진강유역에 배치된 20여 개소의 봉화에서만 드러난 이곳의 강한 지역성이다.

그러다가 6세기 초엽 경 전북 가야를 이끈 기문국, 반파국이 백제에 의해 멸망된 이후 섬진강유역에서 커다란 변화가 일어난다. 남원 사석리에 있었던 정치 중심지가 운봉고원의 철산지와 가까운 동쪽으로 이동한다.[73] 남원 척문리 · 초촌리 일대[74]로 백제 고룡군 행정치소이자 백제 사비기 지방에 두었던 5방성 중 남방성으로 비정된 곳이다(최완규 2018). 전북 동부지역 철산지를 국가에서 직접 관할하기 위해 남원에 남방성을 설치하고 백두대간 동쪽으로 진출하기 위한 전략

---

70 반파국 하위계층 분묘유적, 즉 장수 삼고리 출토품과 동일한 반파국에서 직접 만든 가야토기가 출토됐다.

71 2020년 전북문화재연구원 주관 학술발굴에서 자연 암반층을 파내어 만든 봉화시설이 그 모습을 드러냈다.

72 『일본서기』에도 반파국이 백제와 3년 전쟁을 치르면서 자탄과 대사에 산성 및 봉화를 쌓은 것으로 기록되어 있다.

73 그렇지만 섬진강유역에서 또 다른 거점지역으로 알려진 임실군 임실읍과 순창군 순창읍에서는 중심지 이동이 확인되지 않는다.

74 남원 척문리에서 나온 은제화형관식이 그 역사성을 유물로 입증했고, 남원 척문리 산성은 당시 남방성의 치소성으로 추정된다.

상 교두보로 삼은 것 같다. 이때부터 섬진강유역에서 남원이 정치·경제·문화의 중심지로 발돋움하기 시작한다.[75]

백제 멸망 이후 정치 중심지가 다시 또 이동한다. 남원경이 설치된 뒤 남원 초촌리·척문리에서 지금의 남원읍성으로 그 중심지를 옮겼다.[76] 통일신라는 남원경을 설치하고 6년 동안 성을 쌓았는데,[77] 당시에 쌓은 성이 지금의 남원읍성이다. 당시 요천을 따라 제방을 쌓아 남원경에 걸맞은 신도시가 새롭게 조성된 것이다. 마침내 전북 동부지역 철산개발이 섬진강유역에 남원경을 탄생시켰다. 남원경이 설치되고 나서 후백제 멸망까지 255년 동안 남원경을 중심으로 한 철의 생산과 유통이 전북 동부지역의 위상을 최고로 높였다.

후백제 멸망 5년 뒤 남원경이 남원부로 그 이름이 바뀌었다. 고려 태조 23년(940) 남원경을 없애고 대신 남원부를 설치하여 2개 군(임실, 순창)과 7개 현(장계, 적성, 거령, 구고, 장수, 운봉, 구례)을 관할했다. 전북 동부지역 철산지가 대부분 남원부 소속으로 편제됐다. 이때 남강유역의 운봉고원도 남원부와 첫 인연을 맺었다. 고려 왕조는 운봉고원 철산개발을 중단시킨 뒤 천령군에서 남원부로 관할권을 이속시켜 국가의 통제력을 더욱 강화했다.[78] 그리하여 전북 동부지역에서 발견된 230여 개소의 제철유적 중 한 개소도 문헌에 초대를 받지 못한 주된 요인이 된 것이 아닌가 싶다.

----

75 전북 가야를 이끈 기문국, 반파국 멸망 이후 전북 동부지역 철산개발로 백제 중흥의 토대를 마련하겠다는 백제의 국가전략이 담겨있다.

76 남원시 이백면 초촌리 오촌(혹은 자라올)마을에는 백제 멸망 이후 마을 사람들이 다른 곳으로 이주했다는 이야기가 전해온다.

77 여러 차례 남원읍성을 대상으로 학술발굴이 이루어졌지만 통일신라 이전의 유구가 발견되지 않았고, 유물도 출토되지 않았다.

78 당시 봉화 왕국 반파국의 정치 중심지로 밝혀진 장수군 장계면에 두었던 벽계군도 벽계현으로 그 위상이 낮아졌다.

VI. 맺음말

이상에서 논의된 내용을 정리하는 것으로 맺음말을 대신하고자 한다. 우선 금강유역에서는 진안 대량리 제동유적과 160여 개소의 제철유적이 학계에 보고됐는데, 장수 남양리는 가야의 영역에서 맨 처음 철기문화가 시작된 곳이다. 전북동부지역에서 복원된 여덟 갈래 봉화로의 최종 종착지가 장수군 장계분지로 밝혀져 장수 가야를 문헌의 반파국으로 비정했고(李道學 2019), 금강유역을 반파국의 정치·경제·국방의 중심지로 보았다. 삼국시대 때 진안고원의 철산지를 차지하기 위해 가야와 백제, 신라가 치열하게 각축전을 펼쳐 삼국의 유적과 유물이 공존하며 후백제까지 대규모 철산개발이 내내 지속된 것으로 분석했다.

남강유역은 운봉고원으로 철기문화의 보고이다. 기원전 84년 마한 왕이 지리산 달궁계곡을 피난처로 삼아 첫 인연을 맺은 철기문화는 기문국을 거쳐 후백제까지 계기적으로 이어졌다. 마한 분구묘의 묘제가 가야 고총으로 계승되어(전상학 2018), 마침내 철의 왕국 기문국이 등장했다. 기문국은 철의 생산과 유통으로 최고급 위세품과 최상급 토기류를 거의 다 모아 동북아 문물교류 허브를 이루었다. 백제 무령왕·성왕·무왕의 백제 중흥과 통일신라 때 실상사 철불의 요람, 후백제 연호 정개가 편운화상승탑에 등장하는 역사적인 배경도 운봉고원의 철산개발과 관련이 깊을 것으로 해석했다.

섬진강유역은 사통팔달했던 교역망으로 줄곧 문물교류의 허브 역할을 담당했다. 동진강 하구 가야포에서 굴이나 조개껍질이 섬진강유역을 가로질러 전북가야에 조달됐고, 전북 가야의 철과 철제품이 섬진강 내륙수로를 이용하여 널리 유통됐다. 마한의 말무덤 소멸 이후 더 이상 수장층 분묘유적이 만들어지지 않았지만, 전북 가야의 멸망 이후 별안간 남원이 철의 집산지로 급부상했다. 당시 국가차원의 철산개발로 사비기 백제 남방성이 남원 척문리·초촌리 일대에 들어섰고, 통일신라 때 남원경으로 승격된 뒤 후백제까지 250여 년 동안 전북 동부지역의 위상을 최고로 선도했다.

만경강유역은 철의 가공과 교역의 중심지로 보았다. 초기철기시대 때 철기문화가 바닷길로 전북혁신도시에 전래되어 내내 융성했고, 완주 상운리에서 가장 많은 단야구가 나와 만경강유역에서 철의 가공이 이루어진 것으로 파악했다. 잠깐 동안 반파국이 완주군 동북부 일대로 진출하여 20여 개소의 봉화를 남겨 전북지역에서 단일 구역 내 산성 및 봉화의 밀집도가 가장 높다. 아직까지 가야의 분묘유적이 발견되지 않았지만 관방유적과 통신유적, 제철유적이 함께 공존하여 전북 가야의 경제·국방을 담당했던 전략상 요충지로 유추했다.

터키 히타이트에서 처음 시작된 철기문화가 실크로드를 경유하여 중국에서 바닷길로 전북혁신도시에 곧장 전래됐다. 2200년 전 바닷길로 만경강유역에 정착한 제나라 전횡, 고조선 준왕의 선진세력은 당시 만경강유역을 초기 철기문화의 거점으로 이끌었다. 전북혁신도시에 기반을 둔 전횡의 후예들이 한 세기 뒤 니켈 철광석을 찾아 장수군 천천면 남양리, 지리산 달궁계곡으로 이주한 것으로 보았다. 2019년 전북 동부지역 철기문화의 요람으로 추정된 지리산 달궁계곡에서 마한 왕의 달궁 터가 발견되어 그 역사성을 검증하기 위한 학술발굴이 요청된다.

제나라 또는 고조선을 출발하여 전북 동부지역으로 철기문화가 전파된 경로를 전북의 아이언로드로 설정[79]해 두고자 한다. 터키 히타이트에서 장수 남양리까지 철기문화가 전파되는데 1400년의 시간이 소요됐다. 이제까지의 연구 성과와 달리 철기문화가 서쪽에서 동쪽으로 전래됐다는 고견(최성락 2017)은 시사하는 바가 크다. 가야사 국정과제 일환으로 전북 가야의 영역에서만 230여 개소의

---

[79] 전북혁신도시 내 완주 상림리에서 나온 중국식 동검의 유물 속성이 중국 산동성 출토품과 매우 흡사한 것으로 밝혀졌고(강인욱 2016, 4~25쪽), 중국식 동검이 교역보다는 망명객이나 표류에 의해 유입된 것으로 본 견해(이청규 2003)에 그 근거를 두었다.

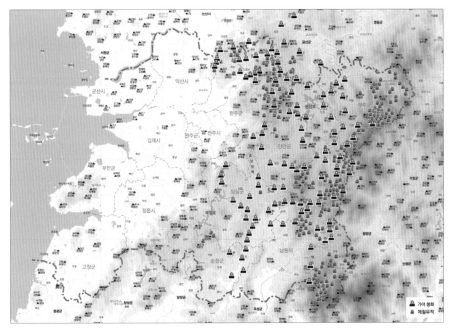

그림 9. 전북 동부지역 가야 봉화대 및 제철유적 분포도(군산대학교 가야문화연구소)

제철유적이 발견됐고, 장수 명덕리 대적골·와룡리, 남원 화수리 옥계동, 무주 삼공리 월음령계곡 제철유적의 실체를 밝히기 위한 학술발굴도 시작됐다.

끝으로 인류의 역사 발전에서 철의 공헌도가 상당히 높다. 초기철기시대 철기문화가 바닷길로 전래된 뒤 전북 가야를 거쳐 후백제까지 계기적인 철의 생산과 유통이 전북을 동북아 문물교류 허브로 키웠다. 백두대간 산줄기 양쪽에 가야문화를 당당히 꽃피운 전북 가야는 한마디로 첨단과학으로 요약된다. 1500년 전 반파국이 봉후(火)제를 운영할 수 있었던 국력과 백제 남방성 및 통일신라 남원경 설치, 후삼국 맹주 후백제의 역동성도 대규모 철산개발에서 비롯된 것으로 추론했다. 전북 동부지역 제철유적의 운영시기와 그 역사성을 밝히기 위한 학술발굴과 함께 학제 간 또는 지역 간 융복합 연구가 모색됐으면 한다.

참고문헌

강건우, 2013, 「실상사 철불 연구」 『불교미술사학』 제15집, 71~100쪽.

강원종, 2007, 「남원 운봉지역의 고대 관방체계」 『호남고고학보』 27, 호남고고학회, 43~74쪽.

강인욱, 2016, 「완주 상림리 유적으로 본 동아시아 동검문화의 교류와 전개」 『호남 고고학보』 54, 4~25쪽.

곽장근, 2011, 「전북지역 백제와 가야의 교통로 연구」 『한국고대사연구』 63, 81~ 114쪽.

곽장근, 2019, 『동북아 문물교류 허브 전북』, 전북연구원 전북학연구센터, 122~ 134쪽.

곽장근, 2020, 「전북 동부지역 제철유적 현황과 그 시론」 『건지인문학』 제27호, 전 북대학교 인문학연구소, 23~51쪽.

國立淸州博物館, 1997, 『鐵의 歷史』, 23쪽.

군산대학교 가야문화연구소, 2018, 『전북 가야사 및 유적 정비 활용방안』, 전북연 구원.

군산대학교 가야문화연구소, 2019, 『전북 가야 제철 및 봉수유적 정밀 현황조사』, 전라북도.

군산대학교 가야문화연구소, 2020, 「남원 아막성 발굴조사 학술자문회의 자료」, 남 원시.

군산대학교 박물관, 2006, 『장수 침곡리 유적』, 한국도로공사.

군산대학교 박물관, 2013, 『남원 실상사 약사전』, 남원시, 42~50쪽.

金世基, 1995, 「大伽耶 墓制의 變遷」 『加耶史硏究 -가야의 政治와 文化-』, 慶尙北道.

金泰植, 1993, 『加耶聯盟史』, 一潮閣.

김낙중, 2018, 「남원지역 고분군의 성격과 보존 및 활용 방안」 『문화재』 제51권 · 제 2호, 58~77쪽.

김승옥 · 이보람 · 변희섭 · 이승태, 2010, 『상운리 I · II · III』, 전북대학교 박물관 · 한 국도로공사.

김재홍, 2017, 「위세품으로 본 전북 가야의 위상과 그 성격」『전북 가야를 선언하다』, 호남고고학회, 41~66쪽.

김정길, 2016, 『完州 名山』, 완주군·완주문화원.

박순발, 2012, 「계수호와 초두를 통해 본 남원 월산리 고분군」『운봉고원에 묻힌 가야 무사』, 국립전주박물관·전북문화재연구원, 114~121쪽.

변희섭, 2014, 「남원 두락리 및 유곡리 고분군(32호분) 발굴조사 성과」『가야와 백제, 그 조우(遭遇)의 땅 '남원'』, 남원시·호남고고학회, 27~44쪽.

오동선, 2020, 「남원 청계리 청계 고분의 구조와 축조기법」『남원 청계리·월산리 고분군 역사적 가치와 의미』, 전라북도·남원시·군산대학교 가야문화연구소, 7~27쪽.

유영춘 외, 2012, 「남원 운봉고원 제철유적」『호남지역 문화유적 발굴조사 성과』, 호남고고학회, 189~197쪽.

유영춘, 2015, 「운봉고원 출토 마구의 의미와 등장배경」『호남고고학보』 제51집, 호남고고학회, 86~121쪽.

유영춘, 2017, 「전북 동부지역 출토 철제무기의 전개양상과 의미」『호남고고학보』 제57집, 38~75쪽.

유영춘, 2018, 「철기유물로 본 전북지역 가야의 교류」『호남고고학보』 제59집, 64~88쪽.

柳哲, 1995, 「全北地方 墓制에 대한 小考」『湖南考古學報』 3, 湖南考古學會.

유철, 2011, 「문화유산의 보존·관리와 활용방안 -장수·장계분지의 고분군·산성·봉수를 중심으로-」『전북사학』 제42호, 5~44쪽.

유철, 2017, 「전북 가야문화유산의 보존 및 활용」『가야문화의 寶庫, 전라북도를 조명하다』, 89~115쪽.

尹德香, 2000, 『南陽里』 發掘調査 報告書, 全羅北道·長水郡·全北大學校 博物館.

李軍, 2017, 「鷄首執壺에 관련된 문제 및 한국의 고대 가야 고분에서 발견된 의의」『전북 가야를 선언하다』, 호남고고학회, 67~144쪽.

이남규, 2011, 「제철유적 조사 연구상의 주요 성과와 과제」『최신 동북아시아 고대 제철유적의 발굴성과와 그 의미』, 국립중원문화재연구소.

李道學, 2019, 「伴跋國 位置에 대한 論議」 『역사와 담론』 제90집, 호서사학회, 47~82쪽.

이영범, 2013, 「남원 월산리 M5호분 출토 금속유물의 제작기법」 『東垣學術論文集』 14, 국립중앙박물관·한국고고미술연구소, 46~69쪽.

이청규, 2003, 「한중교류에 대한 고고학적 접근」 『한국고대사연구』 32, 95~129쪽.

이택구, 2008, 「한반도 중서부지역의 마한 분구묘」 『한국고고학보』 66, 한국고고학회, 48~89쪽.

李熙濬, 1995, 「토기로 본 大伽耶의 圈域과 그 변천」 『加耶史研究』, 慶尙北道, 365~444쪽.

장명엽·윤세나, 2013, 『南原 奉大 古墳群』, 湖南文化財研究院·韓國道路公社.

전라문화유산연구원, 2014, 『남원 운봉 북천리 고분』, (사)한국문화재조사연구기관협회.

全北大學校 博物館, 1987, 『南原地方 文化遺蹟 地表調査 報告書』 全北地方 文化財調査 報告書 第6輯, 32~33쪽.

전북문화재연구원, 2012, 『南原 月山里古墳群』 -M4·M5·M6號墳-, 한국도로공사 함양성산건설사업단.

전북문화재연구원, 2020, 「장수 백화산 고분군 발굴조사 학술자문회의 자료집」.

전상학, 2007, 「全北 東部地域 竪穴式 石槨墓의 構造 研究」 『湖南考古學報』 25, 湖南考古學會, 102~130쪽.

전상학, 2011, 「장수가야의 지역성과 교류관계」 『백제와 가야 그리고 신라의 각축장 금강 상류지역』, 한국상고사학회, 1~24쪽.

전상학, 2013, 「진안고원 가야의 지역성」 『호남고고학보』 43, 호남고고학회, 35~66쪽.

전상학, 2018, 「전북지역 가야고분의 현황과 특징」 『호남고고학보』 59, 46~63쪽.

全榮來, 1983, 『南原, 月山里古墳群發掘調査報告』, 圓光大學校 馬韓·百濟文化研究所.

全榮來, 2003, 『全北古代山城調査報告書』, 全羅北道·韓西古代學研究所.

전주문화유산연구원, 2014, 『남원 사석리 고분군』, 남원시.

전주문화유산연구원, 2017, 『부안 역리 옥여유적』, 부안군.

전주문화유산연구원, 2018, 『장수 노하리 고분군』, 장수군.

전주문화유산연구원, 2019, 「무주 삼공리 월음령계곡 제철유적 시굴조사 회의자료」, 무주군.

전주문화유산연구원, 2019, 『완주 수계리 유적』, 한국LH공사.

全州大學校 博物館, 1988, 『茂朱地方 文化遺蹟 地表調査 報告書』, 全羅北道·茂朱郡.

조명일, 2012, 「금강 상류지역 산성 및 봉수의 분포양상과 성격」 『호남고고학보』 제41집, 호남고고학회, 67~90쪽.

조명일, 2018, 「전북 동부지역 봉수에 대한 일고찰」 『호남고고학보』 제59집, 호남고고학회, 90~107쪽.

조선문화유산연구원, 2020, 「남원 사석리 고분군 학술자문회의 자료」, 남원시.

池健吉, 1990, 「長水 南陽里 出土 靑銅器·鐵器 一括遺物」 『考古學誌』 第2輯.

진정환, 2019, 「운봉고원과 후백제」 『백두대간 운봉고원 역사적 가치와 의미』, 전라북도·남원시·군산대학교 가야문화연구소, 111~127쪽.

최병운, 1992, 「歷史時代」 『南原誌』, 南原誌編纂委員會, 121~126쪽.

최성락, 2017, 「호남지역 철기문화의 형성과 변천」 『도서문화』 49, 95~129쪽.

최완규, 2015, 「마한 성립의 고고학적 일고찰」 『한국고대사연구』 79, 한국고대사학회, 47~96쪽.

최완규, 2018, 「전북지역의 가야와 백제의 역동적인 교류」 『호남고고학보』 제59집, 4~24쪽.

崔仁善, 1991, 「新羅下代 鐵造佛像의 硏究 -9세기 철조불상을 중심으로-」, 檀國大學校 大學院 碩士學位論文, 1~2쪽.

한수영, 2011, 「만경강유역의 점토대토기문화기 목관묘 연구」 『호남고고학보』 제39집, 호남고고학회.

화산면지추진위원회, 2019, 『화산면지』, 완주군.

전북 동부지역 가야문화유산의 보존과 활용방안

유 철

전주문화유산연구원

I. 머리말

전라북도의 역사와 문화를 소개할 때 가야사가 언급되는 것은 최근의 일이다. 대부분 전북지역에는 마한 이후 백제가 자리하고 있었으며 이로 인해 백제의 많은 문화유산이 산재해 있는 것으로 인식되고 있었다.

기실 가야는 현재의 영남지역에 해당하는 백두대간의 동쪽, 낙동강의 서쪽에 자리하는 것으로 알려져 김해·고령·함안·합천·고성·상주 등 영남지역을 중심으로 발굴조사가 활발히 이루어졌으며, 가야사 연구 역시 영남지역 중심이었다. 상대적으로 이 지역에서 가야사에 대한 연구가 미진했던 것은 문헌자료의 부족과 함께 가야는 높고 험준한 백두대간의 서쪽을 넘지 않았을 것이라는 편견, 그리고 전라북도 동부지역은 산악지대로서 예전부터 사람들의 흔적이 많이 닿지 않았을 것이라는 인식에 기인했기 때문이었던 것 같다. 1990년대 이후 진행된 지역의 문화권 개발계획에서도 전라북도는 가장자리 신세를 벗어나지 못하고 있었다. 충청도 중심의 백제문화권, 경상북도의 유교문화권, 충남의 내포문화권, 전남의 영산강 유역 마한문화권, 지리산 중심의 지리산통합문화권, 충주·제천·단양지역의 중원문화권, 남부대가야 중심의 가야문화권 등 그 어디에도 전라북도는 중심에 서 있지 못하였다.

하지만 백제문화권 종합개발사업에 익산이 추가로 편입되었고 현재 추진 중인 『역사문화권 정비 등에 관한 특별법』 중 '가야역사문화권'에 전북 지역의 가야시대 유적과 유물이 포함됨으로서 특별법의 적용을 받게 되었으며, 2005년에 구성된 가야문화권 지역발전협의회에 전라북도에서는 남원시·장수군·완주군·무주군·진안군·임실군·순창군 등 7개 지방자치단체가 참여하고 있어 그나마 다행이라고 할 수 있을 것이다.

지금까지 전북지역에서 이루어진 가야사 연구는 영남지역에 비해 미진한 단계였음은 부인할 수 없는 사실이지만 근래에 이루어진 지표조사와 발굴조사를 통해 전북 동부지역에서 가야의 유적들이 속속 확인되고 있으며 이로 인해 가야문화를 기반으로 하는 정치체가 존재하였음이 밝혀지고 있다. 더욱이 봉화와 제철유적은 전북 동부지역에서 주로 확인되고 있어 앞으로의 조사여부에 따라 가야를 중심으로 한 고대사의 재해석은 불가피할 것으로 보인다.

특히, 2017년 7월 19일 「가야 문화권 조사 · 연구 및 정비사업」이 정부의 100대 국정과제에 포함됨에 따라 전라북도에서도 『전북가야 연구 · 복원 TF팀 및 전문가협의회』를 구성하고 전북가야 복원사업을 추진하고 있다. 이처럼 국가 정책에 전북지역의 가야문화유산이 포함될 수 있었던 것은 그간 이루어진 적잖은 연구 결과(곽장근 1999; 곽장근 2002; 곽장근 2003; 군산대학교 박물관 2004; 곽장근 2004; 곽장근 2001)에 의한 것이었으며, 그동안의 연구는 전북 동부지역의 가야문화를 발굴 · 복원 · 활용하는데 있어 그 기초가 되고 있다. 앞으로 진행될 전북 가야사 연구는 영남지역 가야 문화와는 차별화된 전북 가야만의 독창성을 부각해야 하는 과제도 동시에 안고 있다.

본고에서는 전라북도 지역에서 확인되고 있는 가야문화유산을 어떻게 보존하고 활용하는 것이 좋은지에 대해서 살펴보고자 한다. 물론 이 지역에 산재되어 있는 가야 유산에 대한 조사가 만족할 만한 정도로 진행되지는 못했지만 지금까지 조사된 고분군 · 산성 · 봉화 · 제철유적을 중심으로 이 유적들의 보존방안을 검토해 보고, 이를 관광자원으로 활용하기 위해서는 어떠한 점들이 고려되어야 하는지에 대해 알아보고자 한다. 이를 통해 전라북도의 문화정체성을 다양화하고 그를 바탕으로 전라북도의 문화정책 개발에 작은 근거를 제공하고자 한다.

II. 각 유적별 보존·관리 실태

1. 보존·관리 및 정비 방향

전북 가야 유적[1]에 대한 보존·관리의 기본방향은 '원형유지'를 따르며, 1964년에 제정된 「베니스헌장」에 따라 추측에 의한 복원은 배제하고, 기존 부재로만으로는 복원이 될 수 없어 부득이 새로운 재료가 사용될 경우는 최소한으로 허락하되 식별 가능하도록 해야 한다. 또한 1990년에 제정된 「고고유산의 보호 및 관리 헌장」에 따라 기념물과 유적은 원위치에 보존함을 원칙으로 따르고, 복원은 유적 위에 바로 시행하지 않는 것을 원칙으로 하되, 모든 발굴유물과 유적을 고려하여 복원이 타당한 곳을 선정하도록 해야 한다.

아울러 문화재 보존이란 "원형을 잘 관리하여 후세에게 넘겨주어야 하는 일"로써 유적에 대한 발굴조사가 이루어진 후에도 일상적 유지관리가 지속적으로 이루어야한다. 그리고 발굴조사된 유적을 활용하기 위해서는 접근성, 이용성, 주변 경관과의 조화성, 관광자원과의 연계성 등을 고려하여야 한다.

----

1 전라북도 동부지역 가야문화유산 현황

시군별	계	고분(기수)	제철유적	봉화	산성
합계	491(410)	117(410)	228	100	46
남원시	108(160)	53(160)	36	8	11
완주군	47	0	23	15	9
무주군	72(15)	1(15)	57	11	3
장수군	158(250)	48(250)	86	20	4
진안군	65	9	21	25	10
임실군	27	3	4	16	4
순창군	14	3	1	5	5

2. 전북 가야 유적 정비 계획

전북 가야 유적 정비는 유적이 갖고 있는 진정성[2]이 훼손되지 않도록 해야 하며, 주변 환경 및 자연경관과의 조화를 고려하여 보존·관리가 이루어져야 한다[3] (이수정 2012). 기존 유구가 더 이상 변형되거나 훼손되지 않는 것을 원칙으로 추진하도록 해야 하며, 유구가 유실되어 일부만이 남아 있거나 붕괴될 위험이 있는 경우에는 그 부분만 원형에 충실하게 보수·정비하되 학술적으로 규명되지 않은 추측에 의한 복원은 지양하도록 한다.

전북 가야 유적에 대한 정비는 단계별로 추진되어야 하는데, 1단계는 역사·문화적 가치를 고려한 원형 보존 및 훼손 방지에 노력하는 한편 보존 계획을 수립하고 2단계는 유적의 성격을 규명하기 위한 발굴조사를 실시하며 발굴 유적 정비, 탐방객들을 위한 시설 마련, 전북 가야 우수성 홍보, 교육·전시·체험 등을 위한 전시관 건립을 추진하며 3단계는 유적의 지속가능한 활용방안을 포함하는 중장기계획을 수립하고, 고분군·산성·봉화·제철유적 등 유적의 경관 정비, 토지 매입, 훼손된 지형의 복구와 일부 유적은 복원정비를 추진하는 것을 기본원칙으로 정한다. 또한, 편의시설과 안내시설은 각 유적별로 세부 계획을 수립하여 1단계는 이정표 설치, 2단계는 탐방로·주차장·안내판 설치, 3단계는 편의시설 및 조명시설 설치 등의 순으로 추진한다.

전북 가야 유구가 수목이나 지장물에 의해 심하게 훼손되었거나 훼손될 우려가 있는 경우에는 벌목 또는 뿌리제거 등의 조치를 하되, 뿌리제거 작업은 자칫

---

2 문화유산의 다양성 개념이 도입되면서 진정성의 개념을 재확인하였음.

3 국립문화재연구소, 문화재에 있어서 진정성은 그리스어의 'authentikos' 동일하다라는 말에서 유래한 것으로 복제품의 반대어인 '원작' 또는 '원본', 위조품의 반대어인 '진품' 또는 '진본'을 의미하는 것으로 이해되어 오다가 베니스헌장에 이르러 문화재의 물리적 측면 이상의 추상적, 관념적인 가치인 가치와 의미 등의 정신적 요소들을 보존해야 하며 그것을 둘러싼 주변 환경을 진정성의 다양한 측면 중 하나로 포함시켰다.

유구의 파손으로도 이어질 수 있기 때문에 신중해야 하며, 전통 수종이나 보존 가치가 있는 수목은 가급적 보존하도록 한다.

유적을 안내하는 이정표를 중요 지점에 설치하며 문화재 안내판은 적정 규모로 주변 경관 및 관람동선 등을 고려하여 설치하도록 한다. 유적의 범위가 넓거나 관람객의 편의에 의해 필요하다면 문화재 안내판은 여러 곳에 설치하도록 한다. 아울러 유구를 훼손하지 않고 경관을 저해하지 않는 범위 안에서 관람통로 설치나 탐방로를 개설할 수 있을 것이다.

고분은 매장주체부의 정비는 현상유지를 원칙으로 하지만 매장주체부의 붕괴가 진행되거나 훼손으로 인해 보수가 불가피한 경우에는 전체적 측면에서 수리방법을 검토해야 한다. 아울러 봉분의 규모를 어떻게 할 것인지에 대해서는 발굴조사에서 확인된 자료를 바탕으로 검토해야 한다. 산성과 봉화는 지상에 노출되어 있는 유구로서 붕괴, 배부름 현상, 부동침하 등으로 인해 온전하게 남아 있는 것이 거의 없다. 따라서 이러한 유구는 진행상황을 면밀하게 파악한 후 정비 방안을 검토해야 한다. 또한 제철유적은 주로 산지에 입지하고 있는데 대부분의 폐기장은 비교적 잘 남아있어 진입로와 탐방로가 갖추어져 있을 경우에는 일반인들의 접근이 용이하여 유적 홍보에 큰 효과를 얻을 수 있으므로 진입로와 탐방로의 정비가 필요하다.

3. 유적별 보존 · 관리

1) 고분군

(1) 동촌리 고분군

동촌리 고분군은 가야계 상위계층의 무덤으로 80여 기의 고총이 자리하고 있어 전북지역에서 조사된 가야 고분 가운데 최대 규모이다. 14기의 수혈식 석곽묘와 2기의 골호 등 모두 16기의 고분이 조사되었는데 한 봉분 내에 2기 이상의 석곽이 배치된 다곽식으로 고분의 형태는 타원형이며 호석 시설은 확인

그림 1. 동촌리 고분군 복원 추정 조감도

되지 않았다. 주 매장시설은 석곽묘로서 구 지표와 생토면을 정지하고 1m 내외 높이로 성토한 후 다시 되파기를 하여 축조하였다. 고분에서는 장경호·편구호·개·배·직구호·고배 등의 토기류와 철모·철겸·철부·철도자·마구류 등의 철기류, 금제이식 등이 출토되었다. 특히, 가야고분에서는 최초로 말뼈와 함께 편자가 출토되어 우수한 철기 기술을 소유하고 있었음이 증명되고 있다.

동촌리 고분군의 주변에는 수목과 넝쿨식물이 자생하고 있어 고분의 보존관리를 위해서는 식물의 성장을 억제하거나 제거할 필요가 있다. 모든 수목을 제거하는 것은 좋은 방법은 아닐 것이므로 고분군과의 조화를 통해 보존할 것과 제거할 것을 면밀하게 분류해야 하며, 고분군의 조망권을 확보하는 차원에서도 제거가 있어야 한다. 고분군과 인접해 있는 동가야마을에서 고분군으로 진입하는 진입로의 증설이 요구되며, 고분군 내에 자리하고 있는 다수의 민묘에 대한 처리방안에 대해서도 검토되어야 한다. 발굴조사된 고분은 가급적 본디의 원형을 찾아 복원할 필요가 있는데 고분의 형태를 유지하도록 마사토 등으로 메꾼

후 잔디를 식재하도록 해야 한다.

　동촌리 고분군을 찾아오는 관광객을 위한 주차장 및 편의 시설이 필요하며, 고분군의 본디 환경을 유지하면서 고분군 전체를 관망할 수 있는 조망대의 설치도 검토해 볼 수 있을 것이다. 아울러 효율적인 유적 보존을 위해서는 유적의 관리자를 선임하는 한편 관심 있는 시민단체나 문화탐방단체와 협약을 체결하여 주기적으로 관리가 되도록 해야 한다. 동촌리 고분군은 인근에 의암사당과 한누리전당이 자리하고 있으므로 이와 연계하여 관리하는 방안도 검토되면 좋을 것 같다.

　고분군 주변은 폐비닐하우스, 농경지, 태양광시설, 축사(원경) 등이 자리하고 있어 고분군의 경관을 저해하고 있으므로 정리가 필요하며, 동쪽에서 바라보는 외부조망경관은 잠재력이 있으므로 민묘, 축사, 농경지, 비닐하우스 등의 정비가 요구되고 있다. 장수누리파크 주변은 유적지와 관련된 문화시설만 허용하고

그림 2. 동촌리 고분군 주변 경관 저해 요소

추가 개발을 막아 난개발을 금지하는 등 고분군과 주변 자연경관을 함께 보존할 수 있는 기준안이 마련되어야 한다.

고분군내의 수목을 제거하거나 정비한 후에는 필요하다면 고분군에 가장 적합한 수종과 식생으로 정비하고 고분의 주진입부와 주요 고분에 대한 탐방로, 그리고 중간에 휴식 공간도 정비되어야 한다. 탐방로는 개설 시 자칫 발굴되지 않은 고분의 훼손을 가져올 수 있기 때문에 탐방로의 개설은 고분군의 발굴조사가 이루어진 후에 장기 계획에 따라 체계적으로 추진되어야 한다.

한편, 고분군까지 안내하는 이정표가 설치되어야 하는데 장수읍과 장계면을 잇는 719번 도로와 덕산로에서 진입하는 부분, 동촌교 삼거리와 장수누리파크 진입부 등이 설치장소로 적합한 것으로 생각된다. 아울러 유적을 제대로 알리기 위해서는 안내판이 필히 설치되어야 하는데 마봉산 입구에는 동촌리 고분군 전반에 대한 설명 안내판, 동촌교차로와 주요 고분 앞에는 보조 안내판 설치가 필요하다. 동촌리 고분군은 장수읍에 자리하고 있어 접근성과 경관이 매우 양호하므로 추후 유적을 홍보하는 수단으로 조명시설을 설치하면 좋을 것으로 판단된다.

(2) 삼봉리 고분군

삼봉리 고분은 가야계 중대형 고분 40여 기가 자리하고 있어 가야문화를 기반으로 한 세력집단이 존재하였음을 알려주는 유적이다. 2003년부터 2015년까지 이루어진 발굴조사를 통해 고분의 평면형태는 장타원형이며, 매장주체부는 (세)장방형의 석곽으로 봉토를 어느정도 성토한 후 다시 파내었으며 호석을 두르지 않은 특징이 확인되었다. 유물로는 장경호·단경호·기대·배 등의 토기류와 금제이식, 꺾쇠·철겸·도자·철촉 등이 출토되었는데 백제토기, 대가야 양식 토기, 재기계 토기 등이 혼재된 양상을 보이고 있다.

발굴조사가 이루어진 4기의 고분은 2기씩 연접된 형태로서 현재는 본디의 상태로 복원되어 있다. 하지만 복원된 고분은 안정화 되기까지는 토사의 유출과

그림 3. 삼봉리 고분군 복원 상태

잔디가 무너질 염려가 있으므로 지속적인 관리가 필요하다.

고분군이 자리하고 있는 야산에는 침엽수가 식재되어 있어 나무로 인해 고분이 훼손되거나 조망권을 저해하고 있으므로 간벌 및 식생정비가 필요한 상태이다. 고분군의 동쪽편은 조망점으로서 잠재력이 있으나, 고분군 내 수목이 조망을 방해하고 있을 뿐만 아니라 원경으로 보이는 과수원과 축사, 비닐하우스가 경관을 저해하고 있어 가능하다면 정비나 이전을 통한 정리가 필요하다. 또한 고분군의 북서쪽에 자리하고 있는 납골묘와 비닐하우스도 정리가 요구된다. 아울러 삼봉리 고분군은 20번(익산-포항) 고속도로와 35번(대전-통영) 고속도로상에서 고분군이 잘 보이는 좋은 위치에 자리하고 있어 일부 수목을 정비 하게 되면 좀 더 양호한 조망권을 확보할 수 있을 것이다. 더 나아가 발굴조사가 이루어진 고분들은 본디의 형태로 복원하게 된다면 고분군을 알리는 홍보 효과는 매우 클 것이다. 삼봉리 고분군의 정비는 장수가야의 상징은 물론이고 삼봉리 고분군의 정체성과 진정성을 유지하는 틀에서 이루어져야 한다.

한편, 고분군으로 진입하는 진입로와 함께 고분군을 둘러볼 수 있는 탐방로의

그림 4. 삼봉리 고분군 경관정비 계획도(장수군 2019 인용)

정비와 설치가 필요하다. 장계면과 장수를 잇는 장무로, 장계와 무주를 잇는 육십령로, 육십령로의 일강삼거리 부근에는 이정표가 설치되어야 하며, 삼봉육교 위의 고분군 진입부에는 삼봉리 고분군 전반에 대해 설명하는 안내판과 함께 주요 고분 앞에는 각기 고분의 성격을 알리는 보조 안내판의 설치가 요구된다.

야간에 찾아오는 탐방객은 많지 않을 것으로 여겨지므로 문화재를 인지할 수 있는 정도의 조명과 탐방객의 진입을 유도하는 하부조명 정도가 설치되면 좋을 것 같다.

끝으로 삼봉리 고분군의 북쪽 끝에서 서쪽으로 하천 넘어 장계문예복지관 주변에 건립되고 있는 전시관은 장수 가야의 학술·교육·홍보는 물론 백화산 고분군(삼봉리·호덕리·장계리·월강리)에서 출토된 단경호·장경호·발 등의 토기류와 재갈·등자·안장가리개·교구·운주 등의 마구류, 대도·철촉·철겸·철모·철부 등의 무기류, 목관에 쓰였던 꺾쇠 등의 유물 전시와 학술·교육·체험 등을 통해 장수 가야의 구심점 역할을 해야 한다.

(3) 삼고리 고분군 및 마을 숲

금강의 최상류인 장수천과 장계천이 합류하는 천천면 용광리에서 남서쪽으로 3km 정도 떨어진 곳에 삼장마을이 자리하고 있는데 삼장마을 북쪽을 휘감은 산자락에서 고분이 확인되고 있다. 주능선에는 대형고분이 위치하고 경사면에는 소형고분 배치되었다. 1995년 발굴조사에서 수혈식 석곽묘 19기가 확인되었고, 2018년 발굴조사에서는 수혈식 석곽묘 12기, 토광묘 13기가 조사되었다. 특히, 2018년에 이루어진 발굴조사에서 오방색 채색구슬과 황남대총에서 출토된 환두도와 비슷한 모양의 오각형 철제대도가 출토되었으며 마한계·백제계·신라계·가야계의 각종 토기들이 출토되어 장수 가야의 대외 교류관계를 밝혀주는 중요한 유적으로 평가되고 있다.

삼고리 고분이 자리하고 있는 삼장마을은 마을숲이 비교적 잘 보존되고 있다. 따라서 마을 숲과 연계한 마실길을 조성하는 것은 의미있는 작업으로 이해되며 삼고리 마을 숲 주변에 고분군을 홍보할 수 있는 소규모의 전시관 또는 홍보관을 설치하면 좋을 듯 하다. 특히, 이 마을은 숲과 고분군이 잘 보존되어 있으므로 앞으로도 축사나 경관 저해 시설이 들어오지 못하도록 제도적 장치가 마련될 필요가 있다. 따라서 마을 단위의 사회적 기업 형태로 고분 관리단을 조직하여 운영하는 것도 하나의 방법으로 생각되며, 유적을 보존·관리할 수 있는 관리자를 선임하고 지역 주민이 참여할 수 있는 방안 등이 고려될 수 있을 것이다.

삼고리 마을 숲은 주로 느티나무로 조성되어 있는데 이 마을 숲은 하천과 도로로 단절된 상태여서 도로 건너 고분군 쪽의 마을 숲은 보식을 하여 본디의 건강한 마을 숲으로 복원 할 필요가 있다. 또한 마을 주변에 자리한 우체통·현수막·농기계·쓰레기·폐비닐하우스 등은 경관을 저해하고 있으므로 이에 대한 정비가 필요하다.

현재 마을 숲에서 삼고리 고분군을 바라보는 가시권에 자리하고 있는 인삼밭이 경관을 저해하고 있어 보다 적극적인 정비가 필요하며, 고분군 주변의 비닐하우스와 축사도 장기적으로는 철거되면 좋을 것 같다. 이 외에도 고분군의 경

그림 5. 삼고리 고분군 마을숲 경관정비도(장수군 2019 인용)

그림 6. 삼고리 고분군 경관정비도(장수군 2019 인용)

관 및 조망권 확보를 위한 정비가 필요하며, 진입로 입구의 납골당과 진입로에서 고분을 바라보는 방향의 참나무, 은사시나무 등의 혼효림 역시 경관 저해요소여서 이에 대한 보존방안이 강구되어야 할 것이다. 삼고리 고분군에 대한 정비와 봉분이 복원되면 고분군을 관망할 수 있는 관망대도 검토되어야 하며, 봉화산 봉화대 방향의 조망은 양호하지만 침령산성 방향으로는 비닐하우스가 경관의 저해요소가 되므로 정비가 필요하다. 고분의 주 진입로와 주요 고분을 탐방할 수 있는 탐방로 설치 및 휴식을 할 수 있는 완충지역의 공간 마련도 요구된다.

삼고리 고분군을 알리는 이정표가 없으므로 천천면에서 장수읍을 잇는 장천로 진입부와 남양삼거리에는 이정표 설치가 필요하다. 아울러 삼장마을 입구에는 고분군과 마을 숲에 대한 안내판을 설치하고, 삼고리 고분군 입구에는 고분군을 설명하는 안내판을 설치하며 주요 고분 앞에는 보조 안내판을 설치한다. 삼고리 숲과 고분군에 일정 정도의 조명을 설치할 필요는 있어 보인다.

(4) 남원 유곡리와 두락리 고분군

연비산에서 아영분지의 중심부인 서쪽으로 뻗어 내린 산줄기의 하단부에 구릉의 능선을 따라 봉토의 직경이 20m 내외되는 고총 40여 기가 분포되어 있다. 유곡리와 두락리 고분군은 남원시 인월면 유곡리와 아영면 두락리의 경계지역에 자리하는데 1973년 6월 23일 전라북도 기념물 제10호로 지정되었다가 2018년 3월 28일 사적 제542호로 승격되었다. 더욱이 탁월한 경관적 가치와 유적의 진정성 등의 사유로 2019년 1월에는 세계유산 잠정목록으로 등재된 상태이다.

1989년 발굴조사를 통해 4기의 수혈식 석곽묘와 1기의 횡혈식 석실분이 조사되었는데 횡혈식석실분에서 철도자, 꾸미개 등과 석곽묘에서는 유개장경호와 기대·호형토기·등자·기꽂이·재갈·안장가리개 등이 출토되었다(유철 1996). 2013년에 조사된 32호분은 매장시설인 수혈식석곽묘 2기와 함께 주구가 확인되었다. 발형기대·유개장경호·단경호·뚜껑 등의 토기류 40점, 청동거울·백

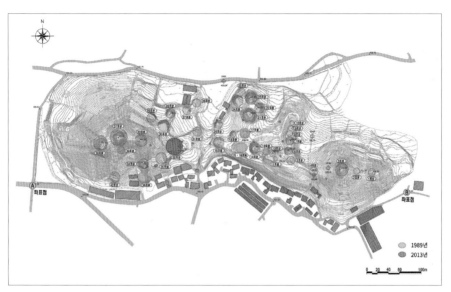

그림 7. 남원 유곡리와 두락리 고분군 분포도

제계 금동신발·마구류·철모·철촉 등 110여 점 이상의 금속제품이 출토되었다. 이 중에서 금동신발과 수대경(獸帶鏡)은 가야 지역에서는 최초로 확인된 유물로서 운봉고원의 역동성과 위상을 보여주며, 백제와 가야의 문화 및 문물교류의 교역 창구인 운봉고원을 백제가 얼마나 중요시했던가를 엿볼 수 있는 자료이다.

남원 유곡리와 두락리 고분군은 대부분 일제강점기에 도굴이 되었다고 전해지고 있는데 주민들에 의하면 1960년대에 마을 환경개선사업으로 인하여 고분 석재의 무분별한 이용으로 파괴가 많이 이루어졌다고 한다. 이후 1970년대에 들어서는 고분군 주변에서 옹관묘 등이 수습되어 이 일대에 분포하고 있는 고분군의 존재가 재인식되는 계기가 되었다(전영래 1973).

고분군이 자리하고 있는 지역은 대부분 사유지로서 토지 소유자가 밭과 논, 과수원 등으로 경작하고 있고 민묘 등이 자리하고 있는 상태이다. 오래 전부터 밭으로 개간되어 온 고분은 그 윤곽조차 분간할 수 없는 것도 있다. 다행히 사적으로 지정되고 세계유산 잠정목록으로 등재되면서 지역민들의 관심이 이전보

그림 8. 남원 유곡리와 두락리 고분군 복원 추정 조감도

다 더 높아진 것이 사실이다. 또한 현재는 2013년에 발굴조사된 32호분이 복원되어 있으며, 고분군의 초입부에는 자그마한 홍보관이 있고 고분군을 탐방할 수 있는 탐방로가 부분적으로 개설되어 있다. 하지만 유곡리와 두락리 고분들은 더 이상의 훼손이 되지 않도록 더욱 절실한 보존·관리의 노력이 필요하다.

체계적인 보존·관리를 위해서는 먼저 유곡리와 두락리 고분군이 갖는 역사·고고학적 가치와 의미에 대한 인식의 전환이 필요하다. 이전과 비교해 볼 때 고분군의 가치 인정에 있어 많은 변화가 있었지만 아직도 부족하므로 고분군의 성격규명을 위한 학술조사 등이 지속되어야 한다. 다음으로는 토지매입에 힘써야 한다. 대부분이 개인소유의 토지로서 경작 등으로 인한 더 이상의 훼손을 방지하고 유적을 보존하기 위해서는 가급적 토지매입이 이루어져야 한다. 이를 위해서 행정기관의 노력이 경주되어야 하며, 토지매입은 고분군이 자리하고 있는 지역부터 점차 주변으로 확대 추진하는 것이 좋을 것 같다. 마을민이 함께하는 관리단체를 선임하고 지역민이 참여하는 주민참여제의 검토도 가능할 것이다.

한편, 유곡리와 두락리 고분군은 소나무 등 많은 나무들이 자생하고 있으므로 당해 고분군의 보존은 물론 조망권과 경관 조성을 위해 수목 정비가 필요하다. 이 고분군은 광주-대구고속도로에서 볼 수 있는 가시권에 있으며 지리산으로 접어드는 길목에 자리하고 있어 수목 정비만 이루어져도 지리산의 수려한 자연자원과의 연계가 가능하다. 동시에 현재까지 파악된 40여 기의 고분을 탐방할 수 있는 보다 정밀한 탐방로의 조성이 요구된다. 아영면 소재지와 인월면 소재지에서 고분군으로 안내하는 이정표의 보완이 필요하며, 성내마을 중앙에서 고분군으로 올라가는 마을회관 주변에 유적 전반에 대한 안내판을 설치하고 발굴조사가 완료된 고분군 앞에는 보조 안내판을 설치해야 한다.

장기적으로는 현재 성내마을에서 고분군의 진입부에 자리하고 있는 홍보관을 철거하고 유곡리와 두락리 고분군의 남쪽인 성내마을 앞 경작지에 전시관을 건립하고 고분군 일대를 고분 유적공원으로 조성하면 좋을 듯하다. 또한 앞으로 진행될 고분의 발굴조사와 연계하여 발굴 조사하는 모습을 탐방객들이 직접 볼 수 있도록 하는 고분 유적박물관의 건립도 필요하다. 이러한 유적박물관은 외국에서는 이미 여러 유적들에 건립되어 운영된 바 있는데, 국내에서는 2012년 경주 쪽샘 E지구 44호분 적석목곽분 발굴에서 처음으로 건립된 바 있다. 유적 박물관은 생생한 역사 현장의 교육장으로서 진정한 발굴조사의 체험장으로 활용될 수 있을 것이다.

2) 산성

(1) 침령산성

백두대간 육십령을 넘어 전주방면으로 이어진 내륙교통로가 통과하는 방아다리재 남쪽에 자리하는 산성이다. 전체 둘레 470m 내외의 산성으로 산성의 수구가 있는 동남쪽은 60m에 걸쳐 7.7m 정도의 성벽이 남아 있다.

성문지 2개소·치성 2개소·건물대지·집수정 등이 발굴조사되었는데 직경

그림 9. 남원 유곡리와 두락리 고분 발굴관 추정 조감도

13m의 대규모 원형 집수정 내부에서 수문의 개폐 시 이용되었을 것으로 추정되는 도르래가 우리나라에서는 처음으로 확인된 바 있다.

성벽과 원형 집수정·건물대지 등 산성의 곳곳에 잡목이 자생하고 있어 2018년 발굴조사 때 잡초 및 잡목을 일부 제거한 바 있다. 하지만 잘라낸 잡목은 뿌리가 여전히 살아 있으므로 층위의 변위를 일으킬 수 있는 요소여서 이를 제거하거나 고사(枯死)시키도록 해야 한다. 또한, 성벽에 사용된 돌은 화강섬록암·회색사암·편마암과 소수의 점판암 등인데 편마암과 점판암은 동결과 해빙에 매우 취약한 석재이므로 이에 대한 대비책이 준비되어야 한다. 아울러 동남쪽 성문 돌에 자라는 이끼류·지의류·고착지의류 등은 돌을 부식시키고 있으므로 증류세척 후 경화처리 해야 하고 무너진 쪽의 성벽은 기초를 다지고 더 이상 무너지지 않도록 보강해야 한다. 또한 원형 집수정은 뚜껑이 마련되어 있지 않아서 그 내부에 물이 차 있으므로 물을 뺀 후 경화처리를 해야 한다.

침령산성의 하단부에서 20번(장수-익산 고속도로) 고속도로 방향의 조망권은 양호하지만 산성 내에서의 조망을 확보하기 위해서는 수목제거가 필요하다. 특히, 산성내부와 외곽에 삼나무가 무성하여 경관을 차단하고 있으므로 제거하는 것

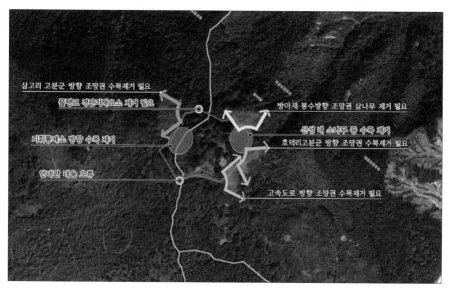

그림 10. 침령산성 경관정비 계획도(장수군 2019 인용)

이 좋을 것이며, 산성내부에 자리하고 있는 소나무 등의 수목 중에서 유적에 피해를 끼치지 않는 것은 존치하되 나머지는 제거해야 한다. 호덕리 고분군 방향과 방아재 봉화대 방향의 삼나무는 제거하고 진안방향과 산성내 지휘통제소 주변 역시 조망권 확보를 위해 삼나무, 참나무, 소나무 등의 수목도 제거하거나 정비해야 한다.

아울러 성곽의 진입로를 정비하고 성곽 주변을 탐방할 수 있는 순환로를 정비하며, 휴식 공간을 조성해야 한다. 진안과 전주방면, 중동교 넘은 침곡로와 침곡로에서 침령길 방면의 침령마을 입구, 등산로의 입구에는 이정표가 필요하다. 그리고 마을회관 앞과 법화산 정상부, 침령산성의 진입부에 유적 전반을 안내하는 안내판을 설치하고 성벽, 성문 터, 집수정, 치 등 중요 유구 앞에는 보조 안내판이 요구된다. 야간에 이용하는 탐방객은 소수로 추정되지만 탐방객의 진입을 유도하는 하부조명은 설치하면 좋을 것 같다.

3) 봉화

(1) 봉화정(烽火亭)

치재는 백두대간 육십령(六十嶺) 못지않게 사람들의 왕래가 빈번했던 큰 고갯길로 장수군 번암면 노단리와 남원시 아영면 성리 경계로서 짓재 라고도 불린다. 치재 정상부의 서쪽 기슭에는 삭토법과 판축법을 혼용하여 쌓은 짓재리토성이 일부 남아있다.

2017년 11월 25일에 치재 북쪽 정상부에 '봉수왕국전북가야'라는 전북 가야탑을 세웠다. 이 탑에는 "1500년 전 백두대간 속 전북 동부지역에 기반을 두고 가야계 왕국으로까지 발전했던 가야세력을 하나로 묶어 전북 가야라고 명명하였다. 전북 가야는 가야의 지배자 무덤으로 알려진 가야계 중대형 고총 420여기, 철광석을 녹여 철을 생산하던 제철유적 200여 개소, 횃불과 연기로 신호를 주고받던 110여 개소의 봉수로 상징된다. 삼국시대 때 전북 가야의 위상과 그 역동성을 세상에 알리고 후손들에게 전북 가야에 대한 자긍심을 고취시키기 위해 호·영남 사람들이 오갔던 화합의 무대인 백두대간 치재에 전북가야 기념탑을 건립하였다"라는 내용이 기록되어 있다.

그림 11. 전북가야 기념탑 건립(2017.11.25.)

따라서 전북가야 탑을 세운 치재에서는 앞으로도 전북 동부지역에서 110여 개소 이상이 조사된 봉화의 실체와 그 역사성을 담은 봉화왕국 전북 가야 축제 한마당과 고유제를 개최하는 등 호남과 영남 가야가 상생하는 화합의 장소로 지속적으로 유지될 수 있도록 해야 한다. 또한 장수군에서 조성한 봉화산 철쭉공원 및 봉화산 철쭉제와 연계한 활용방안도 모색하면 좋을 것 같다.

아울러 봉화산으로 통하는 봉화산로의 시작과 끝 부분에 봉화정에 대한 이정표를 설치하고 봉화정과 전북 가야탑 앞 주차장에 전북 가야를 담은 안내판을 세우며 야간에도 전북 가야탑을 인지 할 수 있는 조명을 설치하는 것도 검토될 수 있을 것이다.

4) 제철유적

(1) 대적골 제철유적

대적골 제철유적은 백두대간의 고봉인 남덕유산 서봉에서 서남쪽으로 뻗어내린 산줄기 사이 계곡부에 자리한다. 이 일대는 완만한 평탄대지와 수량이 풍부한 계곡천이 형성되어 있는데 유적은 주로 평탄지에 조성되어 있다. 이 유적은 크게 가~마지구 등 5개 구역으로 나누어진다. 이 중 다지구에서는 제련로·단야시설·추정 용해로·석축시설·퇴적구·숯가마 등이 조사되었고, 라지구에서는 건물지와 석축이 확인되었는데 후백제~조선시대에 해당하는 토기편·기와편·자기편 등이 출토되었다. 제철유적의 가장 하단부에 자리하고 있는 마지구에서는 주조와 관련된 작업시설과 철제솥 용범 및 용범요와 자기, 옹기편 등이 조사되었다.

대적골 제철유적은 분포양상과 특징, 운영주체 및 운영시기를 밝히기 위한 발굴조사가 지속적으로 추진되고 있다. 특히, 제련로·단야시설·추정 용해로·석축시설·퇴적구·숯가마 등이 확인된 다지구는 제철유적의 전 공정을 볼 수 있는 중요한 유적으로서 교육적 효과가 매우 크므로 유적 전체를 보호하는 지붕을 설치해 유구를 노출 전시하는 야외전시관으로 추진하면 좋을 것 같다. 현재 진행되고 있는 발굴조사가 마무리되면 유적이 비바람, 온·습도에 더 이상 노출되지 않도록 유적 보호 시설을 설치하여 제철-용해 -정련-단야의 철 생산과 철

그림 12. 대적골 제철유적 경관정비도(장수군 2019 인용)

기 제작공정을 보면서 체험할 수 있는 제철유적지의 학습, 전시장으로 활용할 필요가 있다.

아울러 라~마지구까지 이어지는 제철유적의 탐방로를 개설하여 백두대간 등 산로와 연결시켜 역사교육의 장과 관광자원으로 활용하고 장계면 명덕리에서 금덕리까지 개설된 임도를 따라 안내문·간이의자·휴식공간 등을 설치하여 장수 가야의 Iron Road로 개설하면 좋을 것 같다. 특히, 다·라지구 주변에는 옛사람들이 오래 전부터 통행했던 옛길의 흔적이 남아있으므로 이 옛길을 원형대로 복원할 필요가 있다.

대적골 제철유적은 산에 자리함으로서 유적 주변에 갖가지 수목이 자연상태로 자생하고 있어 조망권 확보를 위해서는 수목을 제거하거나 간벌할 필요가 있다.

아울러 대적골 제철유적에서 조사되는 철광석과 슬래그 등에 대해서는 주사 전자현미경(SEM)으로 표면이미지 관찰, 원료의 형태, 구조 등을 조사하고, 에너지분산분광계(EDS)를 통해 슬래그의 성분을 파악하며 X선회절분석(XRD)을 이용하여 화합물상태 확인 등의 작업이 필요하다. 이러한 작업은 가야 유적에서 출토된 철기의 생산지를 찾는데 비교 자료로 활용될 수 있을 것이다.

한편, 대적골 제철유적 진입부에서 이루어지고 있는 절토 및 옹벽공사는 경관 저해요소가 되므로 더 이상의 공사를 억제하고 제철유적지 도로 맞은편의 경작지와 자연석 야적장도 경관 정리의 필요성이 있으며, 성토작업이 진행 중인 나대지는 가급적 개발행위를 금지하는 등 대적골 제철유적 주변 전체의 경관을 훼손하지 않는 종합적인 계획이 수립되어야 한다. 정비 계획을 수립할 때 진입로변에 위치한 축사, 민가, 과수원의 이전 계획 등도 검토되면 좋을 것 같다.

현재 대적골 제철유적의 다·라·마지구 등에는 발굴조사 내용 및 사진 등을 담은 안내판이 비교적 잘 세워져 있지만 대적골 제철유적으로 안내하는 이정표는 추가 설치가 필요하다. 743번 지방도 농소로와 연동마을이 만나는 연동마을 삼거리와 육십령로와 소비재로가 만나는 영덕삼거리, 소비재로와 참샘길이 만나 대적골로 올라가는 입구 등에 이정표를 설치해야 한다.

전북지역에서는 220개소 이상의 제철유적이 확인되었으나 제철유적의 홍보·교육 및 출토유물의 전시 시설은 아직 마련되지 않았다. 따라서 전북지역 최대의 제철유적으로 파악된 대적골 제철유적 주변에 '전북가야제철전시관'을 건립하여 전북지역 제철유적의 구심점 역할과 함께 홍보 및 전시를 담당하도록 해야 한다.

III. 가야문화유산의 활용 수례(數例)

1. 활용 여건 분석

전북 동부지역의 가야문화유산을 효율적이고 합리적으로 활용할 수 있는 방안을 마련하기 위해서는 먼저 여건과 환경을 분석하고 국가나 지방자치단체의 정책동향과 유사사례의 분석을 통해 강점(Strength), 약점(Weakness), 기회(Opportunities), 위협(Threats) 요인을 검토해 보아야 한다.

전북 가야의 강점요인(strength)은 경상지역 가야유적과는 차별화되는 봉화와 제철유적이 많으며, 역사에 기록되어 있는 기문·반파 등 가야소국으로 비정할 수 있는 기반이 마련되고 있다. 즉, 가야의 대표적 문화유산인 제철유적과 봉화의 분포수가 경상 가야에 비해 월등히 많으며, 봉화의 최종 종착지 역시 전북 동부지역인 장수군 장계면으로 확인되고 있다.

또한 발굴조사를 통하여 전북 가야의 실체를 보여주는 유물이 출토되어 가시적인 콘텐츠의 개발이 가능하며, 고분·산성·봉화·제철 등 유적의 유형이 다양하고, 전북 가야 및 고대왕국과 관련된 생태자원과 역사유산이 공존함으로써 이들을 연계한 종합적인 활용전략이 가능하다. 더욱이 전북 동부지역의 각 시·군은 가야 문화유산을 핵심사업으로 지원하고 있으며, 일부 지역에서는 주민이 '문화유산 지킴이 동호회'를 조직하는 등 적극적으로 참여하고 있다. 또한 전라북도(가야백제팀)와 장수군(가야문화팀)은 가야 전담 조직을 구성하여 가야문화유산의 체계적이고 역동적인 조사·연구·정비 등의 업무를 수행하고 있다.

약점요인(weakness)으로는 전라북도 동부지역에서 확인된 가야유적은 경상지역 가야유적과 비교해 볼 때 발굴조사는 물론 문화재 지정에 있어서도 여전히 미흡하다. 2017년까지 가야 관련 유적지의 사적 지정은 경상권에서만 이루어졌는데, 국가차원에서 가야문화를 경상지역에 한정시켜 관리·보존한 것이 그 이유 중 하나가 아닌가 생각된다. 현재까지 전라북도에서 확인된 가야 유산 중 남원 유곡리와 두락리 고분군, 장수 동촌리 고분군만이 사적으로 지정된 정도이다.

또한 봉화와 제철유적은 지표조사를 통해 많은 유적이 확인되었지만 발굴조사를 거쳐 성격과 조성연대가 명확하게 규명된 것은 그리 많지 않다. 아울러 전북 가야는 경상 가야에 비해 대중적 인지도가 낮고, 이를 알리는 교육·홍보·전시시설 등이 미흡하여 관광자원으로 활용하기에는 아직 기반이 충분히 마련되어 있지 않다. 따라서 전북 가야는 그 존재와 역동성을 알리는데 어려움이 적지 않기 때문에 전라북도와 해당 시·군, 학계의 긴밀한 네트워크구축을 통한 대응 전략이 마련되어야한다.

기회요인(opportunity)으로는 전북 가야를 상징하는 몇 개소의 유적이 도기념 물로 지정되었거나 지정될 예정이며, 국가 사적으로 지정을 앞두고 있거나 향 후에도 지속적으로 지정될 예정이다. 특히, 문재인 대통령의 「가야 문화권 조 사·연구 및 정비사업」의 필요성에 대한 발언 이후 전북 가야에 대한 관심이 높 아졌고, 전북 가야 유적의 발굴조사가 이루어지면서 다른 지역의 가야 유적과는 차별화되는 제철유적과 봉화 등의 콘텐츠를 활용할 수 있다. 또한 전라북도와 7 개 시·군(장수·남원·완주·진안·무주·임실·순창)이 2017년 11월 25일 장수·남원 의 경계에 위치한 백두대간 치재에서 전북 가야 선포식을 추진한 바 있는 등 전 라북도와 시·군의 유기적인 협력관계가 조성되어 있다. 전라북도에는 「전북가 야 연구·복원 TF팀」과 「전북가야 전문가협의회」가 구성되어 가야사 관련 조 사·연구·정비에 체계적인 지원을 하고 있다.

위협요인(threat)은 지표조사에서 확인된 제철유적과 봉화가 전북 가야와의 연 관성을 밝히는 데에는 적지 않은 시간과 노력이 필요하다는 것이다. 대부분의 유적이 지표조사 단계에서 확인된 상태여서 이 유적의 성격과 축조연대 등을 규 명하기 위한 조사는 단시일 내에 이루어질 수 없다. 전북 가야유산의 조사 및 연 구가 어느 정도 진행되어야 정비·복원 사업이 뒤따를 수 있을 것이지만 현재 진 행되고 있는 조사 연구의 진척 상황을 보면 전북 가야의 복원까지는 상당기간이 필요할 것으로 생각된다. 자칫 2023년 이후에는 전북 가야의 조사·연구 및 복 원 사업이 추진 동력을 잃어버릴 우려도 배제할 수 없다.

한편, 문화재청에서 제안한 가야 유산 조사·연구 및 복원사업에 대한 추진 계획에 따르면 주로 단기 계획인 조사 사업에 치중하고 중장기 계획인 활용 사 업에는 재정 확보의 추진 기반이 취약하다. 대부분이 조사·연구의 자료 집성과 유적·유물의 정리 중심의 단기계획이어서 현 상황에서 활용측면의 지원 사업은 한계가 있다. 더욱이 전북 가야유산의 활용 개발을 위해서는 큰 규모의 재정이 필요하지만 현재의 전라북도와 각 시·군의 재정으로는 어려움이 예상된다.

2. 활용 실태 및 연구 방안

전북 동부지역에 산재되어 있는 가야문화유산은 문화유산의 활용 측면에서는 불모지에 가깝다. 전라북도 역사에서 백제의 이미지가 강하게 투영되어 있기 때문에 지금까지 가야와 전라북도를 연결시키는 것은 다소 미진하였다. 얼마 전까지만 해도 전라북도의 역사문화자원을 활용한 문화정책을 수립함에 있어 가야문화는 고려의 대상이 되지 않았던 것도 사실이다.

이렇듯 지금까지 전북지역에서 이루어진 가야사 연구는 장수·남원 일대의 가야문화유산이 가지고 있는 질적·양적 가치에도 불구하고 지방자치단체에서 언급되거나 차지하는 비율은 매우 미흡한 단계였다. 특히, 장수군과 남원의 운봉일대는 '장수 가야'와 '운봉 가야'로 불러야 할 정도로 가야문화유산의 보고이며 지역내에 고분군, 봉화, 산성, 제철유적 등 가야문화유산이 다른 지역과는 비교할 수 없을 정도로 집중되어 있지만, 이 지역의 역사에서 조차도 소외되어 왔음은 부인할 수 없다.

다행히 근래 들어 장수 가야[반파]와 운봉 가야[기문]의 정치체가 확인되고 있는 장수군과 남원시의 홈페이지에서 가야에 대한 정보를 얻을 수 있다는 점이 주목할 만하다. 특히, 장수군의 홈페이지 문화관광 사이트에서 고대 장수 가야에 대한 자료를 접하는 것은 그리 어렵지 않다. 하지만 남원시의 홈페이지에서는 남원의 역사에서 가야사를 일부 언급한 것 이외에는 가야 문화유산의 소개는 물론 다양한 추천관광코스에도 가야문화가 배제되어 있어 다소 아쉽기는 하다.

전북 동부지역에서 이루어진 그간의 조사를 볼 때 가야의 실체를 규명하는 부분에 있어서는 일정한 성과를 거둔 것도 사실이다. 그렇지만 몇 개 유적을 제외하고는 대부분이 기초조사에 지나지 않으며, 그나마 조사된 가야문화유산도 지방자치단체의 문화관광홍보에는 크게 반영되지 않고 있어 가야문화유산의 홍보 및 활용은 아직 갈 길이 멀다 할 것이다.

따라서 현재 단계에서 전라북도 동부지역 문화관광정책 차원에서 가장 시급하게 추진해야 할 것은 「전라북도 동부지역 가야문화유산 정책연구」를 수행하는 것이다. 정책연구는 실태조사와 활용 방안으로 구분하여 추진해야한다. 실태조사는 가야문화유산, 즉 유적지에 대한 심층 조사이다. 전라북도와 문화재청에서 시행했던 문화유적분포지도 제작사업은 지도 제작 이전에 확인된 유적을 중심으로 하였고 이후 추가하기는 했지만 실제 누락된 유적지가 많다. 이에 따라 실태조사는 전라북도 동부지역 남원·장수·완주·진안·무주·임실·순창지역을 대상으로 고분군·산성·봉화·제철유적 등 가야 유적지의 위치·규모·수습유물·성격 등을 정리하는 한편, 시굴·발굴조사의 우선 순위를 정하는 작업이 필요하다.

한편, 전북 가야유산의 활용방안을 마련하기 위해서는 단위 사업들에 대한 정책과제들을 선별한 후 기존에 수립된 『가야문화권 광역관광개발 계획안』과 경상지역에서 추진[4]하는 『가야문화권 정비사업』 그리고 『역사문화권 정비 등에

- -

4 영남지역 가야문화유산 정비사업 현황

	시군명	정비사업 내용
1	부산광역시	복천동 고분군 정비사업 및 복천박물관 개관
2	양산시	북정동 고분군 발굴조사 및 정비
3	창녕시	교동·송현동 고분군의 발굴조사와 정비, 창녕 박물관 개관, 계성고분 이전복원관 개관
4	합천군	옥전 고분군의 정비 및 합천 박물관 개관, 다라고분 공원 계획
5	고령군	지산동 고분군 정비 및 대가야박물관 개관, 대가야 왕궁터 발굴조사, 주산성 정화사업
6	고성군	송학동 고분군의 발굴조사 및 정비
7	함안군	도항리·말산리 고분군의 정비와 전시관 건립
8	김해시	대성동 고분군의 정비와 전시관의 건립
9	거창군	개봉리·석강리·무릉리·지동·성북 고분군 정비, 거창박물관 개관

관한 특별법』에 의해 추진되는 6개 문화권 중 가야역사문화권과의 연계를 검토해야 한다. 아울러 전라북도 문화정책 방향과 연계하여 전라북도의 역사와 문화에서 가야문화가 차지하는 의미를 분석하고 활용할 수 있는 정책을 제안해야 할 것이다.「전라북도 동부지역 가야문화유산 정책연구」는 전라북도가 주관하며 관련 시·군이 참여하는 방식으로 추진되어야 한다.

3. 활용 사업(장수군 2019)

문화유산을 활용하는 것은 매우 의미 있는 작업이다. 그 이유를 든다면 첫째는 문화유산을 활용하여 그 의미와 가치에 대한 인식을 교육하고 홍보하여 궁극적으로 문화유산이나 유물에 대한 공감대를 형성하는 것이며, 이를 바탕으로 공동체의 정신적 구심점으로 가능하도록 하기 때문이다. 두 번째로는 최근 각 지방자치단체에서 추진하는 것처럼 문화유산을 관광이나 지역홍보 등을 위한 자원으로 이용할 수 있다는 것이다(윤덕향 2008). 이렇듯 문화유산을 활용하는 방안으로는 유적을 현상 그대로 보존하여 활용하는 방안, 유적을 정비하여 활용하는 방안, 발굴조사 등을 거쳐 유적의 정확한 성격과 규모 등을 확인하여 정비나 복원을 거쳐 활용하는 방안 등이 있으며, 더 나아가서는 유적을 대상으로 한 콘텐츠 개발 등의 방안도 검토될 수 있을 것이다.

1) 핵심유적 사적 및 기념물 지정

전북 가야가 학술적으로 인정받으면서 동시에 대중적으로도 위상을 높이기 위해서는 전북 가야유적의 국가지정문화재 사적 지정이 필요하다. 그런데 사적 지정을 위해서는 전라북도 기념물 지정이 우선되어야 하며, 지정가치가 있는 유적을 대상으로 단계별 추진 계획을 수립하여 선택과 집중을 통한 추진 전략이 요구된다. 전북 가야 유적 중에서 타 지역과의 경쟁력에서 앞서 있거나, 타 지역에서 발견하지 못한 유물이 출토되는 등 차별화된 유적을 선정하여 도기념물 지정과 국가사적 지정을 순차적으로 추진한다. 아울러 단계별 계획에 따라 유적의 조사, 발굴 및 학술대회 등을 종합적으로 추진한다.

한편, 사적으로 지정 받지 못한 유적 등에 대해서는 전라북도 기념물로 지정하여 관리하되, 발굴조사와 학술대회를 통해 성격이 규명되어 지정이 용이한 것을 대상으로 먼저 지정을 추진하고 발굴조사 등에 의해 중요성이 드러난 유적들을 점차적으로 지정하도록 한다.

2) 전북 가야 교육 개설

전북 가야 인문학 강좌를 개설하여 추진하며, 전북도민을 대상으로 전북 가야 문화유산의 내용과 성격, 활용에 대한 대시민교육을 강화한다. 이는 지역주민들의 관심을 이끌어내기 위한 것이며, 지역민들의 인지 속에서 자칫 파괴되어질 수 있는 문화유산을 방지하고 향후 정책을 시행할 때 잠재적 협력자로 만들 필요가 있기 때문이다. 시민교육에 앞서 해당 자치단체의 공무원, 교사, 향토사가를 대상으로 하는 지역사·문화에 대한 교육프로그램 속에 가야문화유산을 포함시키도록 할 필요가 있다.

3) 전북 가야 학술연구 지원 및 학술주간 개최

문화유산을 활용한 정책개발은 학문적 뒷받침 없이는 성공할 수 없다. 가야 문화유산의 활용을 위해서는 지속적으로 전문연구자들의 연구성과가 도출되어야 한다. 전라북도 동부지역 가야문화유산 연구를 진흥하기 위해서 학술연구 기반을 조성한다. 학술연구 지원은 개인별로 연구비를 지원하여 추진하는 방법과 지역 내 전문학술 단체의 협조를 통해 정기적으로 학술대회를 개최하는 것이다. 개별 연구지원은 내실을 기할 수 있는 장점을 가지고 있으며 정기적 학술대회 개최는 전북 동부지역 가야문화유산의 중요성을 알릴 수 있는 방법이기도 하다.

정기적으로 학술대회를 개최할 경우 국내외의 전문가를 초청하여 대내외적인 정당성을 확보하며 대중적 참여를 위하여 도내 지역 외 서울 등지에서도 개최하는 것을 검토한다. 학술대회와 병행하여, 답사프로그램과 체험프로그램 등을 병행하여 진행함으로써 학술대회를 축제가 되도록 구상한다.

4) 답사프로그램 운영 및 교류 활성화

전북 가야 또는 반파나 기문 가야의 답사프로그램을 운영한다. 도민 모두가 반파 및 기문 가야를 직접 방문하여 체험할 수 있도록 답사프로그램을 기획한다. 많은 도민이 편하게 참석할 수 있도록 이론 교육과 함께 전북 가야에 대한 자긍심과 주인의식을 가질 수 있는 답사프로그램을 구상하며, 가야 전문기관이나 대학교 박물관·연구소 등에 위탁 운영하는 방안도 검토될 수 있다.

동시에 타 지역의 가야유적 답사 및 교류를 활성화하는 프로그램을 개발[5]하여 진행한다. 현재 시행중인 현장체험과 답사프로그램을 다양하게 확장 연계할 필요가 있다. 이는 지역 내 중고등학교와 문화원, 시민사회단체들의 상호 협조 속에 추진해야 한다. 그리고 이러한 프로그램은 김해·함양·고령[6] 등 경상지역

----

5 전북 도민 역량강화 교육 사업 예시

구분		내용
리더교육	리더교육	• 주민참여 유도해 낼 수 있는 갖춘 가야역사 리더자 육성 • 가야역사유적지구 관련 사업을 주도하기 위한 지식과 능력을 갖춘 가야 지킴이 리더 양성
주민교육	전문가 초청교육 맞춤형 교육	• 가야역사유적지구를 이해하고 지역간 화합과 발전을 위한 주민 의식제고, 역량함양 및 동기부여 • 가야역사와 관광객 대응 방안 관련 전문가와 타 지자체 세계유산 관계자 등을 초청하여 현지 교육 실시
선진지 견학	국내외 견학	• 국내·외 세계유산 선진지 견학

6 고령 지산동 고분군의 보존관리 및 활용 사례
사적 제79호로 지정된 고령 지산동 고분군은 이미 발굴조사가 완료된 후 유적지 전체가 정비되어 있으며, 일반인들도 보다 쉽고 생생하게 대가야인의 생활과 그들의 문화를 접하고, 이해할 수 있도록 하기 위해 대가야박물관이 건립되었다. 대가야박물관은 대가야왕릉이 모여 있는 지산동 고분군 아래에 위치하며, 대가야와 고령지역

가야문화권역과의 연계를 통해 확대 재생산하도록 한다. 또한 경상도 지역의 가야문화답사에 장수와 남원이 포함될 수 있도록 전략적 협력 방안을 마련하여 시행하도록 추진한다.

즉, 호·영남 가야주민 상호 유적방문 행사를 매년 개최하고 가야문화권 대통합 특별전을 통해 영남지역 가야를 초대하며, 호·영남 가야교류 축제(가칭 육십령 동서화합 가야 축제)를 개최한다.

의 역사와 문화를 종합적으로 전시한 대가야사 전문박물관으로 대가야왕릉전시관과 대가야역사관으로 구성되어 있다. 대가야왕릉전시관은 국내에서 최초로 확인된 대규모 순장무덤인 지산동고분군 제 44호분의 내부를 원래의 모습대로 재현한 것으로 실물크기로 만든 모형 44호분 속에 직접 들어가서 무덤의 구조와 축조방식, 주인공과 순장자들의 매장모습, 부장유물의 종류와 성격 등을 눈으로 직접 볼 수 있게 만들었다.

2005년에 개관한 대가야박물관은 상설전시실과 기획전시실 등으로 이루어져 있다. 상설전시실은 대가야 및 고령지역의 역사를 재조명하기 위하여 구석기시대부터 근대에 이르는 역사·문화에 대한 설명과 유물을 전시해 놓았다. 기획전시실은 연간 1, 2회 정도 주제를 설정하여 특별전을 개최하고 있다.

그 외에 어린이 체험실은 대가야토기 퍼즐놀이, 탁본 및 인쇄, 민속품 체험 등을 통해 여러 가지 문화체험을 할 수 있도록 구성되어 있다.

또한 대가야박물관은 사회교육프로그램으로 대가야문화대학과 박물관 어린이 체험학교를 운영하고 있을 뿐만 아니라 매년 2차례 가야와 관련된 주제를 가지고 특별전과 학술회의를 개최하고 있다.

한편, 대가야역사관이 개관된 2005년부터 고령군에서는 매년 봄에 대가야박물관과 고령읍 일원에서 고령대가야체험축제를 열어 관광객을 유치하고 있다. 주요행사로는 역사 재현극이 펼쳐지고 체험행사로는 유물문화체험과 철제무기체험, 대가야 철기방 체험, 전국우륵가야금경연대회, 벚꽃마라톤대회 등이 있다. 그리고 지역특산물을 이용하여 딸기수확체험과 농촌체험프로그램으로 엿 만들기와 짚공예 체험까지 연계하여 온 군민이 모두 하나되어 축제를 개최하고 있다.

이처럼 고령군에서는 지산동 고분군을 정비하여 문화유산을 보존하고 있을 뿐 아니라 박물관을 건립하여 대가야 및 고령지역의 역사를 알리는 교육장으로 활용하고 있으며 군민 행사시에는 축제의 장소로 사용하면서 다른 유적과 연계하여 관광자원으로도 활용하고 있다.

5) 가야문화유산 홍보 및 유적지 기본 정보 정리

전북 동부지역 가야문화유산을 홍보하는데 있어 단기간 내에 적은 예산으로 할 수 있는 것은 자치단체의 홍보사이트나 안내책자를 이용하는 방법이다. 가야문화유산이 있음을 알리는 작업에 더해서 지표조사나 발굴조사를 통해 드러난 내용을 신속히 제공하도록 한다. 조사 내용을 순발력 있게 공개하는 것은 보존은 물론 활용적 측면에서 매우 유용한 작업이다.

한편, 기존에 보고된 가야문화유산이 자리하고 있는 토지의 소유현황을 파악하여 유적의 훼손을 방지하기 위한 끊임없는 관리가 필요하다. 또한 토지 소유자와 지속적이고 유기적인 협력 관계를 유지함으로써 추후에 있을 수 있는 유적의 문화재 지정 및 정비, 활용에 있어 잠재적 협력자로 만들 필요가 있다.

6) 세계유산 또는 인류무형문화유산 등재 추진(전라북도 2018)

2018년 남원 유곡리·두락리 고분군이 가야고분군 세계유산 등재후보에 선정되었으나, 장수 가야의 주요 분묘유적은 세계유산 등재 후보에 선정되지 않았다. 따라서 가야고분군이 세계유산에 등재된 이후에 장수 가야의 주요 가야고분을 세계유산에 추가로 포함시키는 전략이 추진되어야 한다. 장수 삼봉리·호덕리·동촌리 고분군은 유네스코 세계유산 등재의 핵심기준인 '탁월한 보편적 가치(OUV: Outstanding Universal Value)'를 갖는 것으로 평가되고 있지만 좀 더 명확한 성격 규명은 다소 미진한 편이다. 동촌리 고분군을 제외한 삼봉리·호덕리·장계리·월강리 등 백화산 고분군은 아직 국가 사적에도 지정되지 못한 상태이다. 따라서 앞으로도 일정 기간은 수장층 분묘유적을 대상으로 발굴조사가 이루어져야 할 것이며, 이를 통해 사적 지정 등의 과정을 거쳐 중장기적으로 세계유산 확장 등재를 추진하도록 해야 한다.

한편, 고분군 이외에 제철유적을 세계유산에 등재시키는 전략을 구상하여 추진할 필요도 있다고 판단된다. 다른 지역과 공동으로 추진하거나, 제동이나 제철 기술을 세계인류무형유산으로 등재시키는 방안도 검토될 수 있을 것이다.

7) '전북 가야' 통합마케팅커뮤니케이션(IMC) 추진

다양한 마케팅 활동을 통합하여 하나의 목소리로 표현되도록 하는 전략이 통합마케팅커뮤니케이션(Integrated Marketing Communication)이다. 따라서 전북 가야[반파, 기문]의 영상미디어 콘텐츠를 제작하여 대내외적으로 홍보하며 TV 등 언론매체에 광고한다. SNS 홍보 관계자를 초청하여 팸투어 및 홍보단을 육성하고 중장기적으로는 지역 내 해외유학생을 선별하여 해외 홍보마케팅단도 운영하며 전북 가야 학생서포터즈단을 구성한다.

또한 역사속에서 실제로 존재했던 전북 가야[반파, 기문]를 상징하고 그 특징을 나타낼 수 있는 통합CI를 개발할 필요성이 있다.

8) 전북 가야 스토리텔링

이야기는 자원해설의 전달효과가 뛰어난 구술형 전달매체라는 점에서 전북 가야 문화콘텐츠를 흥미로운 스토리로 변화하는 작업이 필요하다. 역사란 동일한 공간 안에서 삶을 영위하는 사람들 간 소통의 방법과 풍습 등으로 형성되는 문화가 지나온 시간으로 이해한다는 점에서 멈춰진 시간의 흔적이 아니라 현재로 이어지는 진화형 스토리라는 인식확산을 위한 노력을 기울여야 할 것이다.

전북 가야에 대한 스토리를 발굴하고 발굴된 스토리는 전시관 콘텐츠 확충시 기본 스토리 베이스가 되어주며 안내체계시설 확충 및 관광인력 양성, 지역민 호응도 강화를 위한 교육 등에 활용된다. 즉, 전북 가야를 소재로 한 주민의 기억과 추억을 비롯해 봉화와 제철유적에서 있었던 이야기, 언론 자료 및 학술조사 등을 통해 수집된 자료를 분석하여 스토리를 구축한다. 아울러 전북 가야 스토리텔링 및 콘텐츠 전국 공모전을 개최하는 사업도 필요할 것 같다.[7]

----

7 전북 가야 중 장수 가야 관련 언론보도 사례
  1. 고대의 포항제철 봉수 흔적 뚜렷 - '장수 가야' 깨어나라(중앙일보 2019.1.5.)
    - 육십령 유래 : 고고학 발굴팀을 막은 대적골 인근 지역 주민 이야기 "산적들의

9) 전북 가야 문화콘텐츠 개발 및 보급

반파와 기문 등 전북 가야에 대한 조명과 유적의 발굴 성과 및 연구 현황 등을 많은 사람들이 접할 수 있도록 할 목적으로 학술연구도서 발간이나 자료를 만들어 배포하는 방안도 강구될 수 있다. 전문성을 강조하기 위해 학술연구도서를 지속적으로 발간하는 한편, 모든 사람들이 쉽게 접할 수 있도록 대중적으로 설명하고 쉽게 이해할 수 있는 내용의 자료를 만드는 것도 좋을 것이다. 즉, 논문 및 학술서 중심의 전문연구도서와 더불어 읽기 쉬운 대중서나 자료집을 병행하여 출판하도록 할 필요도 있다.

아울러 발간한 도서나 자료들이 전북도민은 물론 타 지인에게도 쉽게 접할 수 있도록 전국 서점은 물론 온라인 서점의 공동마케팅을 통해 보급되도록 한다. 또한 텍스트 읽기를 소홀히 하고 카드뉴스 등 단편적 소비를 즐기는 신세대들을 유인할 대안으로 전북 가야를 스토리로 하는 만화를 제작할 필요도 있다. 속도감과 함께 요약된 자료를 요구하는 스마트폰 사용세대를 겨냥한 스토리 저술 사업으로 지속가능한 테마별 시리즈 구성도 가능하도록 한다.

10) 전북 가야 사진 및 영상 공모전

전북 가야문화유산을 주제로 사진 및 영상 공모전을 개최한다. 사진이나 영상 공모전의 개최로 인해 전북 동부지역 가야문화유산에 대한 관심이 증대될 수 있

소굴을 발굴하다니, 산적들이 칼이나 창 따위를 버리던 곳을, 공연히 인골 더미라도 파헤치는게 아닌가 두려웠는지 모르겠다.."
  - "백두대간과 금남호남정맥이 감싸주는 천혜의 자연환경 속에서 철과 봉수가 제공하는 기술력과 경제력을 바탕으로 잘 짜인 내륙교통망을 100년 이상 운용한 강소국이 반파국, 즉 장수 가야였던 것이다.
2. 장수 고분서 튀어나온 1500년 전 말재갈의 비밀(한겨레신문 보도)
  - 장수, 1500년 전 백제의 변방이 아닌 가야의 중심지
  - 수백 개의 봉수가 장수로 향해 있다. 고대 철의 테크노밸리, 남원·장수 제철유적

을 것이며, 가야문화유산이 산재되어 있는 시·군의 행정에도 관심을 갖고 참여할 수 있는 기회를 제공해 줄 수도 있을 것이다. 사진이나 영상 공모전에서 입상한 우수 작품은 시상을 하고 전북 가야 홍보 및 교육자원으로 널리 활용하도록 하면 좋을 것 같다.

공모전을 통해 제작된 사진 및 영상 작품은 전라북도와 각 시·군의 홈페이지, 달력 제작, 콘텐츠 개발 등 관광자원으로 적극 활용하며, 전북 가야 홍보를 위하여 각 시·군에서 교차 전시회를 개최하는 한편, 전국에서 개최되는 축제와 연계하여 전시회를 갖는 방안도 검토될 수 있다.

11) 가야문화마을 조성(전라북도 2018)

전북 가야 유적을 보존하면서 마을의 정체성을 정립하기 위해 가야마을을 조성할 필요도 있다. 이러한 사업은 문화체육관광부에서 추진하는 문화특화지역 사업이나 농림축산식품부가 주관하는 농산어촌개발사업, 또는 문화재청 소관으로서 국가지정문화재 사적 주변의 종합정비계획에 의한 가야문화마을 조성도 가능할 것이다. 문화재청의 사업인 경우에는 사적 제552호 장수군 장수읍·장계면 주변과 사적 제542호 남원 두락리·유곡리 주변이 해당된다.

한편, 가야문화마을 조성은 가야 고분군·산성·봉화·제철유적 등이 산재되어 있는 지역을 중심으로 추진되어야 한다. 가야문화마을 조성사업이 성공적으로 추진되기 위해서는 마을주민이 참여하는 공동체가 형성되어야 하며, 마을 주민의 공동체가 주축이 되어 마을을 운영해야 오랫동안 지속 가능할 것으로 생각된다. 가야문화마을 사업은 문화 공간 및 장소, 문화콘텐츠 및 프로그램, 공동체 육성 및 활동 등으로 구분하여 추진되어야 한다. 이 사업은 전북 가야의 역사와 생활을 재현하는 사업으로 백두대간의 생태, 고대 동서교류 및 동서화합벨트, 농산업과 연계하는 방안도 요구된다.

4. 관광 연계 추진 사업(장수군 2015, 장수군 2019)

지역자원을 대상으로 한 관광개발이란 관광객의 욕구를 충족시키고 지역사회의 삶의 질을 증진시키기 위해 관련시설과 서비스를 공급 또는 강화시키는 과정이나 그 상태를 의미한다. 관광개발의 대상이 되는 지역자원은 관광욕구를 충족시켜야 하는 것으로 문화유산을 활용하는 관광개발은 지역의 역사와 문화의 유구함을 지역정체성으로 투영할 수 있는 합일점을 찾아가는 과정이라는 인식과 함께 관광 활성화를 통한 지역브랜드 가치제고 및 지역경제 활성화를 견인하는 것을 목적으로 두고 있다.

전북 가야를 부각시키고 관광아이템으로 활용하기 위해서는 가야 유적지를 대상으로 특화된 관광상품을 개발하는 한편 각 지역의 먹거리, 볼거리 등과의 연계를 통해 지역 관광경쟁력을 확보할 수 있도록 해야 한다. 또한 전북 가야의 효율적 관광기반 조성과 지역발전을 유도하고 지역의 지속가능한 관광을 실현하기 위해서 지역사회의 참여확대 기반 마련과 지역주민의 역량강화를 위한 진흥사업을 추진해야 한다. 가야문화자원의 활용을 통한 관광 연계 추진사업은 면밀한 계획에 의거 교육, 홍보, 콘텐츠 개발, 경관정비 사업 등으로 구분하여 추진될 수 있을 것이다.

1) 전북 가야 전시·교육 상품 개발

전북 가야의 전시와 교육 상품의 일환으로 추진되는 가야박물관, 제철박물관, 봉화박물관 등의 건립과 함께 이들 박물관에서는 그 성격을 드러낼 수 있는 각종 프로그램과 콘텐츠 개발은 물론 관광상품화 전략을 모색해야 한다.

전북 가야문화유산을 보여줄 수 있는 문구·패션·공예품·어린이 상품·도서·특별전시 문화상품 등을 공모 사업으로 진행하는 방안도 강구될 수 있다. 이러한 공모 사업을 통해 제작된 작품을 상품화하여 박물관 및 홍보관 등에서 상설 체험프로그램으로 운영하거나 제품으로 만들어 판매한다. 보다 효율적인 체험과 상품 제작을 위해 민간사업자 공모에 의한 진행 방법도 가능할 것이다.

2) 전북 가야 문화관광해설사 양성 및 활동 지원

전북 가야 문화관광해설사는 가야 유산이 자리하고 있는 최일선의 현장에서 방문객들과 직접 만나게 되는 전문가로서 이들의 활동은 전북 가야유산의 홍보와 인식에 큰 영향을 미친다. 따라서 전북 가야문화유산을 깊이 있게 이해함으로써 신뢰가 깊고 전문성 있는 설명과 흥미로운 해설로 방문객이나 관광객과 소통할 수 있는 문화관광해설사를 양성하는 교육프로그램의 운영이 필요하다.

또한 전북 가야 관광활성화는 물론 전북 가야 관광권역의 통합발전을 견인할 광역해설 전문가로서의 역량강화를 위한 교육 및 워크숍을 지원하며, 관광객 증가 및 프로그램 확대를 통해 확장될 해설사 활동비 지급, 유니폼 지급 등 다양한 복지를 제공해야 한다.

3) 전북 가야 관광아카데미 운영

정부 주도의 관광산업 정책은 한계가 있으므로 지역주도형의 관광산업 조성을 위한 방안이 모색되어야 한다. 지역민의 역량강화를 통해서 지역민들이 지역관광산업의 주체자로서 자긍심을 고취하는 한편 역할을 부여해야 한다. 따라서 지역관광 발전을 이끌어갈 핵심리더의 육성이 필요하다.

이러한 핵심리더를 육성하는 방법의 하나로 전북 가야 관광아카데미 교육과정을 개설한다. 강의 및 사례지 답사, 토론회와 발표회 및 워크숍 등 다양한 형태의 교육 방법을 적용한다. 실무 전문가를 중심으로 강사진을 편성하고 사례중심 강의를 진행함으로써 강의 내용의 현실성을 제고한다. 또한 지역주민을 대상으로 실질적인 도움이 될 수 있도록 관광개발 및 관광산업 분야 관련 이론부분과 실무부분의 내용적 균형을 고려하여 커리큘럼을 구성한다.

4) 전북 가야 교사 및 학생 서포터즈 구성

전북도민들에게 전북 가야문화유산의 역사·고고학적 가치와 자긍심 고취를 목적으로 교육현장의 교사 및 학생들에게 전북 가야 서포터즈 역할을 기대하는 것도 필요하다. 전북 가야문화유산에 대한 발굴과 홍보사업을 전 지역민이 함께 이어간다는 화합의 의미와 소통의 장으로 활용하며, 각급 학교 역사수업의 프로그램 지원으로 디지털 콘텐츠의 활용도를 높일 수 있다.

5) 전북 가야 디지털 사이니지 운영

디지털 사이니지(Digital Signage)는 원격제어가 가능한 디지털 디스플레이(LCD, LED)를 필요한 장소에 설치하여 다양한 정보를 제공하는 것을 의미하는데 소규모의 실내 공간에 설치하는 작은 크기의 디스플레이 광고부터 대형의 옥외비전까지를 포함한다. 이러한 디지털 사이니지를 유적지나 관광명소에 설치하는 것은 교육이나 체험을 도모할 수 있는 기반을 제공하고 미래산업형 관광콘텐츠의 새로운 모델을 제시하는 역할을 수행한다고 볼 수 있다.

전북 지역의 주요 관광지나 유적지, 관광시설, 관광안내소 등의 명소에 설치하여 관광정보를 제공한다. 즉, 가야 문화유산이 산재되어 있는 시·군의 주요관광지에 설치하여 길안내·먹거리·즐길거리·놀거리 등의 세부 정보를 제공하며 더 나아가 지역의 농·특산물 등 특산품 세부정보와 구매체계를 구축하는 방안도 강구할 수 있을 것이다.

6) 각 시·군 대표 축제와 연계

지방자치단체에서는 관광의 활용적 측면에서 많은 축제를 개최하고 있다. 이러한 축제들은 지역의 문화를 기반으로 하는 것과 근래 새로운 아이템에 기인한 것도 있다. 지역 문화를 기반으로 하는 축제로는 남원 춘향제나 장수 의암제 등을 들 수 있다.

최근에 장수군은 여러 축제를 통합하여 매년 9월 의암공원과 장수군 일원에서 '한우랑 사과랑 축제'를 개최하고 있다. 이 축제는 여러 프로그램과 함께 장수 한우와 사과품평회, 사과수확체험, 농촌체험 등 대부분이 장수군에서 생산되는 한우와 사과의 우수성 홍보와 판매, 농·축 측산물의 대외적 이미지 재고 등을 목적으로 하는 주민참여형 축제로 추진되고 있다. 한우와 사과는 모두 붉은 색을 띠고 있다는 점에서 레드 페스티발이라고도 할 수 있는데, 국내에서 가장 많은 수의 삼국시대 제철유적[8]이 자리하고 있는 장수군에서는 제철 역시 붉은색을 띠고 있으므로 제철을 포함하여 레드 페스티발로 확대해 볼 수도 있을 것이다.

　　즉, 이러한 축제 브랜드파워를 전북 가야와 연계하여 전북 가야의 홍보마케팅 수단으로 활용하는 전략이 필요하다. 현재 전북 동부지역에서 개최되고 있는 축제를 잘 살펴서 그 지역에서 조사된 가야유산과 연계하게 된다면 전북 가야와 지역 축제라는 관광브랜드와의 결합이 가능할 것이다.

7) 전북 가야 브랜드 조형물 설치

　　전북 가야의 상징물을 조성하게 된다면 전북 가야의 브랜드 홍보는 물론 관광매력도 확충될 것으로 기대된다. 고속도로나 국도, 지방도의 진행구간 중 양호한 입지를 선정하여 전북 가야 브랜드 조형물을 설치하게 된다면 가시성을 높일 수 있어 마케팅의 기회로 활용될 수 있다. 물론 쉽지는 않겠지만 전북 가야만의 상징성 있고 특화된 디자인 조형물을 개발하여 전북 가야의 독창성과 우수성을 알려야 한다. 다만, 전북 가야 전체를 담을 수 있는 브랜드 조형물 개발이 어

---

8 제철과 관련된 국내 유일의 축제는 울산광역시에서 매년 개최하고 있는 쇠부리축제이다. 이 축제는 50여 가지 체험과 이벤트 행사가 개최되고 있다. 그런데 이 중에서도 고대 원형로 복원실험이 대표적 행사로 이루어지고 있으며, 쇠부리 불꽃 행렬도 중요한 문화행사이다. 또한 철을 주제로 한 전시와 학술행사도 이루어지는데 특히 이 제철축제를 통해서 발전된 공업화의 이미지와 부합시키려고 노력하고 있다.

렵다고 한다면 반파나 기문 등으로 보다 세분화된 조형물 개발을 추진해도 될 것이다.

8) 봉화 왕국 미디어아트 제작

전북 가야가 보유한 봉화는 전국 유일의 문화자원으로서 그 분포범위가 매우 방대하다. 봉화는 고대의 통신방법으로서 오늘날 통신사업의 강국인 우리나라의 이미지와도 어울린다. 세계적 통신강국으로 자리한 현재와 고대의 통신수단인 봉화라는 브랜드를 연결하여 역사적 중요성을 홍보하는 기획공간으로 활용되면 좋을 것 같다. 즉, 봉화가 자리하고 있는 지역에서 태양광을 이용한 레이저 등의 불 점화 행사를 하게 된다면 이는 빛으로 봉화를 표현하는 상징성의 의미와 함께 야간관광 활성화로 관광객의 체류시간을 연장시킬 수 있으며 결국 지역 경제 활성화를 도모할 수 있을 것으로 기대한다.

봉화 왕국인 전북 가야를 알리는 방법으로 미디어아트 현상공모를 추진한다. 실시설계 및 콘텐츠 제작을 현상공모를 통해 진행하며 미디어 시설물에서 이용되는 다양한 종류의 미디어 콘텐츠를 기획·제작한다. 봉화와 관련된 시설물을 설치하는 한편 미디어 하드웨어를 제작한다.

9) 마을스테이 등 숙박 인프라 구축

전북 동부지역은 상대적으로 숙박 시설의 유형이 다양하지 못해 숙박 수요를 제대로 수용하지 못하고 있는 실정이다. 이를 극복하기 위한 방법으로 새로운 유형의 숙박 시설이 개발될 필요가 있다. 이러한 숙박 시설의 한 유형으로 전북 동부지역에 위치하고 있는 농산촌 가옥을 리모델링하여 숙박 시설로 제공하거나 농산촌 가옥의 앞마당이나, 마을 내의 유휴 공간 또는 유휴시설에서 캠핑을 하는 새로운 형태의 마을스테이 도입도 검토해 볼 수 있을 것이다.

자연체험 요소를 접목시키고 체험 프로그램과 마을스테이 프로그램을 함께 구성한다. 마을스테이를 통해 숙박과 식사를 동시에 공급받고 주변의 다양한 관광자원과 연계할 수 있는 상품을 개발하며 농가에서 생산한 특산품, 물품 등을 구매하거나 도시에서 생산되는 물품으로 교환하는 등의 이색적인 문화를 조성하는 것도 가능할 것이다. 이를 통해 지역주민의 소득원이 향상될 수 있으며 도시민들에게는 시골의 정을 느낄 수 있게 하는 매개체 역할이 가능할 것이다.

10) 전북 가야 미식투어 상품 개발

문화체육관광부에서 발표한 자료에 의하면 국내 관광활동은 자연 및 풍경감상 다음으로 음식관광으로 나타나 미식투어는 여행 및 관광활동에서 매우 중요한 요인으로 나타나고 있다. 따라서 전라북도에서는 전북 가야 음식관광 코스를 적극 개발해야 한다. 전북 가야 음식과 관련하여 스토리자원을 선정해 테마별 음식관광 코스를 개발한다. 예를 들면 왕족밥상, 서민밥상, 가야병사 음식 등을 들 수 있다. 아울러 전북 가야 음식관광 활성화를 위하여 홍보와 마케팅에 적극 노력하는 한편 Food Tour 상품을 출시한다.

전북 동부지역의 기존 관광자원과 함께 연계할 수 있는 음식자원을 조사하고 식당 투어를 루트화하여 다양한 음식을 맛볼 수 있도록 한다. 산간 지역에 맞는 다양한 음식 관련 스토리 자원을 발굴하고 상품화하여 필요하다면 현대식으로 제조하여 먹거나, 판매할 수 있는 방법도 강구한다. 역사성과 지역성만을 지나치게 강조하다 보면 자칫 관광객에게 흥미를 일으키지 못할 수 있으므로 현대인의 입맛에 맞는 맛과 재미를 더했을 때 전북 가야 미식투어의 활성화가 가능할 것이다.

추진 방법은 여러 가지가 있을 수 있으나 주민참여형 공모사업으로 추진하는 것도 하나의 방법일 것이다.

11) 지속가능한 조직체계 구축

전북 가야유산의 보존·활용·진흥을 담당할 몇 가지 지속가능한 조직체계를 구축한다.

먼저, 전북가야문화재단을 설립하여[9] 전북 가야 문화유산을 총괄하도록 하며, 주민참여형 전북 가야유적 돌봄을 지원하여(전라북도 2018) 전북 가야 유적을 관리할 수 있는 주민 주도의 대책을 마련한다. 문화재청에서 주관하는 문화재 돌봄사업을 먼저 활용토록하며 이 외에도 사회적 기업, 봉사 단체, 문화재 보호 민간단체 등 주민 참여조직으로 설립하여 운영한다.

또한 전북 가야를 테마로 하는 생활문화예술동호회를 육성하여 지원한다. 전라북도의 생활문화동호회 지원 사업을 활용하여, 기존의 문화예술동호회 중에서 전북 가야를 테마로 하는 콘텐츠를 개발하고 공연전시 및 교육프로그램을 지원한다. 아울러 문화재형 사회적기업의 육성도 검토해 볼 수 있을 것이다. 가칭 문화재형 사회적 기업이란 문화재 분야의 사회적 목적 실현, 영업활동을 통한 수익창출 등 사회적기업 인증을 위한 최소한의 요건을 갖추고 있는 기관으로서, 문화재청장이 지정하여 장차 요건을 보완하는 등 사회적기업 인증 목적의 기관으로 추진한다.

다음으로는 1사(社) 1 가야유적 자매결연 및 후원을 활성화한다. 이를 통해 전북 가야 유적을 활용하는 사업에 필요한 경비, 문화콘텐츠 개발 비용, 행사 비용, 전북 가야 주민지킴이 및 공동체 등의 활동 비용 등을 지원받거나 조달이 용이할 수 있도록 한다.

12) 전북 가야 홍보관 설치 및 전시콘텐츠 개발

전북 가야의 마케팅을 위한 인프라 확충이 필요하다. 따라서 전북 동부지역에 산재되어 있는 가야문화유산의 메카로서의 브랜드이미지를 확보하는 한편 전북 가야를 통합하는 의미에서도 전북 가야 홍보관의 건립이 절실하다. 건립될 홍보관은 전북 가야에 대한 소개, 유물 전시, 연구, 체험, 교육 및 홍보, 관광정보센터

---

9 2018년 12월 기준으로 전국적으로 71개의 문화재단이 설립됨.

를 포함하는 복합 문화공간으로 활용하도록 하면 좋을 것 같다. 전북 가야 홍보관은 가야문화유산의 일괄적 홍보시스템을 구축하고 전문적이고 체계적인 설명은 물론 관광정보 원스톱 제공이 가능하도록 해야 한다. 또한 각 시·군 간 정보 공유를 통해 지역별 성격을 잘 반영할 수 있도록 지속가능한 프로그램 네트워크를 형성하도록 한다. 전북 가야 홍보관의 입지는 기문 또는 반파 가야 정치체가 자리하였던 남원이나 장수가 적합할 것으로 여겨진다.

한편, 전북 가야 홍보관이 효율적으로 운영되기 위해서는 다양한 콘텐츠가 필요하다. 일차적으로는 현재까지 조사된 내용을 바탕으로 규명된 사실을 중심으로 하되 고분, 봉화, 산성, 제철유적에 대한 발굴조사를 통해 드러난 결과가 시스템에 적기에 반영되어 지속적으로 홍보를 위한 정보가 보강되어야 한다. 아울러 전북 가야의 문화교류 및 역사 콘텐츠를 보다 쉽게 이해시키기 위한 체험프로그램과 체험활동 대상물도 적극 개발해야 한다.

이렇듯 전북 가야의 구심점 역할로서의 '전북 가야 홍보관' 건립과는 별개로 '찾아가는 전북 가야 대외홍보관'을 운영하는 것도 검토될 수 있을 것이다. 국내외에서 개최되는 여행박람회나 전시회에 참여하여 체험 및 홍보부스 등을 운영하여 전북 가야의 브랜드를 알리는 적극적인 마케팅 활동이 필요하다. 이러한 '찾아가는 전북 가야 대외홍보관'의 운영은 저비용으로 홍보의 극대화를 가져올 수 있으며, 관광사업 전체 관련분야의 다양한 사람들과 네트워킹이 가능하여 전북 가야 홍보 및 관광 전략 수행이 가능할 것으로 기대된다.

13) 전북 가야 거점시설로서 박물관 조성

전북 지역 가야문화유산의 특징을 알리고 발굴조사를 통해 출토된 유물을 전시하기 위해서는 박물관이나 전시관이 건립되어야 한다.

가야 고분과 관련한 전시관이나 박물관은 이미 영남지역에는 여러 곳에 건립되어 있다. 하지만 아직 봉화와 관련된 봉화박물관은 존재하지 않으며, 철과 관련한 박물관도 충청북도 음성군에 건립된 사립 박물관 1개소밖에 없다. 따라서 전북 동부지역에 봉화와 제철을 테마로 한 전문 박물관이 건립된다면 자치단체에서 주관하여 건립하는 최초의 봉화나 철 박물관이 될 것이며, 이를 통해 지금까지 알려지지 않은 삼국시대 봉화와 한반도 고대제철을 복원하는데 크게 기여할 수 있을 것이다. 아울러 이러한 테마 박물관의 건립은 발굴조사를 통해 출토된 유물을 현지에 보관·전시할 수 있는 공간이 마련된다는 점에서도 매우 중요하다.

한편, 영남지역에는 고분을 주제로 한 박물관이 다수 건립되어 있는 반면에 전북 동부지역에는 고분 관련 박물관이 없는 상태이다. 이에 따라 남원 두락리·유곡리 고분군과 장수 삼봉리·동촌리·삼고리 고분군은 유구와 유물의 출토에 있어서도 탁월한 가치를 지니고 있으므로 전시관이나 박물관을 건립하여 고분의 성격을 담아내는 노력도 필요하다. 이러한 고분 전시관이나 박물관의 건립 위치는 유적을 가장 잘 드러낼 수 있는 고분 주변이 적합할 것이며 위치를 정할 때 접근성이 고려되어야 할 것으로서 박물관이나 전시관의 규모와 형태 등은 유적과 가장 잘 어울리는 방향으로 추진되어야 한다.[10]

---

10 국립김해박물관·대성동고분박물관·일본 장식고분박물관 전시 내용 및 장수가야 박물관 건립 계획 개요
  (1) 국립김해박물관

명 칭	국립김해박물관
위 치	경남 김해시 가야의길 190
개 관	1998년 7월 개관, 2006년 12월 가야관 개관
건축개요	대지 : 53,266㎡, 건물면적 : 16,607㎡(본관 9,639㎡, 교육관 6,968㎡) 전시장 : 실내전시장(2023㎡), 기획전시장(826㎡), 야외전시장 공간구성 : 일반전시실, 기획전시실, 수장고, 강당 및 교육실, 사무실체험실, 보존처리실 건축 : 공간건축(장세양)
전 시 장	일반전시실, 기획전시실, 시각전시, 영상전시, 모형전시 체험
전시내용	가야 유적 및 유물 - 무덤모형 및 순장형태, 출토유물, 패널
기 타	김해수로왕비릉 인접

(2) 대성동고분박물관

명 칭	대성동고분박물관
위 치	경남 김해시 가야의길 126
개 관	2003년 8월 개관, 2017년 5월 재개관
건축개요	대지 : 65,331㎡ 건물면적 : 2,902㎡ 전시장 : 실내전시장(2023㎡), 기획전시장(826㎡), 야외전시장 : 212㎡ 공간구성 : 기획전시실, 연구실, 사무실, 시사편찬실, 유물정리실
전 시 장	일반전시실, 기획전시실, 시각전시, 영상전시, 모형전시 체험
전시내용	대성동고분군(금관가야 고분) : 무덤모형 및 순장형태, 출토유물, 패널
기 타	김해대성동고분군, 김해수로왕릉, 봉황동유적 인근

(3) 일본 장식고분박물관

명 칭	장식고분박물관
위 치	일본 구마모토현 야마가시
건축개요	전시장 : 실내전시장, 기획전시장 / 야외전시장 : 고대의 숲(고분군 전망 및 탐방) 공간구성 : 일반전시실, 기획전시실, 영상실, 강당 및 교육실, 체험장(도자기 등), 　　　　　사무실, 보존처리실 건축 : 안도 타다오(安藤忠雄)
전 시 장	일반전시실, 기획전시실 : 시각전시, 영상전시, 모형전시 체험
전시내용	원시와 고대의 유물(기쿠치가와지역 출토) 고대의 숲 유적(야마가 지역) 기쿠치죠(鞠智城) 성터 고분유적 및 유물 : 다이보(大坊)고분, 오다라(小田良)고분, 센곤코(千金甲)고분
기 타	이와바루 고분군 인접

(4) 장수 가야 박물관 건축

명 칭	장수 가야 박물관
위 치	장수군 장계면 장계리 527-30일원
건축개요	부지면적 : 2,984㎡, 건축규모 : 1,800㎡(지상 2층)
전 시 장	상설전시실(유물, 영상), 기획전시실, 수장고, 세미나실
전시내용	고분군, 봉화, 제철유적, 출토유물 전시 등
기 타	삼봉리, 호덕리, 장계리 가야 고분군과 인접

Ⅳ. 맺음말

전라북도 동부지역, 특히 장수군과 남원시의 역사를 설명할 때 반드시 포함되어야 할 문화 중의 하나는 가야문화이다. 대부분의 도민들에게는 전라도는 백제라는 역사이미지가 강하게 남아 있어 가야문화를 수용하는 데에 약간 어색함이 없지 않을 것이지만, 이들 지역에서 조사된 가야문화유산은 경상도 지역의 대가야나 금관가야에 비해 결코 뒤지지 않는다. 이렇듯 전북 동부지역에 존재한 전북 가야는 매우 강력하고 화려하며 다양한데 이는 가야와 백제의 융합이나 정치적 충돌 때문일 수도 있을 것이나 문화적으로는 충돌의 개념이 아닌 상생 발전할 수 있는 통합·협력의 개념으로 설명할 수 있는 문화 저력을 가지고 있었기 때문으로도 추정할 수 있다.

지방자치단체의 문화관광 정책이 어떤 배경 속에서 추진되고 있는지, 그리고 선택과 집중을 어떻게 할 것인지는 매우 중요한 문제이다. 전북 가야의 풍부한 문화유산의 가치를 제대로 드러내 보이지 않는다면 그에 걸 맞는 평가 역시 확신할 수 없기 때문이다.

전라북도 동부지역의 가야문화유산은 아직 기초 학술조사가 만족할 만한 수준은 아니지만 유적에 대한 가치인식과 관광자원으로 추진하고자 하는 의지는 매우 강하다. 아울러 문화자원이 갖고 있는 역사·고고학적 가치가 매우 높을 뿐만 아니라 다른 한편으로는 유적주변이 도심화가 되어 있지 않아 주변의 풍부한 자연경관 및 문화자원과의 연계가 가능하다. 그리고 역사문화유적을 관광자원으로 활용하려는 지역민의 관심이 이전보다는 증가하고 있다는 점이 관광자원으로 활용하는데 있어서도 추진가능성을 짐작해 볼 수 있게 한다.

또한, 전북 동부지역은 중요한 문화유산들이 그 어느 지역보다도 많이 산재되어 있다. 시기적으로는 선사시대부터 근현대까지, 유형별로는 주거지, 고분군, 성, 가마터, 절터, 관아터 등 다양하며, 역사시대에 들어서도 백제와 가야의 문화와 통일신라와 후백제의 문화유산까지 다양하게 남아있다.

그러나 문화유산은 오랜시간의 흐름으로 인해 훼손과 파괴가 심하게 진행되고 있는 형편이다. 따라서 이 유적들을 효과적으로 보존·관리하고, 더 나아가 적극적으로 교육·관광자원으로 활용하기 위해서는 유적을 보존하고 활용하는 적절한 방안이 마련되어야 한다.

전북 가야문화유산은 지속적인 학술조사, 적극적 홍보, 적절한 사회 교육프로그램의 운영, 체계적인 학술연구 지원, 유적지의 기본 정보 정리 및 보급, 도지정 기념물 지정 및 국가지정 사적 승격 추진, 토지 매입 등의 보존·관리 측면의 노력과 함께 유적지 정비를 통한 교육의 장 제공과 박물관 건립 등을 통한 교육 및 전시, 각 지역의 축제와 연계하여 관광자원으로 활용하는 방안들이 검토될 수 있을 것이다.

참고문헌

강원종, 2001, 「전북지역의 관방유적 연구현황」 『학예지』 8, 육군사관학교 육군박
　　　물관.

강원종, 2007, 「남원 운봉지역의 고대 관방체계」 『호남고고학보』 27, 호남고고학회.

강원종, 2014, 「전주 동고산성의 고고학적 검토」 『한국고대사연구』 74, 한국고대사
　　　학회.

강원종, 2016, 「동고산성 성문의 형식변화에 대한 검토」 『호남고고학보』 54, 호남고
　　　고학회.

郭長根, 1999, 『湖南 東部地域 石槨墓硏究』, 書景文化社.

郭長根, 2000, 「小白山脈 以西地域의 石槨墓 變遷過程과 그 性格」 『韓國古代史硏
　　　究』 18, 韓國古代史學會.

곽장근, 2002, 『장수군의 산성과 봉수』, 장수문화원.

곽장근, 2003, 『장수군의 고분문화』, 장수문화원.

郭長根, 2003, 「錦江 上流地域의 百濟의 進出過程硏究」 『湖南考古學報』 18, 湖南考
　　　古學會.

郭長根, 2004, 「湖南 東部地域의 加耶勢力과 그 成長過程」 『湖南考古學報』 20, 湖
　　　南考古學會.

郭長根, 2006, 「웅진기 백제와 가야의 역학관계 연구」 『百濟硏究』 第44輯, 忠南大
　　　學校 百濟硏究所

郭長根, 2007, 「蟾津江 流域으로 百濟의 進出過程 硏究」 『湖南考古學報』 26, 湖南
　　　考古學會.

곽장근, 2008, 「백제 간선 교통로의 재편성과 그 의미 -섬진강 유역을 중심으로-」
　　　『백제문화』 제39집, 공주대학교 백제문화연구소.

곽장근, 2008, 「섬진강 유역 교통로의 재편과정과 그 의미」 『백제와 섬진강』, 서경
　　　문화사.

곽장근, 2008, 「호남 동부지역 산성 및 봉수의 분포 양상」 『영남학』 제13호, 경북대
　　　학교 영남문화연구원.

곽장근, 2009, 「금강 상류지역 교통로의 조직망과 재편과정」『한국상고사학보』 제
　　　66호, 한국상고사학회.

곽장근, 2010, 「전북 동부지역 가야와 백제의 역학관계」『백제문화』 제43집, 공주대
　　　학교백제문화연구소.

곽장근, 2011, 「금강상류지역의 교통망과 그 재편과정」『백제와 가야 그리고 신라
　　　의 각축장 금강상류지역』, 한국상고사학회.

곽장근, 2011, 「전북지역 백제와 가야의 교통로 연구」『한국고대사연구』 63, 한국고
　　　대사학회.

곽장근, 2012, 「새만금해역의 해양문화와 문물교류」『도서문화』 제39집, 목포대학교
　　　도서문화연구원.

郭長根, 2013, 「鎭安高原 初期靑磁 登場背景과 傳播徑路」『東亞細亞海洋文化國際
　　　學術大會』, 中國浙江大學校.

곽장근, 2013, 「진안고원 초기청자의 등장배경연구」『전북사학』 제43집, 전북사학회.

곽장근, 2014, 「고고학으로 본 군산의 역동성」『전북사학』 제45집, 전북사학회.

곽장근, 2014, 「임나사현과 기문의 위치」『백제학보』 9호, 백제학회.

곽장근, 2015, 「운봉고원의 제철유적과 그 역동성」『백제문화』 제52집, 공주대학교
　　　백제문화연구소.

곽장근, 2015, 「후백제 왕궁과 도성채제 연구 시론」『전북사학』 제49집, 전북사학회.

郭長根, 2016, 「後百濟 防禦體系 硏究 試論」『百濟文化』 第52輯. 公州大學校 百濟
　　　文化硏究所.

곽장근, 2017, 「장수군 제철유적의 분포 양상과 그 의미」『湖南考古學報』 57, 湖南
　　　考古學會.

곽장근, 2018, 「後百濟 古都 全州와 外廓 防禦體系」『고고학으로 후백제를 알리다』,
　　　호남고고학회.

곽장근, 2018, 「동북아 문물교류의 허브 남원 유곡리·두락리 고분군」『文物硏究』
　　　제34호, 동아시아문물연구학술재단.

곽장근·조인진, 2005, 『장수 삼봉리·동촌리 고분군』, 장수군·문화재청.

곽장근·한수영, 1997, 『장수 삼고리 고분군』, 군산대학교박물관.

군산대학교박물관, 2001, 『장수군의 문화유적』, 장수군 · 전라북도.

군산대학교박물관, 2004, 『전북동부지역 가야문화유산』, 전라북도.

군산대학교박물관, 2005, 『전북동부지역 가야유물』, 문화재청 · (사)한국대학박물관
　　　협회.

군산대학교박물관, 2005, 『장수군의 교통문화』, 장수문화원.

김기호, 2009, 「역사문화환경보전의 성과와 발전방향」 『역사문화환경조성연구』, 국
　　　립나주문화재연구소.

김용정 외, 1996, 『개발과 유산의 보존』, 유네스코한국위원회.

김재홍, 2011, 「전북동부지역을 둘러싼 백제 · 가야 · 신라의 지역지배」 『백제와 가야
　　　그리고 신라의 각축장 금강상류지역』, 한국상고사학회.

김재홍, 2019, 「기문과 반파의 역사적 위치 및 성격」 『호남과 영남 경계의 가야』, 국
　　　립나주문화재연구소 · 국립가야문화재연구소.

김종철, 1981, 『고령지산동고분군』, 계명대학교박물관.

남해경, 2009, 「전주시 역사문화환경 조성의 사례연구」 『역사문화환경조성연구』,
　　　국립나주문화재연구소.

문화재관리국, 1975, 『문화유적총람 -하-』.

서정석, 1999, 「연기 운주산성에 대한 일고찰」 『박물관 연보 5』, 공주대학교박물관.

서정석, 2005, 「관방 문화재의 복원현황과 보존방안」 『호서사학』 33집, 호서학회.

송화섭 · 김경미, 2012, 「전주 전통문화도시의 우주적 공간체계」 『인문콘텐츠』 제27
　　　호, 인문콘텐츠학회.

신종환, 2008, 「대가야고분의 발굴정비와 지역경제 활성화 방안 -고령 지산동고분
　　　군 사례-」 『전남동부지역의 가야문화』, 한국상고사학회.

유　철, 1996, 「전북지방 묘제에 대한 소고」 『호남고고학보』 제3호, 호남고고학회.

유　철, 2010, 『옥구읍성 복원추진 방안모색을 위한 심포지엄』, 군산문화원.

유　철, 2011, 「문화유산의 보존 · 관리와 활용방안」 『전북사학』 제42호, 전북사학회.

유　철, 2011, 「장수군 문화유산의 보존과 활용방안」 『백제와 가야 그리고 신라의 각
　　　축장 금강상류지역』, 한국상고사학회.

유　철, 2016, 「장수군 제철유적의 보존 및 활용방안」 『백두대간을 품은 장수가야
　　　철을 밝히다』, 호남고고학회 · 전주문화유산연구원.

유 철, 2017, 「전북가야문화유산의 보존 및 활용」 『가야문화의 보고, 전라북도를 조명하다』, 호남사회연구회.

윤덕향, 2000, 『남양리 발굴조사 보고서』, 전라북도·장수군·전북대학교박물관.

윤덕향 외, 2008, 『문화유산의 보존과 활용』, 호남문화재연구원.

李道學, 1991, 『百濟 古代國家 硏究』, 一志社.

이도학, 2017, 『신라·가야사 연구』, 서경문화사.

李道學, 2019, 『伴跛國 位置에 대한 論意』 『역사와 담론』 제90집, 호서사학회.

이상준, 2009, 「나주지역 역사문화환경의 보존과 활용 콘텐츠개발」 『역사문화환경 조성연구』, 국립나주문화재연구소.

장수군, 1997, 『장수군지』, 장수군.

장수군, 2015, 『장수군 가야문화유산 종합정비 기본계획안』, 군산대학교박물관.

장수군, 2017, 『장수가야 조사정비·복원 기초연구』, 전북전통문화연구소.

장수군, 2019, 『장수군 가야문화유산 종합정비계획』, 전주문화유산연구원.

전라북도, 1997, 『전라북도문화재대관 -도지정편(하)-』, 전라북도.

전라북도, 2018, 『전북 가야사 및 유적 정비 활용방안 용역보고서』.

전북대학교박물관, 2007, 『장수 침곡리 구석기 유적』, 전북대학교박물관·한국도로 공사.

전북문화재연구원, 2009, 『정읍 고부구읍성』, 정읍시.

전북향토문화연구회, 1988, 『장수군 문화유적 지표조사보고서』, 전라북도·장수군·전북향토문화연구회.

전상학, 2011, 「장수가야의 지역성과 교류관계」 『맥제와 가야 그리고 신라의 각축장 금강상류지역』, 한국상고사학회.

전상학, 2013, 「진안고원 가야의 지역성」 『호남고고학보』 43, 호남고고학회.

전상학, 2016, 「마한·백제시대의 전북혁신도시」 『고고학으로 밝혀 낸 전북혁신도시』, 호남고고학회.

전상학, 2018, 「전북지역 가야고분의 현황과 특징」 『호남고고학보』 59, 호남고고학회.

전상학, 2019, 「토기를 통해 본 금강 상류지역 가야」 『호남과 영남 경계의 가야』, 국립나주문화재연구소·국립가야문화재연구소.

전주문화유산연구원, 2015,『장수 삼봉리고분군』.

전주문화유산연구원, 2015,『장수 동촌리고분군 -1호분』.

전주문화유산연구원, 2016,『남원 고기리 제철유적』.

전주문화유산연구원, 2017,『장수군의 가야고분』.

전주문화유산연구원, 2017,『장수 동촌리·삼봉리고분군』.

전주문화유산연구원, 2019,『장수 동촌리고분군 -30호분』.

전주문화유산연구원, 2019,『남원 유곡리 및 두락리고분군』.

전주문화유산연구원, 2020,『장수 대적골 제철유적』.

전주문화유산연구원, 2020,『장수 삼고리고분군 -1~3호분』.

조명일, 2009,『전북지역 봉수의 분포양상과 성격』, 전북대학교 석사학위논문.

조명일, 2011,「금강상류지역의 산성과 봉수의 분포 양상」『백제와 가야 그리고 신라의 각축장 금강상류지역』, 한국상고사학회.

조명일, 2012,「금강 상류지역 산성 및 봉수의 분포 양상과 성격」『호남고고학보』 41호, 호남고고학회.

조명일, 2017,「전북가야의 봉수 운영과 역사성」『전북가야를 선언하다』, 호남고고학회.

조명일, 2018,「전북 동부지역 봉수에 대한 일고찰」『호남고고학보』 제59집, 호남고고학회.

조영제, 1988,「합천 옥전고분군 고분군Ⅰ』, 경상대학교박물관.

조영제·유창환, 1988,『합천 옥전고분군 고분군Ⅴ』, 경상남도·경상대학교박물관.

주보돈 외, 2009,『고대의 목간 그리고 산성』, 국립가야문화재연구소·국립부여박물관.

최완규, 2016,「전북혁신도시의 역사와 문화」『고고학으로 밝혀 낸 전북혁신도시』, 호남고고학회.

최완규, 2017,「전북가야와 백제의 역동적 교류」『전북가야를 선언하다』, 호남고고학회.

최완규, 2017,「백제 유적의 보존과 활용 사례를 통해 본 가야사 복원 방안」『가야 유적 발굴, 복원, 활용 방안 세미나』, 경남발전연구원.

최완규, 2018,「전북지역의 가야와 백제의 역동적 교류」『호남고고학보』 59, 호남고
고학회.

한국문화원연합회 전북도지회, 2010,『전북의 관방(산성및봉수대) 자료집』.

한수영, 2015,「한반도 서남부지역 초기철기문화의 전개양상」『전북사학』 46, 전북
사학회.

한수영, 2016,「장수지역 철기문화의 출현과 전개 -남양리유적을 중심으로-」『백두
대간을 품은 장수가야 철을 밝히다』, 호남고고학회 · 전주문화유산연구원.

한수영, 2019,「전북지역 초기철기시대 조사 성과와 향후 과제」『연구소 미래를 그
리다』, 국립완주문화재연구소.

• 지은이(집필순) •

최 완 규	원광대학교
이 도 학	한국전통문화대학교
김 재 홍	국민대학교
전 상 학	전주문화유산연구원
조 명 일	군산대학교 가야문화연구소
한 수 영	호남문화재연구원
유 영 춘	군산대학교 가야문화연구소
곽 장 근	군산대학교
유 철	전주문화유산연구원

전북 가야의 역사와 문화

초판발행일	2020년 12월 31일
지 은 이	전라북도 · 호남고고학회
발 행 인	김선경
책 임 편 집	김소라
발 행 처	서경문화사
주 소	서울시 종로구 이화장길 70-14(204호)
전 화	743-8203, 8205 / 팩스 : 743-8210
메 일	sk8203@chol.com
신 고 번 호	제1994-000041호
ISBN	978-89-6062-230-2 93910

ⓒ 전라북도 · 호남고고학회 · 서경문화사, 2020

정가 32,000